ENTRE DOS REINOS

SULEIKA JAOUAD

ENTRE
DOS
REINOS

HISTORIA DE UNA VIDA INTERRUMPIDA
POR LA LEUCEMIA

URANO
Argentina – Chile – Colombia – España
Estados Unidos – México – Perú – Uruguay

Título original: *Between Two Kingdoms – A Memoir of a Life Interrupted*
Editor original: Random House, an imprint and division of Penguin Random House LLC, New York
Traducción: Helena Álvarez de la Miyar

1.ª edición Noviembre 2022

ISBN: 978-84-17694-87-6
E-ISBN: 978-84-19251-94-7
Depósito legal: B-17.034-2022

Fotocomposición: Ediciones Urano, S.A.U.

Impreso por: Rotativas de Estella – Polígono Industrial San Miguel
Parcelas E7-E8 – 31132 Villatuerta (Navarra)

Impreso en España – *Printed in Spain*

Para Melissa Carroll y Max Ritvo, mis fuentes de inspiración.
Y para todos los demás que cruzaron el río demasiado pronto.

«Hasta la muerte, todo es vida.»
MIGUEL DE CERVANTES

Índice

Nota de la autora   13

PRIMERA PARTE

1. EL PICOR   19

2. *MÉTRO, BOULOT, DODO*   28

3. CÁSCARAS DE HUEVO   36

4. VIAJAR POR EL ESPACIO Y COGER VELOCIDAD   42

5. DE LOS ESTADOS UNIDOS   53

6. BIFURCACIÓN   63

7. EFECTOS COLATERALES   66

8. MERCANCÍA DAÑADA   73

9. NIÑA BURBUJA   86

10. COMPÁS DE ESPERA   102

11. ATASCADA   112

12. EL BLUES DE LOS ENSAYOS CLÍNICOS   120

13. EL PROYECTO DE LOS CIEN DÍAS   127

14. HACIA EL TRASPLANTE A RITMO DE TANGO   133

15. MIRÁNDONOS DESDE EXTREMOS
OPUESTOS DE UN TELESCOPIO   144

16. HOPE LODGE   155

17. CRONOLOGÍA DE LA LIBERTAD 166

18. EL CHUCHO 173

19. SOÑAR EN ACUARELA 179

20. UN GRUPO VARIOPINTO 189

21. RELOJ DE ARENA. 197

22. LOS CONFINES DE NOSOTROS MISMOS 207

23. LA ÚLTIMA NOCHE VERDADERAMENTE BUENA 213

24. TERMINADO 218

SEGUNDA PARTE

25. TIERRA DE NADIE 227

26. RITOS DE PASO 245

27. REENTRADA 257

28. PARA LOS QUE QUEDAN ATRÁS 275

29. LA LARGA INCURSIÓN 286

30. ESCRITO EN LA PIEL 298

31. EL MÉRITO DEL DOLOR 307

32. SALSA Y LOS SUPERVIVENCIALISTAS 321

33. «HACER UN BROOKE» 335

34. DE VUELTA A CASA. 353

Epílogo. 377

Agradecimientos. 381

Acerca de la autora. 383

Nota de la autora

PARA ESCRIBIR ESTE LIBRO me he servido de mis diarios, de mi historial clínico y de las entrevistas que tuve con muchas de las personas que aparecen en la historia, así como de mis propios recuerdos. También he incluido fragmentos de cartas, algunas de las cuales he editado considerablemente en aras de la brevedad.

Para preservar el anonimato de determinadas personas, he modificado ciertos detalles y les he cambiado los nombres por los siguientes, citados por orden alfabético: Dennis, Estelle, Jake, Joanie, Karen, Sean y Will.

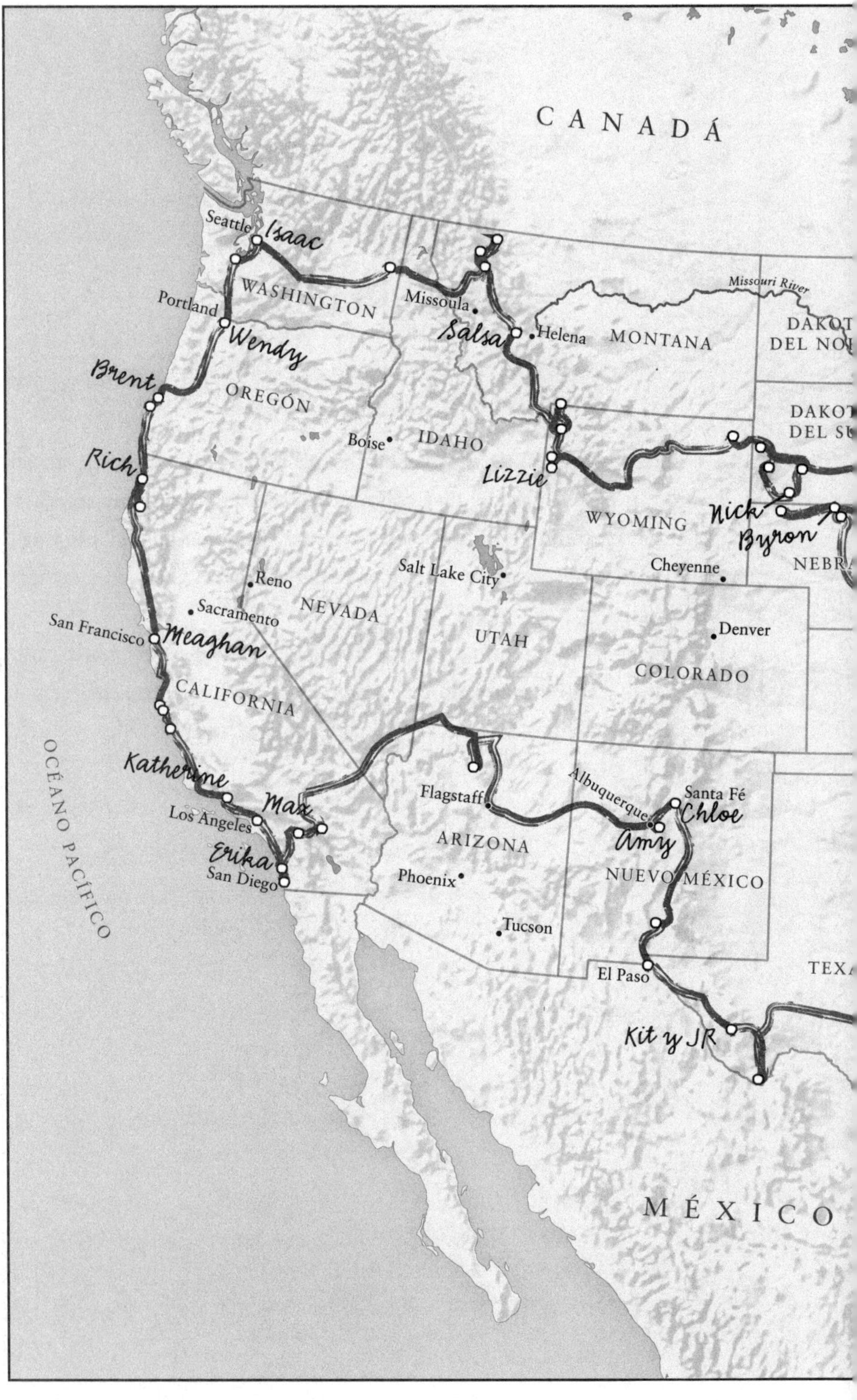

CANADÁ
Seattle
Isaac
WASHINGTON
Portland
Wendy
Missoula
Salsa
Helena
MONTANA
Missouri River
DAKOT
DEL NO
Brent
OREGÓN
Boise
IDAHO
DAKOT
DEL SU
Rich
Lizzie
WYOMING
Nick
Byron
NEBRA
Cheyenne
Salt Lake City
Reno
Sacramento
NEVADA
San Francisco
Meaghan
UTAH
Denver
COLORADO
CALIFORNIA
OCÉANO PACÍFICO
Katherine
Flagstaff
Albuquerque
Santa Fé
Chloe
Max
Los Angeles
ARIZONA
Amy
Erika
San Diego
Phoenix
NUEVO MÉXICO
Tucson
El Paso
TEXA
Kit y JR
MÉXICO

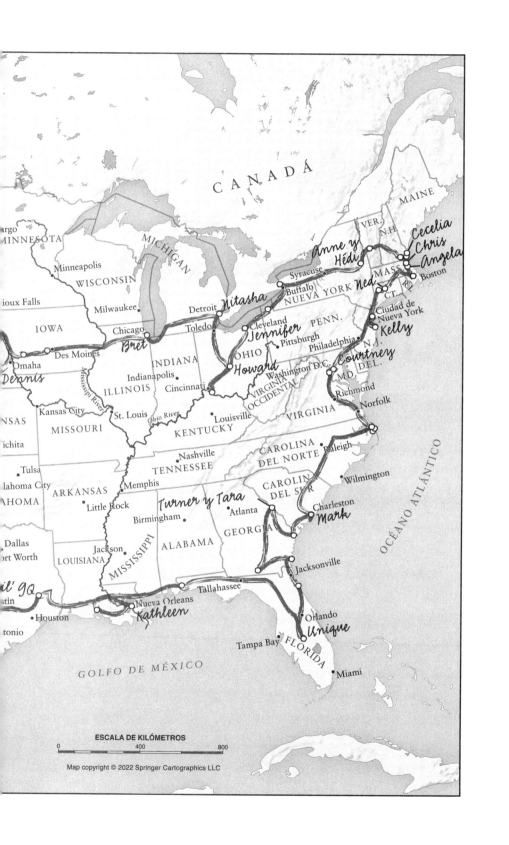

PRIMERA PARTE

1

EL PICOR

EMPEZÓ CON un picor. No en el sentido metafórico de unas ansias de ver mundo, o de una especie de crisis entre los veinte y los treinta años de edad, sino un picor físico. Un picor insoportable —de los de volverte loca y arrancarte la piel a tiras con las uñas— que empecé a sufrir en mi último año de universidad, primero en los empeines, pero que luego me fue subiendo por las corvas y los muslos. Intenté resistir el deseo de rascarme, pero el picor no me daba tregua. Se extendía por mi piel como un millar de picaduras diminutas de mosquito. Sin ser consciente de ello, mi mano empezó a recorrer mis piernas, mis uñas se clavaban en la tela de los vaqueros en busca de alivio y acababan abriéndose paso por debajo del dobladillo hasta la carne directamente. Me picaba en el trabajo a tiempo parcial que tenía en un laboratorio fotográfico de la universidad, me picaba sentada a la gran mesa de madera de la biblioteca mientras estudiaba, me picaba mientras bailaba con mis amigos en bares con el suelo pegajoso de cerveza derramada, me picaba mientras dormía. En poco tiempo, un reguero de heriditas supurantes, gruesas costras y cicatrices frescas surcaban mis piernas como si hubiera tenido que atravesar un campo de rosales llenos de espinas. Eran heraldos sangrientos de la lucha cada vez más intensa que se libraba en mi interior.

«Podría ser un parásito que cogiste cuando estuviste estudiando en el extranjero», me dijo un herborista chino antes de despacharme con un cargamento de suplementos malolientes y tés amargos. Una enfermera del centro médico de la universidad pensó que debía ser eczema y me recomendó una crema. Un médico generalista llegó a la conclusión de que seguramente estaba relacionado con el estrés y me dio unas muestras de una medicación para la ansiedad. Ahora bien, nadie parecía saber con seguridad qué era, así que intenté no darle demasiada importancia y confiar en que se iría solo.

Todas las mañanas entreabría la puerta de mi cuarto para ver si había alguien por el pasillo y esprintaba envuelta en la toalla hasta las duchas comunitarias para que nadie viese mis extremidades. Me lavaba la piel con un paño húmedo, contemplando cómo desparecían los remolinos de hilillos color carmesí por el desagüe de la ducha. Me unté abundantemente con pociones de parafarmacia a base de tónico de hamamelis y me tapé la nariz mientras bebía infusiones de amargo té. Cuando empezó a hacer demasiado calor para llevar vaqueros todos los días invertí en una colección de medias negras opacas, me compré unos cuantos juegos de sábanas de colores oscuros para disimular las manchas cobrizas y, si tenía sexo, siempre era con las luces apagadas.

Junto con el picor llegaron las siestas. Siestas de dos —luego cuatro, luego seis— horas. Parecía que, por más que durmiera, a mi cuerpo nunca le bastaba. Empecé a quedarme dormida en mitad de los ensayos de la orquesta en la que tocaba y hasta en entrevistas de trabajo, o si tenía que dedicar largas horas para poder cumplir con el plazo de entrega de algún trabajo de la universidad, mientras cenaba... Y me despertaba peor, todavía más agotada. «Nunca he estado tan cansada en mi vida», les confesé a mis amigos un día que íbamos camino de clase. «Ya, yo estoy igual», se solidarizaron todos. Todo el mundo estaba cansado. Habíamos visto salir el sol más veces en el último semestre que en toda nuestra vida junta, resultado de la conjunción de tener que dedicar muchas horas al estudio en la biblioteca para acabar el trabajo de fin de grado, más todas las fiestas salvajes hasta el amanecer. Yo vivía en pleno centro del campus en Princeton, en el último piso de una residencia de estudiantes que estaba en un edificio de estilo gótico coronado por pequeños torreones y gárgolas varias. Al final de otra noche de estudio o de la enésima juerga hasta las tantas, mis amigos solían congregarse en mi habitación para tomar la última. Mi cuarto tenía unos inmensos ventanales y nos encantaba sentarnos en el alfeizar con las piernas colgando hacia fuera, contemplando a los trasnochadores que iban camino de casa con paso vacilante de borrachines en el momento en que los primeros rayos del sol pintaban vetas color ámbar en las losas de piedra del patio. Ya oteábamos la graduación en el horizonte y estábamos decididos a apurar las últimas semanas juntos antes de que cada uno se marchara por su lado, incluso si eso implicaba llevar nuestros cuerpos al límite.

Sin embargo, me preocupaba que mi fatiga fuera de un tipo diferente.

Tendida sola en mi cama cuando ya se habían marchado todos, sentía que bajo mi piel algo se estaba dando un banquete, que algo se iba abriendo paso por mis arterias, erosionando poco a poco mi cordura. Mientras mi energía iba menguando y se intensificaba el picor, me decía que era porque el apetito del parásito estaba aumentando, pero, en verdad, dudaba de tener ningún parásito. Empecé a preguntarme si el problema no sería yo en realidad.

En los meses siguientes me sentí a la deriva. A punto de naufragar trataba de agarrarme a cualquier cosa que me permitiera mantenerme a flote. Durante un tiempo lo conseguí. Me gradué y me uní a mis compañeros de clase en el éxodo masivo hacia la ciudad de Nueva York. Encontré en Craighlist un anuncio de una habitación de alquiler en un gran loft de planta completa encima de una tienda de materiales de bellas artes en la calle Canal. Corría el verano de 2010 y la ola de calor era tal que parecía que le hubieran chupado el oxígeno a la ciudad. Al salir del metro, el hedor de la basura en estado de descomposición me abofeteó la cara. Los trabajadores que viajaban de la periferia al centro y las hordas de turistas a la caza del bolso de marca a precio barato fluían en riadas por las aceras. El apartamento era un tercero sin ascensor y, cuando conseguí arrastrar hasta la puerta de entrada mi equipaje, el sudor había hecho que la camiseta de tirantes que llevaba se volviera trasparente. Me presenté a mis nuevos compañeros de piso: eran nueve en total, todos de veintitantos años y aspirantes a algo: tres actores, dos modelos, un chef, un diseñador de joyas, un estudiante universitario, una analista financiera. Por ochocientos dólares al mes por cabeza comprábamos el derecho a una cueva privada sin ventana separada de la siguiente por un tabique fino como el papel de fumar que el propietario de aquel tugurio había erigido con el objetivo de maximizar el rendimiento de su inversión.

Yo había conseguido unas prácticas para el verano en el Centre for Constitutional Rights. Cuando me presenté a trabajar el primer día, casi me da algo de la emoción de compartir espacio físico con algunos de los abogados especializados en derechos civiles más importantes del país. Sentía que aquel trabajo importaba, que tenía sentido, pero eran unas prácticas sin sueldo y vivir en Nueva York era el equivalente a andar por ahí con un agujero inmenso en la cartera. En un abrir y cerrar de ojos me fundí los dos mil dólares que había ahorrado durante el curso. Hasta con lo que sacaba de cuidar niños y trabajar en restaurantes por las noches, apenas conseguía llegar a fin de mes.

Imaginar mi futuro —expansivo, pero vacío— me aterraba y, en los momentos en los que me permitía soñar despierta, también me parecía que no podía ser más emocionante. Las posibilidades de en quién podía llegar a convertirme y dónde podía acabar parecían infinitas, como una bobina que se iba desenrollando hasta llegar mucho más lejos de donde mi mente alcanzaba a visualizar. Me imaginaba una carrera de corresponsal extranjera en el norte de África, de donde es oriundo mi padre y donde yo misma había vivido una temporada de niña. También jugaba con la idea de estudiar Derecho, que parecía una opción más cauta. Francamente, necesitaba dinero. El único motivo por el que había podido ir a una universidad de la exclusiva Ivy League era que me habían concedido una beca completa. Pero, ahí fuera, en el mundo real, no contaba con la misma red de seguridad —fondos fiduciarios, conexiones familiares, trabajos con sueldos de seis cifras en Wall Street— que muchos de mis compañeros de clase.

Resultaba más fácil andar preocupándome por la incertidumbre futura que enfrentarme a otro cambio todavía más inquietante. Durante mi último semestre, para combatir la fatiga, me había estado atiborrando de bebidas energéticas a base de cafeína. Y, cuando estas dejaron de surtir efecto, un chico con el que había estado saliendo brevemente me pasó unos cuantos Adderall para sobrevivir a los exámenes finales. Pero, al poco, eso también dejó de ser suficiente. En mi círculo, la cocaína era un básico para ir de fiesta y siempre había algún tipo por ahí dispuesto a invitarte a una raya. Nadie se sorprendió lo más mínimo cuando me subí a ese carro. Además, mis compañeros de la calle Canal resultaron ser unos juerguistas profesionales. Empecé a tomar drogas que me subieran el nivel de energía igual que otra gente se toma el café doble: como un medio para lograr un fin, una forma de mantener a raya un cansancio cada vez más profundo. *Mantente a flote*, escribí en mi diario.

Cuando llegaron los últimos días del verano me costaba reconocerme. El sonido amortiguado del despertador se abría paso como un cuchillo a través de un sopor intenso sin sueños. Todas las mañanas salía de la cama trastabillando para pararme ante el espejo de cuerpo entero y hacer inventario de los daños: las piernas, sembradas en sitios nuevos de rasguños y arañazos cubiertos de sangre seca coagulada; los largos cabellos hasta la cintura, sin brillo y enmarañados porque estaba demasiado cansada para desenredármelos; bajo unos ojos inyectados en sangre, unas tímidas lunas menguantes se habían acabado convirtiendo en oscuras medias lunas muy marcadas. Demasiado agotada para enfrentarme a la luz del sol, empecé a llegar cada vez más tarde al trabajo, hasta que por fin un día ya no fui más.

No me gustaba la persona en quien me estaba convirtiendo, una persona que entraba en la vida cada mañana dando tumbos, en movimiento constante, pero sin rumbo. Una persona que, un día trás otro, trataba de recomponer los pocos retazos que recordaba de la noche anterior, como si de un detéctive se tratara; una persona que una vez tras otra no cumplía con sus compromisos; una persona a la que le daba demasiada vergüenza responder a las llamadas de teléfono de sus padres. *Esta no soy yo*, pensaba mientras contemplaba mi reflejo con un cierto asco. Tenía que cambiar urgentemente, necesitaba un trabajo de verdad, ganar un sueldo. Y también necesitaba distanciarme un tanto de mis amigos de la universidad y mis compañeros de piso de la calle Canal. Básicamente, necesitaba salir de Nueva York, y rápido.

Una mañana de agosto, unos cuantos días después de haber dejado las prácticas, me levanté pronto, me marché con el portátil a la escalera de incendios y me puse a buscar trabajo. Apenas había llovido ese verano y el sol abrasador me había regalado un buen bronceado, como de recién salida del horno, pero con pequeñas motitas blancas como mosquitas de la escritura Braille que me salpicaban las piernas allá donde había cicatrizado una herida de tanto rascarme. Me llamó la atención un puesto de pasante en la oficina de un despacho de abogados estadounidense en París y, sin pensármelo dos veces, decidi presentarme como candidata al puesto. Me pasé todo el día trabajando en la carta de presentación. No me olvidé de mencionar que el francés era mi lengua materna y que hablaba árabe también, con la esperanza de que eso me diera cierta ventaja competitiva. Ser pasante no era precisamente mi sueño dorado —en realidad ni siquiera tenía claro en qué consistía el trabajo—, pero sonaba a que sería un puesto que le interesaría a una persona sensata. Además, sobre todo creía que un cambio de aires me podía salvar de mi comportamiento irresponsable. Mudarme a París no era una línea más de mi lista de cosas que hacer antes de morir; era mi plan de huida.

Unos cuantos días antes de marcharme de Nueva York salí de marcha y, cuando me quise dar cuenta, estaba en mi tercera fiesta de esa noche: banqueros de inversiones desencorbatados esnifando generosas rayas de cocaína. Sudaban mientras charlaban animadamente sobre sus respectivas carteras de valores, las casas de verano que alquilaban en Montauk, y esto… y aquello… Eran las cinco de la mañana y ese no era para nada mi ambiente. Me quería ir a casa.

En la acera, mientras fumaba un cigarrillo, contemplé cómo la madrugada empezaba a abrirse paso. Manhattan estaba dormida en ese momento fugaz de silencio, después de que hubieran pasado los camiones de la basura y antes de que abrieran los cafés. Llevaba diez minutos esperando un taxi cuando un chico que reconocí de la fiesta se acercó para pedirme un pitillo. Era el último que me quedaba, pero se lo di. Lo encendió protegiendo la llama con una mano grande como un guante de béisbol. Tras la primera calada expulsó el humo al tiempo que me sonreía; los dos desplazamos el peso de un pie a otro con gesto nervioso. Nos miramos de soslayo con timidez y acabamos clavando la vista en la calle desierta.

«¿Quieres que compartamos taxi?», me preguntó al ver aparecer uno solitario que circulaba hacia nosotros. La pregunta me sonó lo suficientemente inocua para que me animara a responder que «sí, claro», y ambos nos subimos al taxi. Solo después de haberle dicho mi dirección al taxista caí en la cuenta de que aquel chico se había ofrecido a pagar a medias sin ni siquiera preguntarme en qué zona vivía.

Yo sabía de sobra que no era buena idea meterse en coches con desconocidos. A mi padre, que había vivido en el East Village en la década de 1980, cuando la inseguridad ciudadana era mucho mayor, le habría parecido fatal. Pero aquel tipo tenía algo que hizo que me pareciese inofensivo aparte de que me intrigara. Su pelo, alborotado y aclarado por el sol, le caía sobre unos ojos azules que lanzaban destellos de inteligencia. Era delgado, de mandíbula cuadrada y se le formaban hoyuelos en las mejillas cuando reía. En realidad, era impresionantemente guapo, pero rezumaba una humildad que revelaba sin el menor rastro de duda que no era consciente de su belleza.

—Puede que seas la persona más alta que conozco —comenté estudiándolo por el rabillo del ojo: aquel metro noventa y ocho de tío iba sentado con las rodillas encajadas contra el respaldo del asiento del conductor.

—Ya me lo han dicho —respondió. Hablaba bajo y con suavidad pese a su fenomenal altura.

—Encantada de conocerte. Me llamo…

—Hemos hablado antes, ¿no te acuerdas?

Me encogí de hombros y luego esbocé una sonrisa a modo de disculpa:

—Ha sido una noche larga —comenté.

—¿No te acuerdas de que intentaste mostrarme el interior de tu párpado? ¿Ni de que me recitaste *Mary tenía un corderito* en latín? —bromeó— ¿Y qué me dices de cuando te echaste virutas de lápiz por la cabeza y no parabas de decir «¡*cascarones!*» con voz supuestamente aterradora? ¿No te acuerdas de nada de todo eso?

—¡Ja, ja, muy gracioso! —respondí entre risas dándole un suave puñetazo en el brazo.

Ahí fue cuando me di cuenta de que estábamos coqueteando.

Me tendió la mano.

—Me llamo Will.

Fuimos todo el trayecto hasta el centro hablando sin parar y la química entre nosotros se fue intensificando con cada manzana que dejábamos atrás. Cuando llegamos a mi edificio nos bajamos los dos del taxi y nos quedamos en la acera: yo, considerando si debía preguntarle si quería subir; él, demasiado educado para sugerirlo. Nunca me había acostado con un desconocido: pese a haber tomado unas cuantas decisiones más que cuestionables a lo largo de la vida, siempre he sido una romántica y una monógama en serie. Pero me tentaba la idea. Lo consideré un instante.

—¿Te apetece comer algo? —preguntó Will.

—Estoy muerta de hambre —respondí. Aliviada, eché a andar, alejándonos de la entrada de mi edificio. Caminamos por la calle Canal pasando por delante de emporios del postizo capilar venidos a menos, patos asados colgados en escaparates de ultramarinos de *delicatessen* y fruteros montando sus puestos de cajas de cartón en la acera. Entramos en el café del barrio: primeros clientes del día.

Mientras dábamos cuenta de unos *bagels* y un café, Will empezó a contarme que acababa de mudarse de vuelta a la ciudad después de haber pasado una temporada en China, donde había estado trabajando para una organización deportiva, montando programas de atletismo para jóvenes. Me impresionó que hablara mandarín. En aquel momento estaba cuidándoles la casa a sus padrinos y dándose un par de semanas para decidir su siguiente movimiento. Era formal y un pelín torpe, con un ligero aire de empollón. No obstante, bajo esa apariencia despreocupada de Will, intuí que andaba un tanto perdido y que estaba en un momento más que un poco vulnerable. Al cabo de dos horas todavía seguíamos allí, hablando. *Me gustas de verdad*, recuerdo que pensé cuando nos levantamos para marcharnos. Y mi segundo pensamiento fue: *ojalá no estuviera justo mudándome a otro continente*.

Después del desayuno, Will y yo volvimos andando a mi edificio y subimos a mi apartamento. Nos pasamos el día entero en la cama, descansando, charlando y bromeando. Estaba acostumbrada a que los hombres fueran agresivamente directos, a que echaran mano de todo un repertorio de frases para hacerse los interesantes y ligar, pero Will parecía contentarse con sencillamente estar allí los dos tumbados uno junto al otro. Cuando, al cabo de varias horas todavía no había hecho amago de besarme, fui yo quien tomó la iniciativa. Al final, sí que tuvimos un rollo de una noche, y luego de dos, y después de tres. Con él era diferente: dejé las luces encendidas. No sentí la necesidad de ocultar nada. Era el tipo de hombre que te hace ver con más generosidad esas partes de ti misma que por lo general hacen que te odies. Era el tipo de tío que, si las circunstancias hubieran sido otras, me habría tomado el tiempo de conocer.

Durante mi última mañana en Nueva York una luz de color limón se colaba por la ventana de la cocina mientras hacía café. Los bocinazos enojados de los taxistas y el rumor de los autobuses era ligeramente audible. Volví de puntillas a mi cuarto, metí unas últimas prendas en la maleta y, en el momento de cerrar la cremallera, alcé la vista hacia la figura sutilmente desgarbada de Will enrollada en las sábanas, durmiendo profundamente con una expresión angelical en el rostro. Parecía tan en paz que no quise despertarlo. Además, tras una infancia marcada por sucesivas mudanzas, no era muy aficionada a las despedidas. Al salir le dejé una nota en los zapatos: *Muchas gracias por la diversión inesperada. Tal vez nuestros caminos vuelvan a cruzarse algún día, inshahallah.*

2

MÉTRO, BOULOT, DODO

SI MANHATTAN ES el lugar donde la gente se muda para darle un empujón a su carrera, París es donde vas para vivir la fantasía de llevar una vida diferente, y eso era precisamente lo que me proponía hacer yo. Ascendí a la superficie por una boca de metro en Le Marais y enfilé la calle arrastrando un inmenso maletón rojo, parándome cada tanto para contemplar embelesada las terrazas de los cafés, las panaderías y las fachadas cubiertas de enredadera de mi nuevo barrio. Gracias a un amigo de un amigo había tenido la suerte de hacerme con un estudio amueblado de alquiler en un edificio del siglo XVIII en la calle Dupetit-Thouars. Subí en el desvencijado ascensor de carga de hierro forjado hasta el tercer piso y, en el momento en que giré la llave en la cerradura, el contraste entre mi nuevo hogar y el piso de la calle Canal hizo que me entraran ganas de dar saltos de alegría en el felpudo de la entrada. ¡Luz! ¡Privacidad! ¡Silencio! ¡Suelos de madera! ¡Una bañera gigantesca de color rosa con forma de concha de almeja! El apartamento no tendría siquiera cuarenta metros cuadrados, pero a mí me pareció un palacio; y era todo mío.

Me pasé el fin de semana instalándome, deshaciendo la maleta, abriendo una cuenta en el banco, comprando sábanas nuevas y limpiando la cocina. El lunes por la mañana fui en metro al despacho de abogados, que estaba en una elegante casa palaciega junto al parque Monceau en el distrito octavo. Una flota de pasantes me recibió en el vestíbulo y unos cuantos me dieron una vuelta, enseñándomelo todo al son del repiqueteo de sus tacones sobre los suelos de mármol. Yo había hecho las cosas más variopintas por dinero desde que era adolescente —paseadora de perros, niñera, asistente personal, profesora de contrabajo, camarera—, pero era la primera vez que trabajaba en un entorno corporativo. La oficina tenía techos de seis metros de altura con molduras de motivos heráldicos, cuadros en marcos dorados y una sinuosa escalera central enorme. Los abogados estaban sentados en sus escritorios de madera con el cigarrillo en una mano y la taza de expreso en la otra, algo que me pareció muy francés y muy chic. A mediodía, un grupito fuimos a un café que había a la vuelta de la esquina a comer sin prisa y pedimos bistecs y dos botellas de vino. Los gastos corrían a cargo de la empresa. De vuelta en la oficina me dieron una BlackBerry para el trabajo y me enseñaron dónde estaba el armario del material de oficina. Equipada con una pila de blocs de notas de hojas amarillas y un puñado de sofisticados bolis, me senté en mi sitio y, sintiéndome muy adulta, me recosté en el asiento y encendí un cigarro mientras miraba a mi alrededor, encantada.

En vez de volver en metro decidí dar un paseo hasta casa después de mi primer día de trabajo. Al atardecer, las estrechas callejuelas irregulares de Le Marais adquirían un aspecto medieval. Las farolas cobraban vida con luz temblorosa y, mientras caminaba, iba fantaseando sobre la persona en la que me podía convertir ahora. Atrás quedaban los amigos que, en realidad, no eran mis amigos en absoluto, sino sencillamente gente con ganas insaciables de meterse en líos y de trasnochar. Hasta el picor parecía haberse calmado. Con un océano de distancia separándome de mi vida anterior, me imaginé a mí misma pasando largos fines de semana tranquilos explorando la ciudad, yendo de picnic a los jardines de las Tullerías y leyendo un buen libro en un pequeño café que había descubierto a la vuelta de la esquina. Me compraría una bicicleta con cesta que llenaría con la compra que haría todos los domingos en el mercado al aire libre de Place de la République. Empezaría a pintarme los labios de rojo y a ponerme tacones como el resto de pasantes. Aprendería a guisar el famoso cuscús de mi tía Fátima y daría cenas en mi nuevo apartamento. Decidida a pasar menos tiempo hablando de las cosas que quería hacer y más tiempo haciéndolas, me apuntaría a alguno de los talleres de escritura de ficción de Shakespeare and Company, la famosa librería en el distrito quinto. Tal vez me compraría un perro, un Cavalier King Charles Spaniel al que llamaría *Chopin*.

Pero resultó que apenas tenía tiempo libre y lo que compraba los pocos domingos que conseguía ir al mercado acababa olvidado en el frigorífico criando moho. En lugar de lo que me había imaginado, me vi inmersa en la vorágine de vida que en francés se conoce como «métro, boulot, dodo» (metro, trabajo, cama). Ya al final de mi primera semana de pasante me había dado cuenta de que no estaba hecha para una carrera en el mundo de la abogacía: prefería la escritura creativa a las hojas de cálculo y las Birkenstock a los zapatos de tacón. El despacho estaba especializado en arbitraje internacional, algo que al principio me había sonado interesante. Pero cada vez que intentaba leer los documentos informativos que pasaban por mi mesa, la jerga legal me acababa resultando inescrutable y el contenido soporíferamente aburrido. Me pasaba la mayoría de los días en la zona del sótano, repasando, imprimiendo y recopilando miles de documentos en carpetas perfectamente ordenadas, todo con el fin de que los abogados pudieran ayudar a grandes corporaciones sin alma a hacerse más ricas todavía. Se esperaba de mí que estuviera disponible las veinticuatro horas del día, los siete días de la semana, así que dormía con el móvil debajo de la almohada y me ponía el despertador en mitad de la noche para poder verificar si había entrado algún correo electrónico urgente. A menudo no llegaba a marcharme a casa. Los pasantes pasábamos tantas noches en blanco trabajando que empezamos a llevar un registro. Además de todo esto, tenía un jefe un tanto baboso que guardaba en un cajón de su escritorio un montón de catálogos de zapatos de mujer y, cuando creía que no lo estaba mirando, me hacía fotos de los pies con el teléfono. Después de otra semana laboral de noventa horas, mi única manera de relajarme era comprarme un *pain au chocolat* en la panadería y salir a bailar. Al final de la noche arrastraba a quien fuera que estuviese conmigo a un viejo club de jazz que se llamaba Aux Trois Mailletz donde cantábamos con acompañamiento de piano, desafinando a más no poder, y bebíamos vino hasta que se nos ponían los labios morados.

Mi vida en París no había resultado ser la fantasía que había imaginado, pero empecé a crear una versión nueva. El carteo con Will empezó de manera inesperada: los mensajes de texto tipo hola-qué-tal-cómo-va-eso se convirtieron en largos correos electrónicos llenos de comentarios ingeniosos seguidos de voluminosos sobres con cartas escritas a mano y relatos del *New Yorker* plagados de sesudas notas al margen. Will me envió una postal mientras estaba pasando un fin de semana con unos amigos en una cabaña en las Montañas Blancas de New Hampshire: *Sin electricidad, con una estufa-cocina de leña de 1900, no se oye nada más que los búhos, el crepitar del fuego y el viento* —escribió—. *Todo ello ha hecho que me entren ganas de explorar los rincones perdidos del país. ¿Te apetece el viaje?* La idea de pillar un coche y marcharnos los dos juntos a recorrer el país hizo que mi corazón diera un saltito.

Siempre terminábamos nuestras cartas de la misma manera —*no hace falta que contestes con el mismo número exacto de palabras*—, pero el hecho es que nuestros intercambios se fueron haciendo cada vez más profundos y más frecuentes a medida que pasaban las semanas y los meses. Leía sus cartas una y otra vez como si fueran mapas encriptados llenos de pistas secretas y grandes hallazgos sobre la persona de cuyo puño y letra habían salido. Le conté a Will la vida loca que había llevado desde la graduación y el nuevo rumbo que había tomado desde que me había mudado al extranjero: *Pasé mis primeras 36 horas en París completamente sola, con el portátil y el móvil apagados. Recorrí la ciudad a pie hasta que me cargué el tacón de un zapato y tuve que volver a casa en taxi.* Pese a mis serios esfuerzos por llevar una vida mucho más de asceta, me había hecho un nuevo grupo de amigos: Lahora, una yogui viuda; Zack, un antiguo compañero de la universidad que estaba estudiando para hacerse mimo; Badr, un joven empresario marroquí al que le encantaba salir a bailar y David, un anciano expatriado que vestía igual que un playboy internacional y daba unas fiestas de lo más extravagantes. *No se le puede imponer la soledad a un alma que necesita volar*, respondió Will. Ante semejantes frases, ¿quién no cae rendida?

Le hablé a Will de mi sueño de hacerme periodista y le envié un ensayo sobre el conflicto árabe-israelí en el que llevaba meses trabajando. Qué coincidencia —me comentó—, él también tenía aspiraciones periodísticas. Recientemente, había aceptado un trabajo de ayudante de investigación de un catedrático y esperaba encontrar también algún trabajo de editor. Me devolvió el ensayo con un montón de comentarios muy trabajados e ideas sobre cómo mejorar mi borrador. Pese al tiempo que habíamos pasado juntos durante mi última semana en Nueva York, esos momentos de profunda conexión no dejaban de sorprenderme, y fue únicamente a través de las cartas que empezamos a conocernos de verdad, pues aquel carteo tan a la antigua usanza nos ofreció una alternativa más segura y honesta a los habituales juegos del gato y el ratón que solían acompañar a las citas. No tardé en chiflarme hasta tal punto por mi nuevo amigo por correspondencia que ya no hacía otra cosa que pensar en él, soñar con él y hablar de él. Mi esperanza era que la persona más allá de la página escrita fuera tan maravillosa como la que evocaba la tinta.

Una tarde de finales de otoño, un día sorprendentemente tranquilo en la oficina, estaba debatiendo con Kamilla, la pasante con la que compartía escritorio, si debía invitar a Will a que me visitara en París. No estaba segura de que el subtexto romántico de nuestras cartas fuera solo una imaginación mía. Pero por otro lado me preocupaba que, si no tomaba la iniciativa pronto, nuestra correspondencia acabara perdiendo fuelle. Me pasé una hora redactando borradores de un correo electrónico dirigido a Will, intentando dar con el tono adecuado en algún punto intermedio entre el entusiasmo sincero y la indiferencia *cool*. «*Allez ma chérie, courage*, a este paso vas a estar aquí toda la noche», me animó Kamilla dándome un pellizco en la mejilla antes de marcharse.

Cuando me decidí por una versión final ya había oscurecido y la oficina estaba prácticamente desierta. Conté hasta diez, sintiéndome más que un poco inmadura, retándome a mí misma a darle a «Enviar». Cuando por fin logré hacer acopio del valor necesario, sentí un escalofrío de emoción que pronto se vio eclipsado por la ansiedad de esperar a que me respondiera. Era como si no pasase el tiempo. Me fumé medio paquete de Gauloises, navegué por internet un rato, reorganicé mi mesa… A las nueve me marché por fin a casa en metro. Nada más llegar miré mis correos electrónicos. Todavía nada. Muy inquieta me preparé la cena, consistente en una tostada con una generosa capa de Nutella. ¿Me había pasado de frenada o había malinterpretado las señales? Antes de irme a la cama me daría un baño, y si para entonces todavía no había respondido me lo quitaría de la cabeza definitivamente.

A medianoche miré mis correos una última vez. Tenía un mensaje en la bandeja de entrada. Lo abrí y me encontré con que era el reenvío de la confirmación de una reserva de vuelo. Destino: París, Francia.

Will llegó al cabo de poco menos de un mes, justo a tiempo para celebrar la festividad de Acción de Gracias. Me pasé el fin de semana anterior corriendo de un lado para otro con los preparativos. Fregué bien la bañera hasta dejarla resplandeciente, barrí el suelo para que no hubiera ni una mota de polvo y llevé las sábanas a la lavandería. Fui al Marché des Enfants Rouges y compré una barra de pan y un maloliente Camembert, un tarro de pepinillos, fiambres diversos y un ramo de lavanda seca. De camino a casa también compré vino y, en el último momento, fui a la peluquería que tenía al otro lado de la calle para un corte que ya me estaba haciendo mucha falta. La mañana que llegaba Will, me levanté al amanecer y me cambié de atuendo como poco seis veces antes de decidirme por los vaqueros que mejor me sentaban, un jersey negro pegado de cuello vuelto y mis aros dorados de la buena suerte. Cuando salí camino del aeropuerto iba con por lo menos una hora de retraso.

Los tacones de mis botas repiqueteaban sobre la acera mojada de la calle Dupetit-Thouars mientras avanzaba a paso ligero envuelta en una brisa húmeda. Ya casi había llegado a la boca del metro cuando oí el campanilleo de mi teléfono: era un mensaje de texto de Will reportando que su vuelo había aterrizado antes de la hora prevista y que había cogido un taxi rumbo a mi casa; alguien le había abierto la puerta de la calle y estaba esperándome delante de la puerta de mi apartamento. Me apresuré de vuelta a casa y subí las escaleras de dos en dos, parando un momento en el segundo piso para recomponerme. El corazón me iba a ritmo de metrónomo desbocado, tenía la frente ligeramente sudorosa y la respiración entrecortada. Había notado que últimamente me quedaba sin resuello con más facilidad y me hice una nota mental de buscar gimnasios. Apartándome el pelo de la cara, respiré hondo y doblé la esquina del rellano.

—¡Ey, ey! —me saludó Will en cuanto me vio al tiempo que se ponía derecho y esbozaba una inmensa sonrisa.

Dudó un momento antes de decidirse por darme un abrazo. De repente a los dos nos invadió una timidez tan fuerte que nos impedía intentar darnos un beso, ni tan siquiera en la mejilla. En brazos de aquel hombre que no era un desconocido, pero poco menos, de repente, por primera vez en meses, sentí que pisaba tierra firme.

—*Bienvenue!* —dije cuando nos separamos y le hice pasar. Mi estudio era diminuto y, aparte de la cocina y el baño, se reducía a una única habitación multiusos—. Este es el dormitorio —anuncié haciendo un gesto en dirección al colchón que había en una especie de altillo—. Y este es el cuarto de estar —seguí explicando señalando el sofá rojo—. Y aquí tenemos el comedor —concluí mostrándole el viejo baúl que hacía las veces de mesita de café, escritorio y armario. Aquel era el primer sitio en el que había vivido sola y, no obstante ser un tanto espartano y a pesar de que todavía no había encontrado el momento de comprar cortinas, estaba muy orgullosa de mi cueva—. ¡Y, *voilà!* —concluí la visita guiada abriendo los ventanales para mostrarle la pequeña terraza.

—Lo mejor de todo —confirmó Will.

El resto del día lo recuerdo envuelto en una especie de nebulosa y me viene en imágenes, a retazos: la charla nerviosa en el cuarto de estar mientras tomábamos café, la docena de regalos envueltos individualmente que Will puso sobre el baúl, el paseo sin rumbo fijo que dimos por la orilla del Sena, riéndonos de los estudiantes americanos ataviados con la inevitable boina que hablaban un francés atroz.

—Ni se te *ocurra* besarme aquí —le advertí mientras cruzábamos el Pont des Arts, donde los amantes ponían candados en las rejillas del puente.

Ya era de noche y habíamos dado cuenta de una botella de vino cuando, ya más relajados, nos acabamos besando por fin.

Will me siguió escaleras arriba a la cama en el altillo, un montaje barato y endeble hecho con cuatro postes de madera y una plataforma chapucera de contrachapado que el anterior inquilino había montado de modo bastante precario. Tendidos el uno junto al otro en el colchón, tuve una sensación diferente a la de las tres noches que habíamos pasado juntos en Nueva York: ahora una ternura un tanto azorada impregnaba el ambiente mientras nos desvestíamos. La luz de la luna entraba por la ventana dándole a las cicatrices de mis piernas un matiz plateado. Bajo nosotros, los postes se balancearon.

—Maldita sea IKEA —dije.

—¿Y si se cae la cama? —aventuró Will, verdaderamente preocupado.

—Imagínate a mi padre leyendo los titulares del periódico mañana: «PAREJA DE AMERICANOS DESNUDOS HALLADOS MUERTOS SOBRE LOS RESTOS DE UNA LITERA ROTA DE IKEA».

Will saltó al suelo:

—Un momento, tengo que hacer una evaluación preventiva.

Se aseguró de que los tornillos estaban bien apretados, sacudiendo la estructura para comprobar su resistencia mientras yo me moría de risa.

—¡Verificación de resistencia sísmica! —bromeé.

Al final de su visita de dos semanas, Will regresó a Nueva York, pero solo para recoger sus cosas y dejar el trabajo. *Se muda a París para estar conmigo*, escribí en mi diario una y otra vez hasta que empezó a parecerme meridianamente real. En el metro camino del trabajo, no podía quitarme de la cara una sonrisa bobalicona. *La alegría es una emoción aterradora*, no te fíes de ella, añadí en la misma página porque, bajo toda esa dicha, sentía un turbio presagio, una sensación húmeda de que algo salvaje y oscuro avanzaba bajo mi piel.

3

CÁSCARAS DE HUEVO

NO HABÍA ESTADO sin novio más de uno o dos meses desde los diecisiete años. No era algo de lo que me enorgulleciera en particular y tampoco me parecía que fuera especialmente normal, pero sencillamente así había sido. Casi toda la etapa de la universidad estuve saliendo con un chico genial que estudiaba literatura comparada anglosajona y china. Fue mi primer novio serio de verdad y me llevaba a restaurantes elegantes y de vacaciones a la playa de Waikiki. Pero, a medida que pasaban los semestres, empecé a sentir un cierto desasosiego, a desear haber tenido más experiencia antes de conocerlo. El verano de mi último año, la relación se terminó porque tuve una tórrida aventura con un realizador de cine etíope. Después estuve con un tío de Boston que conocí mientras investigaba para mi tesis en El Cairo durante las vacaciones de invierno: le encantaban las bromas a lo grande y estaba muy comprometido con su lado activista, tanto que lo acababan de detener por desplegar una bandera palestina de casi diez metros en la pared de una de las pirámides. Al cabo de una semana, estábamos bebiendo *whisky* de contrabando en la terraza de un bar mientras contemplábamos el mar Rojo cuando llamó a sus padres: «A ver, os paso a la chica con la que me voy a casar», les anunció al tiempo que alargaba el brazo para pasarme el teléfono sin darme tiempo ni a rechistar. Rompí con él al poco tiempo. Más o menos por la fecha de mi graduación empecé una historia con un texano-mexicano aspirante a guionista. Estuvimos saliendo durante dos meses desastrosos, ya en Nueva York, yo con mis prácticas y él trabajando de camarero en un hotel elegante del centro. Cuando bebía le salía una vena de mala gente y estaba borracho casi todo el tiempo.

Estas relaciones no tenían nada de casual. Mientras duraban, me las tomaba muy en serio, me metía de lleno, completamente centrada en la idea de una vida juntos. Ahora bien, incluso durante los periodos más intensos, era consciente de que había una señal de neón indicando la salida, allá a lo lejos. Y, la verdad, casi siempre estaba a punto de echar a correr hacia ella. Estaba enamorada de la idea de estar enamorada. Otra manera de decirlo es que era joven, muy impulsiva y desconsiderada con las emociones de los demás. Estaba demasiado centrada en mí misma y en descubrir qué era lo próximo que me deparaba la vida como para entretenerme en analizar mis promesas incumplidas.

Con Will era diferente. No se parecía a ninguno de los hombres con los que había estado antes, más bien poseía una rara combinación de cualidades —un poco tío cachas; un poco empollón; un poco payaso de la clase—: era capaz de hacer un mate de baloncesto con la misma facilidad con la que te recitaba unos versos de W. B. Yeats. Me impresionaba lo considerado que era, la manera en la que siempre estaba haciendo lo posible para que todo el mundo estuviera a gusto. Me llevaba cinco años y tenía una sabiduría de espíritu discreta y humilde, y por otro lado una actitud lúdica ante la vida que lo hacían parecer mayor y a la vez más joven de lo que en realidad era. En el preciso instante en el que Will volvió a aparecer en el umbral de la puerta de mi apartamento parisino, esta vez con una mochila inmensa a la espalda en la que traía todas sus posesiones, el neón luminoso indicando la salida desapareció. Por primera vez, me metí de verdad en la relación.

Will deshizo el equipaje y dobló su ropa en montones perfectamente ordenados que colocó en los estantes de la librería que yo había vaciado para hacer sitio para sus cosas. Luego se puso a rebuscar en la mochila hasta que encontró un altavoz inalámbrico y me preguntó si podía poner un poco de música: los sonidos típicos del hip-hop de la década de 1990 —Warren G en bucle, a piñón— empezaron a retumbar por todo el apartamento. Noté cómo la risa me subía por el cuerpo al contemplarlo rapear las letras mientras bailaba como un descosido en la pista del retal de suelo de madera que quedaba libre. Me cogió de la mano y me hizo girar sobre mí misma unas cuantas veces en la cocina. A punto estuvimos de tirar una sartén.

«Me estás distrayendo», protesté entre risas al tiempo que lo espantaba con un trapo de cocina.

Estaba haciendo un guiso de cordero y patatas. Quería impresionar a Will con mis dotes culinarias. Haciendo gala de extrema concentración, piqué las zanahorias, salteé las chalotas, le di una vuelta de sartén a la carne y preparé el puré de patata. Aparte de los huevos revueltos, un plato de pasta de vez en cuando y mi cena estándar de tostadas con Nutella, era la primera vez que intentaba cocinar algo a partir de cero y había llamado a mi madre esa mañana para que me pasara la receta. La cocina de aquel apartamento era del tamaño de una alhacena y, sin ventanas ni ventilador para que corriera el aire, hacía un calor asfixiante. Me sequé la frente con el trapo de cocina, pero en seguida se me volvió a llenar de gotitas de sudor mientras colocaba las capas de ingredientes en una fuente y espolvoreaba un poco de queso por encima al final antes de meter todo en el horno. Al poco, un aroma a hierbas aromáticas frescas y mantequilla inundó el apartamento. Por primera vez olía a hogar de verdad.

Fui a ver qué estaba haciendo Will. Estaba poniendo la mesa en el baúl. Abrí la ventana para que entrara un poco de aire. Había empezado a nevar y unos cuantos copos de nieve indolentes se colaron dentro. Will se acercó hasta donde yo estaba, delante de la ventana, y me sujetó por el talle, atrayéndome hacia él. «Mañana me pondré a buscar trabajo —anunció al tiempo que hundía la cara en mi pelo—. Y también debería buscar una escuela de francés, algún sitio donde me enseñen por lo menos lo suficiente para pedir "tres baguettes y una Orangina, por favor"».

Los pectorales de Will eran fuertes y cálidos en contacto con mis omoplatos. Cerré los ojos y me relajé fundiéndome en su torso, tratando de recordar cuándo había sido la última vez que me había sentido así de feliz. No conseguí acordarme. «¡No te muevas!», me ordenó él apartándose de pronto para coger la cámara de la estantería y hacerme una foto al lado de la ventana, con mi silueta recortada sobre aquel cielo invernal de fondo. Cuando me enseñó la foto casi me da un ataque al verme: estaba tan pálida que era casi transparente; tenía los párpados de un tono azul muy parecido al de los huevos de petirrojo, como si todas las venas hubieran emergido a la superficie; hasta el color de mis labios era mortecino.

«Son de color perla», sentenció Will con generosidad plantándoles un beso.

Al cabo de dos semanas, Will cumplió veintisiete años. Para celebrar su cumpleaños y además su mudanza, me cogí unos días de vacaciones y lo sorprendí con un sobre que contenía dos billetes de tren a Ámsterdam. Era enero de 2011 y, en cuanto salimos al exterior de la estación, entramos en contacto con el gélido aire de primera hora de la mañana. Nuestra intención era explorar la ciudad a pie. El itinerario que nos habíamos marcado incluía una visita a la casa de Ana Frank, parada técnica en el mercado para degustar un poco de arenque marinado y un *tour* en barcaza por los canales. Sin embargo, no llegamos muy lejos. Yo no lograba recorrer más de una manzana sin tener que pararme porque me entraba una tos violenta que me sacudía todo el cuerpo. Hasta el punto de quedarme un poco mareada, y con el pulso retumbándome en las sienes como si tuviera dentro un diapasón.

Estaba tan agotada que acabamos pasando gran parte del fin de semana en el hotelucho de dos estrellas que habíamos reservado en el Barrio Rojo: sábanas llenas de agujeros, una ventana destartalada que daba a un canal y estridentes repiqueteos distantes que llegaban del desangelado pasillo, seguramente debidos a algún radiador estropeado. Pero, lo que tiene estar enamorado es que, estés donde estés, lo puedes convertir en una gran aventura. De hecho, nada más llegar, le dije a Will: «¡Este es mi hotel favorito de todos los tiempos!»

No me encontraba bien, pero estaba decidida a que nuestro primer viaje juntos fuera una experiencia memorable. Y así fue como, la tarde del día en que Will cumplía años, me encontré en un sótano transformado en *coffee shop* comprando una lata de hongos alucinógenos a un chaval desgarbado y pálido con largas rastas.

—Venga, hombre, no seas tan anticuado —le dije a Will, que no los había probado nunca y los miraba con aire aprensivo.

—Bueno, venga —accedió al final.

—Si los mayas llevaban razón, este año se acaba el mundo, así que por lo menos vayámonos como es debido.

Caminamos unas manzanas hasta un restaurante etíope para la cena y, cuando el camarero no miraba, vertí unos cuantos hongos en el especiado estofado de lentejas que habíamos pedido.

—¡Estás como una cabra! Ya lo sabías, ¿no? —se rio Will al tiempo que, negando ligeramente con la cabeza, probaba un cucharada de lentejas acompañada de un trozo de *injera,* con una expresión escéptica pintada en el rostro.

Una niebla baja y espesa lo envolvía todo camino de vuelta al hotel después de cenar. Avanzamos con dificultad por las calles llenas de charcos y los puentes helados, esquivando a ciclistas que anunciaban su llegada con el campanilleo impaciente de los timbres de sus bicis y pasaban por nuestro lado como una exhalación. Caminamos por las callejuelas del distrito rojo, dejando atrás siluetas que se adivinaban tras las cortinas de las ventanas de las casas. Un semáforo se puso naranja, rojo, verde y luego por fin lanzó resplandecientes destellos arco iris. Vi nuestro hotel desde donde estábamos, con su rótulo de neón resplandeciendo como un ascua. Apretamos el paso para llegar a nuestra habitación antes de que el efecto de los hongos alcanzase su punto álgido. Cuando llegamos, los poros de la piel se me habían convertido en diminutas antorchas que escupían fuego. Me quité —arranqué— toda la ropa y me dejé caer en el colchón cuan larga era, con la esperanza de refrescarme un poco. Mientras tanto Will se entretenía montándome una tienda con sábanas y almohadas. «Entra aquí dentro —lo invité, dando palmaditas en el espacio vacío en el colchón justo a mi lado—, ¡es muy *gezelling*!» *Gezelling,* la expresión holandesa imposible de traducir que más o menos significa «acogedor», se había convertido en nuestra nueva palabra favorita. Will se deslizó bajo la carpa de sábanas y se tumbo a mi lado.

—¡Madre mía, estás ardiendo! —exclamó poniéndome una mano en la frente.

En el momento lo achaqué a que los hongos me estaban haciendo efecto, y mucho. Pero según avanzaban las horas me siguió subiendo la fiebre más y más hasta el punto en que temí que se me incendiara el cuerpo.

Empecé a temblar y sudaba a mares. Y recuerdo que, por primera vez en la vida, me sentí frágil.

—Me siento tan frágil como si estuviera hecha de cáscaras de huevo —le repetía a Will una y otra vez—. Nos quedamos aquí para siempre, ¿de acuerdo?

Él, a esas alturas ya muy preocupado, sugirió que fuéramos a urgencias:

—Déjame cuidarte —me suplicó.

—*Non merci*, soy una chica dura —me resistí sacando bíceps.

—Podemos ir en taxi y antes de que te des cuenta estaremos de vuelta.

Me cerré en banda, negando enérgicamente con la cabeza hasta que desistió. No quería ser una más de esos turistas torpes que van a Ámsterdam, prueban hongos alucinógenos y acaban en el hospital.

Al día siguiente por la tarde tomamos el tren de vuelta a París. La fiebre y las alucinaciones habían remitido, pero no así la sensación de fragilidad. Cada día que pasaba me sentía más débil, menos vibrante. Era como si alguien me estuviera difuminando por dentro con una goma. La silueta de mi antiguo yo todavía era perceptible, pero mi interior se estaba apagando, enmudeciendo como un palimpsesto fantasmagórico.

4

VIAJAR POR EL ESPACIO
Y COGER VELOCIDAD

DE VUELTA EN PARÍS, fui al médico por el motivo más frecuente por el que las chicas de veintidós años van al médico: a por anticonceptivos. La clínica era un laberinto con paredes con la pintura desconchada, salas de espera abarrotadas y bombillas titilantes colgando del techo. El resto de pacientes, la mayoría de los cuales parecían inmigrantes, también originarios del norte de África, hablaban entre sí en una mezcla de francés y árabe mientras trataban de calmar a bebés inquietos o se entretenían hojeando revistas atrasadas. Mirando a mi alrededor, sentí una punzada de nostalgia al pensar en casa. La transición del pediatra de toda la vida que siempre llevaba piruletas en los bolsillos de la bata y me conocía desde que nací a esta clínica fría y destartalada era un recordatorio estremecedor de que ahora me las tenía que arreglar sola. Ya no era una niña, pero me sentía muy mal preparada para enfrentarme al deprimente mundo de luces de neón y burocracia de los adultos.

Al final dijeron mi nombre por fin y una enfermera me remangó la blusa para inspeccionarme el brazo en busca de una vena para extraerme sangre. Las agujas siempre me habían dado terror. Aparté la mirada, fijé la vista en el suelo y aguanté la respiración mientras la aguja me perforaba la piel. Por el rabillo del ojo vi el borbotón carmesí. No pasa nada —me dije a mí misma, dando un suspiro mientras me extraían sangre—. Ya casi estamos.

Al cabo de una hora me condujeron a una consulta donde había un hombre con bigote y bata blanca de laboratorio sentado al otro lado de una gran mesa de madera. Me senté.

—¿Qué la trae por aquí? —me preguntó en francés.

—Me gustaría que me recetara la píldora —le respondí.

—Bueno, no tiene por qué haber mayor problema con eso—. Bajó la mirada para echar un vistazo a los resultados de mi analítica y de repente hizo una pausa y frunció el ceño ligeramente—. Antes de que comentemos las diferentes opciones, una pregunta: ¿se ha sentido cansada últimamente?

Asentí con determinación.

—Estos análisis muestran claramente que tiene anemia, el recuento de glóbulos rojos está muy bajo. —Debo de haber dado la impresión de estar agobiándome mucho porque añadió—: Pero, no se preocupe, la anemia es bastante frecuente en las mujeres jóvenes. ¿Tiene menstruaciones muy abundantes?

Me encogí de hombros, con muchas dudas de qué se consideraba «abundante».

—Supongo —respondí por fin porque, tras una década de dolores de regla, en mi opinión cualquier menstruación era excesiva.

—Pues ese puede ser el problema entonces —concluyó el doctor—. Le voy a recetar un anticonceptivo y también unos suplementos de hierro. Con eso no tardará en notarse con más energía.

En el metro de vuelta a casa, fui contando las paradas hasta la calle Dupetit-Thouars, sintiéndome todavía un poco confundida ante la novedad de volver a mi casa donde me esperaba mi chico. Entré en tromba, con las mejillas encendidas por el frío que hacía fuera y me lancé a abrazar a Will. Luego, mientras abría una botella de vino, le conté lo de la anemia y los suplementos de hierro.

—Por eso he estado tan puñeteramente *fatiguée* últimamente —le expliqué esperanzada dedicándole una sonrisa—. ¿Qué tal te ha ido a ti el día?

—Mila se ha hecho un arañazo en el codo en el tiovivo del Campo de Marte y se ha puesto a llorar, pero he conseguido que se calmara y, al final, todo bien. Así que yo diría que ha sido una *journée* muy *bonne*.

Will se había apuntado a clases de francés y había empezado a trabajar de niñero (de *manny*, vaya: la versión masculina de una *nanny*, aunque me tenía terminantemente prohibido que lo llamara así, si bien yo no perdía oportunidad de hacerlo). Todas las tardes, mientras yo seguía todavía trabajando en el despacho, él recogía en el parvulario a Mila, una niña de cuatro años, y la acompañaba a sus actividades extraescolares. La nena tenía unas mejillas regordetas y una abundante melena castaña rizosa. Su actividad favorita era sentarse en los hombros de Will, desde donde gozaba de una excelente vista panorámica de todo lo que acontecía en la calle mientras se comía un cruasán y le gritaba a todo el que quisiera oírla: «¡Soy la niña más alta de todo París!» Mientras Will me contaba su última aventura juntos, yo le quitaba migas de cruasán del pelo.

El trabajo de niñero de Will era algo temporal mientras se organizaba la vida profesional en París. Ni que decir que no era precisamente el mejor uso posible de su título universitario, pero a él no parecía importarle: suponía una fuente fija de ingresos, además en negro, y no le hacía falta tener visado de trabajo. Por supuesto, había maneras mucho peores de pasar la tarde que descubriendo la ciudad con una guía de cuatro años. Yo, por mi parte, no era tan optimista en cuanto a mi trabajo. Cada vez me resultaba más difícil llegar al final de la jornada laboral. El picor había ido a menos desde que vivía en París, pero estaba tan agotada que bebía ocho cafés al día. Estaba empezando a preocuparme que aquel cansancio profundo fuera algo más. *Igual es sencillamente que no estoy hecha para aguantar el ritmo del mundo real*, había escrito en mi diario. No obstante, el médico de la clínica me había ofrecido una explicación alternativa: anemia, lo que implicaba que la fatiga era cosa *mía*, pero no *provocada por mí*, una distinción que yo agradecía sobremanera.

Ya era tarde y la botella de vino —ahora vacía— reposaba sobre el baúl. Me puse de pie tambaleándome y declaré que ya iba siendo hora de que hiciéramos la lista de propósitos del nuevo año, que teníamos pendiente desde Año Nuevo, hacía ya unas cuantas semanas. Me encantaba ese ritual anual de redactar los nuevos propósitos; de hecho, me pasaba la vida escribiendo en mis diarios listas de sueños y cosas por hacer. Algo que se asemejara —aunque fuera levemente— a un plan, compensaba la incertidumbre y la confusión que me provocaba el futuro. A Will no le iba demasiado lo de planificar, pero se apuntaba al carro porque a mí me hacía ilusión. En primavera —declaró—, se iba a matricular en la universidad, quizás estudiaría un posgrado en Ciencias Políticas en el Instituto de Estudios Políticos de París. Yo me comprometí a encontrar otro trabajo, uno que no me chupara toda la energía y que además no se redujera a hacer fotocopias y esconder los pies de la mirada de mi jefe.

A lo largo de los dos meses siguientes, intenté por todos los medios cumplir los propósitos que me había hecho: redacté una versión actualizada y mejorada de mi currículum y me puse en contacto con antiguos profesores y mentores para que me aconsejaran. Pero, sobre todo, me encontré a menudo de vuelta en la deprimente sala de espera de la clínica, a la que volví por lo menos una docena de veces por catarros, alguna que otra bronquitis y varias infecciones urinarias. Cada vez que iba me tocaba un médico diferente. Cada vez que iba, tenía que explicar mi historial y la lista de achaques recientes no hacía más que crecer. Estaba tomando los suplementos de hierro tal y como me había prescrito el primer médico. Pero, en vez de notarme con más energía, el cansancio iba en aumento. El elenco cambiante de médicos de la clínica me hacía cuestionarme quién llevaba el registro de todos los detalles, quién se estaba ocupando de verdad de mi caso.

Una tarde, me estaban practicando por enésima vez la «rutinaria» extracción de sangre y de repente se me llenaron los ojos de lágrimas. «¿Te pasa algo?», me preguntó alarmada la enfermera que me tomaba la muestra de sangre.

Ya no estaba segura.

Estar cansada todo el día y todos los días, durante muchos meses, hace que ya ni te des cuenta de si estás más enferma. Cuando me derivaron a un médico del Hospital Americano de París ya estaba tan débil que me costaba un esfuerzo tremendo subir y bajar las escaleras del altillo de la cama. Un viernes por la tarde que hacía un calor excepcional para ser finales de marzo, salí de casa para acudir a la cita médica en el Hospital Americano. Lo que en circunstancias normales habría sido un trayecto de metro de media hora me llevó varias horas y acabé en un barrio de París que no conocía. Di vueltas en círculo buscando el hospital hasta que me di cuenta de que me había bajado en la parada que no era. Mientras esperaba el bus que debía llevarme a Neuilly-sur-Seine, un barrio de las afueras al oeste de París, que era donde estaba el hospital, me sentí muy aturdida. A mi alrededor, las mansiones y los coches de lujo resplandecían a la luz del sol, los pájaros trinaban revoloteando entre las hojas en forma de corazón de los tilos. Por la acera donde no daba el sol pasó una madre que llevaba un niño rubio de cada mano. Empezó a darme vueltas la cabeza. De repente empecé a ver chispazos por todas partes y coches, casas, pájaros y madre de niños rubios se volvieron siluetas doradas de bordes cada vez más borrosos hasta que se hizo la oscuridad total. Un minuto estaba de pie y al minuto siguiente me había desplomado, cayendo de lado y golpeándome la cabeza con la acera.

—Ça va, mademoiselle? —surgió la pregunta de los labios fruncidos de preocupación de una anciana cuando recuperé el conocimiento.

—No —le respondí echándome a llorar. No podía contactar con Will porque estaba con Mila en clase de natación y mis padres estaban a seis mil y pico kilómetros. Estaba viajando en el espacio y cogiendo velocidad, alejándome cada vez más del planeta Tierra. Nunca me había sentido más sola.

Cuando por fin llegué al hospital ya estaba anocheciendo. Un caballero que se identificó como el doctor K me echó un vistazo en la sala de reconocimientos y decidió ingresarme para hacer más pruebas. «*Vous n'avez vraiment pas bonne mine*», me dijo. (Traducción: tiene usted muy mal aspecto). Un celador me llevó en silla de ruedas a una habitación de paredes blancas con un gran ventanal. Se estaba poniendo el sol y contemplé cómo unas nubes de color morado cruzaban el horizonte amenazando lluvia. La última vez que había pasado la noche en un hospital había sido el día que nací.

El Hospital Americano de París no se parecía en nada a ningún hospital estadounidense de los que yo conocía. Mi habitación era lujosa, más grande que mi apartamento y muy soleada. La bandeja del desayuno que aparecía sin tener que pedirla junto a la cama todas las mañanas era en sí todo un acontecimiento para mí, con sus aromas a cruasán de mantequilla y café recién hecho que me iban sacando poco a poco del sueño. Con la bandeja del desayuno llegaba la dosis diaria de prednisona, una variante común y corriente de esteroides que se me habían recetado por motivos que no me habían quedado del todo claros. Pero que, en cuestión de setenta y dos horas, había conseguido que recobrara suficiente energía para bajar al patio del hospital donde me pasaba las tardes escribiendo en mi diario, gorroneando cigarrillos de los otros pacientes enfundados en sus batas de algodón y contemplando con la mirada perdida los parterres de flores del patio. Por las noches, después de meter a Mila en la cama, Will venía al hospital. Traía el Scrabble y nos quedábamos despiertos hasta tarde hablando y jugando una partida tras otra. Una enfermera le había ofrecido la posibilidad de ponerle una cama supletoria para que pudiera quedarse a dormir.

—Gracias por estar aquí —murmuraba yo medio adormilada cuando ya nos iba venciendo el sueño, cada uno en su respetiva cama.

—Lo que más feliz me hace es estar contigo, estos han sido los meses más felices de mi vida —me tranquilizaba Will alargando el brazo para cogerme la mano—. No hay nadie como tú, nadie que me empuje a vivir del modo que lo haces tú, que me haga querer ser *yo*, más que tú. Tu deseo de saber más y de conocerte mejor, me hace querer ser mejor. Lo que estamos construyendo juntos es algo grande. Y verás cómo en muy poco tiempo vas a salir de aquí y podremos retomar nuestra vida.

Durante mi estancia de una semana en el hospital me hicieron hasta la última prueba que se les ocurrió a los médicos, del VIH al lupus, pasando por la enfermedad por arañazo de gato. Todos los resultados salían negativos. Respondí a un sinfín de preguntas: no, ninguna cirugía ni hospitalización anterior; ninguna dolencia médica; un abuelo fallecido por cáncer de próstata y el otro de un ataque al corazón. Pero, aparte de eso, no había antecedentes familiares de ninguna enfermedad; si bailar en las discotecas contaba, entonces sí, sí que hacía ejercicio habitualmente. Cuando el doctor K analizó mis glóbulos rojos en el microscopio descubrió que tenían un tamaño mayor de lo normal y dijo algo de que seguramente haría falta practicarme una biopsia de la médula ósea.

—¿Cuánto alcohol bebe? —me preguntó una tarde, junto a mi cama.

—Demasiado —le respondí—. Me acabo de licenciar hace poco.

Observé cómo tomaba notas en un cuaderno mientras salía de la habitación. Al final, decidió que la biopsia no era necesaria para alguien de mi edad. Confié en él. A fin de cuentas, se supone que juventud y salud van de la mano.

—Necesita descansar —concluyó el doctor K—. Sigo sin entender lo de sus glóbulos rojos, aunque no veo que haya motivo para alarmarse. Ahora estoy a punto de irme de vacaciones, pero nos vemos otra vez a mi vuelta, dentro de un par de semanas, a ver cómo se encuentra entonces.

Y con eso me dio el alta con un diagnóstico de algo llamado «síndrome de desgaste profesional» y me firmó un mes de baja en el trabajo.

En el trayecto en metro del hospital a mi casa escribí en mi diario:

Detalles médicos importantes a recordar:

1) El doctor K lleva gafas de Prada.
2) A Will y a mí, una enfermera casi nos pilla practicando sexo en el baño de mi habitación del hospital.
3) Puedes pedir champán y *crème brûlée* a la cafetería del hospital y te lo suben directamente a la habitación.
4) Estoy segura de que este lugar es un club campestre que aparenta ser un hospital.
5) ¿Qué diablos es el «síndrome de desgaste profesional»?

He de admitir que estaba encantada ante la perspectiva de no tener que volver al trabajo en un mes, pero lo demás no me acababa de cuadrar. Sin la dosis diaria de prednisona, mi energía estaba empezando a apagarse otra vez. Desparramada en el asiento de plástico del metro, haciendo esfuerzos para no dormirme, de repente se me ocurrió que el doctor K tal vez había pensado que mucho trabajar y mucho salir eran —básicamente— los únicos culpables. No tenía la sensación de que ni él ni ninguno de los demás médicos que me había visto me estuvieran tomando en serio. Ahora bien, tampoco podría garantizar que yo misma me estuviera tomando totalmente en serio. No dije claramente lo que me pasaba, más bien opté por ignorar las dudas que iban y venían en mi cabeza como si fueran pelotas en un partido de pimpón. Ellos eran los que tenían el título de médico, no yo.

A los pocos días de volver a casa del hospital me desperté con la buena noticia de que tenía una entrevista de trabajo. Me había pasado las semanas anteriores escribiendo a distintas revistas y periódicos interesándome por puestos vacantes que pudieran tener, pero con poco éxito. A diferencia de otras carreras en las que existían unos caminos claros a seguir, unos escalafones corporativos evidentes por los que ir subiendo o títulos universitarios que hay que tener, el mundo del periodismo era para mí fascinante e inaccesible a partes iguales. No tenía ni idea de cómo meter la cabeza. «Sencillamente empieza a escribir historias y a mandárselas a los jefes de redacción», me había aconsejado alguien, pero mi trabajo no me dejaba mucho tiempo que digamos para eso. Además, incluso si hubiera tenido el tiempo, no conocía a ningún jefe de redacción y, aunque lo hubiera conocido, no habría tenido suficiente confianza en mí misma para tomar la iniciativa de ese modo. Así que lo que había hecho era escribirle a mi profesor de periodismo de la universidad, que me había sugerido que me pusiera en contacto con el *International Herald Tribune* —que tenía las oficinas centrales en París— para interesarme por las vacantes que pudiera haber para principiantes. Y, para mi gran sorpresa, me respondieron informándome de que tenían un puesto de corresponsal a tiempo parcial, una especie de recabadora de información de nivel básico que ayudaría a los reporteros con más experiencia a cubrir la revolución que acababa de estallar en Túnez y que luego daría en conocerse como la Primavera Árabe. Querían que fuera a hacer una entrevista inmediatamente.

Al día siguiente me puse el traje de chaqueta negro que había adquirido en una tienda de segunda mano, ordené mis rizos caóticos en una trenza, me apliqué una capa doble de colorete en mis palidísimas mejillas y acudí a la entrevista. Con la respiración entrecortada por el esfuerzo de subir las escaleras, noté que volvía la sensación familiar de mareo, que me faltaba el aire, pero ese día tenía asuntos más importantes en los que centrarme. El repiqueteo de los teclados inundaba la redacción, un espacio diáfano atestado de archivadores y mesas con altas pilas de libros, monitores de ordenador y tazas de café sin lavar. Mientras contemplaba al grupo de redactores experimentados que ocupaban las mesas me dije a mí misma que mejor no me hacía ilusiones. Sabía que las probabilidades de que me dieran el trabajo eran escasas. Pero, por primera vez, veía abrirse ante mí un recorrido profesional que me motivaba. De repente me di cuenta de que, sin saberlo, esto era para lo que me había estado preparando. En la universidad había hecho todos los cursos de idiomas que había podido —árabe, francés, español, farsi— con la idea de que algún día me vendrían muy bien para vivir y trabajar en exóticos lugares lejanos. Los veranos me los había pasado estudiando e investigando en el extranjero, lo que me había permitido viajar por todas partes, de Adís Abeba y la cadena del Atlas en Marruecos a Cisjordania. En cuanto a Túnez, no era simplemente un país que conocía y me encantaba, era un hogar: era donde había nacido mi padre, donde seguían viviendo todos mis parientes por el lado paterno, y un país del que me enorgullecía de tener pasaporte. Todo esto salió en la entrevista y los redactores con los que hablé parecían estar encantados. Yo también lo estaba. Me marché pensando que había estado esforzándome durante toda mi vida adulta para llegar a ese momento, y luego me reí de mi misma pensando en que eran cuatro años.

Nunca volví a las oficinas del *Tribune*. Al cabo de una semana estaba de vuelta en el hospital. Esta vez me encontraba tendida en una camilla en urgencias, postrada por el dolor. Unas llagas lacerantes me cubrían el interior de la boca. El color de mi piel era de un mortecino gris azulado como de carne muerta. Will me apretó la mano cuando la médica de guardia dijo: «Tu recuento de glóbulos rojos ha bajado significativamente. —Me la quedé mirando sin conseguir descifrar qué quería decir con eso—. Si baja más no te permitirán subir a un avión». Posó suavemente su mano sobre mi hombro y añadió que tenía una hija de mi edad y que, si fuera mi madre, querría que me sacara un billete para el siguiente vuelo a casa.

Lo primero que hicimos a la mañana siguiente fue organizar mi viaje a Nueva York. Yo insistí en sacar un billete de vuelta a París para dos semanas más tarde. Necesitaba creer que era un viaje de ida y vuelta. Will se había ofrecido a acompañarme, pero en mi cabeza no tenía el menor sentido que lo hiciera: tenía que cuidar a Mila y, además, yo volvería enseguida. Cuando me despedí de él en el aeropuerto le dije que no se preocupara. Luego un señor de cierta edad con uniforme azul marino me llevó por todo Charles de Gaulle en silla de ruedas hasta la puerta de embarque. Me ardían las orejas mientras pasábamos los controles de seguridad y me conducía hasta el principio de la fila y al interior del avión. Yo tenía prioridad sobre el hervidero de familias y hombres de negocios con maletines elegantes que esperaban para embarcar. Cuando la doctora de urgencias insistió en que fuera en silla de ruedas me pareció que estaba exagerando. Recuerdo que pensé que en cualquier momento alguien me iba a sacar los colores por ser una farsante, pero la gente de la fila de embarque prioritario que me miró —los que se dieron cuenta de mi presencia— lo hizo con la pena escrita claramente en el rostro.

El avión despegó. Acurrucada en posición fetal ocupando dos asientos, temblaba de pies a cabeza pese a estar tapada con una manta fina. No era capaz de entrar en calor. Siempre me habían encantado los aviones, la sensación de pequeñez que te invade con la altura a medida que la tierra se va haciendo cada vez más pequeña hasta que desaparece bajo las nubes, pero esta vez tuve la cortinilla de la ventana bajada todo el rato. Estaba demasiado cansada para hacer nada, ni ver películas ni comer nada de lo que me ofrecían las azafatas con cara de preocupación. Sin embargo, por muy cansada que estuviera, me costaba dormirme de lo hinchadas que tenía las mejillas por dentro por las heridas. La doctora de urgencias me había recetado codeína para el vuelo de vuelta a casa y me había tomado un par de pastillas con la esperanza de que me aliviara un poco el dolor. Experimentaba oleadas de náuseas mientras mi mente salía y entraba del estado consciente.

Soñé que el avión era una cárcel volante que permanecía suspendida sobre el Atlántico y que me estaban castigando por todos los cigarrillos que había fumado y todo el alcohol que había metido en el cuerpo en el último año. Soñé que estaba en la reunión de mi clase de la universidad al cabo de cinco años de graduarnos y que mis amigos estaban todos juntos, de espaldas a mí, riendo y bebiendo cócteles en un jardín con un lustroso césped de color verde lima. Se veían los edificios de las residencias de estudiantes a lo lejos, como si estuvieran en llamas a la luz del sol anaranjado del atardecer. Los llamé, pero cuando se dieron la vuelta me di cuenta de que no me veían. En la lógica de los sueños tenía sentido: *tal vez no me hayan reconocido*, pensé. Yo había envejecido —y de qué manera— desde los tiempos de nuestra graduación: estaba sentada en la silla de ruedas del aeropuerto, era todo pellejo y

huesos y solo unos contados mechones de cabello de color plateado pobla-
ban mi cráneo prácticamente calvo. Tenía las pupilas de un color lechoso y
mi boca era un enorme agujero desdentado. Los llamé otra vez: *Soy yo* —grité—, *Suleika*. Pero esta vez nadie se dio la vuelta.

La siguiente vez que abrí los ojos fue porque noté el impacto de las ruedas del avión sobre la pista al aterrizar. Estaba en casa.

5

DE LOS ESTADOS UNIDOS

SIEMPRE HE LLAMADO a mis padres por sus nombres de pila, desde que aprendí a hablar, algo que a ninguno nos pareció raro hasta que una perpleja profesora de primaria nos lo hizo notar.

Mi madre, Anne, una mujer menuda con ojos de color azul muy claro y el cuerpo esbelto y musculoso de una bailarina, es oriunda de un bucólico pueblo de Suiza a una hora de Ginebra. Se crio en una casa de piedra llena de libros viejos, antigüedades y un gramófono en el que siempre sonaba música clásica. Las ventanas del cuarto de estar daban a una plaza presidida por un castillo medieval y un resplandeciente lago donde ella se pasaba los fines de semana nadando y navegando con los chavales de la vecindad. Era lo que llaman en francés un *garçon manqué*, o sea, un poco chicazo, con su pelo corto y la nariz siempre pegada a la novela que estuviera leyendo. Su padre, Luc, era médico y ecologista, un hombre estricto rayando en la militancia, pero también alguien que se adelantó a su tiempo. Se negó a tener coche por las emisiones de carbono y prohibió el uso del plástico en su casa. Se instaló un taller de carpintero en el ático donde fabricaba juguetes de madera para Anne y sus tres hermanos. La madre, Mireille, era bibliotecaria y nunca mostró demasiado interés por el activismo de su marido. Le encantaban las cosas bonitas, tenía una colección impresionante de jerséis de cachemir y un jardín de rosas en constante expansión. Y era famosa por sus deliciosas tartaletas de manzana al más puro estilo suizo. Había una manera correcta y otra incorrecta de comportarse —decía Mireille siempre—, y sometía a sus hijos a estrictas lecciones de etiqueta. Cuando Anne llegó a la adolescencia ya empezaba a hacérsele insoportable el peso de todas las exigencias resultantes de los «edictos» de sus padres y el ambiente cerrado del pueblo.

Después de terminar sus estudios en la Escuela de Bellas Artes de Lausana, mi madre consiguió una beca para mudarse a estudiar a la ciudad de Nueva York, donde tenía pensado convertirse en una famosa pintora. Alquiló un apartamento pequeño en la esquina de la calle 4 y la avenida A en el East Village. Era la década de 1980 y el barrio era una mezcla de edificios de apartamentos pintados de grafitis y ruinosos solares llenos de escombros. En las calles se respiraba una energía electrizante y había jóvenes escritores y músicos llenos de creatividad y ambición por todas partes. Anne nunca había estado en un sitio así.

La actividad febril es la característica definitoria de nuestra familia. A mi madre le habían inculcado la ética de trabajo de un percherón y no paraba de hacer cosas desde el amanecer hasta que se ponía el sol. Se las ingeniaba para ganarse la vida trabajando de pintora de brocha gorda y vendiendo rosas en los restaurantes y cafés, lo que le permitía reunir el dinero para pagar el alquiler del apartamento y un pequeño estudio que compartía con otros dos artistas. No tardó en encontrar una actividad más lucrativa con la que pagarse los gastos y empezó a llevar un pequeño negocio desde su apartamento: «Escuela Internacional de Idiomas, ¿en qué podemos ayudarle?», respondía al teléfono fingiendo ser una secretaria. La escuela, si es que se la podía llamar así, consistía en mi madre y sus amigos, un grupo procedente de un sinfín de lugares de toda Europa. Los contrataba para dar clases de francés, italiano, alemán y español a empresarios y familias pudientes de la parte alta de la ciudad. Acabó consiguiendo ahorrar lo suficiente para el pago inicial de su apartamento, que se vendía por cuarenta mil dólares, lo que por aquel entonces era una verdadera fortuna.

Anne ya llevaba unos cinco años en Nueva York cuando su ingenio, el cabello corto, los pómulos marcados y la nariz aristocrática captaron la atención de mi padre, Hédi, en un club de jazz de la parte baja de la ciudad. No le costó demasiado conquistarla. Hédi era alto y de piel tostada, su cabello negro era ensortijado y tenía un espacio encantador entre los dientes incisivos superiores. Además, acababa de correr la maratón de Nueva York y nunca había estado más en forma. No vivía lejos, en la calle 7 entre las avenidas B y C, tan cerca que no tardaron en empezar a verse todos los días. Los unió su lengua franca común, su nomadismo y el amor que compartían por la cocina, el cine y las artes. Tenían los mismos valores bohemios y se gastaban el poco dinero que tenían en vino bueno, entradas para el teatro y viajes, pero también discutían mucho porque los dos eran tremendamente testarudos e independientes. La prioridad de mi madre era su pintura y no tenía el menor interés en ser la mujer de nadie. Mi padre todavía no veía claro si quedarse en Estados Unidos o volver a su país e instalarse a comenzar una vida allí. A mí me concibieron cuando ya llevaban dos años saliendo, en el apartamento que tenía Hédi en el parque Tompkins Square. *Un accidente*, imagino que pensaría mi madre, lamentándose ya por su libertad perdida mientras se hacía una prueba de embarazo. (Luego modificaría sus sentimientos al respecto: *una sorpresa*, me diría a mí).

Hédi, que entonces tenía cuarenta años, casi era diez años mayor que Anne. Era profesor de bachillerato en el Colegio Internacional de las Naciones Unidas y además traductor independiente de francés y árabe. Mi padre se puso loco de contento al enterarse del embarazo, pero a Anne le costaba verse de madre y la idea del matrimonio no la convencía. A esas alturas, la mayoría de sus amigos de Suiza ya tenían pareja y familia sin haber, necesariamente, oficializado su relación. A ella el matrimonio le parecía algo anticuado y limitante, así que insistió en que no necesitaban ningún papel para dar legitimidad a su relación. No obstante, al cabo de unos meses cambió de opinión, pero solo para que mi padre pudiera darle a su madre la noticia de que iba a ser abuela sin meterse en un lío. Así que hubo ceremonia civil. En una foto de Polaroid de ese día se les ve en las escaleras del ayuntamiento de Lower Manhattan, sonriendo encantados, enfundados en sus respectivos trajes que les quedaban grandes mientras sostienen entre los dos su particular versión del ramo de novia: dos ramas llenas de frondosas hojas que habían cortado por la calle de algún árbol esmirriado de ciudad.

Yo sé todo esto porque tengo una relación muy estrecha con mi madre. Hablamos de todo y no nos hemos dejado ningún acontecimiento vital importante de ninguna de las dos sin analizar. Con su fuerte acento, pelo cortado estilo *pixie*, axilas sin depilar y peto lleno de manchurrones de pintura, siempre fue distinta a todas las demás madres que conocía. Cuando me vino la regla a los trece años fue la primera persona a la que se lo conté y al día siguiente me sorprendió con una comida de celebración muy incómoda en la que hizo unos cuantos brindis en honor a mi feminidad naciente mientras mi padre y mi hermano se removían en el asiento un tanto apurados. De adolescente, una vez le dije que pensaba permanecer virgen hasta el matrimonio. «No digas tonterías —me respondió—, tienes que saber qué es lo que te gusta antes de comprometerte de por vida».

Durante aquellos primeros años no parábamos de mudarnos: del East Village a la zona de las montañas Adirondack, al noreste del estado, e incluso vivimos temporadas en Francia, Suiza y Túnez. Pero siempre volvíamos a Estados Unidos, donde mi padre había conseguido un puesto de profesor titular en Skidmore, un pequeño colegio universitario especializado en Humanidades en Saratoga Springs, Nueva York. Pese a sus dudas iniciales, a Anne le encantaba su papel de madre y después de que naciera mi hermano decidió dejar pasar su carrera a un segundo plano durante un tiempo para centrarse en criarnos. Su manera de enfocar la maternidad era igual de creativa y divertida que la actitud con que abordaba su pintura abstracta inspirada en insectos, colmenas y flores, todo lo cual, por cierto, acababa teniendo un aspecto que recordaba a una vagina. Durante los inviernos nevados característicos de la parte norte del estado, se ponía los esquíes de fondo y una borra de béisbol con la visera en la nuca y recorría esquiando unas cuantas manzanas para recogernos en la parada del bus del cole. En el ático de casa se hizo un estudio donde daba clases de arte. Allí nos pasábamos las tardes enteras, sentados a lo indio en el suelo de anchos tablones de madera mientras jugábamos con el gouache y la acuarela. Nos enseñó lo que era el puntillismo mostrándonos las obras maestras de Georges Seurat y dándonos bastoncillos de algodón con la punta mojada de pintura para que hiciéramos nuestros propios paisajes a base de puntitos.

Todas las noches, antes de irnos a la cama nos leía cuentos y fábulas en francés. Y, si nos habíamos portado particularmente bien, nos daba un masajito con aceite de almendras. «A ver, ¿qué plantamos hoy?», preguntaba mientras nos amasaba la espalda simulando que araba un terreno pedregoso, arrancándonos grititos divertidos cuando nos pellizcaba justo por debajo de los omóplatos para «plantar semillas». Tenía un sentido del humor muy peculiar, pero maravilloso y era famosa por sus bromas, que a veces llevaba un pelo demasiado lejos. En una ocasión, el Día de los Inocentes —su celebración favorita del año—, que en Estados Unidos es el 1 de abril, nos comunicó a mi hermano y a mí la «triste noticia» de que nuestro padre se había quedado sin trabajo, así que no tendríamos más remedio que dejar la universidad inmediatamente y buscarnos trabajos de jornada completa. Y lo peor es que luego se olvidó completamente y se fue al cine, con lo cual estuvimos en un sin vivir durante horas. Era este espíritu travieso y audaz el que hacía que su compañía resultara tan liberadora y mágica, además de hacerla accesible, no como esos adultos que te recordaban constantemente lo inmaduro que eras. Cuando me marché de casa para ir a la universidad, y cuando después de graduarme me marché a vivir a un lugar que estaba incluso en otro huso horario, el teléfono se convirtió en nuestro cordón umbilical. Hablábamos todos los días, a menudo varias veces.

En cuanto a mi relación con Hédi, eso era otra historia: para mí era un enigma. Había crecido en Gabès, una ciudad del sur de Túnez, un oasis en la costa Mediterránea, todavía en época de dominio colonial francés. Ni su padre ni su madre sabían leer ni escribir. Su padre, Mahmud, trabajaba en la oficina postal del ayuntamiento. Era cariñoso, pero severo, firme defensor del dicho «*qui aime bien, châtie bien*», o sea, quien bien te quiere, te hará llorar. Su madre, Sherifa, era una mujer gentil y generosa; tenía un tatuaje bereber en la barbilla y se cubría los largos cabellos teñidos de henna con una pañoleta para el pelo. Mi padre solía bromear diciendo que, siempre que volvía a casa del colegio, Sherifa estaba dando a luz a un bebé nuevo. La familia vivía con lo puesto y solo nueve de sus trece hijos sobrevivieron a aquellos años de posguerra marcados por la escasez y la enfermedad. Mi padre, el segundo hijo, no era el más estudioso, pero sí el más espabilado y el que tenía más deseos de triunfar. Después de graduarse en la Universidad de Túnez se marchó a Londres y luego a París para seguir con sus estudios, hasta que por fin emigró a Estados Unidos, donde se doctoró en literatura francesa.

Yo veneraba a mi padre-catedrático, siempre tan elegante con sus trajes de lino y su sombrero de fieltro, tan guapo, con una memoria increíble para los idiomas…, pero he de reconocer que también me daba un poco de miedo. Era un *bon vivant*, generoso y rebosante de carisma. Pero, como su propio padre, tenía mucho genio, siempre estaba a punto de explotar por algo. A mi hermano menor, Adam, y a mí, nos educó igual que lo habían educado a él, con un estilo de crianza estricto de la escuela de que los cumplidos te hacen blando. No tenía paciencia para las tonterías infantiles. «La gente interesante no cotillea ni habla de bobadas sin interés, hablan de *ideas*», me solía decir siempre que me ponía a parlotear en exceso o lo estaba poniendo de los nervios por algún otro motivo.

No fue hasta la época del instituto, cuando me puse seria con los estudios, que empezamos a encontrar un territorio común. A mí me encantaba sentarme en el sillón que tenía en el despacho a leer sus libros: tenía una librería que ocupaba toda una pared hasta el techo, llena de clásicos, libros de poesía, novelas y tratados sobre teoría literaria. Yo, siempre que no entendía una palabra, la iba a buscar a los diccionarios que tenía en el estante más bajo, y así me fui haciendo una lista de vocabulario en la última página de mi diario. Fue mi padre quien me orientó para que empezara a leer en francés y me fue descubriendo las grandes obras de Baudelaire, Flaubert, Camus, Sartre y Fanon. A pesar de que yo había aprendido algo de árabe durante el tiempo que vivimos en Túnez cuando era niña, se me había olvidado casi todo, así que me propuse reaprender la lengua materna de mi padre. En la universidad, inspirándome en los interese académicos de Hédi, escogí los Estudios sobre Oriente Próximo como materia principal y los Estudios de Género y la Filología francesa como secundarias. Le enviaba a mi padre todos los trabajos que hacía y él se los miraba con detenimiento y me los mandaba de vuelta llenos de revisiones en rojo y sugerencias de lecturas adicionales. Para el trabajo de fin de grado viajé a Túnez a compilar testimonios orales de mujeres mayores, incluida mi abuela, y las entrevisté sobre el Código de Estatus Personal (toda una serie de leyes poscoloniales de corte progresista cuyo objetivo era establecer la igualdad entre hombres y mujeres). «*Je suis fier de toi*» [Estoy orgulloso de ti], me dijo mi padre cuando conseguí graduarme con la nota más alta y unos cuantos galardones por mi trabajo final, una manifestación abierta y nada habitual de orgullo paterno.

Como regalo por mi graduación, mis padres me compraron en las rebajas de T. J. Maxx una maleta de color rojo clavel inmensa con ruedas. Me vino muy bien ese mismo verano cuando, al cabo de unos meses, conseguí el trabajo en París. Recuerdo lo optimistas que estaban mis padres cuando vinieron a despedirme al aeropuerto: «*Ton premier boulot! Ça va être super!*», me animaron cuando me dejaron en Salidas. Insistieron en hacerme una última foto allí mismo, junto a los coches en doble fila y mi maletón rojo. Tenía los ojos hipermaquillados con kohl negro y les dediqué una media sonrisa antes de entrar a la carrera en la terminal. Estaba tan absorta preguntándome qué me depararía el futuro que casi me olvidé de girarme para decirles adiós con la mano. Ninguno nos imaginábamos que estaría de vuelta al cabo de siete meses y que entonces nadie hablaría de hacer fotos ni de qué planes tenía para el futuro.

Una azafata de tierra me ayudó a recoger mi maleta del carrusel y luego me dejó aparcada en mi silla de ruedas en la sala de Llegadas del Aeropuerto Internacional John F. Kennedy. «Señorita, ¿está segura de que la puedo dejar aquí sola?»

Asentí. Mi padre, como era habitual, llegaba tarde a recogerme. La puntualidad nunca había sido un punto fuerte en nuestra familia.

Mientras esperaba, las puertas giratorias iban escupiendo a un exhausto viajero tras otro. Casi una hora más tarde avisté a mi padre, con su sombrero de fieltro negro ladeado sobre su calva cabeza, y lo observé caminar con calma entre la multitud. Sus ojos oscuros recorrieron la sala de Llegadas buscando a alguien que se pareciera a su hija. «Hédi —le grité agitando los brazos en alto para que me viera— ¡Hédi, estoy aquí!»

Contemplé como el estupor se apoderaba de las facciones de su rostro, cómo sus rasgos se ablandaban al ir tomando conciencia de la realidad de mis mejillas hinchadas, mis labios azulados y la sudadera —aparentemente tres tallas demasiado grande— que cubría mi torso consumido. Se agachó para darme un beso en la mejilla. «*Salut, ma belle, désolé* —se disculpó—. Es que me han hecho desviarme de la autopista». Empujando mi silla de ruedas con una mano y mi maletón rojo con la otra, nos dirigimos sin más demora al aparcamiento, donde nos esperaba la vieja furgoneta de la familia. Subí al vehículo y, de inmediato, me tendí en el asiento trasero. Estaba demasiado agotada para decir gran cosa durante las tres horas y pico de viaje hasta Saratoga Springs.

Es curioso volver a casa. Todo huele igual, parece igual, lo sientes igual, pero tú eres diferente. El contraste entre quién eras cuando te marchaste y quién eres ahora se agudiza con el telón de fondo de los viejos lugares favoritos. Cuando llegamos a casa, a la casa donde mi familia llevaba viviendo desde que yo tenía doce años, mi madre estaba en la parte delantera del jardín cuidando las plantas. Abrió la puerta de la furgoneta y me ayudó a ponerme de pie. «*Mon dieu!* —exclamó tapándose la boca con una mano en cuanto pudo echarme un buen vistazo—. ¿Por qué no me has dicho nada de que estabas así de mal?»

—Es un nuevo *look* de heroína chic que estoy probando —le contesté. Mi madre, en cuyo sentido del humor enloquecido había podido confiar por lo general, no se rio.

—Y todavía no has visto lo peor —intervino mi padre—. Sus, enséñale la boca.

Me bajé el labio, entornando los ojos en un gesto de dolor para enseñar tres heridas nuevas igual que tres blancas lunas nuevas, redondas e hinchadas, que me habían salido durante el vuelo. Mis padres intercambiaron una mirada que no conseguí descifrar.

Entré en casa arrastrando los pies y me fui directa al piso de arriba a mi cuarto. Relajé los hombros aliviada cuando volví a inhalar el aroma familiar a libros polvorientos y vi los pósteres —ahora ya amarillentos— del legendario cantante tunecino Ali Riahi colgados en la pared. Me desparramé en la cama y enseguida un sueño profundo me dejó como pegada al colchón. Pasaron las horas y me desperté con el sonido del cencerro suizo que hacía sonar mi madre para llamarnos a la mesa (un guiño a sus raíces así como una fuente de profunda irritación para mí y mi hermano). Me tapé los oídos con la esperanza de conseguir conciliar el sueño de nuevo. Como no aparecía, vino mi padre a tocarme la puerta.

—*¿Labess?* —me preguntó en jerga tunecina: ¿qué te pasa?

—No tengo hambre —contesté con un gruñido al tiempo que me tapaba la cabeza con la almohada.

—Hace meses que no te vemos, por lo menos baja a sentarte con nosotros un rato.

—Estoy demasiado cansada —respondí.

—Llevas horas durmiendo. Tienes que esforzarte un poco más. Ya vas a ver que en cuanto te levantes te vas a encontrar mejor. Venga, vamos a comer algo y luego damos una vuelta a la manzana.

—Hédi. *Por favor.*

Me quedé tendida en la cama sin moverme durante un buen rato después de que mi padre se hubiera marchado, experimentando una mezcla de sentimiento de culpa y duda que no me dejaba conciliar el sueño otra vez. Sabía que algo no iba bien, pero todavía había momentos en los que dudaba de si no me lo estaría inventando todo. Todavía me asaltaban las dudas de si mis síntomas eran reales o solo estaban en mi cabeza. Tal vez, efectivamente, el tema era que tenía que esforzarme un poco más.

Abandoné la cama y llegué hasta el descansillo de lo alto de la escalera. Tuve la sensación de que los peldaños no se acababan nunca mientras los iba bajando trabajosamente. Las extremidades me pesaban como si las tuviese huecas y me las hubieran llenado de cemento.

Cuando llegué abajo estaba tan agotada que me dejé caer un momento en el suelo de madera de roble para recuperar las fuerzas. Oía las voces de mis padres en la cocina. Agucé el oído rindiéndome a la tentación —demasiado fuerte para resistirse— de seguir ese viejo instinto de la infancia de escuchar a escondidas.

—La he dejado que comprara un billete de vuelta a París dentro de un par de semanas, pero dudo mucho que esté en condiciones para volver dentro de quince días —decía mi madre—. Desde luego no durante una buena temporada.

—¿Qué te viene a la cabeza cuando piensas en los síntomas: llagas en la boca, pérdida de peso, infecciones frecuentes y resultados malos en los análisis de sangre? —preguntó mi padre.

Mi madre no decía nada.

—VIH —se respondió mi padre. Sonaba a que había estado consideran-do el tema con cierto detenimiento—. Ya sé que los resultados de los test salieron negativos, pero he leído en internet que pueden pasar varios meses hasta que el virus dé la cara. ¿Te fijaste en cómo bebían ella y sus amigos en la graduación? Y eso que estábamos nosotros delante... ¡A saber a qué se habrá estado dedicando cuando no la vemos! Podría estar acostándose con unos y con otros, o drogándose. No tenemos ni idea.

Sentí que me ardía la cara de repente, y que un chute de adrenalina me invadía el pecho. Subí corriendo de vuelta a la planta superior, con el pulso acelerado y, con manos temblorosas, me encerré en mi habitación de un por-tazo. Estaba furiosa con mi padre por andar especulando a mis espaldas so-bre mi estado de salud y la integridad de mi carácter. Y, además, también me sentía profundamente avergonzada. No iba del todo desencaminado: algunas de las cosas que él temía, efectivamente, habían formado parte de mi vida lejos de casa. Ahora bien, lo que más me descolocaba era que mi padre, que siempre se hacía el duro, de hecho sonara asustado por mí. Cada vez me costaba más creerme esa frase que me habían estado contando desde que era niña: *Todo irá bien.*

6

BIFURCACIÓN

HABÍA PASADO UNA SEMANA desde que había vuelto a casa. Recuerdo solo vagamente a qué dediqué el tiempo esos días. Sí que me acuerdo de haber ido a un montón de médicos, dormir mucho y hablar con Will por Skype. Pese a no apetecerme lo más mínimo, me había obligado a dar paseos por la manzana con mis padres. Pero de lo que más me acuerdo es del silencio angustiado que había empezado a reinar en la casa, de la preocupación que había impregnado el ambiente, del miedo y la frustración creciente que sentía mientras esperaba a que se aclarara la situación.

Hoy era el día de Pascua, pero lo he echado a perder —escribí en mi diario—. *Anne ha estado seis horas preparándonos a mí y a papá una comida increíble. Y no solo no he comido nada, sino que encima no he sido capaz de hacer nada más que mirarlos a los dos con aire de infinita tristeza. El miércoles tengo cita para que me hagan una biopsia de la médula ósea y la verdad es que me da miedo.*

«Preventiva» era la palabra que había utilizado el médico cuando sugirió la biopsia. Se trataba de un proceso tortuoso y humillante que implicaba tumbarte boca abajo en una camilla de reconocimiento con los vaqueros a la altura de los tobillos. El médico me desinfectó la zona baja de la espalda con Betadine mientras explicaba que la pelvis era rica en médula ósea y por eso era el lugar ideal para una biopsia. Luego me inyectó lidocaína en la zona de las lumbares, hundiendo la aguja más y más hasta tocar hueso. Pese a que las capas superficiales de la piel estaban anestesiadas, aun así me dolería, me advirtió. Tuve que apretar los dientes cuando me introdujo una aguja fina en el hueso y extrajo las células de médula ósea con una serie de aspiraciones rápidas que me producían náuseas. Luego vino la parte con una jeringuilla mucho más grande —algo más de 25 centímetros de resplandeciente acero inoxidable— con un mango de plástico en la parte superior que usaría para perforar más profundo en el hueso hasta la médula. Mis huesos eran jóvenes y fuertes —comentó el doctor mientras plantaba un pie en la camilla para hacer palanca entre gruñidos provocados por el esfuerzo de hurgar en el hueso. En el momento en que consiguió extraer una pequeña porción sólida de médula me mordí la mejilla por dentro hasta hacerme sangre. Ya finalizado el procedimiento, me quedé allí sentada, un tanto aturdida, con un gran vendaje tapándome la zona donde me habían hecho la biopsia y un dolor palpitante recorriéndome la espalda. El doctor me tranquilizó diciendo que no esperaba encontrar nada fuera de lo normal. Pero, en vista de que mi estado empeoraba, quería tomar todas las precauciones posibles.

Al cabo de una semana, el 3 de mayo de 2011, teníamos un mensaje en el contestador. Habían llegado los resultados preliminares de la biopsia y el doctor quería que fuéramos a verlo lo antes posible. Cuando llegué con mis padres a la clínica ya no quedaba nadie del personal ni ningún paciente. Había acabado el horario de consultas y las luces, ahora a una intensidad más baja, proyectaban curiosas sombras sobre los montones de revistas y las paredes pintadas de color verde guisante. El doctor salió a recibirnos a la sala de espera y se sentó. No se anduvo por las ramas. «La biopsia ha confirmado lo que sospechaba a pesar de albergar la esperanza de estar equivocado: tienes leucemia mieloide aguda», dijo enunciando el diagnóstico lentamente, como si fuera un profesor de una lengua extranjera que nos estuviera enseñando una palabra nueva de vocabulario.

No sabía lo que significaba, pero me daba cuenta perfectamente de que no era nada bueno. Aparté la mirada de los rostros atribulados de mis padres. Totalmente paralizada, me repetí el diagnóstico una y otra vez mentalmente. Leu-ce-mia. Leu-ce-mia. Sonaba a flor exótica, pero venenosa.

«Es una forma agresiva de cáncer que ataca a la sangre y la médula ósea —explicó el doctor, y noté que bajo su bata blanca de laboratorio, encogía ligeramente los hombros—. Vamos a tener que actuar rápidamente».

¿Cómo reaccionas cuando te diagnostican un cáncer con veintidós años? ¿Te pones a llorar desconsoladamente?

¿Te desmayas? ¿Chillas?

En ese momento, una sensación inesperada y perversa me recorrió todo el cuerpo: alivio. Tras meses desconcertantes de diagnósticos erróneos, por fin tenía una explicación para el picor, las llagas en la boca, mi agotamiento... Al final, no era una hipocondríaca, no me había estado inventando los síntomas. Mi fatiga no era consecuencia de haberme corrido demasiadas juergas y tampoco indicaba una incapacidad para vivir en el mundo real, sino que se debía a algo concreto, algo que podía designarse con una palabra que se podía enunciar.

Todo cuanto dijo el doctor después —que la situación era grave y que tenía que empezar con el tratamiento inmediatamente— se desdibujó en mi cabeza como un zumbido lejano. Ahora bien, sentí como si el médico se abalanzara sobre mí escalpelo en mano, partiendo mi vida en dos con el diagnóstico, provocando en mí una bifurcación en dos yos separados: una mitad de mí bailaba con un cantante vestido de mariachi después de haberme techado al coleto unos cuantos tequilas en Don Juan, una taberna mexicana de París, mientras mis amigos silbaban y me animaban; la otra mitad de mí lloraba todas las noches en una habitación esterilizada de hospital después de que las visitas se hubieran marchado a su casa.

El diagnóstico había provocado una fractura irreparable: mi vida antes y después.

7

EFECTOS COLATERALES

EN MI FAMILIA no pregonamos en público los males que nos aquejan. Cuando llegamos a casa esa noche, mi madre se retiró a su estudio y cerró la puerta; me encerré en mi cuarto y me acurruqué en posición fetal, escondida debajo de la colcha con la que me cubrí hasta la cabeza; mi padre salió a dar un paseo por el bosque que había cerca de casa y volvió al cabo de varias horas con los ojos enrojecidos. Mi hermano, Adam, que estaba en su tercer año de universidad, se había marchado a Argentina a estudiar ese curso, y mis padres y yo decidimos no contarle nada de mi diagnóstico hasta que no supiéramos más sobre qué implicaría el tratamiento exactamente. En cuanto a mis amigos, no tenían ni idea de que hubiera estado mal ni de que había vuelto a Estados Unidos; seguían publicando entradas en mi muro de Facebook y preguntándome si podían venir a verme a París.

Allí tendida en la cama, de repente sentí el impulso de compartir la terrible noticia. Si lo decía en voz alta empezaría a ser real. Cogí el teléfono y llamé a mi amigo Jake, que era una de las primeras personas que había conocido en mi primer año de universidad y lo consideraba uno de mis mejores amigos. Quería practicar antes de intentar encontrar las palabras justas para explicárselo a Will y confiaba en que Jake me entendería. Pero hasta la fecha, no he visto a nadie darse más prisa por colgar el teléfono. Se disculpó diciendo que le hubiera encantado seguir hablando más rato, pero que se había citado con alguien. Prometió que me llamaría esa misma noche cuando volviera a casa. No lo hizo. No supe nada de él durante muchas semanas. Fue el primer indicio de que el cáncer resulta incómodo para las personas que te rodean y de que, cuando no saben qué decir, a menudo lo que pasa es que no dicen nada de nada.

Antes de perder el poco valor que todavía me quedaba llamé a Will. Todavía llevábamos poco tiempo juntos. ¿Qué esperaba? ¿Que lo dejaría todo y se mudaría otra vez —que vendría aquí, a Saratoga, a vivir conmigo y con mis padres a los que ni siquiera conocía? En el momento en el que sonaba el primer tono de llamada respiré hondo para calmarme. «Me han dado los resultados de la biopsia. Tengo una enfermedad que se llama leucemia mieloide aguda —le dije a Will con voz ronca de emoción contenida—. No tengo ni idea de qué va a pasar, pero sí tengo muy claro que esto no es algo a lo que te hubieras suscrito precisamente...»

Luego le expliqué lo poco que sabía sobre mi diagnóstico y que no volvería a París en el futuro próximo. Así que mi hogar, en el futuro previsible, volvía a ser mi casa de la infancia hasta que ingresara en el hospital para la quimioterapia. Transcurrió un segundo, tal vez dos, pero el silencio se me hizo eterno. Oí pasos y el ruido de una puerta de armario que se cerraba. En París era por la mañana y me lo imaginé caminando arriba y abajo por el apartamento, todavía medio dormido y con una taza de café en la mano. «Cojo el primer vuelo a Nueva York —dijo—. Estoy saliendo para el aeropuerto ahora mismo». Fue entonces cuando rompí a llorar.

El cáncer es un tema mayor de cotilleo. A las veinticuatro horas de mi diagnóstico, ya se había corrido la voz como la pólvora por todo el pueblo. La lucecita roja del contestador del teléfono fijo de mis padres parpadeaba constantemente: los mensajes se acumulaban. Uno de una vecina que preguntaba si la noticia era cierta y, si lo era, cómo podía ayudar. Otro de una amiga de la infancia que llevaba más de una década sin ver, que se ofrecía a venir a visitarme. Una colega de mi padre que nos informaba de que nos traería un estofado para la cena. Otro mensaje de un hombre que en la familia acabaríamos bautizando como el «gurú del cáncer» confirmando una cita que se nos había olvidado a los tres por completo.

Habíamos concertado la cita con el gurú unos cuantos días antes de que me dieran el diagnóstico porque una conocida de yoga de mi madre le había dicho que era muy bueno resolviendo misterios médicos. «Igual te sugiere algún suplemento o algo que puedas tomar para sentirte un poco mejor por lo menos», aventuró mi madre. Era un argumento razonable. A mi hermano y a mí nos había enseñado desde pequeños que la comida rápida, los refrescos y los cereales con azúcar eran veneno. El supermercado de productos sanos, el acupuntor, el herbolario chino y el homeópata eran siempre nuestras primeras opciones. Acudir a la consulta de un médico de medicina convencional siempre suponía el último recurso. De niña, la obsesión de mi madre con la salud me hacía pasar apuro. (Para Halloween, era la señora que daba a los niños cacahuetes pelados, manzanas y lápices del número 2 en vez de chucherías). No obstante, con el paso de los años, adopté como propia su opción por la medicina alternativa y todo lo que fuera orgánico. Unas horas más tarde, sentada en el asiento del copiloto mientras mi madre conducía, contemplaba el paisaje de mi infancia que desfilaba por la ventanilla: la avenida principal del centro de Saratoga, donde había recibido unos cuantos billetes de dólar arrugados tocando en la calle de adolescente, la tienda de libros de segunda mano donde había dado mi primer beso, el parvulario en el que me matricularon sin hablar ni una palabra de inglés. Seguimos por carreteras comarcales hasta que, al cabo de cuarenta y cinco minutos, llegamos a un pequeño parque de caravanas y casas prefabricadas de madera a las afueras de un pueblo del que no había oído hablar en mi vida. Aparcamos delante de una vivienda. En el césped de la parte delantera abundaban los típicos adornos de jardín. Descendimos del coche y llamamos a la puerta.

Nos abrió un hombre de cabello amarillento con una barriga imponente cuyos pliegues se desbordaban por encima de la cinturilla de los vaqueros. Mi madre le comunicó inmediatamente la noticia de mi diagnóstico. Antes de que me diera tiempo a quitarme el abrigo siquiera, me agarró por el brazo con una mano regordeta y se inclinó hacia mí, tanto que su aliento apestoso rozó mi mejilla. «Antes de empezar, quiero dejar bien clara una cosa —anunció mirándome fijamente a los ojos—: si sigues los tratamientos convencionales de quimioterapia, puedes estar segura de que morirás».

El gurú del cáncer nos explicó que iba a utilizar una técnica basada en la respuesta de la musculatura para hacerse una idea de la situación: básicamente, consistía en verterme en la lengua gotas de diversos extractos de flores y luego comprobar la reacción de mi cuerpo. Durante una hora permanecí en la sala con los brazos en cruz igual que un espantapájaros, intercambiando miradas de desconcierto con mi madre mientras el gurú del cáncer empujaba mis brazos extendidos hacia abajo, manipulaba cientos de pequeños frascos de cristal y garabateaba anotaciones en una hoja de papel.

«Ya te puedes sentar —dijo por fin. Yo, completamente exhausta, me dejé caer en el sofá junto a mi madre. Las dos estábamos deseando que acabara aquella consulta de una vez. Pero el gurú del cáncer no había hecho más que calentar motores—. Tengo buenas y malas noticias —anunció dirigiéndose a mi madre—. La mala noticia es que efectivamente su hija tiene leucemia —declaró solemnemente como si hubiera habido alguna duda al respecto—. Y la buena noticia es que la puedo curar».

El gurú del cáncer había entrado en modo predicador —zapateaba de vez en cuando mientras hablaba y movía mucho las manos para enfatizar sus palabras— y recordaba un poco a un telepredicador pasado de vueltas. A lo largo de la siguiente hora y media nos bombardeó con una historia tras otra de pacientes oncológicos que, ignorando sus consejos, habían acudido al hospital para que los trataran. «¡No volvieron a salir de allí jamás! —gritaba con voz atronadora— ¡Murieron en medio de una agonía terrible, sufrieron una muerte inducida por la quimioterapia! ¿Quieres que te pase lo mismo, eh? ¡Dime! ¿Quieres que te pase lo mismo a ti también?»

Desearía poder contar que mi madre y yo le paramos los pies en seco al gurú del cáncer y que le indicamos alto y claro por dónde podía meterse los frasquitos de cristal con extractos de flores. Pero temer por tu vida te puede nublar el juicio y hacer que te coma la lengua el gato. Mientras el gurú del cáncer seguía pregonando a voz en cuello sus teorías, mi madre y yo nos fuimos hundiendo cada vez más en los cojines con motivos de cachemir llenos de manchas del sofá. Solo cuando nos condujo a la cocina situada en la parte delantera de la casa e hizo un intento de sacarme sangre sin lavarse las manos antes, mi madre dio un puñetazo en la mesa y le soltó con voz temblorosa: «Creo que ha llegado el momento de marcharnos». Nos pusimos los abrigos y salimos de allí a toda prisa, pero no sin antes haber aguantado la perorata final que nos soltó, presionándonos para que nos gastáramos doscientos dólares en suplementos vitamínicos y unos cuantos litros de zumo de aloe vera.

Camino de vuelta a casa permanecimos un buen rato sumidas en un silencio absoluto. «Todavía no me acabo de creer que te haya hecho pasar por eso —musitó mi madre por fin—. Tengo la sensación de ser la peor madre del mundo. Lo siento muchísimo, de verdad que…»

Con el tiempo recordaría este incidente —y tantos otros en el camino surrealista de la lucha contra un cáncer— como un ejemplo de humor negro. En cambio, en el momento, me abrumó mucho el peso de la responsabilidad. No hacía ni cuarenta y ocho horas de mi diagnóstico y este ya había puesto nuestras vidas patas arriba, como si nos hubiera arrastrado a todos por una trampilla hasta un extraño y confuso mundo.

Así que, sin dejar que mi madre terminara la frase, la interrumpí diciendo: «Es culpa mía. Para empezar, ¡soy yo quien nos ha metido en todo este lío en primer lugar!»

Ya en casa, sintiéndome segura en mi cuarto, me puse en plan reportera de investigación. Tras veinte minutos de indagar en internet descubrí que el gurú del cáncer no era kinesiólogo profesional en realidad —tal y como decía él—, sino veterinario. Una década atrás, se había enfrentado a nada menos que setenta y un demandas por practicar la medicina y la odontología sin licencia y aplicándolas a la especie que no era de su competencia: la humana. Una de las demandas detallaba que había empleado agujas sucias para inyectar orina a sus pacientes. Todas estas alegaciones eran posteriores a una investigación anterior, de 1995, en la que se le había declarado culpable de practicar la medicina sin autorización tras haber aconsejado a una paciente que bebiera once litros de agua y tomara cien pastillas de complementos alimenticios al día, todo lo cual había acabado provocando la hospitalización de la mujer.

Pensando en el futuro, me propuse aprender todo lo que pudiera de mi diagnóstico: me dediqué a leer revistas médicas, confeccioné una lista de expertos a los que entrevistar y busqué información relevante por todas partes en internet. Necesitaba encontrar alguna forma de controlar lo que me estaba pasando y decidí que cuanto más descubriera sobre mi enfermedad, mayores serían mis probabilidades de supervivencia. *El saber es poder*, ¿no? Pero, a medida que pasaban las horas e iba leyendo más y más sobre el tema, no me sentía en absoluto empoderada. Las estadísticas que encontré hicieron que se me helara la sangre. Y ese frío gélido se intensificó todavía más cuando me enteré de que solo uno de cada cuatro pacientes que padecían mi tipo de leucemia sobrevivían más de cinco años contando desde el momento del diagnóstico. Me pregunté si mis padres sabrían todo aquello. Recé para que la respuesta fuera negativa.

A las cuarenta y ocho horas del diagnóstico vi por las cortinas entreabiertas de mi habitación que un coche se detenía en la calle frente a mi casa. Era Will, recién llegado de París. Se detuvo un momento en la acera para contemplar la hilera de árboles de la manzana y la casa blanca de estilo victoriano con las contraventanas pintadas en verde, flanqueada por arbustos de lilas, narcisos y macizos de esa flor que llaman corazón sangrante y que mi madre cuidaba con tanto esmero todas las tardes. Durante un segundo no supe realmente qué era lo que me ponía más nerviosa: que Will conociera a mis padres o la quimio que iba a empezar en unos pocos días. En el pasado, mi padre siempre había mostrado una dureza implacable en el trato con mis novios, aunque tal vez sería más exacto decir que apenas se había dignado reconocer su mera existencia. Pero esta vez era diferente. Cuando conoció a Will le dio un apretón de manos y no paraba de agradecerle que hubiera venido: «Me alegro muchísimo de que estés aquí», le dijo.

Por primera vez, mis padres no desplegaron el futón del estudio, que era lo que hacían cuando se quedaba en casa un chico. Me imagino que teníamos problemas más graves de los que preocuparnos que andar guardando las apariencias. Había mucha humedad y hacía un calor asfixiante cuando Will y yo nos fuimos a la cama esa noche. El aire pesaba sobre la piel como una manta mojada de lana. Nos desnudamos e hicimos el amor en mi cuarto de la infancia con papel de florecitas rosas en las paredes cubiertas de pósteres, con cuidado de no despertar a mis padres que dormían en la habitación de al lado. Luego Will se echó a llorar. «Van a empezar a pasar un montón de cosas desagradables —dijo—. Tenemos que meter nuestra relación en una caja fuerte y protegerla con toda el alma».

8

MERCANCÍA DAÑADA

MI MADRE, UNA pianista talentosa, me enseñó las primeras escalas y me empezó a dar clases cuando todavía estaba en preescolar, pero no fue hasta cuarto de primaria cuando yo misma escogí la música de manera consciente: la señorita MacNamara, la profesora de música de Lake Avenue, mi colegio de primaria, estaba delante de la pizarra junto a los distintos instrumentos de cuerda — serían unos doce— que había dispuesto en una fila. «Acercaos a elegir qué instrumento queréis tocar», nos animó.

La mera idea de que podía escoger mi instrumento me pareció toda una revelación. Los violines y los chelos eran los más demandados. Pero a mí me despertó la curiosidad el inmenso objeto de madera que había en un extremo de la fila, apoyado contra la pizarra: el contrabajo. Era más alto que yo —más alto que Richard Saxton, que era el niño de mayor estatura de la clase— y la profesora me dijo que yo era una de las pocas chicas que ella recordara que habían expresado interés en tocar el contrabajo. Me sentí misteriosamente atraída por la corpulencia del instrumento, su sinuoso torso de madera y el largo cuello que se curvaba hacia el cielo en una voluta. Pellizqué las cuerdas, gruesas como lombrices, y de sus «oídos», los orificios en forma de f situados a ambos lados del cuerpo, surgió un rugido bronco y agradable de notas musicales. Siempre me había sentido un poco fuera de lugar en el colegio con mi nombre impronunciable y por ser hija de padres inmigrantes, y me pareció que el contrabajo era también un poco como el raro de la orquesta. Esa misma tarde me llevé el instrumento a casa y lo bauticé con el nombre de

Charlie Brown. Iba a ser contrabajista. «Bueno, muy bien —dijo mi madre—, siempre y cuando prometas seguir también con tus lecciones de piano».

Cuando tenía dieciséis años me concedieron una beca para un programa preuniversitario en la Juilliard School de Nueva York. Todos los sábados de los siguientes dos años me levantaba a las cuatro de la mañana y mi padre me llevaba hasta Albany, un viaje de cuarenta y cinco minutos en coche, donde tomaba el tren a la ciudad —tres horas más de viaje— para llegar por los pelos a la clase de teoría musical de las nueve de la mañana. Tras una larga jornada de ensayos con la orquesta, clases magistrales y audiciones, arrastraba mi contrabajo hasta el bus M66 en el que cruzaba la ciudad hasta el Upper East Side, donde me quedaba a dormir en casa de mi amiga Caroline, y luego a la mañana siguiente tomaba el tren de vuelta a casa. Allá donde iba, mi contrabajo venía conmigo. La gente se me quedaba mirando. Y, de vez en cuando, había algún ofrecimiento sospechoso de ayudarme a cargarlo por parte de hombres de aspecto raro. Llevar el contrabajo a cuestas por los autobuses, el metro y las aceras de Manhattan era un esfuerzo, sobre todo para una adolescente empeñada en ponerse zapatos incomodísimos, pero merecía la pena. Cuando llegaba a tocar a algún sitio sentía como si ya hubiera calentado.

Seis años más tarde, en los días posteriores a que me diagnosticaran el cáncer, me encontré repitiendo ese viaje de cuatro horas a la ciudad y quedándome en casa de esa misma amiga como cuando era una adolescente, solo que ahora el motivo del viaje era reunirme con el equipo médico que se iba a encargar de mi caso. El médico de Saratoga había dicho que mi leucemia estaba en un estado demasiado avanzado para tratarla allí y que me tendrían que transferir a uno de los centros oncológicos de Manhattan.

El padre de Caroline había sobrevivido a dos cánceres. Así que, en cuanto se enteró de mi enfermedad, inmediatamente llamó a mis padres para ofrecerles su apoyo. Nos dio el nombre de uno de los mejores oncólogos de Nueva York e insistió con toda la generosidad del mundo en que nos quedáramos en su apartamento todo el tiempo que necesitáramos. No tardé en darme cuenta de que todo esto era un gran privilegio: sin la cobertura que me proporcionaba el seguro médico de mi padre, la baja por enfermedad del trabajo de pasante que también contribuía a costear las facturas médicas que ya iban en vertiginoso aumento, y los amigos que compartieron su casa y sus contactos con nosotros, mi familia se habría tenido que enfrentar a la ruina económica y yo a una muerte segura.

En el ala de oncología del hospital Mount Sinai todo era del color beis de los potitos de la comida para bebés: moquetas beis, paredes neis, sillas de plástico beis. La sala de espera estaba atestada de pacientes. Había muchos calvos, algunos en silla de ruedas, otros que caminaban trabajosamente con la ayuda de un andador. Mis padres y Will me habían acompañado a esa primera cita. Y, cuando nos sentamos, no pude evitar reparar en que yo era la paciente más joven con una diferencia de décadas. Justo al lado del mostrador de recepción había una nevera con helados —desde luego era un gesto de agradecer— y me cogí un polo de fresa: el hielo me calmaba el dolor de las llagas que tenía por toda la boca. En una esquina de la sala de espera había un televisor encendido, pero sin sonido. Vi que aparecía en pantalla una cara familiar, una rubia voluptuosa que estaba explicando una receta de ensalada de sandía, queso feta y albahaca. La reconocí enseguida: iba a mi universidad, un curso por delante, y ahora presentaba un programa de cocina en la tele. ¡Ah! y parecía que estaba embarazada porque bajo el delantal se le notaba una incipiente tripa redondeada. Qué raro es estar aquí, en esta sala de espera deprimente —pensé llena de incredulidad—, mientras que mis compañeros de la universidad empiezan sus carreras profesionales, tienen hijos, viajan por el mundo y alcanzan los objetivos típicos del principio de la vida adulta.

Después de casi dos horas de espera nos condujeron a una sala esterilizada donde nos recibió un señor mayor con una bata blanca de laboratorio por la que asomaba una corbata de seda azul. «Soy el doctor Holland —se presentó con una amplia y cálida sonrisa. Tenía una abundante cabellera de pelo blanco peinado hacia atrás, las cejas frondosas y una nariz prominente. Y, pese a que estaba algo encorvado por la edad, su presencia evocaba una sabiduría magistral.— Regla número uno: nada de estrecharle la mano a nadie —me regañó suavemente, dejándome con el brazo extendido hacia él durante un instante—. Vistos los resultados de tus análisis, ahora mismo eres extremadamente vulnerable a los gérmenes, así que a partir de ahora tienes que tener mucho cuidado».

El doctor Holland era el jefe del servicio de oncología del hospital Mount Sinai. Se le consideraba uno de los padres fundadores de la quimioterapia y había contribuido a desarrollar tratamientos pioneros que le habían salvado la vida a innumerables enfermos de cáncer. En la década de 1950, cuando salió de la facultad de Medicina, la leucemia todavía se consideraba una sentencia de muerte. A Holland y sus colaboradores los habían bautizado con el apodo de los «cowboys de la investigación» por intentar tratar esa enfermedad incurable con varios fármacos de quimioterapia simultáneamente en vez de hacerlo de forma secuencial. El ensayo clínico dirigido por el doctor Holland obtuvo resultados positivos a la hora de contener la leucemia y se acabó convirtiendo en el tratamiento estándar para pacientes como yo. Y ahora, pese a tener ya ochenta y muchos años, todavía trabajaba cinco días a la semana pasando consulta y también investigando. Sus ojos, agrandados tras los cristales de las gafas de fina montura metálica, no perdían detalle mientras nos estudiaba a mí y mis acompañantes.

—Usted debe de ser la madre y usted el padre —dijo señalando con la cabeza a mis padres—. ¿Y tú? —le preguntó a Will.

—Yo soy el novio —contestó Will.

—Muy bien, me alegra veros a todos aquí —respondió el doctor—. Suleika va a necesitar vuestro apoyo. Mucho apoyo. Y vosotros también vais a tener que cuidaros bien para poder estar fuertes y brindarle ese apoyo.

Durante la siguiente media hora el doctor Holland nos preparó para lo que se nos venía encima mientras mi madre tomaba notas aplicadamente. Ingresaría en el hospital al día siguiente o al cabo de dos días y permanecería ingresada aproximadamente tres semanas mientras recibía una ronda muy agresiva de sesiones de quimioterapia. El objetivo era eliminar tantas células de leucemia —blastocitos en jerga médica— como fuera posible. Estos monstruos inmensos e inmaduros en proceso de rápida multiplicación indicaban la presencia del cáncer en mi médula ósea. El plan de tratamiento con quimioterapia era lo que se conoce como «siete más tres», consistente en la administración por goteo por vía intravenosa de dos fármacos altamente potentes —citarabina y daunorubicina— que recibiría durante ciclos de siete días. La avalancha de términos nuevos era tan abrumadora que me sorprendí a mí misma deseando haber prestado más atención en las clases de ciencias del instituto. «Si todo va bien, estarás de vuelta en casa recuperándote antes de que te des cuenta y podrás disfrutar allí del resto del verano», me dijo con tono optimista, pero cuidándose de no prometer nada.

Luego, el doctor Holland me pidió que me acostara en la camilla de reconocimiento y me examinó el interior de la boca, chasqueando la lengua de vez en cuando al ver las llagas. Me recetó un medicamento más fuerte para el dolor. También me auscultó pulmones y corazón y me palpó el abdomen. En mitad de la exploración nos interrumpieron un par de médicos, un hombre de mediana edad con un bigote canoso y una mujer joven con unos pendientes largos con una piedra verde esmeralda. «Disculpe la interrupción, doctor —dijo uno de ellos—, pero acabamos de recibir los resultados que faltaban de la biopsia y necesitaríamos que les eche un vistazo inmediatamente». Los tres médicos salieron de la consulta dejándonos solos. Will, mis padres y yo permanecimos en silencio intercambiando miradas de preocupación.

Cuando regresaron los doctores al cabo de pocos minutos, el doctor Holland nos comunicó que los resultados de esas otras pruebas habían revelado que mi leucemia era mucho más complicada de lo que nadie hubiese podido anticipar: padecía una enfermedad poco común de la médula ósea llamada síndrome mielodisplásico, también conocido como preleucemia, que había escapado a cualquier diagnóstico previo. Seguramente lo padecía desde hacía mucho tiempo, lo que explicaba el lento, pero inexorable avance de los síntomas que había estado sufriendo durante el último año —el picor, el agotamiento, la anemia, la falta de resuello y los catarros frecuentes— hasta que mi estado había empeorado hasta el punto de convertirse en una leucemia propiamente dicha. Por lo general, el síndrome mielodisplásico afectaba a pacientes de sesenta años en adelante, nos explicó el doctor Holland. En mi caso, no había ningún motivo aparente, aunque en otros podía ir ligado a la exposición a productos tóxicos como el benceno, los pesticidas o los metales pesados como el plomo.

—Cuando eras bebé te solía llevar al estudio y pintaba contigo sujeta a mi pecho con unas cinchas —murmuró mi madre con la cara petrificada por un sentimiento de culpa—. ¿Es posible que el haber estado expuesta a los vapores de las pinturas le haya provocado esto?

—Esto no es culpa de nadie —la tranquilizó el doctor Holland con suavidad—. A veces estas cosas sencillamente ocurren y no sabemos por qué. No debe usted culparse.

Hasta ese momento, todo lo que sabía sobre la médula ósea estaba relacionado con la cocina francesa y más concretamente con el *boeuf à la molle*, un sofisticado plato que a veces se servía con rebanadas de pan tostado. El doctor Holland nos explicó que la médula osea es un tejido de textura esponjosa que se encuentra en el interior de, prácticamente, todos los huesos. En una persona sana, la médula era la responsable de la producción de todas las células sanguíneas: los glóbulos blancos que combaten las infecciones, los glóbulos rojos que proporcionan el oxígeno y las plaquetas que detienen el sangrado. En una persona con síndrome mielodisplásico, ese proceso no se desarrollaba correctamente y los glóbulos blancos, en vez de desarrollarse normalmente, morían en la médula o justo después de entrar en el flujo sanguíneo. En mi caso, incluso con una quimioterapia intensiva, al final acabaría padeciendo lo que se conoce como «insuficiencia de la médula ósea». También mencionó otros términos ominosos que yo todavía no comprendía como «anomalías cromosómicas múltiples», «monosomia siete» y «mal pronóstico».

Todo esto implicaba que, además de la quimio, al final tendrían que hacerme un trasplante de médula ósea, una intervención complicada y peligrosa con una tasa de mortalidad alta, pero que era mi única oportunidad de curarme, según concluyó el doctor Holland. Podría optar al trasplante solo si la quimioterapia lograba que el porcentaje de blastocitos leucémicos en mi médula descendiera por debajo del 5 % y, por supuesto, si se contaba con un donante compatible. Sin un donante, el camino hacia la curación se volvía mucho más incierto o incluso imposible. Encontrar un donante era particularmente complicado para las minorías étnicas que estábamos infrarrepresentadas en los bancos de donaciones. Como estadounidense de primera generación de padres de origen étnico diverso, me encontraba en una tesitura nada alentadora. Una búsqueda internacional de un donante compatible suizo-tunecino retrasaría el proceso. Mi hermano, que todavía estaba estudiando en Argentina, era mi mayor esperanza, así que Adam tendría que dejar la universidad y volver a Nueva York inmediatamente para que le hicieran pruebas. El doctor Holland se aseguró de atemperar la esperanza con un baño de realidad: los hermanos eran la mejor opción, pero la compatibilidad solo se daba en un 25 % de los casos. Había creído que contar con un diagnóstico iba a poner fin a los meses de incertidumbre, pero me equivocaba. La medicina, ahora me daba cuenta, era más un arte que una ciencia en casos como el mío.

El doctor Holland lanzó un suspiro y de repente me pareció que tenía aspecto de estar muy cansado. «Tenemos un largo y difícil camino por delante. La leucemia es una enfermedad que debe ser tratada por médicos jóvenes y no voy a poder ocuparme de tu caso yo solo. Voy a incluir en el equipo a los doctores Navada y Silverman para que me ayuden —dijo haciendo un gesto en dirección a sus colegas—. Entre los tres nos vamos a asegurar de que recibas el mejor tratamiento disponible. Te prometemos que vamos a hacer cuanto esté en nuestra mano para ayudarte a superar todo esto».

Más tarde esa misma noche, ya en la cama con la luz apagada, pero sin ser capaz de conciliar el sueño —serían las tres de la mañana y Will roncaba suavemente a mi lado—, abrí el portátil y empecé a leer sobre el proceso de trasplante de médula ósea y el tratamiento de quimioterapia que tenía programado para empezar en unos días. Ahí fue cuando, en medio de la larga lista de efectos secundarios, medio agazapado entre los vómitos y la caída del pelo, las lesiones cardiacas y el fallo multiorgánico, leí algo que me disgustó más que cualquiera de las malas noticias que ya había recibido hasta ese momento: muy probablemente, el tratamiento para el cáncer que me podía salvar la vida también me dejaría estéril. Desde que me había enterado de mi diagnóstico había pasado ya por unas cuantas emociones: alivio seguido de sorpresa, confusión y horror. Y ahora estaba sintiendo una nueva: una terrible sensación de exclusión.

El cáncer es una emergencia y los oncólogos son —precisamente— el equipo de emergencias y están entrenados para vencer a la enfermedad a costa de que todo lo demás pase a un segundo plano. Pero ningún miembro del equipo médico que me trataba, durante ninguna de las conversaciones en las que se había definido el plan médico a seguir, había mencionado la infertilidad como un potencial efecto secundario. Únicamente después de que yo preguntara sobre la posible infertilidad en nuestra cita del día siguiente los oncólogos me informaron de las opciones a considerar: podía someterme a algún tratamiento para preservar la fertilidad: básicamente, congelar óvulos o embriones. Dependiendo de en qué punto del ciclo menstrual me encontrara, todo ese proceso podía llevar semanas y supondría retrasar la quimioterapia, algo que no me recomendaban en absoluto. Pero, a fin de cuentas, la decisión era mía.

Por más que apreciara su innegable apoyo en términos generales, el hecho de que no me informaran de algo tan importante me generó una pérdida de confianza cuando todavía estábamos en un momento temprano de la relación paciente-doctor. La mayoría de las pacientes aquejadas con el tipo de leucemia que yo padecía ya hacía muchos años que habían dejado atrás su etapa reproductiva. Y aunque mi equipo médico estaba totalmente enfocado en salvarme la vida, por algún extraño motivo, la cuestión de preservar mi capacidad de ser madre no parecía ser algo que tuvieran en cuenta. Fue el primer indicio de que, por muy maravillosos y compasivos que fueran mis médicos, iba a tener que ser proactiva y aprender a cuidarme yo también.

A mis veintidós años, en lo referente a la maternidad, hasta ese momento me había limitado a pensar en cómo evitarla antes de estar preparada. Las pocas ocasiones en que había tenido motivos para comprar un test de embarazo en la época de la universidad, recordaba la electrizante sensación de alivio que me había recorrido, sentada en mi cuarto de la residencia, al comprobar que solo aparecía una línea y no dos en el palito. En cambio ahora, al considerar la posibilidad de que nunca pudiera tener hijos, se me hizo un nudo en la garganta de la pena. En el fondo, siempre había creído que si me quedaba embarazada —más adelante— sería algo parecido a la experiencia de mi madre: que ocurriría de un modo orgánico y no planificado, pero que sería una agradable sorpresa. Ya no.

Después de la cita con los oncólogos me dirigí, en compañía de mis padres y de Will, a un restaurante que había cerca para comer. Mirara donde mirara, las aceras parecían estar atestadas de mujeres embarazadas, jóvenes madres empujando carritos con recién nacidos y niños vestidos con uniforme escolar que saltaban y cantaban camino de su casa. Al contemplarlos sentí que me invadía un anhelo, que se despertaba dentro de mí un deseo primitivo. Seguía sin estar segura de querer tener hijos, pero sí vi claro que en ese momento quería hacer todo lo posible para dejarle esa opción abierta a mi yo futuro.

La furgoneta de mi familia estaba aparcada en la intersección de las calles 59 y York. Will me pasó un algodón con alcohol por el abdomen y empuñó la jeringuilla con pulso firme. Mis padres estudiaban en silencio desde los asientos delanteros a aquel joven que habían conocido apenas hacía un par de semanas. La jeringuilla contenía gonadotropina, una hormona que estimula los ovarios para que produzcan óvulos. Una enfermera de la clínica de fertilidad nos había enseñado cómo poner la inyección utilizando un cojín color carne de ejemplo. Como a mí me aterrorizaban las agujas, Will o mi madre se encargaban de ponerme la inyección por la mañana y por la noche de un ciclo de diez días. Se trataba de pillar un buen pellizco de piel y grasa del abdomen para introducir la aguja e inyectarme la medicación. Y ahora, al final del trayecto de Saratoga a Manhattan de esa mañana, le tocaba a Will.

El embotellamiento era tal que el tráfico no se movía ni un milímetro y llegábamos tarde a mi última cita en la clínica de fertilidad. El ambiente era tenso. En cuanto terminara con los tratamientos de fertilidad tendría que ingresar en el hospital y empezar con la quimio y no podría volver a casa en varias semanas. La tarde anterior, me había sentado a la mesa del jardín de mis padres a contemplar cómo mi padre preparaba calamares a la brasa con una salsa picante a base de *harissa*, su plato favorito de la infancia. Mi madre había encendido velas y Will había ayudado a poner la mesa. Yo debería haber estado saboreando mis últimos días de libertad, pero estaba demasiado alterada por el tratamiento para la fertilidad —que me provocaba fuertes cambios de humor— y estaba hinchada, la cinturilla de los vaqueros se me clavaba en el abdomen lleno de moratones. Miré a Will, que estaba sentado enfrente de mí. Solo llevábamos juntos seis meses, pero ahí estábamos, con mis padres, hablando de las ventajas y desventajas de congelar embriones frente a la opción de congelar solo mis óvulos. Aplicando cualquier tipo de criterio objetivo, estábamos en un territorio incómodo.

—Estoy arriesgando mi vida por retrasar la quimio —dije—. Vaya, que me he comprometido a seguir el tratamiento para la fertilidad, así que, ya puestos, yo creo que debería congelar embriones, en vista de que se supone que las posibilidades de éxito son mayores.

—Pero para obtener embriones necesitas... *esperma* —apuntó mi madre, y la palabra salió de su boca envuelta en un halo extraño de acento suizo.

—Estaba pensando que podía buscar un donante de... vaya, de un banco de esperma.

—¿De verdad? —preguntó ella—. Pero en ese caso no necesariamente sabrías quién es el donante ni que aspecto tiene, ni de dónde es, y desconocerías los antecedentes médicos que pueda tener...

—Aquí la mercancía dañada soy yo, mamá —le corté abruptamente con un tono más duro del que querría haber empleado, y por un instante pareció que mi madre se iba a echar a llorar.

Mi padre mantuvo la mirada fija en los calamares, pues la conversación ya hacía rato que había traspasado los confines de la comodidad para él.

Will me miró y dijo:

—Yo podría ser tu donante de esperma. Sé lo mucho que significa todo esto para ti. Pero... bueno, obviamente la decisión es tuya.

En ese momento lo quise con un amor más profundo del que creía que era posible profesar por nadie. Lo quise por haber estado a mi lado durante la peor semana de mi vida. Lo quise por haberse llevado bien con mis padres desde el primer minuto y por estar constantemente buscando y encontrando la manera de hacernos reír a todos, pese a las terribles circunstancias que nos habían reunido. Y lo quise por estar dispuesto a abordar el delicado tema de la donación de esperma y la congelación de óvulos y embriones, de mis futuros hijos, incluso tal vez *nuestros* futuros hijos y cómo vendrían al mundo. Y también lo quise por ser lo suficientemente hombre para hablar de todo eso delante de mi padre en vez de echar a correr y huir despavorido.

De las paredes de la clínica de fertilidad no colgaba ningún cuadro salvo un letrero que ponía NO SE PERMITEN NIÑOS. Varias mujeres —algunas solas, otras acompañadas de sus parejas—, esperaban sentadas en cómodas sillas, esperando a que una señora con bata de laboratorio dijera su nombre. Me imaginé que la mayoría se estaban pagando ellas mismas el coste total del tratamiento. Los tratamientos de fertilidad podían llegar a costar más de veinticinco mil dólares y muchas veces no los cubría el seguro médico. En mi caso, el equipo que me trataba me había ayudado a conseguir una ayuda económica a través de una organización llamada Fertile Hope para sufragar los gastos.

En la mayoría de loss consultorios médicos no es tan evidente por qué está allí el desconocido que tienes sentado al lado, pero en este caso todo el mundo está por el mismo motivo. El ambiente era tenso. Nadie hablaba, pero todo el mundo parecía estar analizando a los demás. La mayoría de las mujeres parecían tener treinta y tantos años; unas cuantas puede que tuvieran cuarenta y tantos ya. A juzgar por cómo iban vestidas, me imaginé que tenían que volver al trabajo después de la cita. Sentada allí con mis padres y mi novio con mi sudadera con capucha de la universidad en la que podía leerse claramente «Promoción de 2010», me sentí profundamente fuera de lugar.

Una enfermera me llamó para que pasara a la sala de reconocimiento. Me extrajo sangre para comprobar el nivel de estrógenos y luego me ofreció zumo de manzana en un vaso de papel. Después me desvestí, me puse una bata de hospital de algodón, me tumbé en la camilla exploratoria sobre una sábana de papel y flexionando las piernas coloqué los pies en sendos estribos de metal. El especialista en fertilidad —un médico con el pelo teñido de negro— colocó un gran condón en un dispositivo semejante a una varilla para hacerme una ecografía transvaginal. Hice un gesto aprensivo al oír como vertía el lubricante sobre el dispositivo y cerré los ojos cuando noté que me lo introducía entre las piernas. El doctor encendió el monitor y procedió a examinar mis ovarios hasta que aparecieron en pantalla los folículos, las cavidades con aspecto de panal llenas de líquido donde maduran los óvulos.

—Felicidades, parece que estás en el momento ideal para la cosecha —anunció el médico haciendo un gesto con la cabeza en dirección al monitor—. ¿Ya has decidido si quieres congelar embriones o solo óvulos?

—Pues ahora mismo me inclino por la opción de los embriones —respondí—. Mi novio se ha ofrecido a ser el donante de esperma.

—Ah, ya veo —dijo el doctor con tono neutro—. En ese caso creo que sería buena idea que los dos hablarais con la trabajadora social antes de marcharos para que hagáis todo el papeleo.

Me extraerían los óvulos —o mis «bebetículos», como los habíamos apodado Will y yo— mediante una cirugía sencilla al día siguiente. Sería una intervención con anestesia, pero el procedimiento en sí, que según me aseguró el doctor sería rápido y prácticamente indoloro, no duraría más de unos treinta minutos. Luego fecundarían los óvulos con esperma en una placa de Petri para crear embriones que se criogenizarían y almacenarían en un banco.

Al cabo de unos minutos, la trabajadora social nos hizo pasar a Will y a mí a su despacho donde, en términos muy rotundos, nos recomendó que no congeláramos embriones, aludiendo a los obstáculos legales y emocionales imposibles de predecir que podrían plantearse en el futuro: ¿Cómo podíamos estar pensando en tener un hijo cuando llevábamos solo unos meses juntos? ¿Y si rompíamos? ¿Y qué pasaba si yo no sobrevivía, de quién serían los embriones entonces? Mientras trataba de formular un contraargumento me di cuenta de que no se me ocurría nada. Will permanecía callado con la cabeza baja, mirándose los zapatos. Yo había retrasado la decisión todo lo que había podido, pero ahora el doctor estaba de vuelta y esperaba mi respuesta. Lo malo era que a mí me bullían mil preguntas en la cabeza también: ¿Cómo iba a tomar una decisión así en tan poco tiempo? ¿Cómo iba a poder elegir entre la esperanza en un futuro juntos y el hecho innegable de que no había nada seguro, entre el arrebato de un amor todavía nuevo e incipiente y las demoledoras restricciones de aplicar la lógica? Iban pasando los segundos y, al final, llegó el momento en el que tenía que decidirme. Con no poca reticencia, al final le dije al doctor que congelara únicamente mis óvulos.

El ritmo de lo que me estaba pasando, como todo lo demás en los últimos días, se me antojaba terrible y descorazonadoramente inoportuno. Pero esa era mi nueva realidad. Hasta donde yo sabía, el resto de mujeres sentadas en la sala de espera no tenían cáncer, pero aun así me sentía unida a ellas.

Mis pechos, como los de ellas, estaban hinchados y doloridos por las inyecciones de hormonas. Nuestros cuerpos mostraban indicios de estar preparándose para un embarazo por más que ninguna de nosotras podía estar segura de que se fuera a dar el caso. Pese a que yo tenía intención de tener un hijo en el futuro cercano, preservar mi capacidad de tenerlo algún día me parecía poco menos que el único salvavidas que mantenía abierta la puerta a un futuro incierto.

9

NIÑA BURBUJA

ERA UNA mañana perfecta de primavera en el Upper East Side de Manhattan. Un azul nítido e intenso teñía el cielo. Aparcamos la furgoneta y recorrimos andando las diez manzanas hasta el hospital Mount Sinai. A nuestro paso iban quedando atrás un reguero de porteros uniformados a lo largo de toda la Quinta Avenida. Reparé en las nubes, flotando etéreas sobre nuestras cabezas como si fueran jirones de pañuelos de papel. Reparé en Central Park, rebosante de color con el lustroso verde resplandeciente de las hojas nuevas brotando en las ramas de los árboles en contraste con el fucsia de los arbustos de azaleas y el amarillo pálido de los tulipanes que emergían de la tierra. Intentaba quedarme con todos los detalles y memorizar la sensación del sol calentando mi pelo y la que me producía la brisa primaveral que me acariciaba la nuca.

Cuando llegamos a las escaleras de la entrada principal, mis padres se detuvieron un momento para darme un collar de plata con un colgante con una turquesa: «Por cada nueva meta que logres durante el tratamiento iremos añadiendo un colgante más», anunció mi madre sonriendo aunque tenía la mirada nublada por una tristeza que no le había conocido jamás. Will también tenía un regalo: un cuaderno Moleskine de color morado. En la primera página donde pone «En caso de pérdida devuélvalo por favor a.........» había escrito mi nombre de pequeña, «Susu», y en la recompensa había escrito 1 millón de dólares. En el momento en que abrimos las puertas de cristal para entrar en el hospital, inspiré hondo el aire fresco de la calle una última vez, reteniéndolo durante todo el tiempo que pude en los pulmones, a sabiendas de que iba a pasar mucho tiempo antes de que pudiera volver a salir al exterior.

Me condujeron a la planta donde se encontraba el ala de oncología y me instalaron en una habitación de paredes de un blanco mortecino con dos camas. Estaban las dos libres, así que escogí la que quedaba más cerca de la ventana. Colgué mi vestido de verano favorito en el armario igual que un atleta que se quita la camiseta de competición, y me puse la típica bata de hospital abierta por la espalda. Me colocaron en la muñeca derecha una pulsera identificativa con chip electrónico: una precaución por si a algún paciente hasta las cejas de analgésicos o desorientado en medio de la nebulosa de la demencia se le ocurre marcharse. Firmé tantos papeles que perdí la cuenta, entre los que se incluía uno que designaba a mi madre como persona de contacto para cualquier tema médico. También firmé lo que llaman un consentimiento adelantado y entonces por fin me llevaron en silla de ruedas al quirófano para que me colocaran un catéter en el pecho y así crear una vía central por la que me administrarían la quimio por vía intravenosa.

Cuando me desperté en la zona de reanimación posquirúrgica bajé la vista hacia mi pecho ensangrentado y vi que de una herida justo debajo de la clavícula me salía un tubo de plástico del que colgaban tres tubos más pequeños, como si fueran los tentáculos de una horrible criatura marina. Ver mi cuerpo alterado de ese modo me produjo un impacto emocional. Me incliné por encima de la barandilla de la camilla en la que estaba tendida y vomité. Hasta ese momento, salvo por las llagas de la boca, mi enfermedad había sido eminentemente invisible. Hasta cierto punto, era ahora cuando empezaba a darme cuenta de que mi vida tal y como la conocía hasta ese momento acababa de saltar por los aires en mil pedazos, que la persona que había sido hasta entonces quedaba enterrada. Ya nunca volvería a ser la misma. Hasta mi nombre había cambiado, aunque hubiera sido de manera no intencionada: al entrar en silla de ruedas de vuelta en mi habitación del ala de oncología reparé en que el cartel de la puerta de mi habitación decía s. JAQUAD con Q en vez de O. Estaba atravesando territorio desconocido y, con cada paso que daba, menos me sentía como Suleika.

Dos enfermeras entraron en la habitación con unas bolsas —una con medicación intravenosa para las náuseas y otra con el tratamiento de quimioterapia— cuyo contenido iría entrando gota a gota en mis venas a lo largo de la semana. La enfermera más joven se presentó como Younique. Parecía más o menos de mi edad y llevaba el cabello de color negro azabache perfectamente alisado y recogido en un cómodo moño. La miré con la actitud escéptica de alguien que está a punto de permitir que una completa desconocida la envenene.

—Ojo con la pequeñita —me advirtió Younique señalando la bolsa más pequeña de las dos, que era la que contenía uno de los medicamentos de la quimioterapia y era del color del ponche de frutas. Hay gente que lo llama el Diablo Rojo porque puede tener efectos secundarios desagradables. Si necesitas cualquier cosa no tienes más que tocar el timbre.

Will y mis padres se instalaron en sillas plegables para hacerme compañía. Al otro lado de la ventana, el sol iba cambiando de un amarillo brillante casi blanco a un intenso tono anaranjado. Yo interrumpía los silencios con bromas tontas y un torrente interminable de cháchara intrascendente. Me había traído de casa las zapatillas y mi peluche favorito. Además de un montón de libros que tenía toda la intención de leer durante mi estancia en el hospital.

—Me siento como si me acabara de mudar a mi cuarto en la residencia de estudiantes el primer día de clases —anuncié con entusiasmo al tiempo que sostenía entre las manos *Guerra y paz* de Tolstoi y empezaba a hojearlo—. Voy a aprovechar para ponerme al día con toda la lectura atrasada que tengo. Hasta puede que me dé tiempo de escribir un poco mientras esté aquí ingresada.

Estaba convencida de ello, quería avanzar, me proponía haber conseguido algo al final de aquellas semanas. Desde que me habían dado el diagnóstico, misteriosamente, la adrenalina y el miedo que inundaban mi cuerpo me habían dado mucha energía que se había traducido en un optimismo desesperado que me recorría las arterias. La enfermedad letal que se abría paso implacablemente por mi sangre y mi médula, la tristeza espartana de aquella habitación de hospital, los aterradores efectos secundarios de la quimio que me aguardaban... Estaba segura de que nada de todo eso podría conmigo.

En todo caso, aquella experiencia me iba a hacer más fuerte. ¡Hasta tal vez podría acabar convirtiéndome en uno de esos expacientes de cáncer que luego montan una fundación dedicada a la investigación o se dedican a correr maratones. No obstante, por encima de todo, yo lo que quería era aliviar la angustia que ensombrecía los rostros de mis padres y de Will, convencerlos de que todo iba a ir bien. Ellos me dedicaban sonrisas timoratas al tiempo que murmuraban palabras alentadoras mientras yo seguía parloteando.

Al final se hizo de noche.

—Marchaos a casa a descansar un poco —les dije.

Se iban a quedar en el apartamento de unos amigos de la familia, distante unas pocas manzanas. Parecían agotados, pero no se movieron del sitio. Solo cuando insistí una vez más se pusieron por fin de pie para marcharse.

—¿Seguro que vas a estar bien aquí sola? —preguntó mi madre dándose la vuelta para mirarme desde el umbral de la puerta.

—Estoy fenomenal —la tranquilicé con tono animado haciéndole con la mano un gesto para que se fuera.

Cuando por fin se marcharon fue cuando empezó a desmoronarse la expresión animosa que llevaba todo el día prendida de mi cara.

Las alas de oncología, seguramente más que ningún otro sitio sobre la faz de la tierra, son lugares sin música. En lugar de una melodía, lo que se oye es un incesante coro de pitidos. Durante el día, en los pasillos reina el clamor del bucle constante de llamada y respuesta médica: enfermeras que hablan alzando la voz, pacientes que piden —en ocasiones a gritos— más morfina, enfermeras tratando de localizar a médicos, visitantes buscando desesperadamente una enfermera… Ahora bien, todos esos ruidos, por más que sean irritantes, son bienvenidos, porque distraen y, a fin de cuentas, son una especie de recordatorio de que la «maquinaria» hospitalaria funciona perfectamente. Lo que más miedo da es la quietud de la noche, los sonidos huecos del sufrimiento silencioso.

Younique me había dado un tranquilizante antes de dormir. Al cabo de unos minutos había caído en un profundo sopor, arrastrada a una sima más oscura que la noche misma mientras soñaba con todos los pacientes que habían compartido mi misma almohada en ese hospital, con sus rostros demacrados apareciéndoseme en sueños. Me debí de despertar —medio dormida y desorientada— a eso de las dos de la madrugada: el sonido de unos gemidos me había traído de vuelta de mis pesadillas. Primero pensé que debía estar alucinando, pero cuando encendí la luz descubrí que tenía una compañera de habitación, una mujer de unos setenta años a la que habían traído en mitad de la noche. La mujer cerraba con fuerza sus ojos y tenía la boca retorcida en una mueca agónica mientras trataba de respirar trabajosamente por la boca de cuarteados labios entreabiertos. Gemía mientras daba vueltas de lado a lado en la cama sumida en un estupor medicado. La presencia de aquella desconocida envuelta en su dolor fue como un avance de lo que me esperaba. Apagué la luz y corrí la cortina de tenue tela verde que separaba nuestras camas para no ver más. Cerré los ojos intentando conjurar la fuerza y el optimismo que había sentido unas horas antes. Pero, en vez de eso, solo encontré terror.

Tan sigilosamente como pude, cogí el teléfono y llamé a Will.

—¿Te pasa algo? —me respondió con voz adormilada. Intenté responder, pero no conseguí que saliera el menor sonido de mi garganta—. Ahora mismo cojo un taxi, voy para allá —me tranquilizó.

Media hora más tarde su silueta desgarbada apareció en el umbral de la puerta. Pasó de puntillas junto a mi nueva compañera de cuarto hasta llegar a mi lado de la habitación y se tumbó junto a mí con sus largas piernas asomando por el borde de la cama.

—¿Qué pasa cuando los jugadores de la NBA tienen cáncer? ¿Les tienen que encargar camas de hospital extra largas? —murmuré.

—Buena pregunta —me contestó él—. Menos mal que en este caso la paciente eres tú.

Me deslicé un poco hacia arriba en la cama hasta que quedamos tumbados cara a cara con nuestras frentes tocándose. Y entonces por fin me relajé en brazos de Will, aspirando profundamente su limpio aroma jabonoso, como ropa recién sacada de la secadora.

Cuando me desperté a la mañana siguiente, mi compañera de habitación estaba mucho mejor.

—¿Qué hay Park Avenue? —me saludó cuando pasé por su lado camino del baño que compartíamos, que estaba en su lado de la habitación.

Era la quinta vez que iba esa mañana porque la intervención para extraer los óvulos me había dejado de recuerdo una dolorosa infección de orina.

—Hola —dije apoyándome en el soporte del gotero—. Me llamo Suleika. Encantada de conocerte.

—Estelle —me contestó saludando con la mano desde la cama—. Un placer.

—¿Por qué me has llamado Park Avenue?

—Porque llevas ese corte de pelo sofisticado.

Un poco apurada, me pasé la mano por el pelo que llevaba cortado en una melena a la altura de la mandíbula. Unos cuantos días antes de ingresar en el hospital había ido a la peluquería a cortarme la cabellera que me llegaba a la cintura, como una medida preventiva anticipándome a los efectos de la quimio que pronto se cobraría todo mi pelo como trofeo.

—Solía llevar el pelo largo —le expliqué a Estelle— y pensé en raparme antes de ingresar en el hospital, pero mi madre dijo que todavía no estaba preparada para verme calva así que opté por un término medio.

En la peluquería me hicieron una larga trenza castaña con el pelo que me habían cortado para que me la llevara a casa y le pedí a mi madre que la donara a la ONG Locks of Love, que dona pelucas de pelo natural a niños enfermos de cáncer que no pueden pagárselas, pero al cabo de unos meses me la encontraría guardada en un pequeño joyero de madera en su estudio.

—Pues me parece que ese corte te queda muy bien, pero te voy a seguir llamando Park Avenue si no te importa —me informó Estelle—. La quimio me afecta un montón a la cabeza y estoy segura de que no me voy a acordar de ese nombre tan exótico que tienes.

Solté una carcajada al tiempo que asentía.

—¿Qué te trae por aquí?

Quería preguntarle qué tipo de cáncer tenía, pero todavía no estaba segura de cuáles eran las reglas de etiqueta entre pacientes.

—Cáncer de hígado, fase cuatro. ¿Y tú? Una chica joven como tú no debería estar aquí. Deberías andar por ahí con tu chico. Sí..., claro... ¡no te creas que no os oí ayer por la noche!

Me sonrojé.

—Leucemia, fase... No sé qué fase en realidad. Todavía no se lo he preguntado a los médicos.

—¿Cirugía? ¿Radio? ¿Quimio? —siguió preguntando Estelle como quien habla de distintos sabores de refresco a elegir.

—Quimio. Primera ronda de tratamiento. Dicen que estaré ingresada unas tres semanas aproximadamente.

—Uy, eso es mucho tiempo. Mejor sales a caminar por el ala y haces ahora todo el ejercicio que puedas, mientras puedas.

Siguiendo el consejo de Estelle, tomé por costumbre aprovechar los momentos en los que tenía suficiente energía para explorar, así que, valiéndome del soporte con ruedas del gotero como si fuera un patinete improvisado, me dedicaba a dar vueltas por el ala de oncología y a charlar con las enfermeras y con otros pacientes. Al cabo de unos cuantos días había hecho ya un puñado de amigos. La «peque-reina de oncología», me coronó Will de broma. Me pasaba un año de la edad para estar en pediatría, pero por otro lado era décadas más joven que la mayoría de los pacientes adultos de oncología. Me sentía fuera de lugar, pero aun así estaba intentando llevarlo lo mejor posible.

Fue durante una de mis sesiones de «patinete» cuando conocí a Denis, que tenía cuarenta y pocos años y no parecía recibir visitas jamás. Al ver que las bandejas de la comida llegaban una y otra vez completamente congeladas —a alguna mente preclara se le estaba olvidando meterlas en el microondas—, Denis se declaró en huelga de hambre y empezó a hacer campaña puerta a puerta para obtener el apoyo de los demás pacientes. Yo estaba completamente a favor del activismo hospitalario. Pero también me preocupaba su salud, así que al cabo de un par de días le pedí a Will que le buscara el batido de chocolate con más espuma y más cremoso de todo el Upper East Side y con eso terminó la huelga de hambre.

En la habitación de al lado había una mujer que siempre estaba dormida. En mis idas y venidas, al pasar, veía fugazmente su cuerpo hecho un ovillo en la cama. Estaba tan esquelética que su aspecto era casi cadavérico. La piel tenía un color amarillento ceroso. Su hija adolescente la venía a ver casi todos los días. Y entonces, una tarde oí un grito ronco medio ahogado, un gemido animal de dolor que atravesó la pared que separaba nuestras habitaciones. Me levanté de la cama y vi desde mi puerta cómo las enfermeras acompañaban a la hija hacia la salida, consolándola mientras ella sollozaba sin parar. Al cabo de un rato se llevaron el cuerpo inerte de la madre en una camilla y llegó el personal de limpieza a preparar la habitación para el siguiente ingreso. Al día siguiente después de comer ya había un paciente nuevo en la habitación.

Mi nuevo vecino era de Argelia. Se llamaba Yehya y le estaban tratando un linfoma. Tenía el vientre abultado y se le notaban una barbaridad los nódulos linfáticos en el cuello, que parecían enormes ciruelas. En cambio, las piernas las tenía como alambres. Jamás he visto piernas tan delgadas. Nos hicimos amigos enseguida y charlábamos mucho en una especie de *patois que* mezclaba francés y árabe: sobre nuestros países de origen, sobre la fe, sobre la suerte que habíamos tenido de ponernos enfermos en Estados Unidos donde teníamos acceso a todos los cuidados médicos posibles. Era Ramadán y su mujer venía al hospital todas las noches con un inmenso Tupperware lleno de *iftar*, la comida que toman los musulmanes al ponerse el sol para romper el ayuno, pero él rara vez tomaba más que algún bocado.

Un día los médicos trasladaron a Yehya a una habitación privada unas cuantas puertas más allá de la mía y tenía un ventanal que daba a Central Park. Con los ojos llenos de lágrimas de gratitud Yehya se arrodilló para rezar y dar gracias, pero con tan mala fortuna que se cayó sin querer y se golpeó la cabeza contra el suelo de linóleo. «¿Pero qué ha pasado?», exclamaron las enfermeras cuando llegaron corriendo al oír el golpetazo e inmediatamente se apresuraron a solicitar un TAC de la cabeza. Más adelante Yehya me confesó que les había mentido al contarles que se había tropezado. «No quería que pensaran que era un musulmán chiflado», me dijo. La enfermedad lo complicaba todo, incluso —tal vez especialmente— la oración.

Hacía aproximadamente una semana desde que había ingresado en el hospital para empezar el tratamiento de quimioterapia. Me encontraba relativamente bien, hasta podría decirse que tenía bastante brío en comparación con muchos pacientes de la planta que no salían de la cama o necesitaban una silla de ruedas para moverse. Sería una exageración decir que estaba *disfrutando* mi estancia en el hospital, pero tampoco era terrible. Cuando no estaba charlando con los otros habitantes de la planta, Will y yo jugábamos interminables partidas de Scrabble. Mis padres me visitaban todos los días y siempre me traían algún regalito y comida casera. Además, a medida que la noticia de mi enfermedad se iba conociendo mis amigos también iban apareciendo por el hospital de visita con el inevitable ramo de flores. Me sentía como si mi existencia estuviera pausada: por primera vez en mi vida, nadie esperaba nada de mí. Tenía libertad para pasar el rato como quisiera. Escribía en mi diario y hasta me matriculé en una clase de arte y manualidades. Una voluntaria del hospital me estaba enseñando a tejer y estaba haciendo una bufanda que pensaba regalarle a Will.

Inocentemente, tal vez incluso con un poco de arrogancia, empecé a pensar que igual me iba a librar de los efectos más terribles de la quimio. Aparte del cansancio habitual y las llagas en la boca, no me sentía diferente. Todas las mañanas me examinaba el cuero cabelludo en el espejo en busca de algún indicio de que se me estuviera empezando a caer el pelo. Pero lo conservaba fuerte y brillante y firmemente insertado en los folículos. Creí que iba a resultar que yo era del pequeño porcentaje de pacientes a los que no se les cae el pelo con la quimioterapia y estaba empezando a lamentar la decisión —que ahora parecía haber sido apresurada— de cortármelo. Incluso empecé a dar cabida a la fantasía de mudarme a un apartamento con Will una vez me dieran el alta. Tal vez para finales de verano ya estaría lo suficientemente recuperada para empezar a trabajar otra vez.

Pero la inocencia siempre tiene fecha de caducidad y la mía no duró mucho.

Al cabo de diez días aproximadamente me trasladaron a una habitación privada —de «aislamiento» fue el término que utilizaron los médicos— y me prohibieron terminantemente salir de ella. No había anticipado este tipo de medida, así que me sorprendió e incluso me enfadó un poco que me impusieran aquellas normas tan estrictas en esa nueva fase, aunque también me sentí aliviada por no tener que compartir la habitación. Cualquier persona que entrara en mi habitación, a la que había puesto el sobrenombre de «la burbuja», tenía que llevar obligatoriamente una coraza protectora consistente en mascarilla, guantes y bata de hospital. Los resultados de mis recuentos sanguíneos eran cada vez peores por los efectos secundarios de la quimio. Tenía los niveles de hemoglobina y plaquetas peligrosamente por los suelos. Además, los análisis indicaban que, prácticamente, me había quedado sin glóbulos blancos: «cero, nada», especificó el doctor de guardia un día al tiempo que enfatizaba su declaración uniendo el índice y el pulgar para formar con ellos un círculo. Pronto terminaría la ronda de ciclos de quimioterapia y, a lo largo de la semana siguiente, mi médula ósea —se suponía que para entonces libre de leucemia— empezaría a recuperarse y los niveles de los distintos componentes de las células sanguíneas irían poco a poco subiendo. Una vez que ya no me hicieran falta las trasfusiones de sangre para mantener el nivel de glóbulos rojos y plaquetas, me darían el alta y me podría marchar a casa. Pero, hasta entonces, mi sistema inmunitario era inoperante y el médico me advirtió de que un germen despistado por ahí, que algo tan aparentemente inofensivo como un estornudo, podían ser letales para mí.

Fue entonces cuando empezaron a manifestarse los efectos secundarios de la quimioterapia. Se me empezó a pelar la garganta por dentro: un dolorosísimo efecto secundario de la quimio, cuyo término técnico es mucositis y que hace que te resulte totalmente imposible comer, beber o hablar más alto que un susurro. «¿Preparada para la fiesta?», bromeó Younique la primera vez que me administró morfina gota a gota por vía intravenosa. Benditas sean las excelentes enfermeras con magnífico sentido del humor que te hacen todo un poco más fácil. No obstante, incluso con la morfina, el dolor era demasiado intenso para poder tragar gran cosa. Aparte de las marcas y moratones que tenía en los brazos causados por las agujas, me salió un sarpullido de diminutos granitos morados en el cuello y el pecho: sin plaquetas, un componente de la sangre que contribuye a la coagulación, los capilares más cercanos a la piel se rompían y la sangre se filtraba hasta la superficie. Decidí evitar mirarme en el espejo.

Y luego por fin ocurrió: una mañana al levantarme descubrí que tenía la almohada cubierta de mechones de pelo. A la hora de comer se me estaba cayendo a puñados, dejando calvas por toda mi cabeza. Me empecé a pasar los dedos por el cráneo de forma compulsiva e iba colocando los montoncitos de pelo sobre la mesilla de noche, como si fueran pequeños nidos. Perder el pelo supuso la confirmación de algo que ya sabía, pero que todavía no había aceptado completamente y me pasé la tarde conteniendo las lágrimas. Esa noche, Will me ayudó a arrancarme con las manos el pelo que me quedaba: era igual que arrancar malas hierbas de la tierra húmeda. Cuando me dispuse a dormir estaba completamente calva.

Habían pasado más de cuatro semanas desde que había ingresado en el hospital y confiaba en que los resultados de mis análisis de sangre mejoraran tras la quimio. Pero, para mi consternación, no había indicios de recuperación. Los médicos me tranquilizaron diciendo que no había motivo para preocuparse —por lo menos no todavía—, pero por supuesto me preocupaba. Mientras tanto, mi cuerpo había pasado a depender completamente de las trasfusiones. Sangre de desconocidos corría por mis venas, bolsa tras bolsa, día tras día. Intenté imaginarme quiénes eran esos donantes —¿un maestro de primaria, un actor famoso, una echadora de cartas?—: no conseguía conjurar del todo su imagen, pero ellos me mantenían con vida.

Que me asaetearan y examinaran todo el rato, por no hablar de estar encerrada en una habitación durante días y días sin tener claro hasta cuándo, era algo que me estaba volviendo loca. No se podían abrir las ventanas. Las luces de neón fluorescente me abrasaban los ojos. Me dolía el estómago, me dolía la cabeza, me dolían las extremidades, me dolía todo, hasta respirar dolía. Cada vez que me clavaban una aguja o me lavaban con una esponja me entraban ganas de estampar el soporte del gotero contra la pared. Cuando había adelgazado tanto que me podía quitar la pulsera del hospital sin romperla empecé a fantasear con la posibilidad de escaparme. Desde la ventana de mi habitación se divisaba la tentación de Central Park. Un día que hubo una tormenta sentí un deseo visceral de salir a la calle para que el aguacero descargara sobre mí, aunque solo fuera un minuto. Al final, un día que el dolor había remitido temporalmente a unos niveles tolerables, escondí la pulsera electrónica debajo de la almohada y apoyándome en el soporte del gotero, cuando las enfermeras estaban distraídas conseguí colarme en el ascensor. Llegué hasta la cafetería de la planta baja. Y ahí me quedé paralizada: era la hora de comer y de pronto me vi en medio de un reguero constante de gente por todas partes, que me pasaban por delante, por detrás, por los lados, a veces rozándome o empujándome ligeramente. Mi ansiedad fue en aumento al pensar en todos los gérmenes que debían de estar flotando en el ambiente. Empezó a costarme trabajo respirar. ¿Y si me caía? ¿Y si me desmayaba? Al cabo de unos pocos minutos estaba de vuelta en mi habitación. *Bip, bip* trinó el monitor del gotero. Extrañamente, me sentí segura de nuevo.

Si alguien podía entender por lo que estaba pasando eran los demás pacientes, pero ya no me dejaban interactuar con ellos porque el riesgo de una infección era demasiado alto. Echaba de menos su camaradería, así que intenté por lo menos estar al día de que tal les iba a través de llamadas de teléfono facilitadas por las enfermeras. Estelle había recibido el alta y se recuperaba en su casa en Staten Island. En los últimos escáneres de Dennis habían aparecido más puntos iluminados que en la Vía Láctea: toda una constelación de tumores nuevos en sus pulmones. En definitiva, seguramente él también acabaría necesitando un trasplante de médula. En cuanto a Yehya, todavía se pasaba por delante de mi habitación por las tardes y, si no miraba nadie, abría la puerta una rendija y asomaba una mano con el pulgar en alto al tiempo que me recordaba que Alá me estaba cuidando.

Aun no me habían prohibido las visitas del exterior, pero hasta eso se había complicado mucho. La gente con la que jugaba al beer pong[1] en la universidad no había venido a visitarme. Y, por más que no me sorprendiera, su silencio me dolía un poco. Intenté olvidarme de eso para concentrarme en los que sí habían venido a verme: mi amiga Mara —que me visitaba casi todos los días— y un montón de viejos amigos de la infancia, compañeros de clase y colegas varios que se pasaban por el hospital con regalos. En los días posteriores a mi diagnóstico había agradecido su compañía, hasta la ansiaba. Pero, a medida que había ido pasando el tiempo, me había vuelto alérgica a

---

1. Juego de origen estadounidense que consiste en que los jugadores tratan de encestar pelotas de pimpón en vasos llenos de cerveza desde el extremo de una mesa. Normalmente se juega por equipos formados por dos personas y un número variable de vasos dispuestos de forma triangular.

las miradas de pena y a los bienintencionados paladines del pensamiento positivo. Que intentaban animarme con sus tarjetas deseándome una recuperación rápida y la agotadoras retahíla de mensajes del tipo «tienes que ser fuerte» y «sigue luchando». Empecé a enfurecerme con las quejas triviales de la gente por el día tan estresante que habían tenido en la oficina. O porque se habían roto un dedo del pie y ahora no podían ir al gimnasio durante un par de semanas. Y me costaba no sentirme excluida cuando mis amigos hablaban del último concierto o la última fiesta a la que habían ido todos juntos.

Peores todavía eran los turistas del desastre: personas que no me conocían bien, pero que habían aparecido como por arte de magia en el hospital haciendo gala de un deseo a todas luces excesivo de ayudar, o más bien de asistir al carnaval médico en que se había convertido mi vida. Eran de las que se quedaban boquiabiertas al ver que estaba completamente calva; se les humedecían los ojos y acababa siendo yo la que tenía que consolarlas. Otras veces, les daba por bombardearme con consejos médicos que nadie les había pedido y me empezaban a hablar de algún médico excelente que conocían o del amigo del amigo que se había curado su propio cáncer con cosas tan inverosímiles como aceites esenciales, semillas de albaricoque, lavativas de café o una limpieza intestinal a base de zumos naturales. Yo sabía que las intenciones de la mayoría eran buenas en el fondo, pero por dentro estaba que echaba humo aunque guardara silencio. Conforme la gravedad de mi enfermedad aumentó, estos visitantes fueron dejando de venir. Y cuando alguno se presentaba empecé a fingir que estaba dormida.

Pese a mis intentos de retirarme del mundo, no estaba completamente sola. El doctor Holland venía a verme casi a diario durante su hora libre para comer: él sí que trataba con amabilidad a las enfermeras y el resto del personal, a diferencia de otros médicos del servicio que eran bruscos y condescendientes. Siempre daba la impresión de no tener la menor prisa y me trataba con dignidad, con sumo cuidado de hacerme sentir primero persona y luego paciente. Cuando terminaba de examinarme solía sentarse en el sillón reclinable que había junto a mi cama y charlábamos un rato sobre cualquier cosa, desde política hasta historia del arte o nuestros libros favoritos.

Will, que seguía sin tener trabajo, prácticamente vivía en mi habitación del hospital y dormía a mi lado en una cama supletoria para acompañantes que era demasiado pequeña para alguien de su estatura. Mis padres me hacían compañía durante el día. Por turnos se sentaban junto a mi cama y no paraban de tentarme con todas las cosas que más me gustaba comer en un intento de que comiera algo. Me había quedado en los huesos desde mi ingreso en el hospital. De una sana talla 38 pasé a una talla 32, que era la que tenía en sexto curso de colegio. Pero muchas veces el dolor que experimentaba era tan atroz que casi ni podía tragar saliva, por no hablar de una cucharada de *risotto* con champiñones. Yo intentaba animarme cuando estaba con ellos, pero me costaba estar despierta más de unos cuantos minutos seguidos. Mi madre trajo un póster de un cuadro de Vermeer y lo colgó en la pared junto a mi cama: una joven tocando el laúd en una estancia en penumbra, con la cabeza vuelta hacia la ventana y una expresión pensativa en el rostro. «Me recuerda a ti», me dijo.

Era consciente de la suerte que tenía de estar rodeada por tanto amor —a muchos pacientes de la planta no los venía a ver nadie—, pero, incluso con la compañía de mis padres y de Will, me sentía dolorosamente sola. La euforia posterior al diagnóstico y todos mis grandes planes hacía mucho que se habían desvanecido; ya no tenía energía para escribir en mi diario; las agujas de tejer con la bufanda a medio terminar estaban en un rincón cogiendo polvo. Nunca llegué a leer *Guerra y paz* ni ningún otro libro de los que tenía apilados en la mesita de noche. Estaba prácticamente muerta de aburrimiento, pero demasiado agotada para hacer nada al respecto.

Una tarde cuando ya llevaba más de cinco semanas en el hospital, se presentó en mi habitación un equipo de médicos con tapabocas de color azul cielo. Se distribuyeron alrededor de mi cama, contemplándome desde lo alto, todo ojos y corbatas y batas blancas.

—Me temo que traemos malas noticias —anunció uno de los médicos—. Cuando ingresaste en el hospital tenías treinta por ciento de blastocitos en la médula ósea. Los resultados de la última biopsia que te hemos hecho indican que esa cantidad se ha más que duplicado y ahora casi llega al setenta por ciento.

—¿Pueden volver cuando mi madre esté presente? —contesté con un hilo de voz. De repente me sentía igual que una niña pequeña.

Al cabo de un rato, ya en presencia de mis padres, el equipo médico nos explicó que había desarrollado un cuadro de anemia aplásica, que los tratamientos estándar no estaban dando resultado en mi caso. Mi padre parecía desolado y mi madre daba la impresión de estar al borde del colapso, pero cuando me pilló mirándola parpadeó rápidamente para contener las lágrimas y recompuso su rostro para adoptar una expresión más estoica. Los médicos recomendaban incluirme en la fase II de un ensayo clínico experimental, lo que significaba que todavía no se sabía si el nuevo cóctel de fármacos que me iban a administrar era seguro o eficaz, mucho menos si obtendría mejores resultados que el tratamiento habitual. En un momento en el que ya todo era tan incierto, yo no quería oír hablar de tratamientos experimentales. Lo que ansiaba eran datos fiables, estadísticas y pruebas fehacientes de que merecía la pena someterme a tratamientos que habían desbaratado completamente mi salud mental y física y las vidas de mis seres queridos. Por muy partidaria que fuese de la investigación científica, no tenía el menor deseo de hacer de conejillo de indias. Lo que quería era una cura.

«¿No creéis que sería mejor que pasara este tiempo con vosotros o fumando marihuana en una isla del trópico o haciendo lo que sea que se suponga que hay que hacer cuando uno se está muriendo?», les pregunté a mis padres. Nadie sabía qué responderme. Y los médicos tampoco tenían respuestas, pero seguían insistiendo en que el ensayo clínico era la mejor opción y que, cuanto más esperara, menos probabilidades me quedarían de sobrevivir. Al final accedí.

El Cuatro de Julio, la víspera de cumplir veintitrés años, me dieron un permiso especial para salir de la burbuja un par de minutos: era la primera vez que salía de mi habitación en casi seis semanas, a excepción de mi plan de escapada fallido. Había oído el rumor de que se podían ver los fuegos artificiales desde el pasillo de la parte trasera del edificio, por el ventanal contiguo a los ascensores. Así que, tras enfundarnos en la correspondiente armadura protectora, Will y yo abandonamos mi habitación. Yo arrastraba el soporte de mi gotero. Hicimos una parada a la altura de la habitación de Yehya para ver si quería venir con nosotros. Estaba demasiado cansado para levantarse de la cama, pero tenía un regalo para mí esperándome en su mesita de noche: una pulsera de la amistad de color rosa y una placa de madera pintada con vivos colores primarios en la que se podía leer ¡SOY TU FAN NÚMERO UNO!, que le había encargado comprar a su mujer en la tienda de regalos del hospital. Will me ayudó a ponerme la pulsera y se ocupó de la placa. Luego recogimos a Dennis, y los tres juntos seguimos avanzando por el pasillo. Dejamos atrás la estación de enfermeras y nos dirigimos al ventanal contiguo a los ascensores.

Cuando llegamos ya se había concentrado allí un buen grupo de pacientes que se agolpaban junto al ventanal. En realidad, apenas distinguíamos lo que había en el exterior al otro lado del grueso cristal, éramos como peces dorados mirando hacia fuera por las paredes sucias de la pecera y, sin embargo, si ladeabas el cuerpo hacia la izquierda y estirabas el cuello girando la cabeza hacia la derecha, podías ver a lo lejos el tenue resplandor de los fuegos artificiales: eran azules, rojos y dorados y explotaban en lo alto del cielo enviando un torrente de chispas en todas direcciones por encima de los rascacielos, pero como explotaban a kilómetros de distancia tras la barrera insonorizada de nuestra pecera era imposible oírlos. Los fuegos artificiales, la ciudad y sus habitantes —el mundo— parecían quedar igual de lejos que la luna. Mientras tanto, en la planta había saltado la alarma del monitor del gotero de un anciano y no paraba, emitiendo un pitido que habría vuelto loco a cualquiera al cabo de un rato.

«Perdonadme —me disculpé con Will y Dennis—, pero... joder, esto es lo más deprimente que he visto en toda mi puta vida». Un temblor se apoderó de mis hombros y al principio pensé que estaba a punto de echarme a llorar, pero al final lo que solté fue una sonora carcajada. De repente todo el mundo se estaba riendo: risotadas y carcajadas y oceánicas oleadas de risas frente a la absurdidad de todo aquello.

10

COMPÁS DE ESPERA

DESPUÉS DE CASI DOS meses en la burbuja, los médicos me habían mandado a casa un par de semanas para que recuperara un poco las fuerzas antes de empezar con el ensayo clínico. Mi recuento de blastocitos seguía siendo aterrador, lo suficientemente alto para, de no haber sido por lo débil que estaba, haber empezado con otra ronda de quimio inmediatamente. No obstante, el riesgo de que la medicación me matara era mayor que el de que los blastocitos siguieran multiplicándose en mi médula y mi sangre. Así pues, más enferma que nunca, pero sin ningún tratamiento, volví a Saratoga.

Subí las escaleras del porche deleitándome con el movimiento de mis piernas, con el ir y venir de mi respiración y con el calor del sol en la piel. Igual que un preso que sale en libertad tras haber cumplido una larga condena, todo me parecía maravilloso: la lluvia fina que me caía en la cara, las luciérnagas en el jardín al atardecer, el olor de las costillas haciéndose en la barbacoa del vecino al otro lado del seto que separaba los jardines.

Intenté aprovechar al máximo mi libertad recobrada. Siempre que me encontraba suficientemente bien, Will me ayudaba a subir a la furgoneta, me envolvía con unas mantas y y efectuábamos largos recorridos por carreteras perdidas en mitad del campo. Y, si yo tenía energía suficiente, hasta dábamos un paseo a pie. El recorrido de mi casa hasta el centro de Saratoga se hacía a pie en unos ocho minutos. En veinte si tenías leucemia. Las carreras de caballos que se celebraban todos los veranos, y que atraían a apostadores, turistas y aficionados que lucían enormes sombreros estaban en su apogeo. Había músicos callejeros tocando en todas las esquinas. La calle principal, Broad-way, estaba prácticamente tomada por un bullicioso grupo de moteros que habían aparcado las Harley en largas hileras a lo largo de toda la calle. Y por jugadores empedernidos que, en vez de ir al hipódromo, andaban buscando algún antro en el que meterse a ver las carreras por televisión.

Estar al aire libre era un cambio que se agradecía mucho después de tanto tiempo en la burbuja. Pero completamente calva, sin pestañas con las cejas raleando y el tapabocas, no tardé en darme cuenta de cómo se me quedaba mirando la gente. En la planta de oncología mi aspecto era igual al del resto de pacientes. En cambio, ahora, allá donde iba llamaba la atención. El cáncer hablaba por mí antes de que ni tan siquiera abriera la boca y se hacía el silencio a mi alrededor cuando llegaba a un sitio. El asunto no estaba exento de alguna ventaja: ese verano, muchas cajeras y camareras con los ojos llorosos me invitaron a un montón de tazas de café y cucuruchos de helado al tiempo que me decían: «Que te mejores, cariño, invita la casa». En cambio, en otras ocasiones, las miradas me hacían sentir como un bicho raro. Una tarde, salí del lavabo en la biblioteca pública y, al verme, una niñita se puso a chillar señalándome con el dedo.

Lo más habitual era que no me encontrara suficientemente bien para salir. Un agotamiento que me aplastaba los huesos me tenía como cosida al sofá de piel del cuarto de estar, en compañía de Will —que tenía un don para darles la vuelta a los días malos— sentado a mi lado. «Hoy es día de pelis —anunciaba animoso, como si hubiéramos escogido voluntariamente pasarnos todas las horas de luz dentro de casa—. Tienes unas lagunas terribles en tus conocimientos de cultura pop de este país, así que te he preparado un plan de estudios. Hoy nos vamos a centrar en pelis de finales de los ochenta. Vamos a empezar por *Todo en un día*, *El club de los cinco* y *El príncipe de Zamunda*, y luego haremos una pausa para comer».

En última instancia, la vida del cuidador viene dictada por el ciclo de decadencia y necesidades del cuerpo de otra persona. Will había adoptado ese nuevo papel con un entusiasmo y una devoción que admiraban a todo el mundo. Todas las mañanas, ayudaba a mi madre a prepararme arroz con leche casero, que era lo único que me aguantaba en el estómago, y un té de hierba luisa con menta fresca que se suponía que era bueno para combatir las náuseas. Y luego me lo subía todo a la habitación en una bandeja para que desayunara en la cama. Además, ayudaba a mis padres con las labores domésticas y por las tardes jugaba un poco al baloncesto con mi hermano que había vuelto a casa para el verano. También me organizaba el pastillero, me cambiaba el vendaje del catéter y me acompañaba a las citas con los médicos sin perderse ni una. Will nunca se quejaba —aunque se perdiera fiestas o excursiones a la playa con amigos— y me tranquilizaba constantemente diciendo que no había ningún otro lugar en el mundo donde prefiriera estar que allí a mi lado. Me hubiera gustado pensar que si la situación hubiese sido a la inversa yo también habría tenido la paciencia y la generosidad necesarias para cuidarlo de la manera que él me estaba cuidando a mí. Pero una parte de mí tenía sus dudas de que eso fuera cierto.

Ese verano vinieron de visita los padres de Will. Hicieron el viaje desde California para mostrar su apoyo. Era la primera vez que nos veíamos y yo me preguntaba qué pensarían cuando me vieran en persona, toda pálida y macilenta y con unos tubos saliéndome del pecho. Me preocupaba que una parte de ellos deseara otra pareja para su único hijo. Alguien como la antigua novia de Will, que tenía una melena preciosa de sedosos cabellos rubios y era redactora en una prestigiosa revista, por no hablar de que sus ovarios estaban sanos: alguien con perspectivas de futuro en lugar de diagnósticos.

Si sus padres se sentían así, nunca lo dejaron entrever. Desde el minuto en que aparcaron frente a nuestra casa, todo fueron risas y abrazos de oso. En pocos minutos, su padre, Sean, un irlandés enorme con bigote blanco y ojos azules muy vivos, me llevó a un lado para decirme: «Mi hijo es mejor persona desde que está contigo, te quería dar las gracias por lo que sea que le hayas hecho». Su madre, Karen, una radiante *hippie* rubia que llevaba vaporosos vestidos de lino y alhajas de cuentas de colores compartía con su hijo la habilidad de hacer que cuantos la rodeaban se sintieran mejor. Karen me dijo una y mil veces lo rompedor y audaz que le parecía mi *look* de cabeza completamente calva y lo guapa que estaba. «Deberías dejarte el pelo corto cuanto te pongas bien», me sugirió.

Las dos familias nos pasamos el fin de semana explorando Saratoga juntos. Dimos un paseo por la rosaleda de Yaddo, una famosa colonia de artistas a las afueras de la ciudad, luego fuimos al hipódromo e hicimos apuestas de dos dólares a los caballos con los mejores nombres. (No sé cómo nos las ingeniamos para no ganar ni una sola vez). Por las tardes, nos quedamos en el jardín trasero disfrutando del porche cubierto de enredadera que mi madre había decorado con lucecitas y farolillos de papel. Nuestros padres congeniaron tan bien que costaba encontrar hueco para hablar durante las cenas. Sean, periodista y realizador de documentales que había cubierto la guerra de Irak, hablaba de la situación política en Oriente Próximo con mi padre, mientras que nuestras madres encontraron un inmenso territorio común en el amor por las artes que compartían. Will y yo intercambiábamos guiños furtivos de complicidad o manifestábamos nuestra sorpresa con gesto divertido. Y mientras tanto nuestros padres seguían charlando sin parar ni para respirar.

Nuestro último día juntos fuimos todos al mercado de productores locales que se montaba en el pueblo. Yo me protegía del sol abrasador bajo un sombrero azul de paja de ala muy ancha, y trataba de no quedarme atrás mientras paseábamos entre los puestos, probando la mermelada de moras en este, las aceitunas en aquel y el queso en aquel otro. Llegó un momento en que me disculpé y me dirigí a una mesa de picnic para sentarme un minuto a la sombra. Flotaban en el aire los lamentos de un violín y las risotadas divertidas de los niños persiguiéndose por el césped y esos sonidos me envolvieron, provocando que se me fuera ligeramente la cabeza. Me abaniqué un poco con el sombrero, deseando poder teletransportarme de vuelta al frescor y la tranquilidad de mi cama.

Cuando llegó el momento de volver a casa me quedé un poco rezagada, intentando disimular una ligera cojera. No quería echar a perder lo que por otro lado había sido un fin de semana perfecto. Pero cuando llegamos de vuelta a casa me temblaban las piernas. Y tenía el vestido de tela fina de verano empapado en sudor. Me despedí de los padres de Will con un abrazo y les prometí una visita a California cuando estuviera recuperada. Y luego me retiré al interior de la casa.

—¿Cómo te encuentras? —me preguntaron mis padres al ver que llevaba varias horas sin levantarme del sofá.

—Estoy bien —insistía apretando los dientes para soportar las pulsaciones de un dolor sordo entre las piernas. Me daba demasiada vergüenza en vista de donde se localizaba; vaya, que no me veía capaz de decirle a mi madre o a mi anticuado —de los que llevan pajarita todavía— médico de cabecera ni a ninguna otra persona algo así como «*me duele horrores el chichi*» (o cualquier otra descripción anatómica en clave eufemística). Confiaba en que el dolor acabara yéndose solo, pero al cabo de unos días ya no podía ni caminar. Mientras Will y mis padres se habían sentado a la mesa para cenar, yo me había tenido que quedar tirada en el sofá con los dientes castañeteándome debido a la fiebre. Mi madre me tomó la temperatura: 38 grados. «¡No se hable más, nos vamos al hospital!», ordenó.

Ella conducía y Will iba en el asiento trasero conmigo. Yo apoyaba mi cabeza en su regazo mientras avanzábamos a toda velocidad por la autopista en mitad de la noche. Cada media hora, Will me tomaba la temperatura, que seguía subiendo. Mi madre aceleró todavía más, con el ceño fruncido por la preocupación. Al cabo de tres horas, cuando llegamos al puente Tappan Zee que cruzaba el río en dirección a Manhattan, iba a más de treinta kilómetros por hora por encima del límite de velocidad y yo tenía cuarenta de fiebre.

Era un domingo por la noche en las urgencias del Mount Sinai. La sala de espera estaba llena de gente que iba y venía en la zona de las máquinas expendedoras mientras otras personas dormitaban sentadas en las sillas de plástico o se sujetaban algún apéndice ensangrentado envuelto en gasas; también había madres que acunaban a bebés que lloraban desconsoladamente, diabéticos a los que apenas sostenían unos pies terriblemente hinchados... Todos esperaban a que los responsables de admisiones —enfermeras y recepcionistas— dijeran su nombre. El proceso de triaje que utilizan los médicos para establecer en qué orden se atiende a los pacientes puede despertar impulsos que hacen pensar en el mecanismo de supervivencia del más fuerte: todo el mundo cree que su urgencia debería tener prioridad absoluta y que tus necesidades —por no hablar ya de las de su hijo— se clasifiquen como menos importantes que las de otro puede despertar una sensación de pánico. Las salas de urgencias abarrotadas no sacan lo mejor de las personas.

«Mi hija tiene leucemia y una fiebre muy alta —le gruñó a la recepcionista mi madre, que por lo general tiene un trato dulce y educado, cuando ya habían pasado cuarenta y cinco minutos desde que habíamos llegado—. Sufre de una aguda immunosupresión, así que se lo digo muy en serio, como la tenga esperando un minuto más, la muerte de mi hija podría acabar pesando sobre su conciencia». La amenaza funcionó y, por un instante, nos sentimos tremendamente victoriosos cuando una enfermera dijo mi nombre y vino a recogernos. Sin embargo, al otro lado de la puerta metálica de doble hoja de urgencias, reinaba un caos todavía mayor. Las camillas ocupaban hasta el último centímetro cuadrado dej recinto. Los pacientes lloraban y gemían, algunos gritaban pidiendo ayuda. Una mujer en silla de ruedas con una mirada salvaje y desenfocada despotricaba sin dirigirse a nadie en particular, denunciando que sus compañeros de trabajo la habían querido envenenar.

No cabía un alfiler y Will y mi madre casi no tenían sitio donde esperar de pie. Recuerdo haber mirado a Will y pensar que parecía estar sobrepasado. Mi madre debió pensar lo mismo también porque le sugirió que se tomara un respiro si lo necesitaba. «Bueno, supongo que no tiene mucho sentido que estemos los tres aquí —dijo él—, igual me escapo un rato a ver a un amigo». Al cabo de unos minutos se había marchado.

Me pusieron en una cama desde la que casi podía tocar con el brazo al hombre joven de rastas apelmazadas que tenía al lado, tendido inmóvil y con los ojos cerrados; sus ropas sucias contrastaban intensamente con la impoluta sábana ajustable de la camilla en la que lo habían puesto. Llegó un doctor y corrió la cortina que nos separaba para darle algo de privacidad, pero aun así se oía la conversación: en los minutos siguientes me enteré de que el joven tenía sida y su nivel de hemoglobina estaba en 3.0.

—¿Quieres que te hagamos una trasfusión de sangre?

—No —murmuró el joven.

—Pero te das cuenta de que en ese caso vas a morir…

—Bueno, sí.

Al poco rato vino un empleado del hospital repartiendo bocadillos a los pacientes. El chico estaba demasiado débil para sostener el bocadillo que se le acabó cayendo al suelo. El linóleo quedó cubierto de trozos de lechuga y pálidas lonchas de fiambre. «¿Está bien? ¡Que venga alguien a ayudarlo!», le grité a mi madre. Es lo último que recuerdo antes de perder el conocimiento.

Las siguientes doce horas consistieron en una sucesión de desvanecimientos febriles intercalados con breves fogonazos de luz fluorescente.

Fotograma uno: me desperté con un trío de médicos asomándose a mi entrepierna mientras la iluminaban con linternas. Me ruboricé de humillación. Todo el rato intentaba juntar las rodillas, pero una mano enguantada me obligaba a mantenerlas abiertas. «Pequeño corte en los labios internos», declaró una voz tras una mascarilla. «Infección. Posible sepsis», apostilló otra. «Dejadme que eche un vistazo», intervino una tercera. La piel alrededor del corte estaba necrotizada, dijeron.

Fotograma dos: «¿Dónde estoy?», pregunté presa de pánico. La boca de acero de un ascensor se abrió en una planta del hospital que no reconocí. Me llevaron en camilla hasta una habitación que básicamente era un pequeño cubo blanco con lámparas de techo que proyectaban una difusa luz anaranjada. Una enfermera me explicó que me habían ingresado en la unidad de geriatría. El hospital estaba a plena capacidad, así que tendría que pasar la noche allí hasta que se liberara una habitación en oncología. Aquello me pareció hilarante porque, verdaderamente, notaba aquel cuerpo con aspecto de veintitrés como si estuviera al borde de los ochenta, pero no tenía energía para explicarle a nadie por qué me estaba muriendo de risa como si alguien me acabase de contar un chiste excelente.

Fotograma tres: *Tengo mucho frío, tengo mucho frío, tengo mucho frío*, le repetía a mi madre, pero, cuantas más mantas me ponía encima, más frío tenía. No había manera de que entrara en calor. Me castañeteaban los dientes con violencia y empecé a temblar descontroladamente. «¿Puede venir un médico por favor?», gritó alguien. Después me enteraría de que estaba sufriendo algo que se conoce como «fiebre neutropénica», que prácticamente no tenía células especializadas en combatir la infección.

Fotograma cuatro: mi temperatura subió y subió y subió todavía más hasta que el termómetro marcó 41 grados. Cuando intenté hablar las palabras salieron enmarañadas de mi boca, como si hablara una lengua extranjera. Mi cuerpo, completamente atenazado, temblaba y mis esfínteres eran incontrolables. Will apareció en el umbral en el momento exacto en que una enfermera intentaba colocar una cuña bajo mis glúteos desnudos. «Dile que espere fuera», le dije a mi madre con un gemido, al tiempo que me tapaba la cara con las manos.

Fotograma cinco: mi oncólogo, el doctor Holland, que por lo general era una persona muy sonriente, no sonreía en absoluto cuando apareció. «Llame a su marido y dígale que venga al hospital», oí que le decía a mi madre. Era de madrugada y mi padre se había quedado en Saratoga, que estaba a tres horas y media de viaje. «¿No podemos esperar hasta mañana por la mañana? —le preguntó ella—. No quiero preocuparlo». El doctor Holland le puso una mano en el hombro y la miró a los ojos: «Anne. Llame a su marido. No está nada claro cómo pueda acabar esto».

Cuando me desperté al día siguiente mis ojos recorrieron frenéticamente la habitación mientras trataba de recomponer las piezas del puzle de dónde estaba y qué había pasado. Mis padres estaban sentados junto a mi cama y tenían aspecto de haber envejecido varias décadas de golpe. Una enfermera se inclinó sobre mí para darme un vaso de papel con agua y una pastilla de oxicodona. En escasos minutos estaba vomitando en la palangana de plástico que había junto a la cama. La medicación y el darme cuenta de que estaba viva me habían golpeado igual que un tren de mercancías. Experimenté un alivio que superaba el nivel de la euforia.

Las habitaciones eran más grandes y más bonitas en la unidad de geriatría que en oncología. Estaba a gusto, de no ser por la enfermera teñida de rubia que hablaba demasiado. «Yo antes trabajaba en oncología —dijo en el momento en que me metía la punta metálica del termómetro debajo de la lengua—. Me acuerdo de una chica que se llamaba Joanie, muy dulce, debía de tener tu edad más o menos. Cada vez que ingresaba con una infección nueva me entraban ganas de echarme a llorar. Fue terrible cuando murió. Y ahora te miro y me pongo triste porque me acuerdo de Joanie. Así que ahora trabajo aquí, en geriatría».

La enfermedad había hecho que se me diera muy bien separar mis guiones: una cosa eran las palabras que pronunciaba en mi cabeza —*cállate, por favor, ¿es que no ves que ya estamos muertos de miedo?*— y otra diferente las que salían de mi boca: «Joanie tuvo suerte de tenerte de enfermera».

Por la noche vino Will a relevar a mis padres: se estiró aparatosamente en el sillón reclinable que había al lado de mi cama y se tapó con una manta fina de algodón. En la unidad de geriatría se les habían acabado las camas supletorias para acompañantes. Esa noche, como otras tantas noches, iba a sacrificar la comodidad por la cercanía.

—Creo que deberíamos casarnos —le dije, así sin más, arrastrando ligeramente las palabras. Me preocupaba que, si esperábamos, perderíamos la oportunidad de celebrar nuestra boda.

—Por mí, perfecto —respondió él sin pensárselo.

Nos quedamos despiertos hasta tarde repasando los detalles logísticos, la lista de invitados y a cuáles de mis amigos músicos les íbamos a pedir que tocaran. Llamé a mis dos mejores amigas de la universidad, Lizzie y Mara, que inmediatamente se ofrecieron a echar una mano. Lizzie y su madre acompañarían a Will a comprar un anillo. Mara ofreció la casa de su familia para celebrar la ceremonia. Sería una boda pequeña, una celebración otoñal de jardín en compañía de la familia y un puñado de amigos más cercanos. Si no había más hospitalizaciones de emergencia, confiábamos en poder celebrarla pronto. En un mundo ideal, en unas pocas semanas.

Al cabo de unos días se liberó una habitación en oncología y me trasladaron al piso de arriba. Tan solo tres meses atrás, la unidad de oncología me había parecido un país desconocido y en cambio ahora, de un modo perverso, me sentí en casa rodeada por pacientes sin pelo y el coro de los pitidos que emitían los monitores de los goteros. Sentí que era mi sitio. Cuando vi a Younique nos saludamos como si fuéramos viejas amigas que volvían a reunirse tras haber pasado separadas una larga temporada.

—¡Suleika, hola! Había oído que estabas de vuelta. ¿Qué tal estás y cómo te va con ese novio tuyo tan maravilloso?

—Vamos a casarnos —le solté a bocajarro.

Me interesé por cómo les estaba yendo a mis amigos de la planta. Younique se sentó al borde de mi cama y alisó suavemente la manta. Yehya se había marchado. «No, no de vuelta a Argelia», me corrigió. Había muerto en la habitación con las preciosas vistas al parque con su mujer a su lado. En cuanto a Dennis, había ido progresando muy bien de cara al trasplante hasta que una tarde le habían empezado a fallar todos los órganos uno detrás de otro. Pese a todos los esfuerzos de los médicos, no habían conseguido reanimarlo. Nadie se presentó a reclamar el cadáver.

Younique me masajeó ligeramente la espalda mientras yo trataba de procesar las noticias. Lo único que me venía a la mente era: *yo soy la siguiente*.

11

ATASCADA

SIEMPRE HE ESCRITO un diario. Las estanterías de mi dormitorio de la infancia están llenas de decenas de cuadernos de todos los colores, y cada uno cuenta detalladamente un capítulo distinto de mi vida. Esas páginas se leen como conversaciones conmigo misma expresadas en sinuosos trazos gruesos: visiones febriles del futuro, mentiras sobre aventuras a altas horas de la noche que nunca sucedieron, pero que habría deseado que sucedieran, relatos cortos vagamente autobiográficos con inspiradoras protagonistas femeninas, mala poesía y listas, siempre muchas listas de cosas que hacer, cosas a evitar y sueños. La Suleika de doce años tenía conversaciones diferentes a las de la Suleika de dieciséis o la de veinte, pero todas compartían algo en común: todas miraban hacia el futuro.

Con la mortalidad en juego, una de las actividades más deliciosas de la juventud —imaginarte tu futuro— se había convertido en un ejercicio aterrador que llevaba a la desesperanza. En otro tiempo, el futuro me había parecido infinito y repleto de posibilidades. Ahora, en cambio, estaba envuelto en un aire lúgubre, un espacio oscuro que se abría ante mí y que únicamente albergaba la promesa de más tratamientos venenosos e incógnitas aterradoras. Pensar en el pasado despertaba en mí una nostalgia en la que prefería no regodearme demasiado,. Era un recordatorio doloroso de todo lo que había perdido o estaba perdiendo: mis amigos; mi juventud; mi fertilidad; mi pelo; el collar que me habían regalado mis padres el primer día de quimio y al que iba a ir añadiendo colgantes con cada etapa superada, que había extraviado en algún momento en el trayecto del hospital a casa; mi mente, que con la quimio pensaba cada vez más lento y con menos claridad; mi fe en que aguantaría hasta el trasplante.

Vivir con una enfermedad que puede resultar letal me había convertido en ciudadana de segunda clase en el reino del tiempo. Mis días eran una emergencia lenta, mi vida había quedado limitada a cuatro paredes blancas, una cama de hospital y luces de neón fluorescentes. Tenía el cuerpo perforado por mil sitios de los que salían tubos y cables que me ataban a varios monitores y al soporte del gotero. El mundo más allá de mi ventana parecía más y más lejano y mi campo de visión se iba encogiendo cada vez más hasta quedar reducido a un diminuto punto. El tiempo era una sala de espera: esperar a los médicos, esperar trasfusiones de sangre y resultados de análisis, esperar días mejores. Intenté concentrarme en los momentos de incalculable valor del presente: las ocasiones en que estaba suficientemente bien para pasear por la unidad de oncología con mis padres, el sonido de la voz de Will cuando me leía en voz alta todas las noches antes de dormir, los fines de semana que venía mi hermano de visita y estábamos todos juntos, ahora que todavía era posible. Pero, por mucho que lo intentaba, no podía evitar una profunda pena incipiente cuando, inevitablemente, me ponía a pensar en qué sería de Will y mi familia si yo no sobrevivía.

La infección había retrasado todo un par de semanas, pero el ensayo clínico estaba programado para empezar en cuanto mis médicos consideraran que tenía fuerzas suficientes. Yo era tan solo una de 135 pacientes en todo Estados Unidos que participaban en ese ensayo. Los primeros nueve días de cada mes me administrarían una combinación de dos potentes fármacos de quimioterapia, azacitidina y vorinostat, y luego tendría aproximadamente dos semanas para recuperarme antes de empezar el siguiente ciclo. El ensayo no implicaba hospitalización, así que me quedaría en casa en Saratoga. Salvo si tenía que ir a la ciudad a citas médicas o si me ingresaban debido a alguna complicación. El proceso completo llevaría aproximadamente seis meses, eso si todo iba según el plan.

Más o menos por la época en que las hojas del arce del jardín trasero de mis padres se iban volviendo de un vivo tono anaranjado, la sombra de una especie de desasosiego empezó a cernirse sobre las largas jornadas con Will. Él había sido mi compañero inseparable desde los primeros días de conocer el diagnóstico y su intención era seguir así mientras durara el ensayo clínico. Visto desde una perspectiva egoísta, a mí me encantaba pasar tanto tiempo con él. Pese a mi estado de postración, a que me había quedado calva, a que en ocasiones padecía incontinencia y a que vivía con mis padres, el hecho de tener novio me permitía conservar una mínima normalidad en mi vida: me proporcionaba una cierta sensación de que seguía siendo joven, atractiva, e incluso guapa. No obstante, había una parte de mí que sabía que aquello no era sostenible. El mundo de la enfermedad no es lugar para que nadie viva ahí las veinticuatro horas del día. Es algo que no le habría deseado ni a mi peor enemigo. Sabía que, si quería que nuestra relación durase, iba a tener que animar a Will a que empezara a vivir su vida de nuevo.

—A ver si te encontramos un trabajo —le dije con desenfado una tarde tras nuestra quinta partida de Scrabble.

Él suspiró.

—Ya, ya… Ya lo sé, yo también lo he estado pensando. La verdad es que me vendría bien un sueldo ahora mismo, pero no quiero que sientas que estás sola en medio de todo esto.

—Yo no voy a ir a mejor, por lo menos no de momento —contesté, y él me reconoció que no podía seguir dejando su vida en suspenso indefinidamente.

Al principio, Will buscó trabajos cerca de casa de mis padres. Pero en Saratoga a excepción de barman o camarero, no había mucho más para escoger. Así pues, ampliamos el área de búsqueda y cuando vi un anuncio de un puesto de ayudante de redacción para un gran grupo de medios de comunicación de Manhattan, insté a Will a que presentara su candidatura. Él dudaba. Saratoga estaba a tres horas y media de coche, demasiado lejos para ir y venir todos los días. Por lo que, si le daban el trabajo, tendríamos que pasar la semana separados. Cuando Will me habló de sus preocupaciones respecto a la distancia, sobre todo porque se acercaba el principio del ensayo y mi salud seguía siendo muy precaria, tiré por tierra sus argumentos. Quería que fuera feliz y, además, una parte de mí estaba viviendo vicariamente a través de él. En la realidad alternativa en la que mi cuerpo no estaba tratando de destruirme, aquel trabajo me habría encantado para mí. Así que me dediqué en cuerpo y alma a ayudarle para que lo consiguiera: revisamos juntos la carta de presentación, practicamos para la entrevista y hasta le encontré un sitio donde quedarse a vivir durante la semana —compartiendo piso con un amigo mío— si conseguía el puesto. Cuando lo llamaron para decirle que el trabajo era suyo, lo abracé con toda la fuerza que me quedaba en mi cuerpecillo de huesos frágiles de pajarito. «Las cosas están a punto de empezarnos a ir bien.», proclamé. Y lo creía.

Poco después, una mañana fresca de otoño, fuimos juntos a la estación de tren de Saratoga, donde Will tomó el expreso Ethan Allen camino de su primera semana de trabajo. Cuando me miró en el último momento antes de subir al tren, le dediqué una sonrisa resplandeciente de máximo voltaje y lo despedí agitando la mano con entusiasmo hasta que se cerraron las puertas. Contemplé cómo las ruedas del expreso echaban a rodar por las vías y escuché el pitido del tren cuando dobló la curva y desapareció. Ahora que estaba sola, mi júbilo se pinchó como un globo. Fue como si una nube negra lo hubiera ensombrecido.

De vuelta en casa de mis padres me encerré en mi cuarto y me dejé caer boca abajo en la cama. Permanecí inmóvil un momento, aguantando la respiración. Luego hundí la cara en la almohada y me puse a chillar —un grito largo, profundo y ronco—, presa de la frustración y la envidia al pensar en Will, en mis amigos, en todas las personas que andaban por ahí empezando trabajos nuevos, viajando, descubriendo cosas, todas ellas gozando de una salud perfecta. Que la vida de todos los demás no hubiera hecho más que empezar, mientras que la mía parecía estar llegando a su fin me resultaba insoportablemente injusto. Cuando me quedé sin aire, con los pulmones ardiéndome, me puse de pie, crucé la habitación hasta el pequeño escritorio de madera que había justo delante de la ventana y abrí mi diario.

El mundo sigue avanzando y yo estoy atascada, escribí.

Huérfana de la compañía de Will durante la semana, tuve la tentación de dejarme llevar por la autocompasión, así que decidí que tenía que encontrar algo productivo a lo que dedicar mi tiempo. Primero me matriculé en un curso de escritura creativa en Skidmore, el colegio universitario que quedaba muy cerca de mi casa y donde mi padre daba clases de francés y mi hermano estudiaba su último año. Pero solo conseguí asistir al primer día de clase: para entonces, el ensayo clínico ya había empezado y en cuestión de un par de semanas tuve que ingresar otra vez en el hospital con fiebre neutropénica. Las llagas de la boca se multiplicaron y me causaban tanto dolor que cuando me dieron el alta el equipo médico me recetó un parche de fentanilo, un opioide cien veces más potente que la morfina.

Me pasaba el día en la cama, medio recostada en un montón de almohadones. Hasta que tuve que enfrentarme al asedio del cáncer, siempre me había enorgullecido de ser una persona ambiciosa y mi habitación estaba repleta de restos conmemorativos de éxitos pasados —escarapelas, copas, trofeos, diplomas—, cuya presencia ahora me resultaba una broma pesada. Decidida a seguir buscando algo a lo que dedicar el tiempo, se me ocurrió empezar a estudiar para el preceptivo examen Graduate Record Examinations (GRE: uno de los requisitos de admisión en las escuelas universitarias de posgrado en EE UU) con la idea de ir adelantando trabajo para poder optar a un posgrado. Me pasé las semanas siguientes refrescando mis conocimientos de álgebra, haciendo exámenes de prueba y mirando programas de doctorados en relaciones internacionales y Oriente Próximo. Me volvieron a hospitalizar antes de inscribirme para el examen —esta vez por una infección provocada por el catéter que tenía en el pecho, que me tuvieron que quitar mediante una intervención quirúrgica para sustituirlo por uno nuevo—. Pero, en cuanto volví a casa, me inscribí para presentarme al GRE esa misma semana, antes de que cualquier otra complicación me desbaratara el plan. La mañana del examen, mi madre me preparó un desayuno especial de «superalimentos para el cerebro»: huevos revueltos acompañados con un salteado de kale y gachas de avena con semillas de lino trituradas y arándanos. Hice lo que pude para dar un par de bocados, pese a que no tenía hambre. Mientras me llevaba en coche al lugar donde se celebraba la prueba en Albany, eché una siesta en el asiento trasero en un intento de conservar la energía tanto como fuera posible. Cuando llegamos, una recepcionista con gesto arisco me informó de que durante el examen no podía llevar puesto el gorrito de lana con el que cubría mi calva. Los gorros estaban prohibidos. Mi madre le explicó que me estaban dando quimioterapia, pero la recepcionista no cedió: «Son las normas».

Tiritando de frío en aquella aula con la temperatura controlada por un termostato central, con el desnudo cráneo resplandeciente bajo la luz de los neones del techo, me dije que acabaría aquel examen como fuera. Tardé el máximo permitido, hasta el último minuto de las tres horas y cuarenta y cinco minutos. Cuando terminé estaba poco menos que delirando, se me cerraban los párpados del agotamiento y los dientes me castañeteaban febrilmente, pero había llegado hasta el final. Al cabo de unas semanas recibí los resultados —mediocres—, aunque eso no me hizo tirar la toalla. Durante todo el mes siguiente me dediqué a enviar solicitudes de admisión a un puñado de programas de doctorado de todo el país, metiéndome de lleno en la vorágine de pedir cartas de recomendación a mis antiguos profesores, redactar los consabidos textos de presentación y rellenar montones de formularios. Cuando por fin le di al botón de Enviar, lo que había anticipado era que me sentiría victoriosa, pero en el fondo sabía que todos mis esfuerzos habían sido en vano. Incluso si conseguía que me admitieran en alguna universidad para hacer un posgrado, era imposible que estuviera en condiciones de asistir a clases.

A partir de ese momento dejé de escribir en mi diario. Me resigné a la idea de que, por el momento, tenía una —y solo una— preocupación: seguir tirando. El ensayo clínico estaba resultando más duro para mi cuerpo de lo que nadie habría podido prever. La toxicidad de los medicamentos era tan alta que al final de cada ciclo me tenían que llevar corriendo a urgencias e ingresarme varias semanas para combatir más episodios de fiebre neutropénica y complicaciones diversas que ponían en peligro mi vida, desde la colitis hasta la sepsis. Tenía la boca tan plagada de llagas que, incluso con el parche de fentanilo más un cóctel de fármacos suplementarios, padecía dolores constantes. Empecé a tener un frasco de morfina líquida en la mesita de noche y, cuando me despertaba el dolor de madrugada, daba un par de tragos hasta que lograba volver a quedarme dormida. Empecé a preguntarme si los

118 • ENTRE DOS REINOS

efectos secundarios del ensayo clínico y los analgésicos que me recetaban no me acabarían matando antes que la leucemia. Me planteé varias veces dejar el ensayo y, de no haber sido por las súplicas de Will y mis padres, creo que lo habría hecho.

Durante uno de mis ingresos hospitalarios de ese otoño, le comenté a mi equipo médico mis planes de boda. Esperaba que les entusiasmara la buena noticia, pero en vez de celebrarlo se mostraron preocupados. No había transcurrido ni una hora cuando apareció una trabajadora social en el umbral de mi habitación del hospital. Manifestó que quería hablar con mis padres y conmigo. «El objetivo es que puedas someterte al trasplante de médula —dijo—. Se trata, como seguro que ya sabes, de una intervención muy cara, que puede llegar a costar hasta más de un millón de dólares. Por suerte, a ti te cubre el seguro médico de tu padre, que cubre la mayor parte de los gastos. Pero si te casaras podrías abrir la puerta a que se cuestione si estás o no cubierta. Pensamos que no merece la pena, por lo menos no hasta que no hayas superado lo peor».

La taladré con la mirada: era una chica joven muy mona con una melena rubia oscura que le caía por debajo de los hombros. En un esbelto dedo de manicura perfecta lucía un anillo de compromiso con un diamante inmenso. Era consciente de que la trabajadora social era solo la mensajera, y sabía que llevaba razón, pero no podía evitarla odiarla precisamente por ese motivo. Se pospuso la boda, que pasó a engrosar la interminable lista de planes, objetivos y proyectos relegados al purgatorio hasta nuevo aviso. Nadie volvió a sacar el tema.

En mi interior tenía lugar una especie de desgarro: por un lado estaba la paciente joven y animosa que plantaba cara a la enfermedad con valentía, decidida a sobrellevar las terribles circunstancias del mejor modo posible; y por otro esta nueva versión envidiosa, impaciente, que dormitaba dieciséis horas al día y que ya ni siquiera salía de su habitación prácticamente nunca. Los domingos por la noche, cuando Will hacía la maleta para marcharse a la ciudad a trabajar toda la semana, quería estar animada y apoyarlo. Lo intentaba. Pero, a medida que pasaban las semanas, cada vez estaba más enferma y cada vez me costaba más hacerlo. Era injusto que yo estuviera resentida con él por marcharse —más que nada porque, entre otras cosas, había sido precisamente yo la que le había insistido para que aceptara el trabajo—, pero se estaba acumulando en mi interior una ira como nunca antes había conocido, que de momento permanecía contenida, pero que amenazaba con consumirlo todo a mi alrededor. Will, la trabajadora social y todas los demás personas que andaban por el mundo exterior viviendo sus vidas no eran el enemigo; la enfermedad era el enemigo, y yo lo sabía, pero con cada nuevo día, con cada sueño que tenía que posponer, se me hacía cada vez más difícil distinguir.

12

EL BLUES DE LOS ENSAYOS CLÍNICOS

ESE INVIERNO, MIS PADRES se convencieron de que sufría una depresión. Había adquirido la costumbre de abrir, siempre que podía, la llave de paso del gotero, que me proporcionaba un chute inmediato de morfina. Y esperaba con anticipación la próxima neblina crepuscular provocada por la química, pues no dejaba de ser un respiro en medio del incesante parloteo que tenía lugar en mi mente. Cada vez hablaba menos, cada vez estaba más encerrada en mí misma. A veces, por la ira y la frustración, me violentaba, y luego me batía en retirada, todavía más lejos hacia mi interior. El salto al vacío me tentaba y mis cambios de humor, cada vez más frecuentemente, me sumían en una sima oscura de la que ya no sabía cómo salir.

Cuando no estaba durmiendo o mareada por la medicación del ensayo clínico, estaba ocupada batiendo el récord mundial de episodios de *Anatomía de Grey* vistos de forma consecutiva. En cuanto terminaba uno, sin ni siquiera pensarlo, empezaba con el siguiente, desesperada por distraerme y no pensar en el rápido deterioro mental y físico que estaba sufriendo. Las interminables series de televisión sobre médicos y hospitales, misteriosamente, tenían algo que me consolaba: aquellas heridas de las que brotaba la sangre de mentira a borbotones, los pacientes debatiéndose entre la vida y la muerte en la mesa de operaciones, pero únicamente para que los rescataran unos médicos increíblemente guapos y glamurosos, las flotas de ambulancias que llegaban con las ruedas echando chispas hasta la entrada de urgencias tras otra épica tragedia que asolaba la ciudad... En definitiva, llenarme la cabeza con esas imágenes me anestesiaba ante mi propio drama hospitalario. Y, además, era un relato emocionante con unos cuantos giros tórridos en la trama que luego podía proyectar en la manada de jóvenes residentes que veía por los pasillos. Un día que estaba ingresada en el hospital, le pregunté a una de esas residentes si su vida se parecía en algo a la de esos médicos de la tele. «Todo el mundo es considerablemente menos atractivo —me respondió—, pero la frecuencia con la que tenemos sexo es más o menos la misma».

Lo que más me gustaba ver cuando no me estaba pegando un atracón de *Anatomía de Grey* era una película titulada *Un pedacito de cielo*, en la que Kate Hudson interpreta a una joven de espíritu indómito a la que le diagnostican un cáncer de colon —o «cáncer de culo», como dice el personaje— y se enamora de su guapísimo oncólogo. Alerta de *spoiler*: al final ella muere. Pero su funeral es muy alegre con paraguas de color rosa, serpentinas de colores volando por los aires, champán y un montón de gente desfilando detrás de una banda de música. La opinión generalizada de prácticamente todo el mundo —y también la mía— es que la peli es malísima, pero era una de las pocas historias sobre una persona joven con cáncer de las que tenía noticia y me hacía sentir un poco menos aislada. Cada vez que la veía —y la vi decenas de veces— luego lloraba desconsoladamente durante horas, lo cual era un alivio porque me había estado costando mucho sentir algo últimamente. Aquello me permitía enfrentarme al tema que mi familia y amigos se negaban a abordar: la posibilidad de que fuera a morirme; pronto.

En vista de todo esto, no es de extrañar que mis padres se preocuparan, ni que expresaran su inquietud: «¿Por qué no empiezas a participar en algún grupo de apoyo para pacientes con cáncer o te ves con alguno de tus amigos de Saratoga? —me sugerían—. Deja la tele un rato, sal un poco de casa, haz algo divertido. ¿No te parece buena idea?»

Yo no tenía el menor interés en participar en ningún grupo de apoyo, pero sí hice un esfuerzo por retomar el contacto con amigos de la infancia, por el mismo motivo por el que estaba permitiendo que me envenenaran una y otra vez con medicamentos experimentales que todavía no se había comprobado que fueran ni eficaces ni seguros: no quería que mis padres se preocuparan más de lo que ya se preocupaban. Así que llamé a Molly, una amiga de los tiempos del parvulario que vivía en un pueblo de al lado donde trabajaba en una granja apícola. Hablamos por teléfono un día e hicimos planes para vernos y tomar algo en el centro comercial, el único sitio que tenía la gente joven de las afueras de la ciudad para citarse, habida cuenta de la terrible escasez de cosas para hacer. Cuando llegó el día, saqué una blusa medio arrugada y unos vaqueros negros de la maleta de París, que seguía sin deshacer, arrumbada en un rincón de mi habitación. La ropa me bailaba por todas partes sobre un cuerpo ahora esquelético, pero no tenía nada más que ponerme porque hacía ya mucho que había sustituido la indumentaria de civil por el uniforme oficial del paciente: sudadera cómoda, bata, pantalón de pijama y zapatillas. Mis pies estaban tan delgados y huesudos que tuve que pedirle prestado unas botas a mi madre, que calzaba medio número menos que yo. Me puse una peluca color fucsia sobre el cráneo desnudo y, mirándome en el espejo, me la ajusté bien. Luego miré el contenido de la bolsa de maquillaje por primera vez en meses y consideré la posibilidad de perfilarme unas cejas con un lápiz de ojos, pero me interrumpió mi madre tocando el cencerro de vaca enérgicamente.

—¡No te olvides de que te tengo que poner las inyecciones antes de que te marches! —me gritó desde el pie de la escalera en el piso de abajo.

Todo mi cuerpo se tensó cuando apareció en el umbral de la puerta de mi habitación con dos jeringuillas en la mano. Las enfermeras que trabajaban con los pacientes del ensayo clínico le habían enseñado a ponerme las inyecciones con la medicación de la quimio, cosa que nos había parecido buena idea en un principio, ya que me permitía pasar más tiempo en casa antes de tener que acabar inevitablemente ingresada por otro episodio de fiebre neutropénica. Pero no había tardado mucho en empezar a temer el ritual y sentir un regusto metálico de miedo en la lengua en cuanto veía las agujas. Sabía lo afortunada que era de tener una madre que me cuidara con semejante dedicación y devoción: desde que me habían diagnosticado la enfermedad, cuidarme se había convertido en su prioridad absoluta y trataba de recordarme a mí misma que había gente como mi amigo Dennis que no tenía a nadie, pero en el momento me costaba encontrar la gratitud en mi interior.

Mi madre se sentó en el borde de la cama y se puso manos a la obra, describiendo suaves círculos concéntricos sobre mi brazo con una toallita empapada en alcohol. «Ay, lo siento, lo siento, lo siento», se disculpó de antemano. La tortura de las inyecciones iba en aumento. Pese a que mi madre tenía mucho cuidado de ir alternando un brazo y el otro, cuando terminaba un ciclo del ensayo se me pelaba la piel alrededor de donde me había pinchado y me salían unos quistes duros como piedras justo debajo que hacían que se me saltaran las lágrimas de dolor al menor roce. Hice una mueca de dolor en el momento en el que mi madre me pinchó el músculo con la primera jeringuilla y luego dejé escapar un grito. Cuando me puso la segunda inyección, no era capaz de mirarla a los ojos. La mente lógica trata de recordarse que en ocasiones hay que sufrir para sentirse mejor, pero el cuerpo tiene su propia memoria: se acuerda de quién le ha hecho daño. A un nivel irracional, me sentía agredida por quienes consideraba que me habían «envenenado» (gente con batas blancas de laboratorio, los auxiliares de enfermería que me extraían sangre, mi madre) y por quienes me habían animado a pensar en positivo sobre el tema (amigos, tarjetas de Hallmark, la sección de «libros de autoayuda sobre el cáncer» de Barnes & Noble). Encontrar el lado bueno de las cosas me parecía parte del castigo en realidad.

Mucho después, mi madre compartiría conmigo su diario de ese invierno: *He llamado a mi amiga Catherine para decirle que no puedo quedar a tomar un té con ella mañana por la mañana. Tengo ganas de preguntarle: «Catherine, ¿cómo es posible que nos esté pasando esto a nosotros, a Suleika?» Pero en vez de eso digo esto y aquello y le pregunto por su hijo y su marido. Me siento algo mejor y al mismo tiempo me hace daño, porque lo que tengo que contar es sobre trasfusiones y agotamiento y realidad. Las lágrimas se agolpan en mi corazón, pero nunca las saco fuera. Solo cuando Suleika no me habla me fallan las fuerzas. La comunicación, el amor, la risa, su presencia, eso es lo que hace todo esto llevadero, lo que me permite seguir para adelante igual que Ulises.*

Tal vez si hubiera leído esto entonces las cosas habrían sido distintas aunque, si he de ser sincera, lo dudo. El sufrimiento te puede hacer egoísta, te puede volver cruel. Cuando estás tendida en una camilla de hospital puedes llegar a sentir que no existe nada más que tú, tu ira, el crujido de la sábana de papel sobre la camilla y bajo tus extremidades surcadas de moratones, la manera en la que tu corazón late como si se te fuera a salir por la boca cuando entra el médico en la habitación con los resultados de la última biopsia. Pero, si tienes suerte, no estás solo, no eres la única persona que sufre en esa habitación, la única a la que la enfermedad le ha interrumpido la vida.

Mi madre se fue directamente a la cama, cosa que solía hacer después de las inyecciones, y mi padre me llevó en coche al centro comercial. Nunca había llegado a sacarme el carnet de conducir. Pero, incluso si me lo hubiera sacado, en mi estado, no me habrían permitido conducir. Uno de los efectos secundarios de los tratamientos del cáncer y la montaña de analgésicos que te recetan es que afectan a las facultades tanto cognitivas como motoras; y otro efecto secundario son los padres estilo helicóptero, pendientes de todos mis movimientos, siempre sobrevolando sobre mi cabeza por si mi cuerpo decidía tirar la toalla.

—¿Qué te parece si aparco y así te acompaño dentro? —se ofreció mi padre cuando nos acercábamos a la entrada del centro comercial.

—Está todo controlado, papá —lo tranquilicé intentando disimular mi frustración.

Odiaba la forma en que, desde que me habían diagnosticado el cáncer, todo el mundo —y en especial mis padres— me trataba como si fuera una niña pequeña.

Di una vuelta por la planta donde estaban los restaurantes buscando a Molly y, como no la encontraba, me senté enfrente del Burger King, tratando de respirar hondo para calmar la demoledora tensión que sentía en la boca del estómago. Lo atribuí a que estaba nerviosa. La última vez que Molly y yo habíamos quedado debíamos de estar cursando el bachillerato y ese día de verano de un calor asfixiante se había producido un pequeño incidente relacionado con una botella de vodka, unos tacos mexicanos y haber estado horas tomando el sol. Todo lo cual había desembocado en Molly vomitando hasta la última papilla y su madre chillándome que era una «influencia terrible» para su hija. Nunca más volvimos a quedar. Después de la universidad, Molly había vuelto a casa para cuidar a su madre, aquejada de la enfermedad de Alzheimer. En cuanto Molly se había enterado de que estaba enferma, me había enviado una tarjeta interesándose sinceramente por mí y ofreciéndose a que quedáramos si me apetecía. Yo tenía mis dudas, no quería tomarle la palabra cuando seguramente lo había sugerido por pena, pero ahora que estaba allí esperándola me di cuenta que ya no me importaba. Ahora que había vuelto a salir al mundo, estaba encantada de tener un plan entre semana con alguien que no fueran mis padres o el elenco de *Anatomía de Grey*.

Por fin llegó Molly, media hora tarde. Estaba igual solo que más alta, con el mismo pelo rubio cayéndole por la espalda y sus botas militares negras que hacían que sus ya de por sí largas piernas parecieran todavía más kilométricas. Se disculpó por haberme hecho esperar y luego añadió: «He hecho una parada rápida de camino, se me ocurrió que igual te ayudaba a sobrellevar la quimio». Al tiempo que me guiñaba un ojo y me hacía entrega de un saquito lleno de olorosa maría.

Charlamos de todo y de nada durante un rato mientras caminábamos hacia los cines. Sacamos dos entradas para la siguiente sesión y nos instalamos cómodamente en las mullidas butacas. Intenté concentrarme en la película, pero el olor a palomitas mezclado con sudor rancio hizo que se me revolviera todavía más el estómago. Justo en el momento en el que sentía la familiar oleada de náuseas subiéndome por el esófago, caí en la cuenta: con las prisas por arreglarme, se me había olvidado tomar la medicación para las náuseas de antes de la quimio. Me levanté del asiento de un salto en un intento de alcanzar el baño a tiempo. Pero no llegué más allá de una papelera que había al lado del mostrador de las palomitas. Vomité y vomité y vomité mientras unas violentas sacudidas me recorrían todo el cuerpo. Un grupito de adolescentes que estaban en la cola no me quitaban ojo: «¡Aj, qué asco!» —exclamó una. «¡Menudo *pedo* lleva esa tía!», dijo otra con una risilla. Las ignoré. No era la primera vez que vaciaba el contenido de mi estómago en público desde que había empezado con el ensayo clínico, y no sería la última. Me estaba empezando a acostumbrar a perder la dignidad en presencia de desconocidos.

Cuando terminé volví a mi asiento como si nada hubiera pasado. No estaba preparada para volver a casa todavía, aunque estaba temblando y tenía náuseas. Aunque solo fuera por una noche, quería fingir que era una chica joven normal haciendo las cosas normales que hacen las chicas jóvenes. Así que me quedé allí sentada con los ojos cerrados, intentando aplacar la montaña rusa que tenía en el estómago, hasta que aparecieron los créditos en la pantalla.

Luego Molly me llevó a casa. Cuando el coche se detuvo la calle entera ya estaba a oscuras a excepción de una lucecita pálida en el piso de abajo que iluminaba de abajo arriba las estanterías rojas del estudio de mi padre, que estaba sentado frente a su mesa de despacho leyendo algo. *Seguramente algo sobre medicina*, pensé yo. Negociar con el seguro y descodificar jerga médica se habían convertido en dos actividades a tiempo completo para él.

—*Bonne nuit* —le dije asomando la cabeza por la puerta antes de retirarme al piso de arriba a mi cuarto.

—¿Qué tal ha ido?

—Me lo he pasado fenomenal —fue mi respuesta (no quería disgustarlo contándole la verdad).

Mi padre parecía agotado, tenía unas ojeras terribles y el rostro macilento y más chupado que nunca. Sentí deseos de darle un abrazo y decirle cuánto lo quería, pero nuestra relación no era de ese tipo.

—Molly me ha regalado esto —anuncié lanzando la bolsita de hierba sobre la mesa—. Tienes pinta de que te hace más falta a ti que a mí.

13

EL PROYECTO DE LOS CIEN DÍAS

«TIENES QUE buscarte alguna afición compatible con tus limitaciones físi-
cas» —dijo la terapeuta a cuya consulta mis padres me habían obligado a ir.
   Ahora sus palabras parecen una obviedad. Pero en su momento me habían supuesto una especie de epifanía. Los planes de boda, la clase de escritura creativa, el examen del GRE, las solicitudes para hacer un posgrado,
citarme en el centro comercial con Molly... Todo eso eran cosas que habrían
tenido sentido en el contexto de mi vida anterior, pero ahora necesitaba encontrar algo que pudiera hacer en casa o en una cama de hospital. No solo
tenía que aceptar mis limitaciones —el cansancio, las náuseas, la neblina
mental y las constantes hospitalizaciones—, sino que además tenía que idear
la forma de hacer algo útil con mi dolor.
   «Hacer pasteles puede resultar muy relajante», sugirió la terapeuta. Ahí
fue donde me perdió. La gente me solía salir con sugerencias de ese tipo. Los
voluntarios del hospital ofrecían una larga lista de actividades para que el día
te resultara más llevadero: hacer punto, collares de cuentas, tableros atrapa-
sueños... Los amigos me enviaban puzles, libros de colorear para adultos y
juegos de mesa. Ahora bien, ninguna de todas esas actividades iba demasiado
conmigo. Estoy *enferma* —me entraban ganas de decir—, pero ni me he jubilado ni he vuelto al parvulario.
   Sin embargo, al final accedí a probar con algo que bautizamos como el
«proyecto de los cien días». No sé a quién se le ocurrió primero, pero la idea
era que mi familia y Will y yo sacaríamos todos los días unos minutos para

dedicarlos a algún proyecto creativo durante los próximos cien días. Se suponía que el proyecto consistía en encontrar una manera de organizar nuestras vidas en torno a un pequeño acto de imaginación que, con el tiempo, se convertiría en algo mucho más grande.

Para su proyecto de los cien días, Will decidió que me enviaría un vídeo diario desde el mundo exterior para informarme de todo tipo de cosas, desde el tiempo que hacía hasta la calidad de los perritos calientes. «Aquí Will informando en directo desde Central Park —decía en uno—. Te presento a mi vendedor favorito de perritos calientes. Rafiki, dile "¿qué pasaaaa?" a Suleika». Miraba los vídeos una y otra vez cuando me sentía sola. A veces me preocupaba que la distancia que había surgido entre nosotros se estuviera convirtiendo en insalvable, pero los vídeos me ayudaban a sentirme conectada con él y con el mundo más allá de mi ventana.

Mi madre, por su parte, decidió que iba a pintar una baldosita de cerámica todas las mañanas. Al final del proyecto, las juntó todas en un gran mosaico multicolor que colgó en una pared de mi cuarto: «El escudo de Suleika» lo tituló, asegurándome que tenía poderes mágicos de protección. Ella intentaba esconder su dolor en el arte. Pero yo me preguntaba si las imágenes —en su mayoría de pájaros en apuros, que se precipitaban contra el suelo con los picos abiertos piando desesperados— no eran más bien un reflejo de su propio estado mental. *Le coeur qui saigne*, el corazón que sangra, rezaba la leyenda de uno.

El proyecto de mi padre fue escribir 101 recuerdos de su infancia que luego imprimió y encuadernó en un librito que me regaló por Navidad. Aquello supuso asomarme de verdad por primera vez a su pasado. Escribió sobre las excursiones que solía hacer su familia en primavera para visitar el santuario del patrón del lugar, Sidi Gnaw, en las cuevas de Matmata en Túnez. Y también escribió sobre mi tátaratátarabuela Umi 'Umisha, la sanadora del pueblo, que mandaba a mi padre a buscar las hierbas y las plantas del desierto que ponía debajo de la cama mientras susurraba suaves cantinelas al oído de sus pacientes. Escribió sobre el choque que le supuso de niño su primera visita a la «playa francesa» del otro lado del pueblo, donde los expatriados de la época colonial se tumbaban al sol en bañadores tipo Speedo y bikinis. «Nuestras mujeres, si se metían en el mar —cosa que ocurría una vez al año en la época de *Awossu*—, solo se mojaban hasta las rodillas y estaban completamente vestidas. Las llamábamos «tiendas flotantes».

Hubo una historia a la que le estuve dando vueltas mucho tiempo cuando la leí, la de la hermana pequeña de mi padre, Gmar, «la del rostro bello». Nunca había oído hablar de ella, nadie de mi familia paterna, hasta donde yo sabía, había ni tan siquiera pronunciado jamás su nombre, que significa «luna» en árabe. Al leer un poco más entendí por qué: Gmar se había pasado la mayor parte de su corta vida en la cama, debilitada por una misteriosa enfermedad hasta que una mañana resplandeciente de verano «había fallecido», según contaba mi padre. Él tenía cuatro años cuando murió Gmar, pero todavía podía oír el eco de los lamentos de su madre reverberando por toda la casa. Nunca se atrevió a preguntar cuál era el mal que había padecido Gmar, por miedo a que le despertara recuerdos dolorosos. Hasta donde yo tenía noticia, en la familia de mi padre no había antecedentes de cáncer. Pero cuando terminé de leer la historia no pude evitar preguntarme si Gmar y yo no compartiríamos diagnóstico. De un modo extraño, me consolaba pensar que no había sido la única.

Para mi propio proyecto de los cien días, decidí volver a lo que siempre había sido mi refugio en tiempos difíciles: escribir un diario. Me propuse que, por agotada o enferma que estuviera, intentaría escribir algo todos los días, aunque solo fuera una frase.

Ante la noticia de una tragedia, la gente a menudo suele hacer el comentario de que «no encuentran las palabras», pero yo sí que encontré palabras ese día y el siguiente y el siguiente. De hecho, las palabras me desbordaban, brotaban de mí, al principio con cautela y luego de manera exuberante; era como si mi mente se hubiera despertado tras un largo periodo de hibernación, los pensamientos se agolpaban en mi cabeza a más velocidad de la que podía trascribirlos al papel. Lo que escribía era completamente diferente a cualquier otra cosa del pasado: en este caso, no había ni el menor atisbo de mirada hacia el futuro. Todas las frases que escribía estaban firmemente enraizadas en el momento presente. Yo siempre me había imaginado como el tipo de escritora que ayudaría a otra gente a contar sus historias, pero cada vez me encontraba gravitando más hacia la primera persona. La enfermedad me había hecho dirigir la mirada hacia dentro.

Como paciente se te pide constantemente que prestes atención a lo que te dice tu propio cuerpo y que luego informes sobre lo que observas: ¿cómo te sientes?, ¿cuánto te duele en una escala del uno al diez?, ¿algún síntoma nuevo?, ¿te sientes preparada para volver a casa? Ahora entendía por qué tantos escritores y artistas, en épocas en que habían padecido una enfermedad, se habían vuelto cronistas de sus memorias. Es algo que te proporciona una cierta sensación de control, una manera de remodelar tus circunstancias según tus propias condiciones, con tus propias palabras. «Eso es lo que ofrece la literatura, un lenguaje suficientemente potente para contar las cosas tal cual son —ha escrito Jeanette Winterson—. No es un lugar para esconderse, sino para encontrarse».

Evidentemente, había días en que estaba demasiado cansada para escribir gran cosa, pero llevar un diario me sirvió para recobrar mi amor por las palabras, y eso a su vez me inspiró para empezar a leer en serio otra vez. Mi madre me había regalado una edición en tapa dura de *El diario de Frida Kahlo* y me volqué de lleno en su lectura. Me conmovió descubrir que más o menos con la misma edad con la que a mí me habían diagnosticado el cáncer, Frida se preparaba para ingresar en la facultad de Medicina en Ciudad de México. Un día, volviendo a casa después de clase, el autobús en el que iba Frida fue arrollado por un tranvía: sufrió fracturas de clavícula, costillas, columna vertebral, codo, pelvis y pierna. El pie derecho le quedó aplastado y el hombro izquierdo dislocado. El pasamanos de la puerta del tranvía le entró por el lado izquierdo de la pelvis y le salió por el suelo pélvico. Fueron tantas y tan graves las heridas que sufrió que estuvo meses en cama.

Antes del accidente, Kahlo soñaba con ser médico. Después de lo ocurrido tuvo que abandonar esos planes. Pero todo ese tiempo que tuvo que pasar en casa, convaleciente, le sirvió para descubrir una nueva pasión. «Nunca pensé en dedicarme a la pintura hasta 1926, cuando tuve que guardar cama muchos meses a resultas de un accidente de tráfico —escribiría ella misma—. Estaba en la cama muerta del aburrimiento, escayolada de arriba abajo... así que decidí hacer algo y le robé a mi padre pintura al óleo. Y mi madre me encargó un caballete especial porque no me podía sentar, y así fue como empecé a pintar».

Kahlo transformó su confinamiento en un lugar pleno de metáforas y sentido. Sirviéndose del caballete que se ponía sobre el regazo y un espejo que colgaba sobre su cabeza en el dosel de la cama para poder ver su reflejo, empezó a pintar esos autorretratos que la acabarían convirtiendo en una de las artistas más famosas de todos los tiempos. Además, el corsé de escayola que llevaba para sujetar su maltrecha columna, le sirvió a Kahlo como su primer lienzo. A lo largo de su vida, tuvo decenas de corsés —objetos de tortura, pero que también encarnaban mucha belleza— en los que se materializaban tanto el encarcelamiento como la inspiración que habrían de definir la trayectoria de su existencia y su carrera. Los adornó todos, cubriendo la escayola con retales de tela e imágenes de monos, pájaros de vistosos plumajes, tigres y tranvías. A veces también dibujaba sus cicatrices, incluso sus lágrimas. «Me pinto a mí misma porque estoy sola tan a menudo —dijo— que me acabo convirtiendo en mi propia musa. Soy el tema que mejor conozco. El tema que mejor quiero conocer».

Las diferentes intervenciones quirúrgicas a las que se sometió Kahlo y las convalecencias, los enamoramientos y desengaños amorosos, la sobrevivieron en sus pinturas mucho después de que ella hubiera muerto, hasta que al final adoptó un estatus cuasi mítico de santa patrona de los inadaptados y los que sufren. ¿Podrían haber sido pintadas semejantes obras maestras por alguien que no hubiera sufrido un grave quebranto de salud?, me preguntaba yo. ¿Las podría haber creado una persona que no se hubiese visto obligada a enfrentarse a la terrible fragilidad del cuerpo humano? Lo dudaba.

Obviamente, yo no era Frida Kahlo, de modo que me costaba trabajo imaginar cómo podría expresar mi propia desgracia de forma creativa. Pero lo cierto es que su historia había encendido una mecha en mi interior. Empecé a investigar el largo linaje de artistas y escritores que habían tenido que guardar cama mucho tiempo y se las habían ingeniado para realizar una especie de alquimia con la que habían transformado su sufrimiento en material creativo: Henri Matisse, mientras se recuperaba de un cáncer de estómago, había estado trabajando en el diseño de la Capilla del Rosario de Vence, imaginando que el techo de su habitación era la bóveda de la capilla y atando un pincel a un palo muy largo, lo que le había permitido trabajar desde la cama. Marcel Proust había vivido una temporada tendido en una cama de hierro forjado como resultado de un asma —grave, además de la profunda depresión que padecía desde niño—, y durante ese tiempo había escrito su épica obra en siete volúmenes *En busca del tiempo perdido*. En un dormitorio cuyas paredes había mandado recubrir con corcho para aislarse del mundo exterior. Roald Dahl creía que el dolor crónico que padecía había sido un trampolín creativo para su carrera como escritor: «Dudo mucho que hubiera escrito una sola línea si no es porque una tragedia menor encarriló mi mente por una ruta diferente del camino trillado», escribió a un amigo en una carta. En todos estos casos, el mero hecho de sufrir una limitación física, de privaciones en otros ámbitos de la vida, parecía haber potenciado la imaginación e intensificado la productividad. Como escribía Kahlo en 1953, un año antes de su muerte: «Pies, ¿para qué los quiero si tengo alas para volar?»

Decidí imaginar de nuevo mi supervivencia como un acto creativo. Si las llagas que me producía la quimio en la boca hacían que me resultara demasiado doloroso hablar, encontraría nuevas formas de comunicarme. Mientras siguiera condenada a pasarme el día en la cama, mi imaginación se convertiría en el navío que me permitiría viajar más allá de los confines de mi habitación. Si mi cuerpo estaba tan exhausto que ahora solo estaba activa tres horas al día, reorganizaría mis prioridades y me aseguraría de aprovechar al máximo ese tiempo.

Con esto en mente, cambié la distribución de los muebles en mi habitación de manera que todo lo que necesitaba estuviera al alcance de la mano: una mesita de noche llena de lápices y bolis, cuadernos y papel; una estantería con mis novelas favoritas y los libros de poesía que más me gustaban; un tablero de madera que me colocaba sobre las rodillas para que me hiciera de mesa. Escribía cuando estaba en casa y también escribía todos los días cuando estaba en el hospital. Escribí y escribí hasta que había expulsado toda la ira y la envidia y el dolor que llevaba dentro, hasta que ya no oía el pitido persistente de los monitores y el zumbido de los respiradores ni las alarmas que se disparaban constantemente. No podía predecir a qué lugares me llevaría el proyecto de los cien días, pero lo que sí sabía por ahora era que estaba empezando a reencontrarme con mi propio poder.

14

HACIA EL TRASPLANTE A RITMO DE TANGO

CASI UN AÑO antes, poco tiempo después de conocer mi diagnóstico, había llamado a mi hermano Adam —que todavía estaba en Argentina— por Skype. Tenía que contarle que me acababan de diagnosticar una leucemia y que no se tenía que sentir presionado ni nada... pero él era mi única esperanza de cura. Al principio pensó que le estaba gastando una retorcida broma pesada:

—No tiene ni pizca de gracia —me recriminó.

—Estoy hablando completamente en serio —respondí—. Ojalá fuera broma.

Mis padres y yo, básicamente, no le habíamos dicho nada de mi enfermedad con la esperanza de evitarle preocupaciones y, cuando se dio cuenta de que, de hecho, no era para nada una broma, se quedó de una pieza. Sin pensárselo ni un minuto abandonó temporalmente el programa de estudios universitarios en el extranjero que estaba haciendo y al cabo de unos cuantos días tomó un avión rumbo a Nueva York para someterse a las pruebas necesarias.

Los resultados mostraron que Adam era un donante compatible —de hecho, la compatibilidad era perfecta, un 10 en la escala en que se miden estas cosas—, una excelente noticia que por lo menos nos dio un motivo de celebración que no desaprovechamos. Estábamos tan contentos que, la verdad sea dicha, hasta fuimos capaces de encontrarle el lado cómico a la situación. Poco después, mi hermano me bautizó con un nombre nuevo: «*Salut*, Suleikemia», bromeaba todas las mañanas. Pero luego empezamos a asimilar la realidad: que, de repente, todas las esperanzas de la familia estaban depositadas en mi hermano. Adam insistía en que estaba contento de poder ayudar de algún modo, pero la presión a la que estaba sometido era tremenda. Cuando empecé con el ensayo clínico él estaba ya en su último año de universidad y, mientras sus amigos apuraban los últimos meses buscando trabajo y yéndose de juerga, él andaba todo el día yendo y viniendo a la ciudad para citas con el equipo que llevaba mi trasplante. Además, a mis padres les aterraba la posibilidad de que pudiera hacer algo que pusiera su salud en peligro, con lo cual empezaron a ponerse muy pesados con que no bebiera ni fumara ni trasnochara demasiado. Una noche, mientras cenábamos, mi madre hizo un comentario sobre la cantidad de azúcar que tomaba y Adam perdió los nervios: «Pero esto qué es, ¿una versión jodidamente retorcida de *La decisión de Anne*?», replicó indignado y luego se marchó. Durante los meses que siguieron le empezó a costar trabajo mantener el ritmo de los estudios, así que se quitó alguna asignatura. Además, empezó a tomar medicación para la ansiedad. Y, cuando venía a casa el fin de semana, yo lo oía dando vueltas en su habitación, contigua a la mía.

Todo esto se sumó al sentimiento de culpa que había sido mi acompañante silencioso desde el momento en que supe el diagnóstico. Me sentía culpable por la carga económica tan grande que estaba suponiendo mi enfermedad para la familia: las facturas médicas y los volantes de copago se amontonaban a velocidad de vértigo. Además, estaba la cuestión de los ingresos perdidos: cuando me puse enferma, mi madre había cambiado su foco de atención, dejando a un lado su trabajo de pintora para convertirse en cuidadora a tiempo completo, y mi padre solía tener que buscar sustitutos para que impartieran sus clases cuando yo sufría una recaída y tenían que hospitalizarme. Y estaba empezando a plantearse la posibilidad de coger una baja para el siguiente semestre. Cuando me subía la fiebre en mitad de la noche me sentía muy culpable porque sabía que o bien mi madre o bien mi padre iba a tener que hacer el viaje de tres horas y media, conduciendo a toda velocidad por la autopista, para llevarme a urgencias a tiempo. También me sentí culpable por Will cuando rechazó un ascenso en el trabajo: no dijo que hubiera sido por mí, pero yo sabía que sí. De hecho, ya estaba pisando terreno resbaladizo con su jefe por todas las veces que teletrabajaba para poder acompañarme en el hospital. Y se le veía en la cara lo agotado que estaba después de tantas noches durmiendo en incómodas camas supletorias de hospital, donde era imposible descansar como es debido con el incesante pitido de los monitores. Y me sentía culpable por mi hermano, que no hablaba mucho de sus sentimientos. Pero que una noche le había confesado a mi madre que, por ser el donante, se sentía responsable del resultado del trasplante de médula. Me sentía culpable por lo que mi enfermedad le había hecho a mi familia, por el dolor y el estrés que les había causado a todos, y por la cantidad de «espacio» que ocupaba mi cuerpo con sus problemas. Era imposible no sentirse como una carga.

Después de cada ciclo del ensayo clínico, los médicos me practicaban una biopsia de la médula ósea en busca de blastocitos leucémicos al acecho, añadiendo una cicatriz más a mis lumbares con la jeringuilla de veinticinco centímetros. Por lo general, los resultados mostraban un avance positivo aunque muy lento. «Solo unos cuantos ciclos más», solía decir el doctor Holland al final de un ciclo de tratamiento. Así me pasé meses hasta que, después de infinidad de biopsias, unas cuantas complicaciones casi letales y las consiguientes hospitalizaciones de meses, alcanzamos un número mágico. El tratamiento que se estaba probando en el ensayo clínico no había erradicado completamente mi leucemia. Pero el recuento de blastocitos en la médula había caído por debajo del 5 %, un nivel suficientemente seguro para pasar a la que todos esperábamos que sería la fase final de mi tratamiento: el trasplante.

El doctor Holland hizo cuanto pudo para prepararnos a mí y mi familia para lo que nos esperaba. Nos explicó que yo estaría alrededor de ocho semanas en la unidad de trasplantados. En la primera semana me someterían a quimioterapia intensiva diseñada para aniquilar mi médula y mi sistema inmunitario, de modo que mi cuerpo aceptara la médula trasplantada. Yo ya estaba más que familiarizada con las náuseas y los vómitos que conlleva la quimio. Pero el doctor me advirtió que este tratamiento iba a ser mucho más agresivo que cualquiera de los que hubiese recibido antes. Y que mi cuerpo tendría que combatir fiebres y mucositis sin poder contar con un solo glóbulo blanco para protegerme. Lo más probable era que necesitara una sonda para alimentarme y estaría conectada las veinticuatro horas del día a un gotero de morfina.

La semana anterior al trasplante a mi hermano le pondrían unas inyecciones para estimular la producción de células madre, las células de la médula que al madurar se convierten en glóbulos blancos, glóbulos rojos y plaquetas. Cuarenta y ocho horas antes del trasplante, Adam ingresaría en el hospital para que le extrajeran las células madre. Durante aproximadamente nueve horas estaría en una habitación de hospital con una aguja en un brazo y enchufado a una máquina que filtraría las células madre de su plasma sanguíneo mediante un proceso conocido como aféresis. Una vez que se hubiera recogido y almacenado en bolsas de goteo la cantidad suficiente de células madre, me las inyectarían a mí a través de la vía central que llevaba en el pecho. A partir de ahí, todo dependería de esas células y su capacidad para moverse por la sangre y encontrar el camino hasta la médula, donde tenían que empezar a crecer y proliferar. Las dos semanas posteriores al trasplante serían las más difíciles, pues nos las pasaríamos esperando a ver si el trasplante había funcionado. O sea, si las células madre se habían injertado con éxito en mi médula. Asumiendo que el trasplante hubiera sido un éxito, las células donantes irían poco a poco repoblando la médula y creando un nuevo sistema inmunitario. Cuando los recuentos de mi sangre se hubieran estabilizado, y cuando ya no necesitara trasfusiones, me darían el alta. Ahora bien, tendría que mudarme a algún sitio cerca del hospital para hacerme revisiones diarias. El periodo de recuperación sería de varios meses, hasta que mi nuevo sistema inmunitario estuviera lo suficientemente fuerte para salir a la calle sin mascarilla ni guantes. Entre los pacientes de cáncer, el trasplante de médula se considera como el equivalente a volver a nacer, pero solo si funciona.

El trasplante en sí ya es peligroso. Una de las principales complicaciones es la enfermedad de injerto contra receptor (EICR) que se produce cuando el injerto (las células del donante) no reconocen al huésped (las células del paciente) como procedentes de la misma fuente. Las células del sistema inmunitario atacan sin tregua lo que identifican como extraño —así es como el cuerpo elimina de raíz las infecciones—. Pero, en el caso de la EICR, el paciente se convierte en su objetivo. Los síntomas iniciales suelen aparecer en los cien primeros días después del trasplante y pueden adoptar formas tan leves como un simple sarpullido, pero también pueden ser mucho más graves y afectar a pulmones, hígado, ojos y tracto gastrointestinal. Incluso si el trasplante funcionaba —incluso si no padecía EICR— aun así seguiría estando terriblemente expuesta a infecciones y una larga lista de otras complicaciones entre las que se contaban el fallo cardiaco o daños en otros órganos. Los médicos nos dijeron a mí y mis padres que mis probabilidades de supervivencia a largo plazo eran del 35 %. *Treinta y cinco por ciento.* Cuando lo oí fue como si el número me recorriera todo el cuerpo sacudiéndolo a su paso. Más aún, hasta en el caso de que lograse sobrevivir «a largo plazo», los potenciales efectos secundarios que, irónicamente, incluían un alto riesgo de otras formas de cáncer en el futuro, también eran aterradores. Me sentía como si anduviese por ahí apuntándome a la sien con una pistola cargada. Era como una partida de ruleta rusa médica.

Antes de mi diagnóstico, la expresión *carpe diem* siempre me había parecido un cliché, una cosa que decían en la peli aquella de Robin Williams o en discursos de ceremonia de graduación. En cambio ahora, a medida que se acercaba la fecha del trasplante, cada día me parecía parte de una cuenta atrás *carpe diem*. Sentía la necesidad de aprovechar al máximo todo lo que hacía. Cada día, cada hora, me parecía tener un valor incalculable y por tanto bajo ningún concepto debía ni podía desaprovechar cada instante. El tiempo me acechaba como si fuera su presa. Y no era la única que se sentía así: por primera vez, mi madre encargó a un fotógrafo profesional una foto de familia. Will y mis amigos me organizaron una fiesta que daba la impresión de ser en parte para desearme «buena suerte», pero en parte de despedida también; y mi padre empezó a decirme «*je t'aime*» todas las noches cuando nos íbamos a dormir. Yo siempre había sentido que me amaba profundamente, pero era la primera vez en mi vida que recordaba que me lo hubiera dicho en voz alta.

Aunque todos esos gestos me conmovieron, también estaba un poco asustada. Cuando te enfrentas a la posibilidad de una muerte inminente la gente te trata de un modo diferente: su mirada se detiene unos instantes más de lo habitual en ti, como si estuvieran memorizando cada lunar, la curva exacta de tus labios, como si tomaran nota mentalmente del color exacto de tus ojos, algo así como si estuvieran haciéndote un retrato detallado para colgar en la galería del recuerdo. Y te sacan fotos y te hacen vídeos sin parar en un intento de detener el tiempo, de embotellar tu risa, de inmortalizar momentos importantes por su significado que luego puedan revisitar en una nube de recuerdos. Todas estas atenciones pueden acabar haciendo que te sientas como si estuvieran empezando a erigir el memorial en tu honor. Incluso cuando todavía sigues con vida.

Pero lo que más miedo me daba, más que el trasplante, más que los debilitantes efectos secundarios que acarrearía, más que la posibilidad misma de morir, era la idea de que se me recordara como una triste historia de potencial desperdiciado que alguien fuera contando por ahí. Mis logros más significativos de la edad adulta habían sido llevar cafés y hacer fotocopias en mis tiempos de París y haber luchado con todas mis fuerzas contra una enfermedad que obviamente nunca había querido tener. Aún no había hecho nada de lo que me sintiera orgullosa. Me había pasado los veintitrés años que llevaba sobre la faz de la Tierra preparándome para la vida: pasando las noches en blanco para sacar las notas que me permitieran optar a las becas que me abrieran las puertas de acceso a buenas universidades y, algún día, a una carrera que yo escogiera; aprendiendo a cocinar para las cenas que me contaba a mí misma que daría algún día; ahorrando para un largo viaje en el futuro; hablando de todo lo que quería escribir sin haber sido en realidad capaz de reunir el valor necesario para escribir nada y mostrarlo al mundo. Sabía que seguramente ya era demasiado tarde para muchas de esas cosas. Pero estaba decidida a aprovechar al máximo los días que me quedaran. Enfrentarme a mi propia muerte había hecho que me deshiciera de cualquier preocupación sobre ser o no ser guay, y ya no me daba vergüenza decir que confiaba en ser capaz de dejar huella en este mundo de algún modo. A mi manera, por insignificante que esta fuera, quería contribuir al mundo de alguna forma. Quería dejar más de lo que había tomado.

Tras casi un año de aislamiento e idas y venidas entre el hospital y la casa de mis padres en Saratoga, ya no me iba a esconder más. «Es siempre lo que está bajo presión en nosotros, en especial bajo la presión de mantenerlo oculto, lo que explota en la poesía», escribió Adrienne Rich. Yo quería entender lo que me había pasado, indagar en su significado y hacerlo siguiendo mis propias normas. Quería tener la última palabra.

Así que decidí empezar a escribir un blog.

La idea era crear una especie de plataforma para un segmento de la población que, con demasiada frecuencia, no es comprendida o no se tiene en cuenta: los jóvenes con cáncer. Todavía no sabía muy bien cómo sería el blog exactamente, pero empecé a documentar el tiempo que pasaba en la cama o en el hospital. Con el apoyo de mis padres y la ayuda de Will, me puse manos a la obra. Le pedí a un amigo del instituto que era fotógrafo que me hiciera fotos. Conseguí una cámara de vídeo barata y me pasaba horas grabando y editando vídeos cortos. Me empollé todos los tutoriales habidos y por haber de YouTube para aprender cómo hacer una página web básica y, finalmente, como preparación para el gran lanzamiento del blog, hice un borrador de mi primer *post* tomando como base algunas de las cosas que había escrito para mi proyecto de los cien días.

Me tomé a mí misma y mi nuevo blog muy en serio: «Tengo una fecha de entrega que cumplir», solía explicarles a las enfermeras cuando venían a ver qué tal iba o a ajustarme la medicación. Ni que decir que todos esos plazos me los imponía yo a mí misma, pero era una sensación maravillosa, la de tener algo que hacer, la de tener un propósito más allá de sencillamente ser una paciente.

Cuando el blog vio la luz a principios de 2012, mis expectativas eran bajas. Estaba bastante segura de que mis lectores iban a ser Will y mis padres, tal vez mi abuela. Y, sin embargo, para mi gran sorpresa, la gente empezó a compartir mi primer *post*, no solo mis familiares, sino también mis amigos, compañeros de clase e incluso mi profesor de periodismo de la universidad, que me escribió para decir que le había impresionado y que pensaba enviárselo a unos cuantos colegas. Cuando me desperté al día siguiente descubrí que *The Huffington Post* había publicado en primera página el primer *post* de mi blog, que se titulaba «Buenas tardes, tienes cáncer». En él podía leerse:

«Ahora que me preparo para un trasplante de médula ósea he aprendido que el mayor reto al que me enfrento podría no ser físico, sino más bien el desafío de sobrellevar el aburrimiento, la desesperanza y el aislamiento de estar enferma y condenada a permanecer en cama durante un periodo de tiempo indefinido». En cuestión de horas, mi humilde página web había recibido miles de visitas. Publiqué un segundo *post* —este un poco más gamberro—, titulado «10 cosas que no hay que decirle a un paciente con cáncer», una especie de decálogo de etiqueta para los amigos de quienes sufren una enfermedad potencialmente mortal. Al poco tiempo estaba recibiendo cartas de gente a quienes no me unía ningún lazo ni de amistad ni de sangre ni me conocían en absoluto, completos desconocidos de todas partes.

Una de las primeras cartas que recibí era de un joven que respondía al apodo de Lil'GQ y quería que supiera que mi historia —según sus propias palabras— le había llegado *al corazón a un condenado muerte a la espera de la ejecución de su sentencia.* No obstante, el verdadero motivo por el que me escribía era porque, de un modo un tanto extraño, se sentía identificado con mi situación. *Ya sé que nuestras circunstancias son diferentes* —escribía a mano con una letra bastante florida— *pero, tanto en tu caso como en el mío, la amenaza de la muerte nos está acechando en nuestra propia sombra.* Lil'GQ nunca había estado enfermo. Pero él también estaba atrapado en el limbo, aguardando noticias de cuál sería su suerte al final.

Tumbada en la cama de mi habitación del hospital en Nueva York, leyendo y releyendo su carta, me pareció surrealista imaginarme a Lil'GQ en su celda de Texas, a más de 2.500 kilómetros de distancia. Había tantas cosas que quería preguntarle, tantas cosas que quería saber... Me preguntaba si él, igual que yo, a veces se dedicaba a planear su huida. Quería saber si su miedo a la muerte era igual que mi miedo a la muerte o si la sensación era distinta cuando esperabas tu propia ejecución, no por una enfermedad, sino a manos de unos guardas uniformados con potestad para ello según la ley. Ansiaba conocer más detalles sobre el pasado de Lil'GQ, sobre cómo había acabado en el corredor de la muerte. También tenía curiosidad por saber a qué dedicaba el tiempo. ¿Cómo haces para levantarte cada día, para seguir viviendo cuando el futuro alberga únicamente incertidumbre o —peor aún— una muerte inapelable?

Hice un par de intentos de responderle, pero no lo logré. El blog consumía la poca energía que tenía. Estaba demasiado débil para sentarme delante de una mesa, por lo que escribía en la cama, recostada en una montaña de cojines y almohadas. Con la quimio, mis pensamientos se habían vuelto lentos y pegajosos. Trabajaba a trompicones, en ráfagas de diez minutos repartidas a lo largo del día. Con granizados de café capuchino suplía la energía que me faltaba: aquella amalgama melosa medio derretida me calmaba las llagas de la boca, que me ardía, y la cafeína me ayudaba a mantenerme lúcida hasta cierto punto. Cuando estaba demasiado enferma para escribir, le dictaba a Will, que tecleaba en el portátil sentado a los pies de mi cama y de paso me hacía comentarios y mejoras y me animaba a seguir. Era un trabajo arduo, agotador y gratificante.

Al cabo de dos semanas, mientras esperaba a que me hicieran una última biopsia antes del trasplante, recibí un correo electrónico. Era de una redactora de *The New York Times*, que había leído mi blog y quería saber si me gustaría publicar un artículo en su periódico. La mera idea de que publicaran un artículo con mi firma era suficiente para que la emoción me embargara, tanto que de repente me entraron ganas de saltar y ponerme a dar volteretas en la habitación del hospital. Respondí con otro correo inmediatamente en el que incluía mi número de teléfono y, para mi gran sorpresa, la redactora me llamó enseguida.

—Entonces, ¿te interesa? —preguntó.

—Puede que sí —dije tirándome un farol.

Nunca me habían publicado nada en un periódico. Nunca antes había trabajado con un redactor. De hecho, *no* me habían aceptado en el programa de escritura creativa en mi primer año de universidad. Y las dos asignaturas optativas de periodismo eran las únicas que había cursado, para aprender a escribir. Ahora bien, durante todas las horas que había dedicado a mi diario y a imaginarme mi blog, había una idea que me volvía a la cabeza una y otra vez, cada vez con más insistencia, hasta que ya no podía pensar en nada más: un anhelo de encontrar el lenguaje para hablar del misterio que rodeaba a lo que sucedía en mis huesos; de los innumerables meses eternos tumbada en la cama, sumida por las circunstancias en un estado de meditación solitaria; de todas las humillaciones y los coqueteos con un desenlace fatal; de la experiencia de presenciar las muertes, una tras otra, de otros pacientes como yo; de la muerte de ciertas partes de mí misma también. La verdad es que no tenía ni idea de lo que estaba haciendo y desde luego albergaba serias dudas de si estaba lista para un proyecto semejante, pero lo que sí sabía era que prácticamente no tenía nada que perder. El cáncer me envalentonaba.

—Lo que me gustaría, realmente, es escribir una columna semanal sobre la experiencia de estar enfermo cuando eres joven —propuse.

Plantearle a *The New York Times* una columna semanal, viniendo de una desconocida de veintitrés años que no había publicado nada en su vida, era algo que iba mucho más allá de ser un gesto presuntuoso. Yo sabía perfectamente que, en vez de canalizar mi escasa energía hacia la escritura, debería haber estado dándole descanso a mi cuerpo, preparándome para el trasplante y pasando tiempo con mi familia. Debería haber parado a preguntarme de qué manera incidiría en mi salud el hecho de compartir los momentos más difíciles de mi vida en tiempo real, en cómo afectaría a mi futuro, a mis seres queridos. Y, sin embargo, ahí estaba yo, dando vueltas por la habitación, teléfono en mano, presentando mis argumentos a una redactora de *The New York Times* en bata de hospital de algodón azul. Le expliqué cómo me proponía canalizar todo lo que me había pasado desde el diagnóstico y traducir todas esas experiencias en entregas semanales de mil palabras. Tal vez la columna podía ir acompañada de vídeos, sugerí argumentándole que sabía de primera mano lo difícil que te puede resultar leer cuando estás enfermo, y que quería que el proyecto fuera lo más inclusivo posible.

—Muy bien —respondió la redactora—. Vamos a probar un par de semanas a ver qué tal va. Te voy a poner en contacto con uno de los realizadores que tenemos en plantilla para que hables con él sobre los vídeos. Avísame cuando tengas un borrador de la primera columna.

Colgué el teléfono y me eché a llorar.

—¿Qué pasa? —se alarmó mi madre.

—Creo que acabo de conseguir un trabajo.

«Escribe como si te estuvieras muriendo» —aconseja Annie Dillard. Todos en este mundo somos pacientes terminales. El misterio no es «si», sino «cuándo» va la muerte a hacer su aparición en la trama. Con la fecha del trasplante aproximándose a marchas forzadas, sus palabras resonaban con fuerza en mi cabeza. Mi mortalidad proyectaba una sombra sobre cada respiración, sobre cada paso que daba, más presente que nunca. Una energía frenética me recorría. Trabajé sin descanso durante un mes para escribir los borradores de trece columnas antes de ingresar en la unidad de trasplantes, animada por el pensamiento de que iba a pasar mucho tiempo antes de que volviera a estar en condiciones para escribir o caminar o hacer nada en realidad. ¿Sobre qué escribirías si supieras que ibas a morir en poco tiempo? Sentada en la cama, inclinada sobre mi portátil, viajé a los lugares donde reinaba el silencio en mi vida. Escribí sobre mi infertilidad y sobre cómo nadie me había advertido sobre este tema; escribí sobre la tarea de navegar las complicadas aguas de nuestro sistema de asistencia sanitaria; sobre lo que significaba enamorarte al mismo tiempo que te enfermas y sobre cómo hablamos —o más bien no hablamos— de la muerte; escribí sobre la culpa. También escribí un testamento, por si acababa del lado equivocado de las estadísticas de trasplantes. Hasta la fecha, nunca he vuelto a ser tan prolífica. La muerte puede suponer una excelente motivación.

El 29 de marzo de 2012 era la fecha programada para el gran debut de mi columna titulada «Vida interrumpida» y los vídeos que la acompañaban. Unos pocos días después recibiría el trasplante de médula ósea. La confluencia de estas dos fechas tan señaladas era abrumadora: un sueño y una pesadilla.

15

MIRÁNDONOS DESDE EXTREMOS OPUESTOS DE UN TELESCOPIO

MI PRIMERA NOCHE en la unidad de trasplantes de médula ósea me la pasé tendida en la cama —sin pegar ojo— bajo un dosel de bolsas varias cuyo contenido me administraban por goteo. Mi miedo no podía estar más vivo. Era perfectamente capaz de oler su pelaje húmedo e incluso sentir la tenue brisa de su aliento, abrasándome la piel. Doblé las mantas hacia los pies de la cama y me levanté y di un paso cuidándome de no pisar el entramado de tubos y cables que me conectaban a varias máquinas. Me puse de rodillas y me apoyé en las manos, igual que lo había hecho mi difunto amigo Yehya, y apoyé la cabeza en el fresco suelo de linóleo. Eso sí, con cuidado de no hacerme una brecha. Con un padre criado como musulmán y una madre criada como católica, yo había crecido con una mezcolanza de creencias y tradiciones. Cuando estábamos con la vertiente suiza de la familia, celebrábamos la Semana Santa e íbamos a misa; cuando estábamos con la vertiente tunecina, observábamos el Ramadán y sacrificábamos un cordero para celebrar Eid; y, si estábamos en Estados Unidos, llevábamos una existencia bastante secular a excepción de las Navidades. A mí siempre me había interesado mucho la religión, pero la verdad es que nunca había sido practicante de ninguna y no sabía rezar, aunque había algo que tenía claro: necesitaba toda la ayuda que pudiera conseguir.

¿Qué estaba pidiendo exactamente? ¿Cuántos otros pobres desahuciados habían regateado con algún supuesto ser superior en esa misma habitación de hospital? Estaba empezando a sentirme mareada y me temblaban las raquíticas piernas que apenas soportaban mi peso. Me incorporé como pude, cogí un rotulador fosforescente que me había regalado un amigo y me acerqué a la pared. No encontré en mi interior poesía ni grandilocuentes manifiestos, únicamente un sencillo deseo animal: *deja que viva*. Lo escribí en la pared con letras diminutas: un poco súplica, un poco oración.

El entorno potenciaba la intensidad del momento. Tras investigar sobre las principales unidades de trasplantes me había decidido por trasladarme del hospital Mount Sinai al Memorial Sloan Kettering Cancer Centre, que estaba considerada como la mejor unidad de trasplantes de la ciudad, por no decir del país. Aun así, seguía dándole vueltas a mi decisión. Escoger unidad de trasplantes de médula ósea había sido bastante parecido a elegir universidad: más allá de los folletos de resplandeciente papel satinado y las entrevistas fugaces —poco más de hola y adiós—, solo el tiempo diría si había tomado la decisión acertada. Ahora que me encontraba en la unidad de trasplantes del Sloan Kettering, con una multitud de monitores pitando sin cesar, un montón de equipos de aspecto futurista y las caras desconocidas del personal enfundado en batas quirúrgicas y con los rostros medio ocultos tras las mascarillas, me sentí como si hubiera embarcado en una nave espacial de extraterrestres. Echaba de menos al doctor Holland y a mi equipo médico, nuestras bromas particulares, su sabiduría erudita y su increíble compasión. Después del año que había pasado, mis médicos y enfermeras ya eran casi como miembros de la familia. «Prométeme que vendrás a verme cuando ya estés mejor», me había suplicado Younique cuando nos despedimos.

La última semana había sido un reguero de despedidas. Me había pasado los últimos días antes de entrar en la unidad de trasplantes en Saratoga, donde había metido en mi gran maleta roja todo lo que me haría falta para pasar ocho semanas en el hospital. En el último minuto había decidido llevarme a mi adorado *Sleepy*, el perro de peluche que tenía desde niña. La víspera de mi partida no había sido capaz de pegar ojo, así que cuando dieron las cinco de la mañana me levanté y me puse a dar vueltas por la casa. Eché un último vistazo a mi cuarto de la infancia, despidiéndome de las paredes rosas, las estanterías repletas de libros y esos viejos pósteres favoritos. Pasé la mano por la delicada madera de mi contrabajo y también me despedí de él. Le dije adiós a la mesa del comedor donde habíamos compartido infinidad de comidas y cenas de familia a lo largo de los años, y a los arriates congelados del jardín de mi madre. Will y mis padres bajaron a desayunar y cargamos todo en el coche. Experimenté una tristeza pesada cuando la furgoneta arrancó para empezar a alejarse de la casa, preguntándome si alguna vez volvería. Para la persona que se enfrenta a la muerte, el luto comienza en el momento presente, con la sucesión de despedidas privadas —a título preventivo— que se van produciendo mucho antes de que el cuerpo deje escapar su último aliento.

En la unidad de trasplantes estaba rodeada de gente a la que lo que le preocupaba, más que nada, era lo que me pasaba, no necesariamente quién era. Médicos y enfermeras con rostros cubiertos por mascarillas se cernían sobre mi cama de hospital, observándome atentamente, hablando de mí como si no estuviera presente. A la paciente se le ponía una bata de hospital. Se la aleccionaba, se la examinaba, se la pinchaba, y se hablaba en voz queda sobre su caso. El único objetivo de toda esa gente era curar a la paciente para que pudiera volver cuanto antes a ser ella misma. No dejaba de haber una ironía extraña en todo aquello: solo había pasado un año desde que me habían diagnosticado el cáncer y ya apenas podía recordar la sensación de ser yo misma de antes de ese momento.

A lo largo de toda la semana siguiente bombardearon mi sistema inmunitario con veinte sesiones de quimioterapia, más de la que había recibido en todo el año que llevaba enferma. Durante todo ese tiempo mantuve mi habitación del hospital bien ordenada en todo momento. Siempre me había gustado ordenar y organizar, pero llegué a rayar en la obsesión durante aquellos días en que me obsesioné con apilar perfectamente los libros, las pastillas y las botellas de agua en la mesita de noche, todo dispuesto en hileras en perfecta línea recta. Me negué a ponerme la bata de hospital y opté por mi propio pijama, zapatillas forradas de borreguito y una bata. Todas las mañanas me levantaba de la cama para trasladarme al sofá de la habitación, que cubría con sábanas y mantas limpias. Me había traído un altavoz inalámbrico de casa y me ponía a James Brown o Bach a todo volumen mientras leía mi columna de *The New York Times* y respondía a los correos, para tapar los sonidos del hospital. Trabajaba con una intensidad furibunda, deseosa de hacer cuanto pudiera antes de que los efectos secundarios de la quimio se intensificaran, cosa que inevitablemente empezó a ocurrir, así que mientras tecleaba en el ordenador siempre tenía debajo del brazo una palangana amarilla para vomitar.

La mañana del trasplante —el día cero como lo suelen llamar—, mis padres y Will entraron en la habitación enfundados en batas amarillas y con mascarillas azules cubriéndoles la cara. Luego llegó mi hermano, que me saludó con su habitual «*Salut*, Sulekemia», al tiempo que se inclinaba para chocar nuestros puños cubiertos por guantes de látex. Yo me reí y le contesté: «Espero no tener que volver a oír ese saludo jamás». Al cabo de unos minutos, la habitación se había llenado de médicos y enfermeras y se había disipado por completo cualquier vestigio de ligereza que pudiera haber quedado todavía en el ambiente.

Habida cuenta de todo lo que me había figurado, el procedimiento en sí fue una cierta decepción. Médicos y enfermeras se distribuyeron a ambos lados de la cama, como si fueran los dos flancos de un ejército, observando mientras las gotas de la bolsa que contenía las células madre de mi hermano iban cayendo y entrando en mis venas. Me sentía tranquila quizá porque yo no estaba allí, no realmente. Cerré los ojos y empecé a imaginarme cruzando el océano, en otro continente, sentada con Will en la terraza de un café de París, y luego vagando sin rumbo fijo por las calles de Túnez. Volvía a tener el cuerpo fuerte y los cabellos largos.

Al cabo de unos minutos, la intervención había terminado y todo el mundo fue saliendo de la habitación ordenadamente para que descansara.

Mi equipo médico me había advertido de que lo más difícil iban a ser los siguientes días y semanas, mientras esperaba a que el trasplante de las células de Adam arraigara en mi médula ósea. Me volvieron a poner en «aislamiento». En la unidad de trasplantes, las precauciones eran mucho más extremas que las que hubiera podido vivir en el Mount Sinai: en la habitación había un ventilador especial que filtraba las impurezas del aire; me calentaban la comida hasta abrasarla para asegurarse de aniquilar cualquier germen. Todo el que entraba en la habitación tenía que lavarse las manos y vestirse con el equivalente a un traje de protección especial apto para trabajar con sustancias peligrosas: guantes de plástico, bata quirúrgica, mascarilla y babuchas desechables cubriendo los zapatos. Un beso, un apretón de manos, la fruta o las verduras frescas, un resfriado común y corriente o hacerme un rasguño con una hoja de papel eran todas situaciones que potencialmente podían provocarme la muerte antes de que mi sistema inmunitario empezara a funcionar de nuevo. Tenía prohibidas hasta las flores, pero parecía un poco presuntuoso lanzar esa advertencia a familiares y amigos, así que los ramos intactos se iban amontonando a la puerta de la habitación.

El objetivo era llegar al día 100 o el «día del reconocimiento», la primera gran meta volante para evaluar la recuperación de un paciente trasplantado. Yo intentaba ser consciente del transcurso del tiempo desde la cama donde pasaba los días y las noches recostada con una inclinación de cuarenta y cinco grados para evitar que se me encharcaran los pulmones, pero era como si las horas se fundieran. El gotero colgaba sobre la cama como si fuera un pequeño palio, proporcionándome mi dosis diaria de líquido, inmunosupresores, medicación para las náuseas, tres tipos distintos de antibióticos y un goteo permanente de morfina. El ventilador del techo emitía un leve zumbido, una banda sonora constante que me provocaba ansiedad.

Así me pasé casi dos semanas sin que se produjera ningún incidente digno de mención. Y entonces, en las primeras horas del día número 14, alguien empezó a gritar, un grito continuado y bronco, tan atronador que me despertó. La habitación estaba a oscuras. Sonaba una alarma. Los tubos se enredaban alrededor de mi cuerpo como serpientes. Tenía el pecho empapado. Sentí que algo me salía a borbotones de algún lugar por debajo de la clavícula y se deslizaba por mi cuerpo. Un instante más tarde se abrió la puerta de la habitación y apareció en mi campo de visión la cara de una enfermera que se inclinaba sobre mí. Me apretó un hombro y no fue hasta entonces cuando me di cuenta de que el grito salía de mis labios. «¡Pero qué pasa!», exclamó ella mientras me contemplaba horrorizada. Había tenido una pesadilla, soñé que miles de insectos me recorrían todo el cuerpo y me mordisqueaban la piel y, presa del pánico y fuertemente drogada como estaba, me había arrancado el catéter del pecho.

Hay un punto de inflexión, un tipo especial de claustrofobia reservada a las hospitalizaciones largas que suele comenzar en la segunda semana de encierro. El tiempo empieza a estirarse, el espacio se derrumba. Te quedas tantas horas mirando al techo que empiezas a identificar formas y patrones, universos enteros que se te aparecen dibujados en el techo. Las paredes se van acercando y, cuando el repiqueteo de la lluvia en el cristal de la ventana te despierta de un sopor medicado, anhelas, deseas con todas tus fuerzas, como nunca antes has deseado nada, poder salir a la calle, sentir la lluvia deslizándose por tu nuca, echar la cabeza hacia atrás para saborear el cielo en la lengua. Intentas abrir la ventana aunque sabes más que de sobra que está sellada. Y entonces tu desesperación empieza a rayar en locura.

La mayoría de las personas no sabe lo que es vivir así, encerrada en un diminuto cuarto blanco sin que ni tan siquiera se perfile en el horizonte una fecha de salida. Salvo, tal vez, si han estado en la cárcel. Durante el tiempo que pasé en la unidad de trasplantes me acordé muchas veces de Lil'GQ, el preso del corredor de la muerte que me había escrito unas cuantas semanas antes. Me preguntaba qué haría él para pasar el tiempo en su celda de aislamiento. Me preguntaba cómo —si es que era el caso— habría sido capaz de conservar la cordura. En parte inspirada por él, empecé a escribir un artículo para la columna en el que reflexionaba sobre lo que bauticé como mi «encarcelamiento»:

A un paciente de cáncer, el léxico carcelario le parece omnipresente por doquier. Tus movimientos son vigilados, decisiones tan básicas como qué comer y cuándo requieren la aprobación de una autoridad superior, por no hablar de que vives la quimioterapia como un terrible castigo casi letal. El personal sanitario juega a los jueces contigo. En cualquier momento, tu médico puede dictar sentencia: libertad condicional, arresto domiciliario, ampliación de la pena «de prisión» y, para algunos, incluso la sentencia de muerte. Nunca he tenido que comparecer en un juicio. Pero me imagino que la adrenalina fluye por tus vasos sanguíneos, con igual intensidad, como cuando estás ante un tribunal, justo antes de que el médico te comunique los resultados de tu última biopsia.

Lil'GQ no era el único desconocido cuyas palabras me acompañaron durante esos largos días delirantes que pasé en la unidad de trasplantes. Todas las mañanas miraba mis correos y me encontraba la bandeja de entrada llena de decenas de mensajes de lectores de «Vida interrumpida». No tenía permitido salir de la habitación, pero escribir me brindó una vía de escape, una puerta por la que salir a viajar en el tiempo y el espacio, recorrer continentes.

Me escribía todo tipo de personas, muchas de las cuales también habían estado enfermas. Supe de Unique, una adolescente de Florida, a la que estaban tratando un cáncer de hígado y que me enviaba un mensaje eminentemente compuesto de emoticonos. También me escribió Howard, un historiador jubilado de Ohio, que había padecido prácticamente toda la vida una misteriosa enfermedad autoinmune. *Tú eres una mujer joven y yo un hombre mayor; tú miras hacia delante y yo echo la vista atrás; seguramente, lo único que tenemos en común es nuestra mortalidad —escribió—. El significado de las cosas no se encuentra en el plano material —una cena, un concierto de jazz, cócteles, conversaciones, lo que sea—, sino que el significado es lo que queda cuando nos despojamos de todo lo demás.* También me escribió mucha gente que nunca había estado enferma ni un solo día en toda su vida, pero que se identificaban con el concepto de que se te «interrumpiera» la vida. Desde la esposa del senador de un estado del Medio Oeste que batallaba con la infertilidad, hasta el joven con trastorno bipolar que se acababa de quedar sin casa recientemente y dormía en su coche aparcado en las calles de Boston, pasando por Katherine, una profesora de instituto de California que luchaba por sobreponerse a la muerte de su hijo.

Me debería haber sentido más sola que nunca en aquella habitación de la unidad de trasplantes. Y, sin embargo, todos esos desconocidos y sus historias no tardaron en convertirse en una ventana al mundo exterior para mí.

Las cartas que recibía eran un deleite, aunque rara vez tenía energía suficiente para responder. Cuando tenía fuerzas, mi prioridad era contestar a las cartas de la gente joven con cáncer que, a fin de cuentas, era mi gente. Uno de ellos era Johnny, un chaval de diecinueve años de Michigan al que también estaban tratando una leucemia en el Sloan Kettering. Había leído mi columna y me había enviado un mensaje por Twitter al que respondí inmediatamente. Era la primera vez que se me presentaba la oportunidad de hablar con una persona joven con la que compartía diagnóstico. Los dos estábamos en «aislamiento», secuestrados en nuestras respectivas burbujas en pisos diferentes del mismo hospital. Teníamos prohibido vernos cara a cara, así que nos conformábamos con chatear. Nuestras conversaciones iban de lo humano a lo divino y vuelta a empezar, y a menudo todo en una única frase kilométrica. Ambos estábamos hasta las cejas de morfina, por lo que las expectativas eran muy bajas en lo que a puntuación, ortografía o gramática respectaba: un alivio.

JOHNNY: Qué es lo que más te gusta del menú del hospi?

YO: Las QUESADILLAS.

JOHNNY: SÍ, comí una ayer y estuve en el cielo.

YO: ¿Dónde tás ingresado?

JOHNNY: Me acaban de trasladar a la planta de pediatría... Me ha tocado la cama de en medio y el otro chaval tiene que pasar por delante de mí para ir al baño, y encima la vista no es igual de buena ni de lejos

JOHNNY: qué tal te encuentras después del TMO [trasplante de médula ósea]

YO: gruñona & irritable. las enfermeras entran en la habitación a pesarme todos los días a las 5 de la mañana.

JOHNNY: Estoy deseando volver a saber lo que es vivir sin cáncer.

YO: lo mismo. te sabes algún conjuro para acelerar el tiempo?

Me dolía el corazón de pensar en Johnny. La experiencia que compartíamos era brutal, pero también existía entre nosotros una especie de belleza especial. Ahí estábamos nosotros, dos completos desconocidos, extendiendo los brazos hacia el otro desde la orilla opuesta de la pantalla para fundirnos en un íntimo abrazo.

Casi tres semanas después de mi trasplante —o el día 20 plus como lo llamaban los médicos y las enfermeras—, Will miraba por la ventana de mi habitación de espaldas a mí, y me describía la escena matutina mientras yo permanecía tendida en la cama: fractales de sol titilando sobre el East River, el brazo de un puente asomando por encima de los edificios de apartamentos ennegrecidos por la polución, taxis amarillos avanzando entre acelerones y frenazos por la avenida York igual que piezas del Monopoly, gente trajeada camino del trabajo... Quería levantarme de la cama para acercarme a Will, pero estaba demasiado cansada para hacerlo y arrastrar el soporte del gotero y recorrer el metro y medio que nos separaba. Sabía que Will estaba de camino al trabajo y que se marcharía en unos minutos, pero la medicación hacía que los párpados me pesaran una tonelada en esos momentos. Cuando me desperté, ya se había ido.

Dormir de ese modo era una especie de refugio porque te anestesiaba frente a los efectos secundarios del trasplante. El poco pelo que le había vuelto a salir a mi cuerpo durante el ensayo clínico se me estaba volviendo a caer, dejándome la piel en carne viva y sedosa al mismo tiempo, casi larval. Había perdido una barbaridad de peso y mi torso —ya esquelético antes del trasplante— se había encogido. Pero las mejillas, en cambio, las tenía hinchadas y enrojecidas por todos los esteroides y el resto de medicamentos que me estaban administrando. *Cara de luna*, lo llamaban los pacientes de cáncer. Marchita y encogida en los lugares equivocados, con la piel surcada por hilos rojizos de capilares rotos como pintados con acuarela, me sentía horrorosa, más monstruo que cara de luna.

Mi sistema inmunitario había sido devastado. Estaba a la espera de que las células sanas de Adam arraigaran, pero el proceso estaba tardando más de lo que cabía esperar. Mi hermano estaba acabando el curso en la universidad y debería haber estado centrado en sus exámenes finales, en salir por ahí de fiesta y en la graduación. Pero, como mis padres y todos los que entraban en mi burbuja estéril, escondía su preocupación tras una máscara.

Al cabo de unas horas, esa misma tarde, me despertó el sonido de las voces de mis padres. Al girar la cabeza para saludarlos, sentí que algo en el interior de mi garganta se desprendía igual que un velcro. Me eché hacia delante bruscamente con la boca llena de sangre y vomité un espantoso amasijo sanguinolento en la palangana de plástico que tenía junto a la cama.

—¿Qué ha pasado? —exclamaron ellos alarmados al tiempo que llamaban a la enfermera.

—Su hija acaba de vomitar el revestimiento del esófago —les informó esta con tono un tanto mecánico de que aquello era el pan nuestro de cada día, mientras inspeccionaba el desastre con total tranquilidad. La quimio estaba abrasando las membranas mucosas que cubrían mi boca, garganta y tracto gastrointestinal, lo que hacía que me resultara imposible hablar ni comer nada que no fueran trocitos de hielo. Durante horas vomité pedazos de carne abrasada en la palangana al lado de mi cama. Las medicinas para el dolor y las náuseas me aliviaron un poco, pero me pasé la mayoría del tiempo que estuve despierta ese día fingiendo ser una estatua, intentando por todos los medios quedarme quieta sin moverme ni un milímetro, con la esperanza de que eso calmara los retorcijones de estómago. Cuando llegaron los médicos, formaron a mi alrededor un círculo protector de batas amarillas de hospital, y me enchufaron a una sonda para alimentarme con un líquido de color amarillo verdoso que parecía refresco de lima.

Esa noche volvió Will, que se había zafado de una cena de trabajo para pasar un rato conmigo. Quería hacerle un montón de preguntas y que me contara con pelos y señales qué tal le había ido el día: ¿Había hecho algo interesante? ¿Había comido en el parque? ¿Algún cotilleo en la oficina? Pero nos había interrumpido la enfermera para colgar en el gotero una bolsa nueva de medicación que no tardaría mucho en hacer su efecto y me entraría sueño. Will se ofreció a leerme un poco o a sacar el tablero del Scrabble, aunque fuera para unas poquitas partidas. Ya ni me acordaba de la última vez que habíamos jugado.

Will tenía el día muy ocupado entre el trabajo y las ligas de fútbol y baloncesto a las que se había apuntado la semana antes de que yo ingresara en la unidad de trasplantes. La mayoría de las noches, cuando llegaba al hospital ya me había dormido. Yo comprendía que necesitara una vía de escape para liberar el estrés que le provocaba la situación —todos los cuidadores la necesitan—, pero lo que no entendía era por qué estaba tan ocupado de repente. Cada vez más, tenía la impresión de que era como si nos estuviéramos mirando el uno al otro desde extremos opuestos de un telescopio.

Me rechinaban los dientes cuando Will me tapó con una manta caliente. Luego me puso un poco de agua en un vaso de papel. Me mojé los labios y dejé que el frío líquido se abriera camino por mi boca —un tónico momentáneo para mis inflamadas mejillas— antes de escupirla. No quería albergar resentimiento hacia la mano que sujetaba la jarra de agua. Era con mi cuerpo con quien estaba en guerra. Teníamos que hablar de tantas cosas... pero de repente sentí que me invadía un cansancio terrible. Me empezaron a pesar los párpados otra vez. Will se sentó junto a la cama. Mientras me vencía el sueño, nos cogimos de las manos enfundadas en guantes de látex azulado.

16

HOPE LODGE

EN EL INSTANTE QUE SALÍ del hospital sentada en mi silla de ruedas, directamente a la avenida York, alce el rostro hacia el sol para dejar que sus rayos me calentaran la piel cetrina. Era una tarde templada de mayo, pero yo tenía puesto un gorro de lana y una chaqueta de ski. Y, como era habitual, me castañeteaban los dientes. Mientras esperaba a que mi madre y Will pararan un taxi, mi silla de ruedas entorpecía la marcha a los peatones que transitaban por la acera justo delante de la entrada del hospital y que, haciéndose a un lado brevemente mientras seguían su camino, eran testigos involuntarios de nuestra particular procesión. Mis pies tocaron la acera un instante cuando subí al taxi que me esperaba.

Había transcurrido algo más de un mes desde que me habían hecho el trasplante. Los médicos me habían dicho que, pese a que mi sistema inmunitario seguía devastado, las pruebas preliminares mostraban que las células de Adam estaba arraigando por fin en mi médula ósea. Había por tanto indicios de que el trasplante iba progresando: en los últimos días había pasado de alimentarme con una sonda a que mi estómago tolerara dos galletas saladas. Ya era capaz de caminar —despacito—,por lo general sin ayuda, y los recuentos de mis análisis de sangre avanzaban —muy poco a poco— en la buena dirección. Todavía tendrían que pasar algunas semanas más para saber si el trasplante había funcionado —el ominoso día 100 aún se perfilaba lejos en el horizonte—, pero, por ahora, me estaba concentrando en otra vitoria menor: el alta.

Los médicos me enviaron a Hope Lodge, una especie de residencia de transición para pacientes con cáncer situada en la sección intermedia de Manhattan, el Midtown. Allí viviría durante los siguientes tres meses. El edificio de hormigón gris con sesenta habitaciones estaba en la misma calle que una tienda de Jack's 99-Cent Store y a una manzana de la estación Penn. En el futuro inmediato y hasta nueva orden tendría que llevar guantes y mascarilla de forma perenne. *Nada de metro, nada de lugares públicos, nada de gérmenes*, me advirtieron los médicos. Fui del taxi a la entrada atravesando una acera repleta de gente. Me ajusté todavía más la mascarilla con la que me cubría la cara.

Estaba agradecida de que existiera un sitio como Hope Lodge, y también agradecía la generosidad de los desconocidos que habían recaudado el dinero necesario para fundar aquel lugar. Pero, en un mundo ideal, no habría tenido que vivir allí en absoluto. En un mundo ideal habría tenido mi propia casa. Me habría podido mudar al primer apartamento de mi madre en el East Village y que ella había conservado todos esos años, alquilándolo hasta hacía poco para estancias largas de varios años. Por desgracia, mi sistema inmunitario todavía estaba demasiado débil para vivir en un apartamento a pie de calle en un edificio de antes de la II Guerra Mundial justo al lado de unos contenedores de basura. Además, era demasiado pequeño para que pudiera vivir allí con Will y con mi madre. Ya en los primeros días después de la intervención nos había quedado claro que cuidar de una paciente recién trasplantada era un trabajo de veinticuatro horas al día que Will y mi madre pensaban repartirse, así que decidimos que yo me instalaría en Hope Lodge y ellos usarían el apartamento cuando hiciera falta, como una especie de enclave para cuidadores. Era el mejor plan que se nos había ocurrido dadas las circunstancias.

Ese plan cayó por tierra en el minuto exacto en que entramos por la puerta de Hope Lodge. Ya en el interior, una recepcionista nos hizo entrega de la llave de la habitación y de una carpeta con información. Acto seguido, Will y mi madre se dirigieron conmigo al ascensor, pero la recepcionista nos dio el alto para informarnos de que únicamente se permitía el acceso de un solo cuidador a la vez en las plantas residenciales. Nada de excepciones. Intentamos resistirnos argumentando que unos protocolos tan estrictos no tenían en cuenta las exigencias e imprevisibilidad de la enfermedad. Pero las reglas eran las reglas y vi claramente que iba a ser imposible que mis esperanzas de que Will y mi madre compartieran sus tareas de cuidado de un modo fluido, en tándem, como una familia, se hicieran realidad. No iba a haber ninguna espontaneidad, quedaba excluido que los dos me apoyaran juntos o que se apoyaran mutuamente. Tendría que estar eligiendo constantemente entre el uno y la otra.

Me sentía profundamente dividida: necesitaba el tipo de ayuda que en realidad solo le puedes pedir a un padre o una madre, pero por otro lado notaba que Will y yo nos estábamos distanciando y no quería que nos separáramos. Desde el día en que conocí el diagnóstico, mi gran miedo —más allá de morirme— había sido perderlo. Y, ahora que estaba más enferma que nunca, mi instinto me decía que lo mantuviera cerca de mí. Así pues, sugerí que Will viviera conmigo en Hope Lodge y que mi madre me visitara durante el día mientras él estaba en el trabajo. En su momento me pareció que era una buena solución intermedia.

La habitación que Will y yo compartíamos en Hope Lodge era bastante sórdida: dos camas individuales, muebles de motel y una moqueta de un tono parduzco. Apenas disponíamos de luz natural. Al final del pasillo había una cocina comunitaria donde nos toparíamos con otros cuidadores y pacientes y tendríamos que pararnos a charlar con frases del tipo «¿Recién salido del hospital?» o «¿Qué tal va ese tumor cerebral?» En el ambiente flotaba una pesada tristeza. Todos cuantos vivíamos allí habíamos dejado atrás una vida real en algún otro lugar.

El personal de Hope Lodge hacía cuanto podía para animar el ambiente. En la sexta planta, había una sala de estar con una chimenea y una espaciosa terraza exterior donde los pacientes podían sentarse y recibir visitas de familiares y amigos. Además, en la sala se impartían cursos de materias tan variadas como meditación zen o recetas de cocina particularmente indicadas para el síndrome neutropénico y, varias veces a la semana, había voluntarios que organizaban eventos especiales como conciertos, monólogos de comedia y cenas donadas por restaurantes locales. Hasta había un «té de los miércoles» organizado por un puñado de señoras bien que se presentaban en la sala con sus trajes-pantalón de Chanel y zapatos con tacones de aguja de quince centímetros mientras organizaban bandejas de pastelitos y bizcocho. Sus intenciones eran buenas —no lo dudo—, pero yo no podía soportar cómo nos hablaban a los pacientes, alzando la voz y vocalizando lentamente, con un tono que rezumaba condescendencia, como si no solo estuviéramos enfermos, sino que —por algún motivo misterioso— tampoco hablásemos inglés. No me hizo falta mucho tiempo para empezar a aborrecer el té de los miércoles. No quería ni su caridad ni su pena. No quería ser la buena obra de la semana de nadie.

Mi rutina postrasplante consistía básicamente en dormir dieciocho horas al día y, cuando no estaba durmiendo, estaba en la cama con los ojos cerrados, demasiado agotada para sentarme, hablar o leer. La única inexplicable excepción fue *Cincuenta sombras de Grey*: me leí la trilogía entera en un fin de semana. Se pasaba tanto de la raya, era todo tan diferente a mi realidad en todos los sentidos posibles, que me parecía casi ciencia ficción. Y también era la única cosa lo suficientemente terrible —de un modo fascinante y cómico a la vez—para distraerme de las implacables náuseas.

—Típica pregunta de si tuvieras que escoger entre esto y aquello —le dije a Will una mañana—: ¿Qué prefieres leucemia mieloide aguda o leer *Cincuenta sombras*?

—Leucemia —me había respondido sin dudar.

Will me estaba preparando el desayuno, como hacía todas las mañanas, aunque yo rara vez daba más de un bocado. Luego le pasaba el testigo a mi madre y se marchaba a trabajar. Para mí el momento más temible del día era el trayecto de Hope Lodge al hospital, donde me ponían trasfusiones de sangre, recibía hidratación, y me daban magnesio y otros nutrientes que la quimio había eliminado por completo. Tenía tantas náuseas todo el tiempo que rara vez conseguía hacer el viaje completo de veinte minutos en taxi sin vomitar. En una ocasión en que había tenido un ataque particularmente intenso de vómitos, el taxista había pensado que estaba borracha y nos había echado a mi madre y a mí del coche: sin darnos siquiera tiempo a explicarle nada, nos había dejado tiradas en la acera.

Menos de una semana después de mudarme a Hope Lodge, me invitaron a dar una entrevista en el programa de la cadena de radio pública (NPR) *Talk of the Nation*. Era una gran ocasión, mi primera salida de verdad desde que me habían dado el alta. Una vez completado el ciclo de los goteros de medicación, mi madre y yo tomamos un taxi hasta las oficinas de NPR, situadas junto a Bryan Park. Nunca me habían entrevistado, por lo cual estaba entusiasmada.

Todavía no acababa de entender por qué, pero, desde que se había empezado a publicar mi columna, había recibido un montón de invitaciones para conceder entrevistas. También se me habían empezado a acercar los lectores —en la sala de espera del hospital, algunos incluso por las calles de Manhattan— para decirme lo mucho que les gustaba mi columna y que estaban conmigo. Toda esa atención era un halago y al mismo tiempo resultaba más que un poco abrumadora y a veces me hacía sentir incómoda. El cáncer me había convertido, de manera accidental, en una *figura pública*.

No todo el mundo estaba tan entusiasmado. La columna se había convertido rápidamente en una fuente de tensión con Will, que se preocupaba por las consecuencias que podía acarrear para mi salud y se quejaba de que estaba gastando la poca energía que tenía en el trabajo. Llevaba razón: era cierto que podía sentir dentro de mí la batalla que libraban mi ambición y las limitaciones que me imponía el cuerpo. Tenía la sensación de que mi cerebro, inundado con las toxinas de la medicación con la que me habían estado atiborrando, estaba como averiado. En otro tiempo había sido capaz de recordar con todo lujo de detalles grandes cantidades de información completamente inútil, como el color de la blusa que llevaba mi profesora de tercero de primaria el primer día de clase o pasajes enteros de mis libros favoritos, pero ahora en cambio me costaba acordarme hasta de los nombres de mis amigos más cercanos o de mi propio número de móvil. Antes del trasplante, la escritura era un refugio para mí, pero ahora solía acabar en frustración y lágrimas. No obstante, estaba decidida a hacer lo que pudiera mientras pudiera, incluso si eso significaba forzar a mi cuerpo más allá de lo sensato.

La tarde antes de la entrevista en NPR me había empezado a subir la fiebre y pasé la noche tapada hasta las orejas, tiritando y tosiendo cada poco con una carraspera desagradable. Tanto Will como mi madre me suplicaron que aplazara la entrevista, pero yo me negué. No sabía durante cuánto tiempo más se me seguirían presentando oportunidades así ni si volvería a estar bien para aprovecharlas. Iba a ir a la entrevista y nadie en este mundo me iba a quitar esa idea de la cabeza.

Cuando, una vez instalada en el estudio de grabación de la NPR, había terminado la prueba de sonido, yo ya estaba agotada. Me temblaba el pulso mientras bebía agua de un vaso de papel y mi voz se había reducido a un frágil susurro desigual. Hice cuanto pude para responder a las preguntas del presentador y los invitados que se conectaban por teléfono, pero no recuerdo ni una palabra de lo que dije. De lo único que me acuerdo es de apretar el botón de la consola convenientemente identificado con la palabra TOS para silenciar los ruidos de la tos llena de flemas que me entraba cada vez que intentaba llenar de aire los pulmones. Debo de haber apretado ese botón cincuenta veces por lo menos.

Cuando terminó la entrevista estaba hundida en el asiento, agotada por el esfuerzo simultáneo de hablar y sentarme derecha. El presentador me hizo una última pregunta: «No nos quedan más que unos segundos —anunció—, así que vamos con una última pregunta: ¿dirías que, a estas alturas, te estás enfrentando a la muerte?»

Aquello me descolocó. Evidentemente, mi propia muerte era algo en lo que había pensado mucho, pero era la primera vez que alguien me hacía la pregunta directa. Oírla en voz alta provocó que, de repente, la amenaza de morir se manifestara de un modo más vívido e inminente que nunca y me llevó a darme cuenta de que el presentador, los oyentes, la gente que leía mi columna, seguramente todos, se estaban preguntando lo mismo: ¿conseguiría sobrevivir? Mi supervivencia se había convertido sin quererlo en el hilo argumental de una trama de suspense; un montón de desconocidos seguían mi columna porque sentían una curiosidad morbosa por saber qué pasaría en las siguientes semanas. Ese pensamiento me desestabilizó. Intenté tranquilizarme, decidida a acabar la entrevista con un tono positivo, pero cuando conseguí hablar fue con un hilo de voz casi imperceptible: «Miro al futuro con mucha esperanza», murmuré de un modo nada convincente.

Fuera lo que fuera lo que se estaba gestando en mis pulmones ese día, no tardó mucho en tomar el control de mi sistema inmunitario. Ese fin de semana, el Día de la Madre, en vez de *brunch* y peli con Anne en Hope Lodge como habíamos planeado, estaba hecha un ovillo en una camilla en urgencias, con ella a mi lado. Tenía la tensión por los suelos y el ritmo cardiaco peligrosamente alto. Pese a mis muchas protestas, los médicos me volvieron a ingresar. «Me he gafado a mí misma —le dije a mi madre recordando mis últimas palabras en la entrevista de la radio—. Debería haber dicho «miro al futuro *con cautela*, pero también con esperanza».

Nacemos necesitando que nos cuiden y así morimos también, pero me resultaba muy difícil aceptar el hecho de haberme convertido en un ser completamente desvalido. De vuelta en Hope Lodge, tras los días nebulosos de estancia en el hospital en que todo pendía de un hilo, estaba más débil que nunca y dependía de Will y mi madre para todo, casi igual que un bebé. A medida que pasaba el tiempo cada vez me iba debilitando más y, cuando llegué al día 70, necesitaba su ayuda hasta para las tareas más básicas como ducharme y prepararme un sándwich. Estaba muy frágil y tenía muchas náuseas para caminar, así que utilizaba una silla de ruedas para moverme. Me despertaba en mitad de la noche y notaba el latido irregular de mi corazón dentro del pecho, ralentizándose para luego acelerarse de un modo que me inquietaba y me hacía hipersensible a mi propia vulnerabilidad.

Luego, alrededor del día 80, me salió un sarpullido negruzco en la frente y todo el mundo entró en pánico. Era el primer síntoma de EICR, la complicación potencialmente mortal del trasplante sobre la que me habían advertido. Los médicos me subieron a tope la dosis de esteroides y medicación para evitar el rechazo y monitorizaron mi evolución muy de cerca, cruzando los dedos para que todo acabara bien.

Mi independencia no era la única cosa que sentía que se me escapaba entre los dedos. Desde nuestra llegada a Hope Lodge, Will había empezado a volver a casa del trabajo cada vez más tarde. Llamaba en el último minuto preguntando si alguien podía hacer el turno de la noche y si le decía que con tan poco tiempo podía ser complicado, preguntaba que por qué no teníamos más apoyo. Yo entendía que Hope Lodge no era precisamente el sitio más animado del mundo y que las exigencias de mi cuerpo eran agobiantes; no tenía energía para darle a Will, pero en cambio lo necesitaba más que nunca. Cuando estábamos juntos me empapaba de su amor igual que una esponja, desesperada por sentir otra vez nuestra cercanía. Al final fui yo la que puso encima de la mesa el tema de que cada vez estábamos más distanciados y Will insistió en que eran imaginaciones mías. Aun así, yo seguía preocupada.

Una noche, mientras esperaba a que volviera del trabajo, recibí un mensaje de texto suyo: *Voy a tomar algo con unos amigos a un bar de Saint Marks. ¿Quieres venir?* Me quedé mirando el teléfono fijamente, preguntándome cómo responder. Tal vez, efectivamente, quería que yo fuera también. Pero los dos sabíamos que todavía me quedaban semanas, probablemente meses, antes de estar suficientemente recuperada para salir. Por no hablar de ir a bares en Saint Marks, una de las zonas más abarrotadas de toda la parte baja de Manhattan. Las lágrimas me nublaban la vista mientras intentaba teclear una respuesta. Me clavé las uñas en la palma de la mano, ordenándome parar de llorar inmediatamente. *Sintiéndolo mucho, no puedo. Pero creo que eso ya lo sabes*, escribí de vuelta. Mi madre se estaba poniendo el abrigo y preparándose para marcharse hasta el día siguiente. Esa noche —cosa rara— había quedado a cenar con una amiga y, pese a que yo sabía perfectamente que habría cancelado la cena para quedarse conmigo, no se lo pedí.

Tendida en la cama, esperé a Will. Cayó la noche, envolviendo la habitación en la oscuridad mientras las luces de la ciudad empezaban a brillar al otro lado de la ventana. A medida que iban pasando las horas, me fue atenazando por dentro un miedo frío y visceral. Tenía que comer algo antes de tomar la última medicación del día, pero estaba demasiado débil para caminar hasta la cocina comunitaria que quedaba al fondo del pasillo, así que sencillamente me tomé el puñado de pastillas con un poco de agua. Un error de principiante. Cuando Will llegó ya era más de medianoche y yo estaba doblada encima de una papelera vomitando, con las sábanas manchadas de vómito también y el pijama empapado en sudor. Él se quedó inmóvil a los pies de mi cama con el sentimiento de culpa escrito en el rostro. Cuando me cogió en brazos para llevarme a la ducha experimenté dos emociones opuestas: *te odio, te necesito*.

Era la mañana del día 100 y yo estaba sentada en uno de los reservados de plástico azul que había en la cocina comunitaria mientras Will me preparaba el desayuno. Para que se quedase tranquilo, jugué un poco con la cuchara con las gachas de avena medio frías, para que pareciera que estaba comiendo, pero tenía la mente en otra parte. En unos minutos iríamos al hospital donde nos esperaban los resultados de varias pruebas y biopsias que me habían hecho en las últimas semanas. En mi cabeza, yo contemplaba dos posibles desenlaces: los resultados mostrarían o bien que el trasplante había funcionado y acabaría recuperándome, o bien que el trasplante había fracasado y la leucemia volvería, esta vez con la promesa de una muerte inminente. Nunca pensé que pudiera existir una tercera opción.

Mientras Will lavaba los platos fui deslizándome presa de la ansiedad por la pantalla del móvil viendo todos los correos de lectores que tenía sin leer, para distraerme. Hubo uno en particular que me llamó la atención: el asunto era *las dificultades de hacer la transición de vuelta.* En un adjunto al correo había una fotografía de un joven con el torso descubierto sentado en una cama de hospital: tenía hombros anchos y musculosos y de sus sonrosadas mejillas parecía brotar una especie de resplandor radioactivo. Su cabeza, igual que la mía, era una canica suave sin un solo pelo, pero lo que más me llamó la atención fue lo seguro que parecía de sí mismo. Le tendí mi teléfono a Will para mostrarle la foto y él soltó un silbido: «Joder, ¡si tiene mejor aspecto que yo! Si no te conociera como te conozco me empezaría a preocupar de que te has echado un novio con cáncer para sustituirme».

El joven se llamaba Ned. Su correo empezaba con una historia: en 2010, Ned estaba en el ecuador de su último año de universidad, completamente ajeno a lo que le aguardaba tras su graduación. Iba de cráneo para terminar su trabajo de fin de carrera y acababa de empezar a salir con una chica preciosa. Además, había solicitado una beca Fullbright para marcharse a Italia, donde esperaba mudarse cuando se licenciara. Y entonces, durante una estancia en casa, en Boston, para las vacaciones de invierno, al hacerle un TAC descubrieron que tenía el bazo muy hinchado, así que le hicieron unas cuantas pruebas más y al final los médicos pudieron confirmarle un diagnóstico: leucemia. No era la primera vez que Ned estaba enfermo. Tres años antes le habían diagnosticado cáncer de testículos, pero esto lo mencionaba de pasada. *Cirugía y fuera,* era como lo expresaba él.

Era una historia que yo conocía bien. Era mi historia. Era la historia que innumerables pacientes jóvenes con cáncer habían compartido conmigo desde que había empezado a escribir la columna en *The New York Times.* Todas esas historias me consolaban un poco porque eran muestra de la gran cantidad de personas que había ahí fuera en mi misma situación, una comunidad invisible, oculta en habitaciones de hospital, encadenada a soportes de gotero.

La historia de Ned, en cambio, viraba en una dirección inesperada. *Lo que me ha inspirado para escribirte es algo sobre lo que sé que te plantearás en algún momento: la transición de vuelta al mundo real, a la «normalidad»* —había escrito—. *A mí me ha costado volver a subirme al caballo.* Cuando leí aquello me di cuenta de que la suya no era una carta sobre el cáncer en gente joven, sino sobre lo que pasa cuando el cáncer desaparece. La idea de una vida después del cáncer no era algo que yo pudiera considerar, al menos por el momento. Yo todavía seguía atascada en Hope Lodge; todavía tenía que utilizar una silla de ruedas para moverme; todavía estaba demasiado enferma para pensar en nada que no fueran los resultados de la siguiente biopsia de médula ósea, con lo que la vida después del cáncer se salía totalmente del radar para mí.

Al cabo de unos minutos Will y yo bajamos a la recepción de Hope Lodge, donde nos estaba esperando mi madre y los tres salimos a la calle y paramos un taxi. Yo me había traído un par de bolsas de plástico por si me daba por vomitar en el trayecto, pero esta vez eran los nervios, no las náuseas lo que me revolvía el estómago. Cuando llegamos al hospital subimos en silencio hasta la unidad de pacientes externos trasplantados de médula. Los tres estábamos demasiado ansiosos para decir algo.

La recepcionista dijo mi nombre y nos condujeron a una sala de la clínica. Aguanté la respiración al ver entrar a mi equipo médico: la enfermera jefe seguida del médico encargado del trasplante, un hombre bajito y corpulento con gafas y una perenne expresión adusta que escondía su naturaleza amable.

—Una buena noticia: en tu última biopsia no se detectan células cancerígenas en la médula ósea —anunció—. El trasplante parece estar dando resultado por el momento, pero tendrán que pasar muchos más meses y muchos más días de diagnóstico como hoy antes de que podamos saberlo a ciencia cierta.

—¿Y la mala noticia? —pregunté. Ni que decir que confiaba en que no hubiera ninguna. Pero, a esas alturas, sabía lo suficiente sobre la manera cómo los médicos abordan este tipo de conversaciones hasta el punto de sospechar que no era el caso.

—Bueno, la mala noticia es que estás en riesgo alto de recaída debido a las anormalidades cromosómicas en tu médula, y porque no pudimos eliminar completamente la leucemia antes del trasplante. Todo eso hace que haya muchas posibilidades de que la enfermedad vuelva. Me gustaría que empezaras con una quimioterapia experimental de mantenimiento enseguida, en cuanto hayas recuperado las fuerzas.

Sentada en la camilla de reconocimiento, me abracé las rodillas contra el pecho, envuelta en una nube negra de desesperación. Era una desesperación del tipo que hace que sientas que te estás ahogando y que las voces suenen lejanas y débiles, como si las estuvieras oyendo bajo el agua. Recordé algunos párrafos del correo de Ned que había estado leyendo esa mañana. ¿Qué puede tener de complicado hacer la transición de vuelta a la normalidad? —pensé con amargura—. *Yo solo quiero que vuelva esa normalidad. Tendré suerte si logro dejar atrás para siempre las habitaciones de hospital.* Mi cáncer era como un perro furibundo: podían haberlo tenido encerrado en una zona vallada un tiempo, pero era un perro peligroso que ahora gruñía y amenazaba con escarbar por debajo de la alambrada y escapar. Iba a tener que luchar con todas mis fuerzas para mantenerlo encerrado. Iba a tener que someterme a más tratamientos experimentales. Y a un sinfín de pruebas a lo largo de meses o incluso años para hacer un seguimiento del progreso de la curación. Siempre iba a haber otro TAC en el horizonte, otra biopsia más.

—¿Durante cuánto tiempo tendré que hacer quimio de mantenimiento? —le pregunté al médico preparándome para lo peor.

—Mucho tiempo —contestó con voz suave—, otro año por lo menos, puede que más.

Miré a Will: en su rostro se treflejaba la expresión de impotencia que cabría esperar en un hombre que se sabe atrapado. No podía culparle por ello. Y, sin embargo, cuando ahora pienso sobre ello me doy cuenta de que lo hice.

17

CRONOLOGÍA DE LA LIBERTAD

HOGAR ES UN concepto esquivo para la gente como yo. A la edad de doce años, ya había ido a seis colegios en tres continentes. A partir de séptimo curso sí que nos habíamos quedado en Saratoga casi todo el tiempo, pero yo nunca acabé de sentirme como si fuera de allí ni de ningún otro sitio en realidad. Enseguida me ponía nerviosa en cuanto estaba en el mismo lugar más de un año o dos, me entraba miedo a quedarme allí pegada igual que un percebe al casco de un barco. Esta es la maldición de los hijos de padres de orígenes diferentes que crecen a caballo entre distintas culturas y países, credos y costumbres: demasiado blanca, demasiado morena, con un nombre demasiado exótico, demasiado ambiguamente distinta para sentir jamás que perteneces del todo a algún lugar.

Desde que me habían diagnosticado el cáncer, la vida no había sido menos nómada. En el último año, Will y yo habíamos estado viviendo en habitaciones de hospital. Sumando todas las estancias eso arrojaba un total de seis meses. Y también habíamos vivido en mi cuarto de cuando era niña en Saratoga; y en las habitaciones de invitados de varios amigos. Más recientemente, llevábamos una temporada en Hope Lodge, donde según las normas podíamos estar un máximo de tres meses. Ahora bien, para finales de verano a mí se me habían quitado definitivamente las ganas de hacer el nómada y, más que nada en este mundo, deseaba un hogar.

A finales de agosto de 2012, Will y yo nos trasladamos al apartamento de mi madre en la esquina de la calle 4 y la avenida A en el East Village, el mismo apartamento donde había vivido ella dos décadas atrás cuando había emigrado a Nueva York. Siempre y cuando Will y yo pudiéramos reunir el dinero necesario para cubrir los gastos de mantenimiento y los impuestos, el apartamento era nuestro durante el tiempo que quisiéramos.

Habían cambiado muchas cosas —y al mismo tiempo muy pocas— desde la última vez que había visitado el edificio... Estaba entrando por la puerta del edificio cuando oí que alguien decía «*Le bébé!*» y al girarme vi que se trataba de Jorge, el portero del turno de noche. Ahora ya era un hombre mayor con canas y se le veía ligeramente encorvado, pero todavía se acordaba del día en que mis padres habían vuelto del hospital conmigo recién nacida en brazos. Todas las puertas del edificio seguían pintadas con el mismo tono verde manzana y los pasillos seguían teniendo las mismas molduras doradas y los mismos apliques *art déco* para las luces. El ascensor seguía averiándose con regularidad y a los grifos de vez en cuando les daba por escupir un agua parduzca. El apartamento del tamaño de una caja de cerillas estaba en la planta baja y tenía unos ventanales que daban a los contenedores de basura del patio. Los padres de Will nos regalaron un escurridor para los platos; los míos nos prestaron sábanas, colchas y mantas y una vieja alfombra tunecina preciosa, y un amigo nos dio un somier. Además, habíamos recorrido las tiendas de segunda mano buscando un baúl como el que usábamos de mesa de comedor en París. Tener casa propia, por muy mal iluminada, pequeña o frugalmente amueblada que estuviera, implicaba una libertad nueva y nos sentíamos terriblemente afortunados.

En nuestra primera noche en el apartamento, Will puso la mesa para dos en el baúl y encendió unas velas. La última comida completa como es debido que recordaba haber tomado era una cena de Pascua en la unidad de trasplantes y hasta hacía poco me había estado alimentando a través de un tubo o, en la etapa de Hope Lodge, con pequeños bocados de comida excesivamente hecha. Nunca había estado tan delgada y no tenía el menor apetito, pero estaba decidida a disfrutar nuestra primera cena juntos en nuestra nueva casa. La libertad también era poder comerte medio plato de espaguetis caseros y luego batallar toda la noche para que se te asentaran en el estómago.

Y la libertad también era ser paciente con Will en las semanas que siguieron, mientras él se enfrentaba al desafío de sustituir al personal del hospital y a mi madre, que había vuelto a Saratoga. Él asumió la mayor parte de las tareas domésticas —cocinar y limpiar— y me acompañaba a urgencias cuando, al cabo de unas cuantas semanas, me volvía a subir la fiebre o me enfrentaba a alguna complicación. Yo estaba tan débil que incluso ir andando a la farmacia, que estaba a una manzana de distancia, me suponía todo un reto. Así que la mayoría de los días estaba sola en casa tirada en la cama durmiendo, intentando escribir o viendo la tele para pasar el rato. Contaba las horas hasta que era mediodía, cuando Will volvía en bici aprovechando la pausa para comer en el trabajo, para ver qué tal estaba y prepararme algo de comida. Por la tarde contaba las horas hasta que daban las siete, cuando Will regresaba tras concluir su jornada laboral. Como todavía tenía prohibido ir a sitios donde hubiera mucha gente, comer en restaurantes o utilizar el trasporte público, por las noches nos quedábamos en casa. La distancia que había sentido que me separaba de él en Hope Lodge se había reducido, a los dos nos entusiasmaba la perspectiva de empezar de cero en un sitio que fuera solo nuestro. La libertad también era poder compartir una cama por primera vez desde el trasplante y, por otro lado, enfrentarnos a mi nuevo cuerpo, que parecía haberse olvidado de hablar el idioma de la intimidad física.

Era lunes por la mañana y acababan de dar las nueve. Estaba delante de nuestro edificio y en las cuatro esquinas de la calle había gente intentando parar un taxi, así que me senté en la acera asumiendo que lo mejor era esperar unos minutos a que pasara la hora punta de la mañana. Había empezado con la quimio otra vez, pero, hiciera lo que hiciera —saltarme la ducha, poner varios despertadores, irme a la cama pronto la noche anterior— siempre parecía llegar al hospital exactamente media hora tarde. No tenía excesiva prisa porque mi retraso de treinta minutos se había vuelto tan usual que casi estaba hasta orgullosa. Llegaba a la hora. A mi hora.

Tal vez también albergara la secreta esperanza de que, si llegaba muy tarde, me dijeran que tomase el día libre. Ya de por sí me costaba hacerme a la idea de tener que hacer la quimio de mantenimiento. Ahora que no tenía blastocitos —no tenía cáncer, solo me enfrentaba a la amenaza de que el cáncer volviera—, me resultaba más difícil hacer acopio del valor necesario para someterme al tortuoso proceso, incluso a pesar de entender las razones por las que lo estaba haciendo si aplicaba la lógica. Mi nuevo tratamiento consistía en dosis intravenosas de azacitidina, una medicación que ya había tomado durante el ensayo clínico. Me la pondrían cinco días seguidos al mes y luego tendría tres semanas de descanso. En teoría no sonaba demasiado exigente, pero sabía por experiencia que el tiempo de descanso no era precisamente una temporada de vacaciones, que durante esas tres semanas me arrastraría por la vida, hasta las cejas de sustancias químicas tóxicas, y que justo cuando empezara a sentirme un poco mejor, me tocaría volver a por otra tanda de cinco días. Esa era mi vida hasta nueva orden.

Un taxi aminoró la marcha y sin gran entusiasmo le indiqué con la mano que se detuviera. El conductor era un hombre mayor con unas rastas entreveradas de canas y acento jamaicano muy marcado. Mientras recorríamos a buena velocidad FDR Drive, la autovía que bordea el lado este de Manhattan, vi por el rabillo del ojo a una chica joven que iba pedaleando por el carril bici que discurría a la orilla del East River. Debía de tener mi edad: bronceada, atlética, con una cola de caballo rubia que se mecía al viento. Tal vez algún día yo también podría ir en bici al hospital, pensé. Cuando estuviera mejor.

—¿Hola? ¿Hay alguien en casa? —bromeó el taxista para sacarme de mi ensimismamiento cuando llegamos al destino— ¿Todo bien, señorita?

Me había inventado el chiste recurrente de que, un día cualquiera, cuando alguien me preguntara si estaba todo bien, le soltaría un monólogo sobre mi último informe citogenético o los resultados de mi última biopsia, nada más por ver cómo reaccionaba. Pero el pobre taxista solo intentaba ser amable, yo sabía de sobra que en realidad no quería que le explicara que un trasplante de médula puede dejar a la persona desorientada y con el cerebro funcionando a medio gas, ni que le contara que me había vuelto casi narcoléptica, así que no dije nada. Pagué la carrera y salí del coche murmurando un apresurado «gracias».

El familiar olor a antiséptico se me metió por la nariz en cuanto puse un pie en el vestíbulo del Sloan Kettering: con sus veinte pisos, ascensores con puertas de acero resplandeciente y un gran número de obras gráficas colgadas en las paredes, parecía una especie de crucero gigante lleno de pacientes con cáncer y la gente que los cuidaba. De hecho, incluso ofrecía los mismos servicios —solo que a escala— de un crucero: puesto de Starbucks, comedor, el ocasional concierto de música de cámara, una planta dedicada a instalaciones de ocio donde se organizaban cursos de manualidades y una biblioteca de la que los pacientes podían tomar prestados ejemplares manoseados de novelas románticas de la editorial Harlequin. El hospital contaba con los equipamientos más punteros, pero aun así se respiraba en el ambiente una especie de obsolescencia. Las salas de espera estaban decoradas con muebles de la década de 1970 y los suelos de linóleo, una imitación de mármol, estaban desgastados en los lugares por donde más habían transitado médicos y cuidadores a lo largo de los años. Las urgencias estaban siempre operando a plena capacidad, con un ligero desbordamiento de pacientes en sillas de ruedas y camillas que se apiñaban en los pasillos adyacentes.

La primera vez que había estado en Sloan Kettering había sido unos pocos días después de conocer mi diagnóstico, cuando había acudido al hospital en busca de una segunda opinión. Por aquel entonces, con mi cabellera hasta la cintura y el *piercing* en la nariz, nadie hubiera dicho que estaba enferma. En la sala de espera, un hombre de mediana edad que llevaba una camisa sin mangas y una bandana cubriéndole la calva se había inclinado hacia mi padre —que se había quedado calvo desde los años noventa— y, asumiendo que era él quien estaba recibiendo la quimio, había levantado un puño en alto y lo había animado diciendo: «Mucho ánimo, hermano». Recuerdo haber tenido la impresión de que el equívoco era hasta cierto punto una reivindicación de mi caso, que demostraba que aquel no era mi sitio, que de algún modo yo no era igual que todos aquellos otros pacientes en distintas fases de deterioro físico. Ahora, en cambio, los pacientes y el olor a ambiente esterilizado del Sloan Kettering me calmaban. Con mi medio centímetro de pelillos rubios suaves como plumón de pato asomando en mi cabeza de manera desigual, sentía que encajaba y estaba cómoda en aquel ambiente: comprendía los protocolos, me expresaba con la jerga de los médicos con fluidez y podía orientarme por el laberinto de pasillos con los ojos cerrados. Más bien era el mundo exterior el que se me hacía extraño y hasta me daba un poco de miedo ahora.

Le di tres veces al dispensador de gel desinfectante —mi ritual de la buena suerte— y me froté las palmas de las manos, luego me puse un par de guantes azules de látex y una mascarilla nueva y me dirigí hacia los ascensores de la zona B. Di un respingo cuando las puertas del ascensor se abrieron en la cuarta planta. La sección para pacientes externos con trasplante de médula ósea se mantenía a una temperatura baja e hiperventilada. Se asemejaba a un refrigerador industrial de carnicería. Cogí una manta caliente del puesto de enfermería, donde había una especie de tostador gigante que las mantenía calientes, y me senté a esperar.

Las horas pasadas en salas de espera parecían no tener fin y se llevaban mejor entrando en un estado de calma total o dedicándote a observar a la gente. Con el tiempo, me había convertido en una experta en diferenciar las distintas fases de la vida de los pacientes: los recién diagnosticados solían ir acompañados de un séquito de familiares y amigos con flores y regalos; algún padre o hijo con calva incipiente que solo podía ir a más tal vez se habría afeitado la cabeza para mostrar su solidaridad con el enfermo, creyendo que por eso se merecía algún tipo de condecoración. Al cabo de unas pocas semanas, el séquito empezaba a ser menos numeroso y se organizaba una tabla de turnos para hacer de «acompañante de quimio». A los seis meses, el paciente ya estaba sentado junto a un único cuidador o cuidadora que, abrumado por las responsabilidades, se dedicaría a quejarse entre dientes sobre lo mal que estaba la zona para aparcar o los «desquiciantes tiempos de espera». Si el paciente tenía la mala suerte de estar enfermo durante un año o más, al final se decidiría que no necesitaba ir acompañado al hospital.

Ese día, por primera vez desde que me habían diagnosticado la leucemia, yo había pasado a engrosar las filas de esta última categoría, pero no era la única: reparé en un joven que acababa de entrar y se estaba poniendo los guantes y la mascarilla; parecía tener unos veintitantos, era alto y un poco desgarbado y llevaba un gorro de lana; recorrió la sala con la mirada con gesto aparentemente nervioso, buscando un sitio para sentarse. El único asiento libre que quedaba estaba justo a mi derecha. Nos saludamos con un movimiento de cabeza cuando se acercó.

—Suleika, ¿verdad? —dijo tendiéndome una mano enguantada—. Me encanta tu columna.

Se presentó como Bret y, mientras esperábamos, me habló de la que consideraba su batalla casi perdida con un linfoma y cómo él y su mujer estaban pensando en mudarse de Chicago a Nueva York para que él pudiera someterse a un trasplante de médula. Yo le escuché con mucha atención y le hablé de las partes de mi experiencia que pensé que le podrían ayudar. Le dije que le cuidarían muy bien si decidía hacerse el trasplante en este hospital y también me ofrecí a darle los detalles de Hope Lodge, donde él y su mujer podían vivir una temporada de forma gratuita. Cuando llamaron a Bret, sus manos habían dejado de temblar y yo también sentí que la conversación —la conexión que había habido entre nosotros— me había estabilizado. Intercambiamos números de teléfono y prometí que si alguna vez iba a Chicago me pondría en contacto con él, y luego desapareció tras la cortina y me quedé sola otra vez.

Cuando por fin me llamaron para que pasara a la sala de quimio, vi que estaba Abby, una de mis enfermeras favoritas.

—Tienes los ojos rojos —me dijo un tanto preocupada.

—Es solo que estoy cansada —le respondí,

Y en parte era verdad, últimamente no había estado durmiendo bien ya que las altas dosis de esteroides que me daban para combatir la EICR me producían insomnio y me quedaba hasta altas horas viendo pelis en la cama. Pero, antes de que pudiera decir nada más, me sorprendí a mí misma rompiendo a llorar desconsoladamente. Aquel ataque de llanto me desconcertó. En casa era como un grifo, pero rara vez lloraba en público.

Ahora bien, últimamente había estado muy inquieta y preocupada. Todo habían sido aguas turbulentas desde que me había enterado de que tenía que someterme a más quimioterapia. Con Will ocupado en el trabajo y mis padres de vuelta en Saratoga, la libertad consistía en aprender a cuidar de mí misma; mi vida era como un enorme pastillero con todos los días de la semana marcados en él. Y tenía que responsabilizarme de tomar las decenas de medicamentos a la hora precisa indicada. La libertad era ir sola a las sesiones de quimio, era asumir que estaba sola. En cierto sentido, siempre lo había estado.

18

EL CHUCHO

DE NIÑA, mientras mi hermano y nuestros amigos se entretenían trepando árboles y corriendo detrás de un balón de fútbol, yo patrullaba por las aceras en busca de animales abandonados. Nunca pasaba por delante de una caja de cartón o un contenedor sin mirar dentro por si había una camada de gatitos que alguien había tirado a la basura. Cuando los adultos me preguntaban qué quería ser de mayor, yo respondía con toda la seriedad del mundo: la madre Teresa de los animales abandonados.

Durante años, estuve suplicándole a mis padres que me compraran un perro, pero ellos siempre decían que no; nos mudábamos demasiado a menudo y no querían cargar con esa responsabilidad adicional. En cuarto y quinto curso, todos los días después de clase iba en bici al hospital veterinario del pueblo donde ayudaba a limpiar las casetas, asistía a las operaciones y reponía los suministros. La paga me la gastaba en libros de texto viejos de veterinaria, comida y juguetes para perros y gatos que donaba a las protectoras de animales de la zona. Me aprendí de memoria las 274 especies de perros reconocidas por el American Kennel Club y obligué a mis padres a tomarme la lección para comprobar que había aprendido todo sobre el comportamiento, la salud y expectativas de vida de todas ellas. Cuando tenía diez años, pedí una incubadora de regalo de Navidad. Con la llegada de la primavera, para desesperación de mis padres, andaba por ahí paseando a una docena de polluelos de gallina en el carrito en el que llevaba a las muñecas de pequeña. Luego vino la fase de la cría de hámsters y después una etapa de cuidadora de mascotas para ganarme un dinerito para mis gastos. Cuando estaba en secundaria solía hacer peregrinajes de fin de semana a las protectoras donde me pasaba horas jugando con los viejos perrillos sarnosos. Mis preferidos eran los chuchos de raza indefinida, cuanto más desarrapados, traviesos, asilvestrados e ingobernables, mejor. Creo que en cierto sentido me sentía identificada con ellos, que también eran forasteros en busca de un hogar.

Me aferré a esta vocación durante un poco más de tiempo y en la época de la universidad incluso tuve un gato en acogida durante un tiempo al que le puse de nombre *Mohamed*. Pero estaba tan ocupada con las clases que al final se lo cedí a un dueño más responsable. Fue pasando el tiempo y vinieron los viajes en verano, los ensayos con la orquesta, los novios y las fiestas. Después de la universidad no había espacio en mi vida adulta para una mascota: apenas era capaz de cuidar de mí misma.

En los primeros días ingresada en el Mount Sinai había recibido la visita de un perro de esos especialmente entrenados para estar con pacientes: un pequeño Spaniel lleno de energía que había estado dando brincos alrededor de mi cama de hospital y se había entretenido pegándole tironcitos a la manta que me cubría el regazo. Me encantó porque fue la primera vez desde que había caído enferma que no me trataban como si fuera de porcelana. La visita del perro de terapia despertó en mí de nuevo el deseo de tener una mascota, igual que cuando les suplicaba a mis padres de pequeña y, desde que me había mudado al apartamento con Will, estaba todavía más obsesionada con la idea. Pasaba horas consultando páginas web de protectoras que ofrecían animales en adopción, pero sabía perfectamente cuál era mi situación médica: mi sistema inmunitario estaba tan débil que adoptar un perro hubiera sido imposible. El médico que me había hecho el trasplante rechazó la idea de plano sin pensárselo ni un segundo. Pero por si acaso yo se lo seguía preguntando cada pocas semanas.

Una mañana de octubre, acudí a una revisión en el Sloan Kettering. Y me enteré de que mi médico estaba de baja temporalmente y, en su ausencia, me habían asignado otra doctora y decidí probar suerte con ella.

—¿Qué le parece si tengo un perro? —le pregunté cuando no llevaba más que unos minutos de mi primera consulta con ella.

La doctora se lo pensó un momento.

—Adelante —respondió por fin—, no veo por qué no.

Mencionó que mi sistema inmunitario estaba ya más fuerte —si bien no todo lo fuerte que debería estar, pero sí lo suficiente— y que cuidar a un animal podía incluso ser terapéutico.

No perdí un minuto: esa misma tarde convencí a Will para que me llevara a la protectora del SoHo después del trabajo, «solo para mirar». Fui directa a por el más pequeñajo: un perro feúcho, seguramente un cruce de schnauzer y caniche —un «schnauziche», vaya— con un pelo ralo y rizado de color blanco que apenas le cubría la piel moteada y orejotas al viento. No me pude resistir y pregunté si podía cogerlo. Era tan pequeño que podía sostenerlo en la palma de la mano: gruñón, con una perilla desarrapada y un brillo de inteligencia traviesa en los ojos, tenía pinta de tener genio y estar un poco desquiciado, pero también de ser todo un personaje. Fue amor a primera vista. «Este es mi perro», dije.

Will no las tenía todas consigo. Le preocupaba que me expusiera a gérmenes y la responsabilidad adicional de cuidar a una mascota cuando ya estábamos enfrentándonos a casi más de lo que podíamos gestionar. Yo le supliqué, le prometí que tomaría todas las precauciones posibles para proteger mi salud y empecé a enumerarle las infinitas soluciones a cada objeción que él planteaba: le pondríamos botas al perro cuando lo sacáramos de paseo, con lo que apenas ensuciaría el apartamento con las patas; prometí que me pondría guantes cuando le diera la comida o limpiara sus necesidades; juré que nunca lo subiría a la cama a dormir conmigo e hice una lista de cuatro amigos que se ocuparían de sacarlo cuando yo no tuviera energía suficiente.

«Es que, cuando se te mete algo entre ceja y ceja, no paras hasta conseguirlo», se rindió Will con una leve sonrisa.

Cuando le dije a la mujer del mostrador de recepción que nos llevábamos al cachorro, me informó de que había una lista de espera de por lo menos doce personas que ya habían presentado solicitudes para adoptar ese mismo perro, así que tendría que revisarlas todas y llamar a la gente que todos esos solicitantes hubieran designado como referencia antes de tomar una decisión. Yo dudé un momento y luego le supliqué: «¿Y tiene usted la menor idea de cuándo se sabrá? Tenía la esperanza de tener al cachorro en casa conmigo antes de mi próxima sesión de quimio. Ya sabe lo que dicen..., que los perros son la mejor medicina». Fue la primera y única vez que he jugado la carta del cáncer, pero estaba desesperada por quedarme con el perro. Claramente conmovida por la intensidad de mi actuación, la mujer poco menos que nos tiró los papeles de la adopción encima. En el taxi de camino a casa, el cachorro pasó a llamarse *Oscar*.

La primera noche con *Oscar* fue la más feliz que recordaba desde el diagnóstico. En apenas una hora, se hizo pis dos veces y dejó una caca impresionante en la vieja alfombra tunecina del cuarto de estar. Pero yo estaba demasiado embelesada para que me importara lo más mínimo. Will se hizo a la idea rápidamente y lo bañamos juntos, haciéndole carantoñas a cada poco como si fuéramos una pareja de padres primerizos. Cuando por fin se quedó dormido sobre mi pecho, le rasqué la tripa, contemplándolo mientras dormía, con las diminutas patitas negras agitándose de tanto en tanto mientras perseguía conejos por el campo en sueños. El calor de su cuerpo y el ritmo constante de los latidos de su corazón me relajaban y, al final, yo también me quedé dormida en el sofá, con *Oscar* acurrucado debajo de un brazo.

El baño de realidad se produjo el día siguiente cuando Will se fue a trabajar y me encontré sola con *Oscar* por primera vez. No estaba preparada para la tarea de salir corriendo a la calle seis veces al día con un cachorro incontinente en brazos que iba salpicando de pis el pasillo del edificio, incapaz de esperar a que estuviéramos en la acera. La quimio y el trasplante me habían dejado sin energía y todavía necesitaba descansar un montón de horas. Pero a *Oscar* le importaba un bledo si yo tenía náuseas o demasiados dolores para jugar con él a tirarle la pelota. Cuidarlo no tardó en convertirse en la parte que más temía del día. Todas las mañanas, cuando Will se marchaba a trabajar, *Oscar* empezaba con el ritual de lamerme los dedos de los pies uno por uno hasta que me despertaba. Luego salíamos a dar un paseo. Al cabo de unas cuantas manzanas, ya había calentado los músculos y estaba preparado para esprintar, mientras que yo me sentía agotada y deseando volver a meterme en la cama. Me preguntaba si no habría cometido un error garrafal.

Sin embargo, poco a poco, ambos empezamos a organizarnos. Vivir con *Oscar* no me dejaba más alternativa que planificar mis días, que giraban en torno a sus necesidades más que las mías. *Oscar* dejó de utilizar las alfombras del salón como su urinario particular y yo dejé de dormir hasta mediodía. *Oscar* soportó pacientemente que le pusieran todas las dosis de recuerdo de las vacunas y yo me vacuné de todo lo que me había vacunado de niña por segunda vez en mi vida. (Los pacientes que reciben un trasplante de médula pierden todas las inmunizaciones adquiridas en la infancia). Intentar seguirle el ritmo a *Oscar* también resultó ser una buena rehabilitación. Mis músculos se habían atrofiado por haber pasado tanto tiempo en cama. Pero, al cabo de unas pocas semanas de verme obligada a dar unos cuantos paseos al día ya estábamos subiendo y bajando escaleras de dos en dos.

Por primera vez en mucho tiempo, el cáncer no dominaba mis días. «Vale, colega, vámonos —decía yo dando una palmada para anunciarle a *Oscar* la hora del paseo—, ¡tú me indicas qué camino seguir!» Él salía disparado, tirando de la correa mientras me conducía fuera del apartamento en dirección al parque de perros de Tompkins Square, donde ya habíamos hecho un montón de amigos. Estaba *Mochi*, el chucho de terrier al que le gustaba jugar en la arena con *Oscar*; y *Thelma* y *Louise*, un par de tímidos beagles, hermano y hermana, que preferían observar a cierta distancia cómo jugaban los demás perros; y *Max*, el gigantesco sabueso para la caza del mapache, cuya actividad favorita era atacar los borde de piel de los abrigos de las señoras. En vez de quedarse mirando a la pobre chica con mascarilla, la gente que pasaba se paraba a hacerle un mimo a *Oscar* y decirme lo mono que era. Ahora los otros inquilinos de mi edificio saludaban a *Oscar* antes que a mí y, en vez de hablar de mis síntomas y el tratamiento para la semana, Will y yo estábamos ocupados debatiendo cuál era la mejor manera de enseñar a *Oscar* a hacer sus necesidades fuera y cómo conseguir que nos obedeciera. Era agradable no ser el centro de atención por una vez.

La remisión de mi enfermedad era precaria, acorde con el tipo característico de pacientes de leucemia de «alto riesgo» durante su primer año después del trasplante. Todavía tenía que tomar veintitrés pastillas al día y me pasaba casi todo el tiempo —tanto despierta como dormida— en la cama. Tenía que ir todas las semanas a revisión al hospital y en cada ocasión me ponía nerviosa mientras esperaba a que me confirmaran que los recuentos de mis últimos análisis estaban bien. Y, una vez al mes, tenía que hacer una tanda de cinco sesiones de quimio. *Oscar* no podía cambiar lo que pasaba con mi médula ósea, pero estaba haciendo otro tipo de magia. Desde que lo había adoptado sentía un chute de energía, unos tímidos atisbos de estar recuperando la normalidad.

19

SOÑAR EN ACUARELA

UN HOSPITAL PUEDE parecerse bastante a una gran ciudad. Hay una actividad frenética a tu alrededor, con los pacientes que van y vienen por los pasillos, los residentes haciendo sus rondas matutinas y las enfermeras charlando
en grupitos junto a la máquina del café. Y, aun así, te puedes llegar a sentir
profundamente aislada; alienada.

Como ya no me acompañaba a las citas médicas ningún cuidador, lo único que aliviaba las horas de tedio eran los mensajes de los lectores que seguían
inundando mi bandeja de entrada. Desde que se había empezado a publicar,
«Vida interrumpida» se había cedido a otras revistas y periódicos del país y
estaba empezando a tener un volumen de seguidores apreciable. Yo no tenía
energía para escribir una columna todas las semanas, pero sí seguía escribiendo todos los días, poco a poco y lentamente, aunque no fuera más que un
párrafo. Aparte de alguna que otra charla en salas de espera o que alguien me
saludara por la calle de vez en cuando, nunca pensé en llevar los encuentros
con lectores más allá. No obstante, por otro lado estaba desesperada por con-
versar con alguien con quien pudiera identificarme, como antídoto contra la
soledad. Sentada en la sala de espera a punto de empezar la tercera ronda de
la quimio de mantenimiento, leí un mensaje de Facebook de una chica que se
llamaba Melissa Carroll, que también seguía su tratamiento en el Sloan Kettering. Yo le respondí sugiriendo que, si le apetecía, podíamos quedar, y ella
me respondió al cabo de unos minutos diciendo que también estaba en el
hospital ese día y preguntándome si quería que nos viéramos un rato.

Después de terminar mi sesión de quimio en la sección de trasplantados de médula subí en el ascensor a una planta superior para comer con Melissa mientras le administraban a ella su medicación. Melissa, que tenía treinta años, era uno de los pacientes de más edad en la planta de oncología pediátrica. Tenía sarcoma de Ewing, un tipo de cáncer de huesos muy agresivo que suele afectar a niños y adolescentes, que era como había acabado en la novena planta.

El ala de pediatría era un mundo en sí mismo: las paredes estaban decoradas con murales pintados con vivos colores y siluetas de animales recortadas. Las luces fluorescentes, duras y nada favorecedoras en otros lugares del hospital, aquí eran más cálidas y proyectaban una luz acogedora. Era la semana antes de Halloween y todos los médicos y enfermeras iban disfrazados. Hasta las mascarillas estaban pintadas: las había de todos los colores del arco iris y algunas hasta tenían caras sonrientes o bigotes pintados. Al otro lado del mostrador de recepción había un parque infantil rectangular inmenso con juguetes, casas de muñecas, juegos de mesa y peluches. Una niña que no debía de tener más de cinco años, como mucho, y de piel translúcida, y que tenía una fina cicatriz serpenteante que le recorría el centro del cráneo, metía y sacaba una muñeca de una cajita de madera. Cuando me fijé un poco más me di cuenta de que la caja en cuestión era un escáner de juguete; junto a la niña había una enfermera sentada a su lado con las piernas cruzadas, explicándole con voz suave cómo funcionaba, en una especie de versión de una lección de parvulario.

Mi objetivo de los últimos meses había sido hacerme adulta, como si la edad adulta fuera un examen para el que puedes prepararte, responder correctamente a una serie de preguntas y ¡listo! Tenía veinticuatro años. Y además tenía un cachorro que criar, un alquiler que pagar, artículos que escribir para mi columna de periódico. Tenía un novio con el que me iba a casar cuando terminase el tratamiento y ya acudía sola a las sesiones de quimio. Y, sin embargo, entre aquellas paredes de vivos colores y los tarros con piruletas, deseé con todas mis fuerzas poder estar en pediatría, donde habría estado más cerca en edad de muchos de los pacientes, en vez de estar en la planta de abajo, en la clínica de trasplante de médula con los adultos que cenan a las siete.

Bordeé la zona de juegos para dirigirme al fondo del pabellón donde estaba Melissa sentada en un sillón reclinable frente a una hilera de ventanas. Llevaba una peluca morena de cabellos largos que peinaba con grandes ondas y contrastaba intensamente con la palidez de su piel color pergamino y los labios pintados de rosa. Pero lo que hacía su rostro inolvidable eran los inmensos ojos verde aguamarina y las largas pestañas negras. Por encima de su cabeza colgaba una bolsa acoplada a un gotero que inyectaba poco a poco el veneno en sus brazos tatuados. Cuando me vio, juntó las palmas de las manos sobre el pecho y sonrió: «¡Suleika! —me saludó con un ligerísimo ceceo. Cumpliendo con las estrictas normas que prohibían terminantemente el contacto físico entre pacientes inmunocomprometidos, no nos dimos un abrazo—. Qué bien está esto ¿verdad? —comentó—. ¡Hay mucha luz!»

Me instalé en el sillón reclinable que había a su lado y, cuando llegó la hora de la comida, pedimos sándwiches de mantequilla de cacahuetes y mermelada, con el pan cortado en forma de estrella. Melissa dijo que era su plato favorito de todo el menú infantil. Mientras comíamos, contemplábamos el exterior por las ventanas. Yo le hice un montón de preguntas, quería saberlo todo de mi misteriosa colega de hospital. Melissa me contó que había nacido en Irlanda, de donde era su padre —músico profesional—, pero que se había criado en un pueblo de New Hampshire. También me contó que había aprendido a tocar la batería en los primeros años de la adolescencia y me habló de la corta vida de la banda de *rock indie* integrada únicamente por chicas —Mystic Spiral— que había formado. Tras graduarse en una academia de bellas artes se había mudado a Brooklyn, donde había pasado cinco años trabajando de asistente de Francesco Clemente, un famoso pintor contemporáneo.

«Dos mil diez fue un buen año para mí», rememoró Melissa con mirada nostálgica. Por aquel entonces tenía novio y una intensa vida social y sus cuadros empezaban a exponerse en galerías. Y entonces, una noche quedó con una amiga para tomar algo en Williamsburg y, en la oscuridad del bar, la amiga le había clavado la pata de acero del taburete en el pie. En un primer momento, Melissa pensó que era un esguince. Pero, al cabo de varias semanas. le seguía doliendo. Y el bulto duro que le había salido se le había extendido por todo el empeine. Por aquel entonces, Melissa no tenía seguro médico, así que acudió a una clínica gratuita donde le hicieron una radiografía que mostraba que el bulto no era una hinchazón, sino una masa indefinida de tejido. Una biopsia reveló que era un tumor maligno y que el cáncer ya se había extendido a los ganglios linfáticos de la pelvis y la rodilla. «El cáncer no es una enfermedad que pillas por un taburete de bar, obviamente —comentó Melissa—, pero si mi amiga no me hubiera espachurrado el pie en ese lugar precisamente, lo más probable es que no hubiera descubierto que tenía cáncer. Muy loco todo, ¿no crees?»

Tras recibir el diagnóstico, a Melissa no le había quedado más remedio que mudarse de vuelta a New Hampshire a casa de sus padres. Había empezado con una tanda intensa de sesiones de quimio y, cuando se le comenzó a caer el pelo, se había encerrado en el baño y se había rapado ella misma la cabeza con maquinilla. Luego su madre la llevó un día a Boston a una peluquería especializada para que le hicieran una peluca que replicara exactamente su larga melena ondulada negra con mechas castaño. Esa misma noche, se la puso, tomó un tren de vuelta a Nueva York y se dirigió directamente a una fiesta en Bushwick. «Les enseñé la peluca a mis amigos y me zambullí en la piscina del jardín de la casa», me contó con una irreverente sonrisa en los labios. Así era Melissa: efervescente, siempre dispuesta a divertirse, propensa a la carcajada y con una sonrisa perenne en los labios, incluso en las peores circunstancias. En su presencia, el mundo se iluminaba y se ensanchaba.

Esta era la segunda vez que Melissa se trataba. La primera vez la sometieron a diecisiete ciclos de quimio, además de practicarle varias intervenciones quirúrgicas. Y, al final de todo eso, los resultados de los escáneres no mostraban signos de la enfermedad. No obstante, al año y medio de que se lo hubieran diagnosticado por primera vez, el cáncer había vuelto y ella había decidido tratatse en el Sloan Kettering, donde había más opciones de tratamiento. Cuando se enteró de su recaída, totalmente destrozada, se sentó en el porche de la casa de sus padres y abrió el cuaderno de dibujo. En el pasado siempre había pintado al óleo y en lienzos grandes. Pero ahora los vapores de la pintura le revolvían el estómago, así que había empezado a experimentar con la acuarela y ya tenía una primera serie de obras un tanto inquietantes titulada *Autorretrato con mascarilla*. «Me gusta la incertidumbre y los accidentes afortunados que se suelen dar con la acuarela. Me encanta el hecho de que no tienes el control total, es como la vida —me explicó en una ocasión—. Igual alguna vez podrías venir a casa para que pinte tu retrato, ¿quieres?»

Asentí entusiasmada. Melissa era una persona con la que habría congeniado a las mil maravillas antes de mi diagnóstico y estaba encantada de haber hecho una amiga nueva que también estaba buscando maneras de lidiar con el cáncer a través de la creatividad. Las dos nos estábamos forjando unas carreras bastante inesperadas: Melissa pintaba autorretratos en la cama y yo escribía autorretratos en la cama. Las dos estábamos aprendiendo que hay veces en que la única manera de sobrellevar el sufrimiento es transformarlo en arte.

Melissa y yo no tardamos en hacernos inseparables. Nos hacíamos compañía mutua durante las sesiones de quimio, nos pasábamos las tardes rebuscando en las tiendas de segunda mano un par de chupas de cuero iguales y modelitos que cayeran bien sobre nuestras esqueléticas figuras y, por las noches, pasábamos el rato en su apartamento de Brooklyn, que daba al parque McGolrick y estaba decorado con una increíble colección de cachivaches y trastos diversos: un pato disecado de dos cabezas que le había enviado uno de sus muchos pretendientes, una cachimba preciosa de cristal, una caja de madera abarrotada de frascos de pastillas vacíos y pinceles, y un corcho gigante colgado en una pared donde había pinchado numerosas pulseras de hospital, fotografías de amigos, viejos billetes de avión y premios que le habían dado. Para hacer más llevaderas las náuseas fumaba marihuana constantemente y, cuando le entraba un hambre voraz e incontrolable, nos preparaba cuencos hasta arriba de helado. Melissa me prestaba sus pelucas siempre que quisiera y además me daba tutoriales de maquillaje para enseñarme a dibujarme cejas con lápiz de ojos y ponerme espesas pestañas postizas donde las mías se habían caído hacía tiempo. Le encantaba bailar y, cuando teníamos suficiente energía, poníamos *Thriller* a todo volumen en los altavoces inalámbricos, y dábamos vueltas por su cuarto de estar meciendo las pelucas al viento enérgicamente, hasta que no podíamos más y nos dejábamos caer en el sofá entre risas.

Un tema que salía mucho durante nuestras charlas interminables era el del amor. Encontrar el amor durante una larga enfermedad —por no hablar de conservar el amor— era un tema que imponía. A veces podía parecer directamente imposible. Yo era uno de los pocos pacientes oncológicos jóvenes cuya pareja había permanecido a su lado durante el tratamiento. «No lo sueltes —me solía decir Melissa refiriéndose a Will—. No te puedes hacer una idea de la suerte que tienes». En su caso, a los pocos meses del diagnóstico, su novio de años la había dejado, se había mudado a la costa Oeste y le había faltado tiempo para empezar otra relación con una mujer mucho más joven. «Un cabrón de primera clase», lo resumía Melissa.

Ahora bien, el tema del que más nos gustaba hablar era todos los sitios donde viajaríamos cuando estuviéramos mejor. Planeábamos itinerarios a lugares lejanos. Melissa soñaba con palmeras y mercados de especias, *rickshaws* y elefantes. Yo, por mi parte, me imaginaba informando desde algún enclave lejano o conduciendo a toda velocidad por la costa californiana en un descapotable desvencijado. A menudo la gente describía el cáncer como un viaje, pero nosotras no queríamos embarcarnos en un viaje gilipollas «porque tenemos cáncer», lo que queríamos era irnos de viaje *de verdad*, un viaje que nos catapultara lejos de los sonidos, olores y tristes plantas de plástico de las unidades de oncología para zambullirnos en las temerarias vidas que desearíamos estar viviendo.

Éramos dos chicas delgaduchas, todo codos y rodillas, pómulos marcados a más no poder y locas cabezas repletas de sueños desesperados de futuro, cualquier futuro con tal de llegar.

Más adelante ese mismo invierno, a los pocos meses de habernos conocido, Melissa recibió la noticia de que el cáncer le había invadido los pulmones. Su respuesta fue comprarse un billete de avión a la India: «menos listas de "organizarlo todo" y más listas de "que le den a todo"», fue su manera de explicármelo, sentada a la mesa de la cocina mientras le daba una calada a un porro. Navegando por internet había descubierto A Fresh Chapter, una ONG que ofrece viajes al extranjero y oportunidades de voluntariado a supervivientes de cáncer con la intención de ayudarlos a reencontrar sentido a su vida y a definir un rumbo después del tratamiento. «India siempre ha sido mi sueño: los colores, la cultura, todo hace que me entren ganas de pintar —me explicó Melissa—. El cáncer me ha quitado tanto que necesito algo así, sencillamente necesito sentir la inspiración otra vez».

Me quedé atónita, llena de preocupación ante la idea de que se marchara a un país donde hasta los viajeros sanos se enferman.

—Y si te da una fiebre neutropénica? —pregunté— ¿Qué pasa si necesitas que te hospitalicen mientras estés allí?

—¿Qué es lo peor que puede pasar? —me respondió—. Suleika, por primera vez, tengo la impresión de que me voy a morir. Esta puta enfermedad me va a matar.

Permanecimos sentadas sin mover un músculo mientras en el ambiente reinaba un silenció denso.

Demasiado enferma para viajar más allá de una distancia superior a cien kilómetros del hospital —ya de acompañarla a la India ni hablamos—, lo que sí hice fue animar a Melissa desde la cama cuando se marchó en el mes de marzo, viviendo un poco vicariamente a través de ella cuando, cada dos o tres días, me mandaba fotos o un mensaje de texto contándome qué estaba haciendo. Durante dos semanas gloriosas, Melissa dejó de ser paciente de cáncer para pasar a ser Melissa la artista que, a través de un programa de voluntariado, enseñaba dibujo y pintura en una escuela de primaria de Nueva Delhi. Hizo una parada en el Templo del Loto y rezó una oración sincera. En uno de los muchos mercados al aire libre vio unas marionetas pintadas a mano maravillosas y compró tantas que le hizo falta una segunda maleta para traérlas de vuelta. El momento cumbre de su viaje fue la visita al Taj Mahal, que era más hermoso que cualquier cosa que hubiera podido ver jamás en su vida. El viaje a la India le había permitido eludir, momentáneamente, el espectro de su propia muerte. Un día cogí el teléfono y vi un mensaje de ella que decía: «Nunca me he sentido tan viva».

Mientras tanto, en Nueva York, la ciudad estaba paralizada por una tormenta de nieve. Caían enormes copos del cielo que aterrizaban en aceras, árboles y edificios, recubriéndolos con un grueso manto blanco que no tardaba en quedar atravesado por las pisadas de botas de todos los tamaños y aun así seguía siendo precioso. Cerré las cortinas, pero la luz de las farolas de la calle se reflejaba en la nieve, y una luz acuosa de color azulado inundaba el apartamento. Will había heredado un viejo televisor de un amigo y lo había colocado sobre una mesa de cartas para que pudiéramos ver pelis en la cama. Era domingo por la noche y estábamos tendidos el uno junto al otro, yo con una manta eléctrica en la tripa y el con una lata de cerveza en la mano de la que iba dando largos tragos de vez en cuando.

Cuando Will se incorporó para ir a buscar otra cerveza resistí la tentación de decirle que bajara el ritmo, pues no quería fastidiarlo todavía más ni convertirme en el tipo de novia mandona que suele salir en las series cómicas de la tele. Había algo que lo tenía preocupado, pero me daba miedo preguntar qué le pasaba porque estaba bastante segura de que la respuesta tenía algo que ver conmigo. Últimamente, cuando volvía del trabajo lo notaba inquieto y frustrado. Si le pedía que sacara a pasear al perro o hacer algún recado solía reaccionar soltando un suspiro acompañado de algún comentario en tono de reproche sobre lo mucho que le gustaría tener más tiempo para él o ver más a sus amigos. Yo odiaba necesitar tanto de él y era humillante pedirle ayuda a alguien cuando tenías la sensación de que, en realidad, no te la quería dar. Cuando me quedaba dormida, a veces oía en sueños el sonido furtivo de una puerta que se cerraba y si me levantaba me podía encontrar con que había salido a dar un paseo o a ver un partido al bar de la esquina, que siempre tenía deportes en la tele. Yo me quedaba despierta, esperando a que volviera, esperando a que saliera el sol, esperando a que se disipara la tensión que había ido impregnando nuestra relación poco a poco, como una especie de moho.

«Necesitamos más ayuda», decía Will una y otra vez. Abrumado por los múltiples papeles de novio, cuidador y chico normal de veintitantos años que intentaba averiguar quién era y lo que quería hacer con su vida, Will estaba desbordado, a punto de derrumbarse bajo el peso de sus múltiples responsabilidades. Nunca lo dijo así de claro, pero se veía claramente que estaba empezando a hartarse de las limitaciones y exigencias que mi salud nos imponía.

—Un par de colegas del trabajo van a un festival de música en Texas mañana —me informó Will cuando volvió de la cocina con otra cerveza—.

Estaba pensando en comprar un billete de avión de último minuto y unirme a ellos un par de días —prosiguió con tono casual, por más que su rostro estaba tenso.

—Tengo quimio esta semana y cirugía el viernes. —Me iban a poner un acceso venoso central de larga duración para sustituir el catéter que me había arrancado del pecho—. Te necesito aquí —musité con una desesperación en la voz que me dio escalofríos.

—Sí, sí, ya lo sé, perdóname —reconoció Will—, pero la verdad es que necesito un descanso y, tal vez mientras esté allí tenga tiempo para escribir un poco yo también.

Yo quería ser la enferma estrella de leucemia que le respondía con total generosidad algo como *Tómate todos los descansos que necesites, te los mereces, que tengas un viaje estupendo, amor,* pero se produce un agotamiento espiritual cuando mantienes ese tipo de ficción viva una temporada. Como paciente, estaba bajo presión para dar la talla, para ser alguien que mantiene el tipo, para actuar con heroísmo y adoptar todo el tiempo una actitud estoica de puertas para fuera. Pero, esa noche no tenía la fuerza para escuchar lo difícil que era mi enfermedad para Will y lo mucho que necesitaba un descanso cuando yo no tenía opción a tomarme un descanso de mi cuerpo, de la enfermedad, de aquella vida que llevábamos.

—¿Por qué siempre te tomas un descanso justo cuando más te necesito? —pregunté, por más que la pregunta fuera más bien retórica.

—Es que a ti siempre te está pasando algo —contestó él—. ¿Acaso hay alguna ocasión en la que sea buen momento?

Mi visión empezó a enfocarse y desenfocarse como al principio de una migraña terrible. Sin darme cuenta de lo que estaba haciendo, alargué la mano para coger un globo de cristal lleno de arena blanca que tenía en el alféizar de la ventana, junto a la cama. Lo había comprado la madre de Will en la tienda de regalos de un museo en su última visita a la ciudad. El vidrio tenía vetas de color rosa, mandarina y violeta que le había recordado los atardeceres de Santa Barbara, así que me había dejado el globo como anticipo hasta que yo estuviera suficientemente recuperada para viajar y ver esos atardeceres con mis propios ojos. Lo sostuve en la palma de la mano derecha y, tras admirar el remolino iridiscente de arena en su interior, lo levanté por encima de mi cabeza y lo lancé con todas mis fuerzas al otro lado de la habitación. Tengo una puntería terrible, así que no le di a Will por mucho, por lo menos metro y medio. De hecho, el globo ni siquiera impactó contra la pared opuesta de nuestro diminuto apartamento, sino que se estrelló contra el suelo donde se rompió en mil pedazos y los trocitos de cristal mezclados con arena salieron volando en todas direcciones. El suelo quedó cubierto de una extraña capa titilante, como si lo hubieran espolvoreado con purpurina. Yo sentí un dulce alivio cuando me detuve un instante a tomar consciencia del estropicio, notando como la furia se disolvía en mi interior.

—Pero… ¿¡qué demonios…!? —balbució Will boquiabierto.

—Sí, ¡demonios, precisamente, mis demonios! —chillé. Me levanté de la cama y, con las esquirlas de vidrio crujiendo bajo mis zapatillas, fui hasta el baño y cerré tras de mí de un portazo. Me incliné sobre el lavabo para mojarme la cara con agua fría y por fin me miré en el espejo. Tenía un aspecto horrible. Porque era horrible, pensé, experimentando una oleada nauseabunda de vergüenza. Había algo más, algo feo fluyendo junto con la quimio por mis venas: pequeños actos de violencia, un resentimiento que iba en aumento, humillaciones sepultadas muy hondo en mi interior, ira mal orientada y un manto de fatiga del grosor de mi médula ante una situación que se había alargado mucho más de lo que ninguno de los dos éramos capaces de soportar. Estas eran las cosas que infectaban la distancia creciente que nos separaba a Will y a mí. Estas eran las cosas de las que podía hablar con Melissa, que comprendía mejor que nadie las bifurcaciones de la personalidad que se pueden producir cuando estás enfermo y cómo la enfermedad exacerba lo bueno y lo malo, haciendo que salgan a la luz nuevos aspectos de tu carácter que desearías no haber descubierto jamás, que la enfermedad te puede dejar reducida a tu yo más salvaje.

Sin embargo, intentar explicar todo eso a Will parecía imposible. Así que salí del baño y, sin mediar palabra, nos metimos en la cama. A través de la fina tela de las cortinas veía cómo seguía cayendo la nieve. Había ido demasiado lejos y quería retirar lo que había dicho, intenté decir *Lo siento mucho, perdóname*, pero él ya se había dormido.

Muy temprano a la mañana siguiente, Will compró un billete de avión, hizo la bolsa y se marchó a Texas.

20

UN GRUPO VARIOPINTO

MELISSA ERA LA mujer más bella que había visto jamás, y yo no era la única que lo pensaba. Con sus zuecos plateados de piel de serpiente, los tatuajes, y el aire sofisticado de mujer más mayor, no tardó en convertirse en la versión glamurosa del flautista de Hamelin en el ala de oncología pediátrica, pues unos cuantos chavales adolescentes estaban completamente locos por ella, cautivados sin remedio hasta el punto de no poder evitar sonrojarse hasta las orejas cada vez que pasaban por nuestro lado arrastrando los soportes de sus goteros.

Uno de ellos era Johnny, el mismo chico con el que yo había chateado en línea durante los tiempos del trasplante. Era un chaval delgadito y muy guapo de Michigan con piel color aceituna y enormes ojos color chocolate que había tenido que dejar colgado su primer año de universidad cuando le habían diagnosticado una leucemia. Ahora vivía en la casa Ronald McDonald, el equivalente pediátrico de Hope Lodge, donde se ofrecía a los jóvenes enfermos que venían de fuera del estado y a sus padres la opción de una estancia por un precio testimonial. La madre de Johnny, una piadosa colombiana con un fuerte acento, lo acompañaba a todas partes. Pero, cuando estaba conmigo y con Melissa, él la mandaba a la sala de espera diciendo: «Mamáaaaa, ¿pero no ves que estoy intentando pasar un rato con mis amigas?» Johnny había desarrollado rápidamente un enamoramiento típicamente adolescente cuya destinataria era —por supuesto— Melissa, y deseaba con todas sus fuerzas que pensáramos que era guay: le encantaba contarnos cosas de la cofradía a la que había pertenecido brevemente en la universidad, de las fiestas locas donde corría la cerveza, de las chicas... Nosotras no nos creíamos necesariamente sus historias, que con frecuencia sonaban exageradas y costaba creerlas, pero era tan entregado y tan dulce que acabamos por quererlo como a un hermano pequeño.

Otro fan de Melissa era un joven llamado Max Ritvo, poeta en su último año de carrera en Yale, siempre a caballo entre su habitación de la residencia universitaria en New Haven y un apartamento que le alquilaban sus padres en un edificio elegante de suelos de mármol y ascensorista con guantes blancos, a unas cuantas manzanas del hospital hacia el norte. Como casi todo el mundo en Sloan Kettering, Max estaba tan calvo y pálido como un huevo cocido, pero destacaba entre el resto de pacientes por su kimono de seda de segunda mano, las gafas de montura de concha y un tatuaje de un pájaro en un lado del cráneo. Max, como Melissa, tenía sarcoma de Ewing y le habían estado tratando de forma intermitente desde que tenía dieciséis años. Era brillante y muy divertido. Su mente encadenaba aforismos y metáforas tan reveladoras y extrañas que nos obligaba a detenernos en mitad de una conversación para soltar una carcajada. Por ejemplo, Max describía el mono de morfina como la sensación de «una contraventana sollozante con martillos y ácido cerca». La ansiedad que le provocaba estar dentro del tubo del escáner era «como comer pizza y no estar seguro de si eso son trocitos de pimiento rojo o chinches». Perder la virginidad en un lecho de hospital era como «tener sexo en una balsa en medio de un mar de antisépticos». Lograba encapsular de un modo tan perfecto nuestros sufrimientos particulares en sus frases que yo solía apuntarlas en trozos de papel que me metía en un bolsillo del vaquero para no perderlas.

Todos juntos formábamos un grupo de enfermos de cáncer de lo más variopinto, grupo que creció a medida que pasaban los meses. También estaba Kaylin, la diseñadora *punk-rock* de moda con el cuerpo lleno de tatuajes, que también tenía sarcoma de Ewing y que, como no encontraba dónde vivir, se mudó al apartamento de Melissa en Brooklyn, convirtiéndose en su compañera de piso; y Kristen, que tenía linfoma y era propietaria de una tiendita de patinetes en el West Village; y Erika, que estaba haciendo una licenciatura en nutrición en NYU y, además de cáncer de pecho, tenía un sentido del humor de lo más original y siempre venía a nuestras reuniones con aperitivos gourmet; y Anjali, inmigrante de la India con el mismo diagnóstico y una actitud cáustica, que soltaba palabrotas constantemente y era legendaria por haber hecho llorar a una enfermera en una ocasión. Yo la había conocido en la sala de espera de la clínica de pacientes externos trasplantados de médula. Estaba a punto de cumplir los cuarenta, era guapa, con la piel tostada y una nariz aguileña como la mía, y siempre llevaba el proverbial uniforme del paciente: gorro de esquí de lana calado hasta las orejas sobre su cráneo desnudo y una mascarilla cubriéndole las demacradas mejillas. La primera vez que nos vimos, ella me había saludado con la cabeza y yo le había devuelto el saludo, reconociendo ambas con ello la poco habitual visión: otra mujer joven en un mar de caras blancas arrugadas. «Estoy tan harta de ver vejestorios», se me había quejado poniendo los ojos en blanco en alusión a los demás pacientes. Bastó para que nos hiciéramos amigas. El hermano de Anjali, su mejor opción de compatibilidad para el trasplante, nunca le había devuelto las llamadas. Su trasplante había fracasado.

En aquella banda tan dispar nos inventamos un sistema de acompañamiento entre colegas. Cada uno se ocupaba de otra persona en particular. Nos acompañábamos los unos a los otros a las sesiones de quimio y «comparábamos notas» sobre los tratamientos. También veíamos juntos maratones de series de televisión cuando estábamos demasiado cansados para charlar y jugábamos a Words with Friends cuando el insomnio nos secuestraba las noches. Nos presentábamos en casa de los demás con comida para llevar y Xanax (Alprazolam) para la angustia y la ansiedad cuando a alguien le daban malos resultados médicos. Y lo mismo nos acompañábamos para ir de compras cuando la ropa ya no le valía a nuestros cuerpos, siempre en constante proceso de cambio, que cogíamos el teléfono en mitad de la noche cuando a alguien le daba un ataque de ansiedad. En su momento, también organizaríamos vigilias y ayudaríamos a planificar ceremonias en recuerdo de los fallecidos, pero eso todavía no lo sabíamos.

Poco después de que empezáramos a quedar, recuerdo que me invitaron a hablar en una conferencia de jóvenes adultos con cáncer en Las Vegas y sugerí que lo convirtiéramos en una excursión de chicas. Anjali no tenía fuerzas para venir, pero al resto —Melissa, Kaylin, Erika, Kristen y yo— el médico nos había dado permiso, de modo que tomamos un avión muy temprano un viernes por la mañana, pertrechadas con nuestras mascarillas y un Tupper lleno de bizcochitos de marihuana.

El vestíbulo del Palms Resort en el centro de Las Vegas tenía unas lámparas de cristal tipo araña muy llamativas, sofás de polipiel, moqueta roja por todas partes que apestaba a tabaco y una buena docena de máquinas tragaperras. Cuando nos registramos en recepción nos explicaron que nos habían subido de categoría, a la suite del ático. Fuimos en el ascensor hasta el último piso, casi sin creérnoslo todavía, y entramos en tromba a inspeccionar la habitación consistente en dos dormitorios inmensos con ventanales del techo al suelo desde los que se veía toda la ciudad con su mar de vallas publicitarias iluminadas y grandes señales luminosas refulgentes. En la sala de estar de la suite había una ducha transparente con una barra de *pole dance* típica de *stripper*. Nos reímos tanto con nuestros intentos por turnos de colgarnos para girar alrededor que nos acabaron doliendo las costillas. Deshicimos las maletas y en un abrir y cerrar de ojos la mesita baja del salón estaba cubierta de pelucas. En la barra del bar colocamos la medicación en ordenadas hileras, como si fueran filas de chupitos. Entre las cinco sumábamos más de cien frascos de pastillas.

Nos pasamos casi todo el día en la piscina y luego dirigimos nuestros pasos a un estudio de tatuajes que se llamaba —nada menos— Zorra Maravillosa. Melissa se había hecho decenas de tatuajes desde que había sido diagnosticada, algo que yo había observado que era una tendencia entre los pacientes jóvenes de cáncer: una especie de deseo de reclamar tu cuerpo y tomar el control, de convertirlo en un lienzo que tú diseñas. Como recuerdo de nuestro fin de semana en Las Vegas —de las extrañas circunstancias que nos habían reunido— Melissa y Kaylin se habían tatuado una espada idéntica en el antebrazo y nos suplicaron que nos la hiciéramos las demás también. Erika ya tenía un tatuaje, un símbolo chino que se había hecho en la zona lumbar cuando era adolescente, algo de lo que ahora se arrepentía amargamente pues, según decía, con el tiempo y la entrada en juego de la gravedad, había migrado hasta sus nalgas. Kristen no era fan de los tatuajes y en cuanto a mí, aunque la idea me tentaba, todavía estaba demasiado inmunocomprometida.

Más tarde esa misma noche, ya de vuelta en el hotel, pedimos champán y un par de pizzas y nos acurrucamos como gatos en los sofás blancos de la sala de estar a hablar hasta altas horas de la madrugada de los temas más dispares: de los consejos sobre peinados posquimioterapia hasta el miedo a las recaídas, pasando por lo macizo que era el chef neozelandés que Erika había conocido por internet. «Quería echar un polvo una última vez antes de que me rebanaran las tetas», nos explicó Erika, que tenía programada una doble mastectomía para unas cuantas semanas más tarde. No se había quitado la peluca la noche que pasó con el chef y no le había contado que estaba enferma, aunque ella lo había pillado un par de veces mirándole de reojo la pulsera con el mensaje LIVESTRONG —vive a tope— que llevaba. Toda la semana siguiente habían estado enviándose mensajes, pero Erika no sabía cómo seguir sin contarle la verdad. Sacó el teléfono y empezó a leernos el mensaje que le había enviado:

—«Hola, seguramente este es el peor mensaje que te han enviado jamás, pero siento que te lo debo contar, porque tengo la sospecha de que igual te gusto de verdad. Tengo cáncer y el verdadero motivo por el que no puedo quedar contigo esta semana es que me toca quimioterapia. Lo siento mucho. ¡Por favor, no te sientas obligado a responder!»

Todas nos inclinamos hacia delante, conteniendo la respiración.

—¿Y qué te contestó? —preguntó Kaylin.

—Nada —nos contó Erika—, pero al cabo de una hora oí que llamaban a la puerta: me había enviado unas flores de una floristería que hay en mi calle que hace unos ramos artesanales preciosos. Abrí el sobre para ver qué decía la tarjeta: «Para mí no cambia nada. XOXO. Mike»

—Vale, queda claro que este es de los que interesa conservar, pero lo que de verdad queremos que nos cuentes es qué tal el sexo —aclaró Kristen.

Erika lanzó un suspiro.

—¿En serio? El mejor de mi vida.

—¡Qué envidia! —solté a bocajarro.

—Pero si tú y Will sois la pareja perfecta —insistió Melissa—, de hecho sois la única razón por la que todavía creo en el amor.

La verdad de cómo estaban las cosas con Will —la tensión y la distancia creciente, la frustración y el resentimiento— era algo que no podía siquiera reconocerme a mí misma del todo. Así que, en vez de hablarlo con aquellas mujeres con las que podía hablar de prácticamente cualquier cosa, sencillamente me encogí de hombros.

El sexo siempre había sido una parte muy importante de mi relación con Will, incluso después de que me diagnosticaran el cáncer. En todo caso, la enfermedad había intensificado la pasión, nos llenaba de una curiosa hambre por el otro. Al final habíamos acabado convertidos en auténticos expertos en cómo echar un polvo en una habitación de hospital sin que te pillen, por más que nuestras tácticas no fueran infalibles. (En el Mount Sinai nos habían pillado varias veces las enfermeras, que al final habían optado por llamar a la puerta con los nudillos estrepitosamente y preguntar «¿Está todo el mundo vestido?» antes de entrar en mi habitación). No obstante, en los últimos meses, las cosas habían cambiado.

Nuestro primer intento de tener una cierta intimidad después del trasplante había sido una noche a altas horas cuando todavía estábamos en Hope Lodge. Will había vuelto de una reunión de excompañeros de la universidad en el centro y se había metido en mi cama y me había empezado a besar. Desde el trasplante, yo había perdido completamente el deseo —deseo de comer, beber, moverme, tocar o que me tocaran—; mi piel estaba en carne viva, y los esteroides que me recetaban para la EICR me hacían sentir hinchada e irritable. Me sentía todo el rato incómoda y al borde de la náusea, y también culpable por lo poco disponible que había estado. Por eso no dije que no cuando se colocó sobre mí. Quería que las cosas volvieran a ser normales, pero no lo eran. Se me nubló el cerebro por el dolor, fue como si me desgarrara y rompiera por dentro. Chillé una y otra vez, pero Will interpretó mis quejas como gemidos de placer y no le saqué de su error. Quería cumplir con mi papel de novia, quería darle aquello al menos, ya que me quedaba tan poca cosa que darle. Cuando terminamos fui al baño, cerré la puerta con llave y me quedé allí sentada mucho tiempo, el suficiente para que la sangre que me cubría el interior de los muslos se secara.

No entendía qué le estaba pasando a mi cuerpo. No sabía por qué, de repente, me empezaba a arder la piel en mitad de la noche como si estuviera llena de ascuas por dentro, obligándome a destaparme violentamente y a correr a meter la cabeza debajo del grifo del agua fría. No sabía cómo controlar mis cambios de humor en constante sube y baja, en torbellino incluso, lo que hacía que un minuto estuviera chillando de desesperación y eufórica el siguiente. No tenía ni idea de por qué, de repente, se me saltaban las lágrimas mientras hacía cola en la frutería o sentada en el parque de los perros con *Oscar*. Desde que Will y yo nos habíamos mudado al apartamento del East Village y habíamos empezado a compartir cama otra vez, me había convertido en una experta en evitar el contacto físico. Le daba la espalda en la cama por las noches mientras murmuraba excusas sobre estar demasiado cansada o fingiendo haberme dormido. En las pocas ocasiones en que teníamos intimidad, me convertía en el tipo de mujer que fija la mirada en el techo y se ausenta de su cuerpo, deseando que acabe todo cuanto antes.

Nadie en mi equipo médico abordó jamás la cuestión de la salud sexual y el cáncer durante mi tratamiento. Nadie me advirtió de que la menopausia es un efecto secundario frecuente del tratamiento al que me había sometido. Nadie me aconsejó sobre los remedios que hay para hacer más llevaderos los sofocos y el dolor. Yo pensaba que me volvería la regla después del trasplante y eso esperaba. No fue el caso. A los veinticuatro años, *menopausia* no era precisamente una palabra muy presente en mi vocabulario. Por mi parte, es cierto que no había dicho nada de los cambios que estaba experimentando mi cuerpo, pues creía que era yo la que debía de tener algún problema. No le conté a nadie lo que me estaba pasando —ni al equipo médico ni a Will ni a mi madre ni a nadie—, hasta ahora.

En nuestra última noche en Las Vegas, de repente me encontré contándoles todo aquello a mis amigas con un nudo en la garganta. Les hablé del dolor horrible de aquella noche en Hope Lodge y de lo frustrada y confundida que me había sentido después. Para mi gran sorpresa, Melissa y Kaylin intervinieron diciendo que el sexo también se había vuelto doloroso para ellas y que no sabían si no sería un efecto secundario de la radiación que habían recibido en la zona pélvica. Kirsten contó que desde que había terminado la quimio le dolía tanto que sencillamente no podía hacerlo. Erika habló de la clara incomodidad que había sentido su oncólogo cuando le pidió consejo sobre qué métodos anticonceptivos utilizar en su situación. «Me sentí como si estuviera teniendo aquella conversación con mi tío abuelo», nos contó. Así que, después de la aventura con el chef, había recurrido a internet para enterarse de si la píldora del día después entrañaba riesgos particulares para ella.

Esa noche éramos un grupo de mujeres jóvenes a las que les habían dado poca o ninguna información sobre los efectos secundarios que tenía su enfermedad sobre su sexualidad. Estábamos intentando recomponer las piezas del puzle entre todas. Yo acabé llorando, sobrepasada por una extraña mezcla de emociones: la sensación de tener el corazón roto por la pérdida que compartíamos y profundo alivio, hasta alegría, por haber logrado entre todas dejar atrás el silencio, incluso la vergüenza, que sentíamos.

21

RELOJ DE ARENA

EL TIEMPO SE VUELVE LENTO y resbaloso cuando estás enferma, cuando la tarea de cuidar la maquinaria en constante estado de avería de tu cuerpo es lo que ocupa por completo tus días. Pese a que lo único que quieres es *más* tiempo para vivir, rezas para que los analgésicos hagan efecto pronto, para que la noche llegue pronto, pero los minutos y las horas avanzan con lentitud desesperante, tomándoselo con toda la calma. Y luego los intervalos mayores de tiempo, como las semanas y los meses de sufrimiento, se pasan volando en una nebulosa de citas médicas, trasfusiones y viajes a urgencias.

En mi caso, esta paradoja se hizo particularmente cierta en el otoño de 2013. No sabía muy bien cómo, había pasado un año entero desde que había empezado la quimio de mantenimiento después del trasplante y, un viernes por la mañana, me preparé para lo que creía iba a ser mi último día de tratamiento. Me vestí para la ocasión: escogí un vestido de algodón de flores que iba muy bien con mi estado de ánimo —etéreo, luminoso, esperanzado— y me permitía lucir el moreno que había cogido en una excursión reciente con mis amigos a la costa de Long Island, una celebración temprana —incluso un tanto prematura— del gran día. De camino al hospital me senté sola en una hilera de asientos de plástico azul en el bus M15 Express, encantada de ir soñando despierta: apoyé la mejilla contra el cristal y me dediqué a estudiar el ajetreo del tráfico que hacía de la Primera Avenida un bullicioso hervidero de actividad en todas direcciones.

Por una vez, llegué al Sloan Kettering a mi hora. Sentada en la camilla con las piernas colgando, me bajé el tirante del vestido para dejar a la vista el puerto, un pequeño objeto con forma de disco de hockey que me habían colocado bajo la piel entre la clavícula y el seno derecho. Cerré los ojos un instante cuando la enfermera insertó en él una aguja para conectarme a la bolsa de quimio. Cuando abrió la vía, noté una oleada salina en la parta de atrás de la garganta, salobre y reconfortante a la vez por lo familiar. Luego colgó la bolsa en el soporte y ajustó la válvula hasta fijar la velocidad adecuada de goteo por minuto.

—¿Qué tal te encuentras hoy? —me preguntó. Llevaba los labios pintados de rosa pálido y los cabellos rubios recogidos en un moño flojo, y su cara me recordaba a una galleta de mantequilla: pálida, redonda, dulce.

—No me acabo de creer que ya esté —le dije—. ¿Puedo tocar la campana?[2] ¿Dan algún tipo de diploma cuando acabas con la quimio?

La enfermera me miró entornando los ojos al tiempo que su frente se arrugaba con un gesto de confusión.

—¿No te ha dicho nada el doctor Castro?

—¿Decirme qué?

—Ay, bueno, lo habló con el resto del equipo de trasplantes —me explicó ella—. Según nuevas pautas e investigaciones recientes, creen que deberías seguir con la quimio nueve meses más, para asegurar del todo.

—¿Nueve meses más?

A estas alturas no era ninguna novedad: mi sensación de seguridad destruida en lo que se tarda en decir una frase. *Tienes leucemia. Los tratamientos no están funcionando. Necesitas un trasplante. Hay que darte más quimio.* Las palabras habían sido mi salvación desde que había empezado a escribir la columna; se me había olvidado lo mucho que pueden herir también, la facilidad con la que pueden destruir tus planes de futuro, de vida. Las lágrimas — ardientes y rápidas— empezaron a brotar en un acto reflejo rodándome por las mejillas en cascada.

—¿Puedo hablar con el doctor Castro?

---

2. En muchas alas de oncología de los hospitales hay una campana que los pacientes tocan su último día de tratamiento.

—Hoy no está —me informó la enfermera al tiempo que me alcanzaba la caja de pañuelos de papel y se disculpaban otra vez por el malentendido.

Le dije que no se preocupara. No era culpa suya. No era culpa de nadie y, si lo era, daba igual de quién. Nunca se cuestionó que accedería a recibir más quimio. Llegados a ese punto, seguiría haciendo lo que fuera necesario para sobrevivir.

—Nos vemos en tres semanas —me despedí cuando la última gota del contenido de la bolsa de quimio terminó de entrar en mi cuerpo y me desconectó del gotero.

Más tarde, esa misma noche, hice acopio de valor para contarle a Will lo que había pasado en el hospital, escrutando su rostro en busca de pistas sobre cómo se estaba tomando la noticia. Nueve meses más de citas con los doctores, facturas médicas y un agotamiento demoledor. Nueve meses más de desvío en su vida por mis problemas de salud. Nos metimos en la cama y Will musitó todas las frases correctas para mostrar que me apoyaba. Me dijo cuánto lo sentía y que no pasaba nada por estar furiosa. Me besó las mejillas y me enjugó las lágrimas con suavidad con la palma de las manos cuando las lágrimas, inevitablemente, brotaron de nuevo. Aquellas muestras de cariño lo eran todo para mí, pero me costaba trabajo adivinar cómo se sentía de verdad, ya que Will era tan reservado como yo dada a los arrebatos emocionales. Si estaba cabreado o triste o decepcionado, yo casi nunca me enteraba hasta después. Cuando se quedó dormido, lo estuve observando un buen rato, preguntándome qué estaría pasando tras esos ojos azules que ocultaban los párpados cerrados.

Una semana después Will me sentó en el cuarto de estar para hablar y me dijo que se marchaba a California. El plan era que él se tomara un respiro —uno más largo esta vez—, para recargar las pilas y pasar un tiempo con sus padres, a quienes llevaba mucho tiempo sin ver. Teletrabajaría desde su casa de Santa Bárbara. Sería cosa de un mes, dos a lo sumo. Y, además —añadió— yo podía ir a verlo. Tal vez hasta pudiéramos hacer ese viaje en coche por California con el que habíamos estado fantaseando. «Las parejas se dan un poco de espacio de vez en cuando, es normal —dijo—. De hecho, creo que nos podría venir muy bien».

Me lo quedé mirando boquiabierta. El plan sonaba tan sencillo y libre de complicaciones si se planteaba en esos términos... Ciertamente, en un universo alternativo en el que éramos una pareja normal, podría haber sido así. Pero esa no era nuestra realidad. Éramos novio y novia, pero también cuidador y paciente. Me ofendía tener que ser yo la que lo dijera con todas las letras, que me pusiera en la tesitura de tener que enumerar todas las formas en las que yo dependía de él.

La larga lista incluía las obras en la cocina del apartamento, que estaban a punto de empezar —obras de las que, de repente, me iba a tener que ocupar yo sola—; la ayuda que necesitaba cuando me ponía enferma; pasear al perro, ir a la compra, cocinar, recoger medicamentos en la farmacia, viajes a media noche a urgencias, etc., etc... Nuestro diminuto apartamento estaba a tres horas y media de coche de casa de mis padres y, como no había dormitorio de invitados para ellos, siendo realistas no se podían quedar cómodamente conmigo más allá de unas cuantas noches. Tendría que mudarme de vuelta a Saratoga mientras Will estuviese fuera —algo que no tenía el menor deseo de hacer— o apañármelas en Nueva York sola.

—¿Te marchas porque tengo que continuar con la quimio? —le pregunté

—Por supuesto que no —respondió cortante—. ¿Cómo se te ocurre semejante cosa? ¡Si lo he sacrificado todo por ti!

Me sentí culpable inmediatamente. Llevaba razón en cuanto a los sacrificios que había hecho, por supuesto, pero aun así yo quería saber:

—¿Entonces por qué te vas?

—Necesito centrarme en mí mismo. No soy feliz y no estoy donde me gustaría a nivel profesional. Me paso el día editando el trabajo de los demás, ayudándoles a que *sus* sueños se hagan realidad, y luego vengo a casa y cuido de ti.

—¿Pero por qué no puedes centrarte en lo que tú quieres aquí? —insistí—. Yo te podría ayudar.

—Entre el tratamiento de tu cáncer y tu carrera, la verdad es que ocupas un montón de espacio en esta relación.

Había parte de verdad en las palabras de Will. A lo largo del último año, la popularidad de mi columna había abierto la puerta a que se publicara mi perfil en varias revistas y me hiciesen unas cuantas entrevistas, y luego varias invitaciones a dar charlas. En lo que había sido un giro surrealista de la trama, hasta me habían dado un Emmy de Noticias & Documentación por la serie de videos que acompañaba a la columna. Cuando asistí a la sofisticada y rutilante ceremonia en el Lincoln Centre, me sentí emocionada, pero también, en igual medida, fuera de lugar, con las mejillas hinchadas por los efectos secundarios de los esteroides y el pelo todavía muy corto. Cada vez que se me había presentado una oportunidad había dicho que sí porque quería aprovechar la ola mientras durase, y mientras pudiera. No obstante, la pura fuerza de voluntad combinada con ambición te puede servir para recorrer una cierta distancia, pero todo tiene un límite. El hecho era que estaba empezando a zozobrar bajo la carga de trabajo y toda la gente importante en mi vida —mi familia y mis amigos, Will, los médicos— estaban preocupados por la factura que le estaba pasando tanto esfuerzo a mi salud.

Will me había ofrecido su apoyo desde el primer día y yo lo había aceptado agradecida; en retrospectiva, creo que tal vez con excesivo entusiasmo. Se había pasado innumerables noches en blanco leyendo y revisando mis borradores, y me había ayudado a negociar contratos y preparar entrevistas. La primera vez que me invitaron a dar una charla en una convención médica en Atlanta, él había gastado días de sus vacaciones para acompañarme, pues yo todavía estaba demasiado débil para viajar sola. Él había sido quien había empujado mi silla de ruedas para pasar los controles de seguridad en el aeropuerto, quien me había llevado las maletas y quien me había cuidado cuando pillé un virus en el vuelo. Los ingresos adicionales nos habían permitido vivir algo más cómodos y yo repartía con él lo que ganaba, insistiendo en que se merecía que se le recompensara, teniendo en cuenta que no lo habría podido hacer sin él. No obstante, lo que había empezado siendo obra del amor acabó siendo trabajo de pico y pala como en una obra y punto. En las últimas semanas, había intentado hacerme más pequeña, decir menos, pedir menos y animarlo a que se centrara en sus propios proyectos creativos, pero no parecía importar mucho. No lograba evitar que se sintiera como si yo siempre acaparase una proporción excesiva del oxígeno disponible en la habitación. Hasta ese momento, sin embargo, Will nunca me lo había confirmado en voz alta.

—¿Tu infelicidad? ¿Tus decepciones profesionales? ¿Todo eso es culpa mía? —pregunté. Me estaban empezando a temblar las manos. Agarré el frasco de Xanax que estaba en la encimera de la cocina y mastiqué violentamente un par de pastillitas azules con los molares. Si las masticabas hacían efecto más rápido que si te las tragabas enteras. Quería evitar otro arrebato como el del globo de cristal lleno de arena, pero ya era demasiado tarde—: ¡Vete a tomar por culo! —acabé espetándole con voz ronca— ¡Vete a tomar por culo por hacerme sentir como una carga, todavía más de lo que ya me siento!

Ser paciente implica ceder el control —a tu equipo médico y sus decisiones, a tu cuerpo y sus colapsos imprevistos— y los cuidadores, por proximidad, sufren una suerte similar. Ahora bien, existen diferencias fundamentales entre unos y otros. Más que nunca, yo lo que quería era salir corriendo para huir: de los protocolos y calendarios de tratamiento que cambiaban con frecuencia, del agotamiento y la humillación de tener que pedir ayuda constantemente. Sin embargo, como enferma, estaba encadenada a todo aquel follón, a mi puñetera médula. Y, como cuidador, Will había permanecido a mi lado por amor y, tal vez, también por sentirse obligado. Ni que decir que los comentarios constantes del tipo «Eres un santo por seguir a su lado, un buen hombre, todo un ejemplo» no hacían sino incrementar la presión que él debió haber sentido. Pero, en cualquier caso, estar ahí pasando por todo aquello conmigo, era su decisión. La verdad era que podía marcharse. Y lo acabaría haciendo.

Todo el mundo hizo cuanto pudo para apoyarme cuando Will se fue a California ese otoño. Mis amigos hicieron redoblados esfuerzos para estar pendientes de mí, me traían comida casera de vez en cuando, un vecino se ofreció voluntario para pasear a *Oscar* durante la semana de quimio y mis padres encontraron a alguien que limpiara el apartamento. Will hizo cuanto pudo en la distancia y me llamaba varias veces al día para ver qué tal iba. Por lo general, nuestras conversaciones estaban marcadas por la calidez y el humor como era habitual entre nosotros, pero había momentos, sobre todo cuando acababa otra vez de vuelta en urgencias o muy agitada bajo la presión de tener que arreglármelas sola, en los que me costaba que no apareciese un ligero deje de resentimiento en mi voz. Ahora bien, más que nada, sencillamente lo echaba de menos. Pensaba a menudo en aquellas palabras de Will, la primera noche en Saratoga después de conocer mi diagnóstico: *Van a empezar a pasar un montón de cosas desagradables. Tenemos que meter nuestra relación en una caja fuerte y protegerla con toda el alma.* Y, al principio así lo hicimos. Pero, en algún momento, los dos habíamos dejado de proteger nuestra relación; peor aún, nos habíamos vuelto en su contra, hasta en contra el uno del otro en ocasiones. Y ahora la enfermedad nos había empujado a poner casi 5.000 kilómetros de distancia.

Con Will ausente, empecé a pasar más tiempo con la panda del cáncer. Sin que hiciera falta pedir nada ni explicar nada, comprendieron perfectamente que estaba atravesando un momento muy bajo. Erika hizo unas sudaderas que decían EQUIPO SUSU sobre el pecho con las típicas letras de estilo universitario y Kristen me acompañaba a urgencias y a las sesiones de quimio para que no fuera sola. Max se presentaba constantemente a la puerta de mi apartamento con porciones de pizza de 99 céntimos y porros liados con maestría. Y Melissa reunía a la tropa y organizaba maratones de juegos, noches de baile y salidas ocasionales. Una anomalía genética había hecho que nuestros caminos se cruzaran, a todos nos unían nuestras díscolas células malignas y una conciencia exacerbada de nuestra propia mortalidad. Y, sin embargo, en algún momento, nos habíamos acabado convirtiendo en algo más que amigos circunstanciales. Éramos familia.

Una tarde fría de ese otoño, Melissa y yo quedamos para ir a ver a Johnny a la Ronald McDonald House, en la calle 73 con la Primera avenida. Estaba cayendo una nevada suave y tiritábamos al llegar a la entrada con toldo rojo y puertas giratorias de la residencia. Johnny nos estaba esperando en el vestíbulo, vestido con un elegante traje negro dentro del cual bailaba su cuerpo menguante. Se había puesto una corbata roja que ondeaba orgullosa sobre la camisa blanca de vestir. Las últimas rondas de quimio habían hecho que su piel adquiriera un tono de cera amarillenta y recuerdo haber pensado que parecía mucho más frágil que cuando habíamos celebrado su cumpleaños —los veintiuno— hacía escasas semanas. Enfermo como estaba, se había acicalado a tope, y la ocasión bien lo merecía.

La fundación Make-a-Wish se dedica a conceder a niños y jóvenes enfermos el deseo que ellos elijan. Yo había oído hablar de pacientes que habían viajado a España a ver a matadores ataviados con resplandecientes trajes de luces agitar un capote de brega rojo ante toros rebosantes de testosterona; otros iban a Disney World a montarse en las montañas rusas con sus famosos favoritos; también había quien pedía unas vacaciones en la playa con su familia en un centro vacacional de Hawái. El deseo de Johnny, en cambio, era bien sencillo: quería invitar a la panda del cáncer a cenar en un restaurante bueno y luego a ver una obra en Broadway, por más que sospecho que a los demás nos había invitado como tapadera, porque si hubiera ido solo con Melissa, habría resultado demasiado evidente lo loco que estaba por ella.

La madre de Johnny también estaba presente, como siempre, y hasta había venido su padre de Michigan a pasar la semana. Nos hicieron un montón de fotos de los tres en pleno vestíbulo: Melissa y yo del brazo de Johnny, una de cada lado, todos sonriendo a la cámara a más no poder, igual que si fuéramos camino del baile de graduación. Teníamos una limusina negra esperándonos a la puerta con un conductor de gorra de plato y chaleco negro.

—Las damas primero —dijo Johnny al tiempo que se hacía a un lado para que Melissa y yo subiéramos al coche.

—¡Oh la la, pero qué caballeroso! —le tomamos el pelo nosotras haciendo que se le pusieran las orejas color granate.

La limusina se fue abriendo paso por las calles abarrotadas del Midtown, dejando atrás rascacielos con señales luminosas en tecnicolor y hordas de turistas. Por fin llegamos a nuestro destino, un edificio con un rótulo inmenso en la fachada en el que ponía: BIENVENIDOS A LA CIUDAD DE LOS SABORES (el restaurante de Guy Fieri en Times Square). Un *maître* nos guio por el laberinto de salas con paredes pintadas en un tono marrón tabaco y forradas con paneles de madera hasta llegar a nuestra mesa. A Johnny se le veía muy emocionado cuando abrió la gigantesca carta y empezó a leer todos los platos que había querido probar desde el minuto que oyó hablar del restaurante y su particular menú, sobre todo la hamburguesa Bacon Mac 'n' Cheese y otro plato que habían bautizado como Fantásticos pretzels de pollo tierno. «¿No os parece increíble? ¡Podemos pedir lo que queramos! ¡Y lo mejor de todo es que además es GRATIS!»

Me puse contentísima al verlo de tan buen humor. Últimamente lo había pasado tan mal…: era hijo único de un matrimonio racial mixto, y no le habían podido encontrar un donante compatible; la alternativa para los pacientes en su situación era un trasplante de sangre de cordón umbilical. Para lo cual, la enfermedad tenía que estar en remisión total antes de iniciar el proceso. Pero, cada vez que estaba a punto de alcanzar la remisión al cien por cien, una serie de infecciones y complicaciones venían a echarlo todo por tierra. En los últimos tiempos, su leucemia sencillamente había dejado de responder al tratamiento. Ahora el plan era que se tratara en el MD Anderson, el gran hospital especializado en cáncer de Houston, donde esperaba cumplir los requisitos para que lo incluyeran en un ensayo clínico nuevo. Se marchaba dentro de dos días.

Pedimos champán y brindamos por el éxito del futuro ensayo clínico de Johnny, por nuestra panda, por que vinieran tiempos mejores y por el terrible gusto de Guy Fieri en… todo, vaya. Nos trajeron media docena de platos que apenas dejaban a la vista medio centímetro cuadrado de la mesa lacada. Johnny comió apenas unos bocados y prácticamente se dejó toda la comida intacta. Conforme iba avanzando la velada cada vez estaba más callado y, a los postres, una «roca» de helado frito, estaba pálido y tembloroso y tenía la frente cubierta por una fina capa de sudor.

—¿Te encuentras bien? —le pregunté.

—Sí, todo bien. No, ¡mejor que bien! Esta noche ya ha sido una de las mejores de mi vida y todavía queda mucha por delante. ¡Aún nos queda ir a una obra de Broadway! —me contestó con entusiasmo forzado.

Cuando llegamos al teatro, el vestíbulo estaba abarrotado. Mientras nos abríamos paso entre la marea de gente, chocando ligeramente contra otros cuerpos de vez en cuando sin querer, Johnny dio un par de traspiés. Le preguntamos si estaba bien y él le quitó importancia insistiendo en que estaba fenomenal. Pero, en la subida de las escaleras enmoquetadas que conducían al patio de butacas, tuvo que pararse varias veces y apoyarse en la barandilla a descansar. Melissa y yo intercambiamos miradas de preocupación sin que él nos viera y nos rezagamos un poco, manteniendo los brazos extendidos por si había que sujetarlo para evitarle una caída si se desmayaba.

Alcanzamos nuestros asientos sin mayores incidentes. Pero, cuando le enseñamos las entradas al acomodador, se produjo un momento incómodo al caer en la cuenta de que solo había dos localidades juntas. Johnny parecía un poco apurado y mencionó que habían sacado las entradas en el último minuto.

—Bueno, entonces, ¿quién se sienta dónde? —intervino el acomodador.

—Melissa —dijo Johnny tímidamente—, ¿te quieres sentar conmigo?

El acomodador llevó a Johnny y Melissa a sus asientos, que estaban a la derecha del mío y una fila más abajo. Al poco empezó el espectáculo: bajaron las luces y los pesados cortinajes de terciopelo empezaron a abrirse al son del rugido de la música que brotaba del foso de la orquesta. No obstante, yo no lograba concentrarme en la obra porque no hacía más que inclinarme hacia delante en el asiento para echarle un ojo a Johnny y asegurarme de que estaba bien. Cuando vi la sonrisa de éxtasis en su cara no pude evitar soltar una risotada, rebosante de orgullo y ternura a la vez: sentado junto a la chica más guay y más guapa del mundo, Johnny se sentía mucho mejor que bien.

Después del teatro, lo acompañamos de vuelta a Ronald McDonald House. Al despedirnos, fuimos muy conscientes de que cabía la posibilidad de que no lo volviéramos a ver. Creo que él también lo sabía. «Os quiero mucho», dijo permitiéndose —nada habitual en él— expresar abiertamente su afecto, que apostilló con un gran abrazo de oso a tres bandas.

Tres semanas más tarde recibimos la llamada de la madre de Johnny desde Texas: «Neumonía. Paro cardiaco —balbucía telegráficamente entre sollozos—. Aquí no conocemos a nadie. Tengo que llevar a mi niño de vuelta a casa. —Costaba comprender qué estaba sucediendo exactamente. Y entonces lo dijo—: Ahora ya mi Johnny está con Dios».

22

LOS CONFINES
DE NOSOTROS MISMOS

CUANDO WILL VOLVIÓ de California, justo después de Navidades, no sé quién estaba más aliviado, yo o el perro. Creo que puede que fuera *Oscar*, pues se hizo en la alfombra de la emoción cuando lo vio aparecer por la puerta. En su ausencia me había dado cuenta de unas cuantas cosas: una era que había estado trabajando y escribiendo como si apenas me quedase tiempo. Otra también, que nuestra relación se había deteriorado en el proceso. Por otra parte, vi claramente que no podía imaginarme la vida sin Will. Y además no quería. Y, por último, comprendí que, si algo no cambiaba pronto, el daño que sufriría nuestra relación sería irreparable.

Deseosa de que pasáramos juntos un tiempo de calidad, sugerí que fuéramos a Saratoga. Mis padres estaban de viaje, así que tendríamos toda la casa para nosotros. Hicimos las maletas y los tres tomamos el tren. A la mañana siguiente nos despertamos con una capa resplandeciente e impoluta de treinta centímetros de nieve en el jardín. Nos envolvimos igual que momias en un montón de capas de ropa, más gorros, guantes, abrigo y botas, y salimos al exterior. Will empezó a retirar la nieve del camino de entrada con una pala mientras *Oscar* corría en círculos por el jardín nevado hecho un loco. Yo me quedé mirándolos a los dos un rato, luego cogí un poco de nieve con las manos enfundadas en gruesas manoplas, hice una bola compacta y se la tiré a Will, lo que desencadenó una divertidísima guerra de bolas de nieve en toda regla. «Me siento igual que Kevin McAllister en *Solo en casa*», grité en el preciso instante en que hacía diana en su cogote.

Así pasamos los días siguientes, disfrutando de la mutua compañía y aprovechando al máximo nuestra pequeña escapada. Luego, el día de Año Nuevo fuimos a una fiesta en casa de un amigo en Millbrook. Mientras Will conducía la furgoneta por una autovía medio helada, íbamos hablando de nuestras resoluciones para el año entrante. Ese año en concreto, el ritual venía revestido de una importancia adicional, una urgencia por hacer las cosas bien. Los dos estuvimos de acuerdo en que necesitábamos ayuda y decidimos explorar la opción de hacer terapia de pareja. Y también hablamos de un cambio de aires. Estábamos deseando salir de la ciudad, que se había convertido en sinónimo de hospitales y dolor abrumador. Fantaseamos con la posibilidad de mudarnos a una casita de campo en la zona del valle del Hudson, un sitio tranquilo con un gran jardín en la parte trasera donde *Oscar* pudiera correr a sus anchas y nosotros tener un huerto y un jardín de flores, un lugar donde volver a empezar. O tal vez compraríamos un coche y viviríamos en la carretera una temporada, explorando el país y acampando en parques nacionales hasta que encontráramos un sitio nuevo que pudiéramos considerar nuestro hogar. «Hagamos la promesa de apoyarnos el uno en el otro en los próximos meses. No podemos permitir que todo lo que ha pasado nos separe —dijo Will—. Cuanto más se nos compliquen las cosas, más unidos debemos estar. Es nuestra obligación. Lo más importante que tenemos que hacer en la vida. Yo te quiero».

Aquello era todo lo que había estado necesitando y queriendo oír y, cuando llegamos a la fiesta, yo estaba resplandeciente. Así que las siguientes horas las pasamos dedicados a aquello de «comer, beber y ser felices». El anfitrión sacó la guitarra y todo el mundo cantó canciones de los Beatles. Yo me senté en el regazo de Will, con nuestros cuerpos meciéndose al unísono al ritmo de la música. Lizzie estaba también en la fiesta y hubo un momento en que me llevó a un aparte y me dijo: «Me encanta veros tan felices a ti y a Will. Hacía mucho tiempo que no os veía así de bien». Y entonces me contó que ella y un puñado de mis mejores amigos habían recibido recientemente un correo de Will: les había escrito explicándoles que, pese a que quería respetar mi privacidad, también pensaba que necesitaban saber la factura que nos estaba pasando a los dos mi tratamiento continuado, y se preguntaba si tendrían disponibilidad para hacer de refuerzo, en especial en las semanas de quimio o justo después, que era cuando los efectos secundarios eran peores. Will sugería crear una cadena de correos electrónicos para que, si él estaba trabajando o no podía volver a casa pronto por la noche, alguien pudiera encargarse; el correo de Will terminaba en clave positiva, dándole las gracias a todo el mundo por su ayuda: *Más que nada, quiero decir, por si no lo he hecho últimamente, que os quiero mucho a todos y no puedo estar más contento de que estéis cuidando a Suleika. No siempre deja ver lo duro que está siendo todo... Pero, como ya sabéis, es fuerte.* Que Will hubiera dado semejante paso me molestó porque no lo había consultado conmigo. Pero también me dio esperanza porque indicaba que se tomaba muy en serio nuestros problemas y andaba buscando la manera de hacer que las cosas mejoraran.

Al ir acercándose ya la medianoche, alguien sugirió que saliéramos a patinar en el hielo y provistos de botellas de champán y de los patines nos dirigimos caminando por la nieve hacia el lago que lindaba con la propiedad. Will tomó mis manos enguantadas en las suyas mientras nos deslizábamos por la superficie congelada. Todo el mundo entonó la cuenta atrás hacia 2014, gritándole a la luna.

—Por un año mejor —dije atrayendo a Will hacia mí.

—Por un año mejor —repitió él, y nos besamos.

Cuando volvimos a la ciudad cumplimos con nuestro propósito de año nuevo de empezar a ir a terapia de pareja. A nuestra primera terapeuta la encontramos en las páginas amarillas: su consulta consistía en un sofá raído y una alfombra persa deshilachada; el aire apestaba a pachulí. Ella no parecía saber gran cosa sobre las sutilezas de navegar las complicadas aguas de una relación durante una larga enfermedad y, además, no aceptaba pagos de seguros médicos. Así que al cabo de un par de sesiones que no nos sirvieron de nada decidimos seguir buscando. La segunda terapeuta que vimos pertenecía al programa de psico-oncología del Sloan Kettering y sí que la cubría mi seguro. La doctora T era amable y escuchaba muy bien. Pero casi siempre salíamos de su consulta más enfadados y con el corazón más pesado que al entrar por lo que habíamos descubierto del otro, lo cual nos hacía sentir más desnortados que nunca.

Un día la doctora T nos preguntó si estaríamos dispuestos a que un grupo de residentes asistiera a una de nuestras sesiones como observadores. Yo accedí inmediatamente. Sloan Kettering era un hospital universitario y yo siempre estaba dispuesta a permitir que los estudiantes de Medicina observaran. Me parecía un sacrificio pequeño en comparación con el potencial beneficio de que nuestras desventuras pudieran ayudar a otras personas en el futuro. Y además pensé que podía ser útil oír la opinión de otros, pero la sesión resultó un completo desastre. Will y yo nos sentamos con la doctora T en el centro de una gran sala de conferencias; a lo largo de la pared se habían formado una hilera de desconocidos que nos observaban y tomaban notas en sus libretas. Fue humillante hablar de los detalles más dolorosos y privados de nuestra relación delante de todos aquellos espectadores y que se diseccionaran esos detalles para convertirlos en pequeñas píldoras pedagógicas.

«La mayoría de las parejas jóvenes de no casados que vemos lidiando con la situación de un tratamiento oncológico prolongado acaban separándose —nos informó uno de los residentes—. ¿Qué creéis que os ayudaría en este momento?»

«Si lo supiéramos no estaríamos aquí —replicó Will mostrando abiertamente su enfado (un músculo del cuello le tembló fugazmente), cosa poco habitual en él.»

Salimos de la sesión con la sensación de tener una nube negra sobrevolando nuestras cabezas.

—No volvemos a una sesión de esas ni locos —coincidimos los dos.

No obstante, seguíamos necesitando desesperadamente que alguien nos orientara. Ninguno de los dos sabíamos ya cómo seguir, ni juntos ni por separado. Y, sin embargo, cuantos más consejos nos daban, más derrotados nos sentíamos.

A nuestros amigos y familiares les habría sorprendido descubrir que estábamos en una situación tan delicada, ya que Will y yo nunca discutíamos ni teníamos enganchadas en público. De hecho, era más bien todo lo contrario: delante de los demás, todo era cariño y buenos modos. Él me miraba con adoración y yo lo miraba con adoración, y teníamos gestos físicos de cariño constantes, ya fuera sentarnos pegados hombro con hombro o cogernos de la mano. Él siempre estaba pendiente de mí, haciéndome fotos, trayéndome agua, tapándome las piernas con una manta o explicando mi ausencia cuando tenía que cancelar algún plan para descansar. Acabábamos las frases el uno del otro sin darnos cuenta y nos unía una historia compartida que nadie más podía comprender. Nuestra lealtad mutua alcanzaba proporciones oceánicas.

En la intimidad de nuestro apartamento, sin embargo, discutíamos a gritos todas las noches. ¿Por qué estás tan distante?, era mi sempiterna cantinela. *Dame un respiro*, era la suya. *Oscar* se escondía debajo del sofá hasta que nuestras voces volvían a unos decibelios normales. Yo empecé a tomar por costumbre meterme un puñadito de pastillas de Xanax entre pecho y espalda cada vez que sabía que estábamos al borde de tener una bronca. En ocasiones hasta me tomaba una —en un acto reflejo— en cuanto oía que Will metía la llave en la cerradura. En mi caso, una resignación muda iba sustituyendo poco a poco a la ira. Cualquier atisbo de intimidad, sexual o de otro tipo, había desaparecido. Cuando llegaba la hora de irnos a la cama, apagábamos la luz y nos acurrucábamos cada uno en nuestro lado, dándonos la espalda y regodeándonos en silencio en nuestra propia ansiedad, más interesados en comunicarnos con nuestros teléfonos que con el otro.

Will tenía que reincorporarse al trabajo y, cuando nos despedimos, sentí que me inundaba una sensación premonitoria. Le di un abrazo más largo de lo habitual, en realidad me resistía a separarme porque se me estaba haciendo un nudo de miedo en la garganta. Era el miedo de amar a alguien y no poder enfrentarte a la idea de perder a esa persona. El miedo de saber que tal vez el final estuviera cerca.

Ese día, cuando tomé el bus camino de vuelta a casa me recordé a mí misma que Will seguía ahí, a mi lado, al cabo de casi tres años de tratamiento. Intenté convencerme a mí misma de que todavía era posible resucitar nuestra relación. Yo quería creer que sencillamente era cuestión de dedicarle más esfuerzo, de intentarlo con más ahínco y buscar ayuda más competente. *El cáncer es codicioso* —pensé—: *no solo me ha destrozado el cuerpo, sino también todas y cada una de las cosas que creía que eran verdaderas y genuinas en mí, y ahora las metástasis han aparecido en nuestra relación para arruinar todo lo que había de puro y bueno entre nosotros.*

Lo que más hubiera deseado en este mundo hubiera sido poder dar marcha atrás en el tiempo: habría prestado más atención para proteger nuestro amor; habría empezado la terapia de pareja el día en que me dieron el diagnóstico; me habría negado a dejar que Will durmiera conmigo en el hospital noche tras noche y habría recurrido más a mis padres; habría hecho mayores esfuerzos para procesar la ira que, al no tener ninguna válvula de escape, se había ido acumulando y aumentando la presión en mi interior con el paso del tiempo. Pero no era posible dar marcha atrás a las manecillas del reloj y el camino a seguir de cara al futuro no estaba claro. La solución a nuestros problemas parecía estar más allá de nuestro alcance: éramos como barcos a la deriva en medio de la niebla que se iban alejando más y más.

23

LA ÚLTIMA NOCHE
VERDADERAMENTE BUENA

AL AGENTE DE POLICÍA le debemos haber parecido otro par de chicas duras con un serio problema de actitud. Íbamos las dos vestidas con chupas de cuero negro idénticas. Yo me acababa de rapar el pelo. Había empleado a fondo el delineador de ojos y lucía un tatuaje enorme de una pitón subiéndome por el cuello. Melissa llevaba el pelo suelto por la cintura y una docena de anillos de plata en los dedos y tenía las pupilas dilatadas por la maría que a esas alturas fumaba sin parar.

Lo que aquel agente no tenía manera de saber era que el tatuaje de mi cuello era falso, que Melissa llevaba una peluca y que hacía poco que se había enterado de que su sarcoma de Ewing era terminal. Esa misma semana, los médicos le habían dicho que ya no podían hacer nada más por ella. Ella, por su parte, había empezado a investigar distintas opciones médicas en un intento de comprar algo más de tiempo, pero el pronóstico no era nada alentador. Para animarla un poco, yo había sugerido que saliéramos por ahí. Así que habíamos acudido a un festival de motos y tatuajes, y luego a un espectáculo de *drags* y *burlesque* donde nos habíamos hinchado a bailar bajo los rutilantes destellos de una bola de discoteca. Y ahora estábamos cara a cara con un poli en el andén de la parada de metro de Coney Island cuando ya empezaban a adivinarse las primeras luces del día en el cielo nocturno.

Unos minutos antes nos habíamos saltado el torniquete de entrada, por más que las dos llevábamos la tarjeta del metro en nuestras carteras. Cuando te enfrentas a la muerte, la expresión «solo se vive una vez» adquiere un nuevo significado. Aun así habíamos hecho algo ilegal, según nos informó el agente que además nos amenazó con llevarnos detenidas a comisaría. Sin perder un minuto, Melissa se quitó la peluca dejando a la vista su cráneo desnudo y se le llenaron los ojos de lágrimas para acompañar su impresionante relato inventado de cómo tenía que llegar corriendo a casa para tomar la medicación del cáncer. Su actuación dio resultado y el poli nos dejó marchar sin problema, pero no sin antes ponernos una multa de cien dólares a cada una; el pobre hasta se disculpó por tener que multarnos, pero como las cámaras nos habían grabado saltando, no le quedaba más remedio.

—Cómplices en un delito —murmuró Melissa por lo bajo con tono divertido cuando el policía se despidió por fin.

—Malas hasta el tuétano, ¡y además nunca mejor dicho! —repliqué yo, y en cuanto entramos en el vagón y se cerraron las puertas nos dejamos caer en los asientos, apoyándonos la una en la otra muertas de risa.

Fue la última noche verdaderamente buena que pasaríamos juntas, pero entonces no lo sabíamos. Esas cosas rara vez se saben.

Ocho semanas más tarde, un lunes por la mañana de principios de marzo, fui al Sloan Kettering para mi penúltima sesión de quimio. Pero, en vez de sentir alivio por estar casi terminando el tratamiento, no dejaba de pensar en Melissa. El cáncer se estaba extendiendo por su cuerpo a una velocidad vertiginosa y los tumores eran implacables: le habían fracturado la columna en dos sitios distintos y se estaban abriendo camino en su cabeza, desfigurando sus delicados rasgos y haciendo que se le hinchara tanto un ojo que ya no podía abrirlo. Melissa había dicho que estaba tan horrible que no quería que nadie la viera: salvo yo, Max, y unos cuantos amigos íntimos más, se negó a recibir visitas.

Cuando la gente se imagina cómo debe ser morirse, parece que tiende a inclinarse por cierto tipo de historias. En las elegías y las necrológicas siempre salen frases como *pasó a mejor vida, se marchó, volvió a casa* o incluso *se ganó las alas de ángel.* Estos eufemismos hacen que la muerte suene como un hecho tan pasivo y apacible, algo así como ir quedándote adormilado después de comer. La gente prefiere pensar que, cuando llega el momento, la persona se siente hasta cierto punto preparada. Ese no fue el caso de Melissa, que se desesperaba a medida que la muerte se hacía más inminente. «No estoy preparada —decía—, todavía tengo un montón de cosas que hacer». Además también le aterraba pensar en qué pasaría después y en cómo lo iban a llevar sus padres.

Todos los días de esa semana, cuando terminaba mi sesión de quimio tomaba el ascensor a la planta 18 donde estaba ingresada. A diario su situación empeoraba. Un día, antes de entrar, vi a sus padres en el pasillo: «los médicos no dejan de decirnos que tenemos que prepararnos, que tenemos que prepararnos», dijo su padre frotándose los ojos hinchados con los puños, como si intentara despertarse de una pesadilla.

Otro día cuando la fui a ver, Melissa me preguntó si quería ir de viaje con ella de vuelta a la India. Era de la opinión de que debíamos partir de inmediato.

—No me queda mucho tiempo —musitó arrastrando las palabras, que rezumaban morfina.

Permanecí sentada en silencio unos instantes, buscando las palabras indicadas para responderle. A lo largo de los años, yo misma había visto como mis amigos y mi familia, sentados junto a mi cama de hospital, se obligaban a esbozar sonrisas que no sentían y a contener las lágrimas. Y ahora era yo la que intentaba hacer lo propio. Opté por fijar la mirada en el techo y tragar saliva, y luego me mordí el labio inferior tratando de mantener la compostura.

—¿Dónde quieres que vayamos primero? —pregunté.

Melissa no estaba en absoluto en condiciones de tomar un avión para ir a ninguna parte, pero aun así planificamos juntas un itinerario, imaginando un viaje que las dos sabíamos que nunca haríamos, hablamos de los *rickshaws* que cogeríamos en Delhi, de todas las marionetas pintadas a mano que compraríamos en el mercado para completar su colección y de una visita al Taj Mahal al amanecer. Yo trataba de sonreír con entusiasmo, asintiendo mientras ella hablaba, interviniendo aquí y allí con alguna sugerencia y monosílabos para animarla a seguir. La India se había convertido en una metáfora más que un destino.

Cuando Melissa empezó a quedarse dormida me levanté para marcharme. Le apreté la mano y me agaché para abrazarla.

—No estoy preparada —murmuró entre lágrimas.

La tapé bien con la manta blanca del hospital y bajé la persiana.

—Descansa un poco —dije hablando bajito—. Mañana vengo otra vez a verte.

Cuando llegué a la puerta me di la vuelta para contemplarla un instante mientras dormía.

A la mañana siguiente trasladaron a Melissa en una ambulancia a una residencia para enfermos terminales de Massachusetts, para que estuviera más cerca de casa. Ella misma publicó una foto en Instagram desde el interior de la ambulancia: tráfico intenso en una avenida visto a través de un par de ventanillas de cristales esmerilados y un comentario a pie de foto: «Adiós Nueva York. Te quise mucho. Tengo el corazón roto».

No llegué a verla antes del traslado. En el preciso instante en que arrancaba su ambulancia yo estaba enchufada a un gotero: una última bolsa de veneno líquido entrando poco a poco en mis venas.

La muerte nunca llega en buen momento, pero que te caiga una sentencia de muerte cuando todavía eres joven es un incumplimiento de contrato con el orden natural de las cosas. Tras años de estar enfermas, Melissa y yo habíamos aprendido a coexistir con la amenaza de la muerte de la mejor manera posible. La mortalidad era un hedor que no lográbamos quitarnos con nada, por mucho que lo intentáramos. Hablábamos mucho sobre el tema, a veces hasta bromeábamos. Melissa decía que quería que todo el mundo llorara muchísimo en su funeral. Yo, por mi parte, quería que en el mío se montara una fiesta salvaje después. Redactamos juntas unas cláusulas en las que detallábamos la lista de invitados y qué cócteles se servirían.

Y, pese a todo, nada me habría podido preparar realmente para perderla. La cantidad de veces que habíamos coqueteado con la muerte y al final nos habíamos librado había hecho que, de modo un tanto extraño, nos sintiéramos invencibles. Incluso después de que Melissa se marchara de Nueva York, incluso después de que dejara de responder a los mensajes de texto y su mente viajara hasta ese espacio acuoso entre la vida y el otro lugar; incluso después de que sus padres escribieran contando que había pasado sus últimas horas rodeada de su familia y decenas de sus cachivaches y sus trastos y las marionetas indias pintadas a mano, seguía sin hacerme a la idea. Todavía no me hago a la idea.

La amiga con la que tenía confianza para hablar de cualquier cosa sin guardarme absolutamente nada se había marchado. Pero ¿adónde?

¿Y por qué?

El duelo es un fantasma que te visita sin previo aviso. Se presenta de noche y te zarandea hasta despertarte, llenándote el pecho de esquirlas de cristal, o te interrumpe en mitad de una carcajada cuando estás en una fiesta, castigándote por haberte olvidado por un momento. El duelo te acecha y te acosa hasta que se convierte en parte de ti, en una sombra que te sigue a todas partes.

24

TERMINADO

EL DÍA DE MI ÚLTIMA sesión de quimio, mi familia y mis amigos me felicitaron por haber «terminado» por fin. Tras innumerables biopsias, administración de antibióticos y palanganas para vomitar al lado de la cama, se suponía que me iba a reincorporar al gran mundo otra vez. Y, sin embargo, de hecho, para mí, la parte más dura del tratamiento contra el cáncer empezó una vez que lo había acabado.

El mes siguiente estuve hospitalizado cuatro veces por una infección intestinal por *C. diff* que pillé a resultas de mi sistema inmunitario debilitado. A ese mes le acabé poniendo por sobrenombre «el carnaval de los horrores» porque cada una de esas hospitalizaciones trajo consigo una procesión implacable de terribles acontecimientos surrealistas, rompiéndome en pedazos hasta que ya no quedó nada por romper.

La noche antes de mi primera hospitalización murió Melissa.

Durante mi segunda hospitalización, Erika y el chef se casaron en una ceremonia pequeña en Colorado. Pero, en vez de ser su dama de honor, tal y como le había prometido, estaba enchufada a un gotero en el hospital.

Unos pocos días antes de la tercera hospitalización, Will empezó a hablar de tomarse un descanso mucho más drástico: dijo que estaba pensando en marcharse del apartamento y vivir solo una temporada. La idea era seguir juntos, pero vivir separados. Lo planteó como algo temporal, pero yo no me lo creía.

La propuesta de Will me cayó como un mazazo. Una parte de mí llevaba mucho tiempo preparándose para ese momento, pero aun así me encontré tambaleándome: me parecía imperdonable que me hiciera algo así ahora, cuando estaba en carne viva por la muerte de Melissa y una infección me destrozaba el intestino. Me pregunté si esa sería su manera de ir dando pasitos hacia una ruptura permanente. Incluso si, como él decía, aquello era solo temporal y al final volvía a mudarse de vuelta al apartamento, yo no acababa de entender de qué manera iba a ayudarnos su marcha a resolver nada.

Siempre había creído en un mundo en el que el amor es capaz de superar cualquier cosa. Creía que el amor podía redimir el sufrimiento y transformar la brutalidad de una vida en algo soportable y hasta bello. Ahora, en cambio, estaba perdiendo la confianza en que la próxima vez que las cosas se pusieran feas él no se marchara otra vez. Estaba perdiendo la fe en nosotros.

Así que opté por una acción desesperada e hice lo que suele hacer la gente desesperada: le di a Will un ultimátum. «O te quedas y encontramos la manera de superar esto juntos o te marchas y habremos terminado —le dije—, pero yo no puedo seguir así».

En cosa de veinticuatro horas, Will había encontrado un apartamento en Brooklyn al que podía mudarse dentro de dos semanas. Cuando me contó que estaba considerando la posibilidad de alquilarlo, no hice nada para impedírselo. Al contrario, lo animé: «¡Pues márchate! ¿A mí qué más me da?», le grité a pesar de que hasta el último pedacito de mí ser quería gritar lo contrario. Antes de que me diera ni tan siquiera tiempo a procesar del todo lo que estaba sucediendo, Will había firmado el contrato de alquiler y yo estaba de vuelta en urgencias con otra infección por *C. diff.*

Fue mi cuarta y última hospitalización. Me ingresaron en la planta 18, en la habitación de al lado de donde había visto a Melissa por última vez. Parecía una broma cruel que, de los cientos de habitaciones que había en el Sloan Kettering, justo me hubiera tenido que tocar esa. Hasta tuve la misma enfermera que Melissa, una mujer llamada Maureen con cabellos de un rojo encendido y un corte de pelo estilo pixie a juego con el color de pintalabios. Supliqué que me trasladaran a la planta de los enfermos de leucemia o los trasplantados, pero el hospital estaba a plena capacidad y era imposible. Me tomé como algo personal el hecho de verme obligada a dormir a escasos metros de donde me había despedido de mi mejor amiga ahora fallecida: era como una especie de castigo orquestado para empujarme definitivamente por el borde del precipicio.

El día que me dieron el alta fue el día que Will se mudó. Cuando volví a casa, arrastrando una enorme bolsa de plástico del hospital con la etiqueta «pertenencias paciente», el apartamento estaba muy silencioso, hasta parecía un poco fantasmagórico. *Deberías llorar*, me dije a mí misma en el umbral, pero estaba demasiado cansada para llorar. Vagué por el apartamento con un desconcertado *Oscar* pisándome los talones mientras yo inspeccionaba armarios y cajones de cómoda vacíos con un extraño aire metódico de cierre de etapa. En uno de los cajones me encontré un paquete de cigarrillos de ni se sabía cuándo. Perfectamente consciente de lo que hacía, aun así me encendí un pitillo y me senté en el suelo de la cocina a fumármelo lentamente. Todavía llevaba en la muñeca la pulserita del hospital.

El andamiaje interno que me había estado sustentando desde que me diagnosticaron el cáncer se había derrumbado. Mientras duró el tratamiento me había rodeado de la mejor caballería del mundo: mi novio, mi familia y mis amigos y un equipo médico maravilloso que había luchado incansablemente para mantenerme con vida. El objetivo había sido librarme del cáncer. En cambio, ahora que había terminado con la fase de «cortar, envenenar, quemar» de la enfermedad, me encontraba sentada sobre los escombros, completamente aturdida y sin saber cómo continuar, preguntándome dónde se había ido todo el mundo y qué se suponía que tenía que hacer ahora.

No había reparado en la letra pequeña hasta ese momento: cuando sobrevives a algo a lo que supuestamente no se sobrevive, lo que ganas es bastante evidente: tu vida, tiempo. Pero solo cuando llegas a ese punto te das cuenta de que tu supervivencia tiene un coste.

Me llevó un rato levantarme del suelo de la cocina: llevaba un año perdido —enfureciéndome y sufriendo y luchando para encontrar la manera de seguir— y en cambio, ese día terrible, lo único que fui capaz de hacer fue terminarme el cigarrillo, cerrar las persianas y meterme en la cama. *Melissa ya no está. Will ya no está. Mi cáncer ya no está.* Me repetí mentalmente estos hechos una y otra vez, decidida a que se me metieran en la cabeza, decidida a que empezaran a parecerme reales, pero lo único que sentía era aturdimiento. Era como si las partes sintientes de mi cuerpo estuvieran anestesiadas. No sabría decir qué hice el resto de ese día o al día siguiente. Me imagino que saqué a pasear al perro, hice acopio de café y leche y respondí a todas las llamadas de mis padres que no se presentaran en el apartamento. Pero no estoy segura a ciencia cierta. Hacía cosas, pero, en realidad, apenas estaba presente.

Lo único que conseguía penetrar en aquel estado de total aturdimiento era el espectro de Will, que se había marchado, pero no del todo. Todavía podía sentir su presencia —o más bien su ausencia— como un miembro fantasma. Will había sido mi cuidador, confidente, amante, parapeto y mejor amigo. En ocasiones, mi muleta en sentido literal, pues me había ayudado a andar, me había dado de comer y me había bañado cuando yo no había tenido la fuerza para hacerlo sola. Había sido demasiadas cosas para mí, más de las que ninguna persona debiera ser para otra, pero yo todavía no era capaz de verlo del todo. Yo lo único que sabía era que, sin Will a mi lado, no tenía ni idea de cómo ir por el mundo sola.

Pese a que me había prometido que no lo llamaría, el deseo de hacerlo siempre me estaba rondando. Una semana después de que se marchara flaqueé: «¿Puedes venir?», le dije una noche en que ya no podía soportar más el silencio en el apartamento. Al cabo de una hora oí su llave en la cerradura. Abrió sin llamar, como si todavía viviéramos juntos. Durante unos minutos hicimos como si nada hubiera pasado y Will rodó por el suelo jugando con *Oscar* igual que hacía siempre; luego por fin se puso de pie para darme un abrazo. Pedimos que nos trajeran comida de Lil' Frankie's, justo a la vuelta de la esquina, e incluso hicimos un intento de tener una conversación agradable y civilizada hasta que, inevitablemente, la cosa degeneró.

Se convirtió en nuestra rutina: días de silencio intercalados con visitas a altas horas de la madrugada que siempre acababan de una de dos maneras: o terminábamos discutiendo a gritos sobre quién había hecho qué para provocar que al final nos viéramos en la situación en que estábamos, o Will se quedaba a pasar la noche. Nunca teníamos sexo —eso hacía meses que no ocurría—. Pero a mí me aterraba la idea de dormir sola y me consolaba saber que él todavía quería quedarse. En secreto, yo albergaba la esperanza de que pasar tiempo juntos, acurrucados con el perro entre los dos como en los viejos tiempos, haría que Will se diera cuenta de lo que estaba poniendo en riesgo, y entonces se disculparía y volvería definitivamente. Pero estar juntos, lo que quedaba de nuestro estar juntos, daba la impresión de haberse quedado como hueco por dentro. Cada vez que Will venía, cuando a la mañana siguiente se levantaba para marcharse, yo me sentía humillada y dolida. *Nunca más*, me prometía a mí misma mientras cerraba la puerta a su espalda, jurándome que dejaría de llamarlo, que dejaría de invitarlo a venir.

Sola en el apartamento otra vez, me debatía entre detestar a Will con un odio ferviente y venenoso o tumbarme en el suelo de la cocina, medio ida. En mi mente, reescribía nuestra vida juntos como si fuera un guion sin recovecos y el arco argumental era algo así como: *Enfermé y Will acabó enfermando de que yo siguiera enferma, así que, con el tiempo, se fue distanciando poco a poco hasta que, de repente, un día se mudó a otro apartamento y me abandonó mientras yo estaba ingresada en el hospital.* Era más sencillo para mí encuadrarlo en esos términos, echarle a Will la culpa de todo, que lidiar con las otras partes de la historia: todas las maneras en las que yo le había fallado a él, empujándolo al agotamiento más absoluto, empujándolo a marcharse. La verdad más profunda que explicaba por qué habíamos terminado todavía ardía lentamente bajo la superficie, todavía quemaba demasiado para poder tocarla siquiera.

Will era mi gran amor —y estaba bastante segura de que así sería siempre—. Pero, por más que quisiera pensar que si nos dábamos tiempo y espacio suficientes acabaríamos encontrando la manera de volver a estar juntos, ya no creía que fuera posible. Nos habíamos enredado en la dinámica cuidador-paciente durante tanto tiempo que el resentimiento se había enquistado a nuestro alrededor y nos había atrapado igual que moscas en el ámbar. Seguir esperando a Will era abrir la puerta a más sufrimiento y más dolor, más ira, y yo no creía ser capaz de aguantarlo. Por primera vez en mi vida, tenía la sensación clara y evidente de estar al borde de un precipicio en el que no había reparado hasta que no me había visto colgando de un hilo en el vacío. Había llegado al límite de lo que era capaz de soportar.

Tal y como estaba empezando a ver la situación, tenía que decidirme: si quería intentar encontrar mi lugar en el mundo de los vivos, iba a tener que dejar de luchar por una relación que había entrado en coma irreversible hacía mucho tiempo; iba a tener que empezar a luchar por mí misma.

SEGUNDA PARTE

25

TIERRA DE NADIE

«A TODOS AL nacer nos entregan una doble ciudadanía, la del reino de los sanos y la del reino de los enfermos —escribió Susan Sontag en *La enfermedad y sus metáforas*—. Y aunque preferimos usar el pasaporte bueno, tarde o temprano cada persona se ve obligada a identificarse, al menos por un tiempo, como ciudadano de aquel otro lugar».

Cuando llegué a mi último día de quimio, me había pasado la mayor parte de mi vida adulta en ese otro reino: el reino de los enfermos donde a nadie le gusta vivir. En un primer momento me había aferrado a la esperanza de que fuera tan solo una estancia corta, una de esas en las que no hace falta deshacer las maletas. Me había resistido cuanto pude a colgarme la etiqueta de «paciente oncológica», confiando en que seguiría siendo quien había sido. Pero, a medida que me ponía cada vez más enferma, había asistido a la desaparición de mi antiguo yo. En lugar de mi nombre me habían adjudicado un número de identificación de paciente. Había aprendido a emplear la jerga médica con fluidez. Hasta mi identidad molecular se había transformado: cuando el injerto de células madre de mi hermano había prendido en mi médula ósea, mi ADN había mutado de modo irreversible. Con mi calva, mi palidez extrema y el puerto subcutáneo insertado en el pecho, la enfermedad se convirtió en lo primero que la gente veía de mí. Conforme los meses se hicieron años me había adaptado a las costumbres de aquel nuevo territorio todo lo bien que había podido. Había hecho amigos entre sus moradores e incluso me había labrado una carrera dentro de sus confines.

Construí un hogar en sus tierras, aceptando no solo que quizás permanecería allí una temporada, sino también que cabía la posibilidad de que nunca lo abandonara. Era el mundo exterior, el reino de los sanos, el que había acabado por convertirse en un lugar extraño y aterrador.

No obstante, para mí —para todos los pacientes— el objetivo final es siempre abandonar el reino de los enfermos. En muchas alas de oncología de los hospitales hay una campana que los pacientes tocan su último día de tratamiento. Se trata de un tañido ceremonial, en definitiva, que sirve para marcar una transición: ha llegado el momento de despedirse del inquietante resplandor fluorescente de las habitaciones de hospital y volver a salir ahí fuera a que te dé el sol.

Ahí es donde me encuentro ahora mismo, en el umbral entre el antiguo estado de sobra conocido y un futuro completamente desconocido. El cáncer ya no habita en mi sangre, pero sigue sobreviviendo de otros modos, dominando mi identidad, mis relaciones, mi trabajo y mis pensamientos. He terminado el tratamiento de quimio, pero todavía tengo inserto el puerto subcutáneo porque los médicos quieren esperar a que «esté más estabilizada la situación» para quitármelo. Así que me enfrento a la pregunta de cómo repatriarme a mí misma de vuelta al reino de los sanos, y de si alguna vez lograré hacerlo del todo. No hay protocolo de tratamiento ni instrucciones o recomendaciones tras el alta hospitalaria que puedan guiar esta parte de mi trayectoria. La senda futura va a tener que ser algo que yo me forje. Mía y solo mía.

Mi primera —nada recomendable— fase de recuperación: inmolación. Quiero prenderle fuego a lo que todavía me une a Will. Quiero cauterizar mi pena. Quiero quemar mi pasado y despejar el terreno para que crezcan en él cosas nuevas. Así es como creo que voy a empezar de cero.

Para liberar el apartamento del fantasma de Will, quemo cantidades increíbles de salvia que provocan serpenteantes columnas de humo blanco en el aire. Cambio la distribución de los muebles hasta que habitaciones viejas empiezan a parecerme nuevas. Recojo todas las fotos enmarcadas de nosotros dos y las escondo en un armario. Tiro una colcha que compramos juntos a la basura. Cuando me llama no contesto el teléfono. Borro su número.

Tengo tantas ganas de ser una chica normal de veintiséis años... Pero no tengo ni idea de lo que eso implica. Así que dirijo mi atención a los amigos sanos en busca de pistas. Algo menos de un mes después de que Will se haya marchado, mi amiga Stacey, que es cantante, me invita a que vaya a verla actuar al estilosísimo hotel NoMad. No hay ninguna parte de mí que tenga ganas de hacer vida social, pero aun así me obligo a ir. Me quito la camiseta y el pantalón de chándal para ponerme un vestido negro a la última con cuello alto para que no se vea el puerto. Trasteo con mi pelo intentando que parezca menos posquimio y más punk-pixie. En el último minuto invito a un viejo amigo a que venga conmigo. Me conoce desde mucho antes de la quimio: es músico de jazz y se llama Jon.

Cuando llego al hotel, Jon me está esperando en el vestíbulo. Nos conocemos desde hace siglos, de los tiempos de los campamentos musicales cuando éramos adolescentes. Por aquel entonces Jon era desgarbado y algo descoordinado de movimientos, llevaba aparato en los dientes y se vestía con ropa holgada tres tallas más grande. Era tan tímido que prácticamente parecía mudo. Ha sufrido una notable transformación desde entonces: ahora, con su suave acento cadencioso de Nueva Orleans, su virtuosismo al piano y su aire elegante y sofisticado, posee el tipo de presencia magnética que hace que se giren las cabezas y concentra la atención cuando llega a un lugar. Alto y delgado e impecablemente vestido con traje y botas de cuero, es guapo hasta el punto de dejarme desconcertada. Su piel de un suave tono marrón meloso desprende un cálido brillo y sus rasgos —esos labios, la nariz aguileña y los hombros anchos— le dan el aire majestuoso de un príncipe. Lo veo al instante desde el otro lado del vestíbulo. Y, mientras cruzo la estancia para reunirme con él, siento que me tambaleo un poco bajo el peso de su mirada.

Cogemos el ascensor para subir al segundo piso y entramos en un pequeño club estilo cabaret con paredes decoradas con un papel muy ornamentado y mesas iluminadas a la luz de las velas. Enseguida sube Stacey al escenario enfundada en un vestido rojo. Su voz aterciopelada brota seductora del micro y recorre la sala envolviéndolo todo en medio de la oscuridad. Jon y yo estamos sentados en un mullido sofá de piel en un lateral. Hace más de un año que no nos vemos y tenemos mucho que contarnos para ponernos al día. Lo primero, Jon me pregunta por mi salud, y luego por Will. Cuando le digo que ya no estamos juntos parece desconcertado:

—Pero si parecíais una pareja tan... perfecta —dice.

—Es para bien —respondo con fingida ligereza, ignorando las cuatro semanas que estuve tirada en el suelo de la cocina.

—¿Qué ha pasado? —me pregunta, y parece genuinamente perplejo.

—Pues mi enfermedad acabó pasándole factura a la relación —respondo. Si voy a tener que escoger un culpable, lo más fácil es echarle la culpa a la enfermedad.

Es la primera vez que he tenido que explicar todo esto en voz alta y hago que suene a que está todo ya completamente asumido y es cosa del pasado, como si ya no quedara ningún nudo por deshacer. Quiero creer que es así, que dar por terminada mi relación con Will me va a ayudar a dar por terminada mi enfermedad.

—¿Y tú, qué te cuentas? —le pregunto deseosa de cambiar de tema— ¿Estás con alguien?

—También estoy libre —contesta.

Todavía no me he puesto a mí misma en la categoría de «libre», por más que técnicamente sea verdad, pero aún siento como si estuviera en una especie de limbo. *Libre.* Vocalizo las sílabas en silencio. Se me hace rara la palabra en mis labios.

A juzgar por la expresión en el rostro de Jon, también es la primera vez que él me ve así. Algo ha surgido entre nosotros. El ambiente a nuestro alrededor está como cargado de posibilidades. Seguimos hablando de otros temas, pero es como si la conversación se hubiera afilado un tanto y Jon ha vuelto a la versión tímida y desgarbada de su yo adolescente.

—¿Cuál es tu deporte favorito? —me pregunta, de repente, sin venir a cuento mientras se balancea adelante y atrás en el sofá con aire nervioso.

—¿Mi *deporte* favorito? —Me paro a pensar un momento y luego suelto lo primero que me viene a la cabeza—: El baloncesto, supongo.

—¡Anda, el mío también! ¡Mira, otra cosa que tenemos en común! —exclama Jon con tal seriedad que no puedo evitar reírme.

Pese a que lo conozco desde hace media vida, no puedo evitar tener la sensación de estar en una cita a ciegas. Es incómodo. Increíblemente incómodo. Llamo al camarero con la mano y pido un cóctel. Cuando llega, doy un par de tragos bien largos. A medida que avanza la noche me voy relajando un poco y Jon parece recuperarse de su ataque de timidez. La música abandona el terreno del jazz para convertirse en un cadencioso ritmo de percusión y al poco tiempo todo el mundo está hablando y riendo y bailando. Stacey se nos une con un puñado de amigas que no hacen más que darme codazos cuando Jon mira para otro lado, animándome y diciéndome que ha llegado el momento de «salir al mundo» otra vez. Por primera vez desde que he dejado el hospital me siento humana hasta cierto punto, incluso atractiva.

Ya es bien pasada la media noche. Hace un montón que no salgo hasta estas horas, pero no quiero que acabe la noche, más bien al contrario: quiero que esta sensación me acompañe hasta casa; *necesito* que esta sensación me acompañe hasta casa. Jon y yo remoloneamos un poco en la acera delante de mi edificio. Cuando me besa en la mejilla para despedirse siento como una descarga. En el fondo, en algún lugar de mi interior, sé que no estoy en condiciones de andar considerando que entre nosotros haya algo más que amistad. Es un momento fugaz de toma de conciencia de cuál es el panorama: *Mi vida personal está hecha un desastre. Mi cuerpo está hecho un desastre. Yo estoy hecha un desastre.* Mi enfermedad ha dejado una enorme cantidad de efectos colaterales a su paso. No obstante, reconocer eso implica hacer algo al respecto y yo todavía no me siento con fuerzas: aún no, no en una temporada. Y luego el momento de toma de conciencia pasa y yo ya estoy del otro lado. *Tal vez las cosas no estén tan mal. Tal vez quedar con otros hombres sea parte del proceso de pasar página.* Mi mente está dispuesta a cualquier cosa con tal de no tener que lidiar con la realidad, así que me confunde y se contradice hasta que ya no sé qué es real y qué no. Me convence de que estoy bien cuando, de hecho, no hay nada más lejos de la realidad.

No pasa mucho tiempo antes de que Jon y yo hablemos por teléfono casi todas las noches, horas seguidas. Él está de gira con su grupo. Pero, cuando vuelve a la ciudad al cabo de unas semanas me invita a salir en una cita de verdad, al teatro y a cenar. Luego me acompaña a casa dando un paseo y al despedirse me da un beso, pero esta vez en los labios. La perspectiva de empezar una nueva vida parece mucho menos aterradora con alguien a mi lado.

Me gusta todo de Jon: me encanta cómo le bullen mil ideas en la cabeza todo el rato y la forma en que sus dedos recorren las teclas del piano en estampida. Me gusta su ambición galáctica, que hace que yo también quiera ampliar el alcance de la mía. Me gusta que sea capaz de mantener un nivel aparentemente inagotable de energía sin ayuda de cafeína. Su equilibrio sin necesidad de alcohol, su cordura sin pastillas. Pero, lo que más me gusta de todo, es cómo me siento cuando estoy con él. Jon me trata como una persona sana, normal y capaz, como la chica de melena salvaje al viento que era cuando nos conocimos a los trece años. Me trata como si nunca hubiera estado enferma. Y, pese a que eso no necesariamente concuerda con cómo me siento o me veo, hace que me entren ganas de representar ese papel. Y lo hago durante un tiempo. Lo represento tan bien que casi me convenzo a mí misma de que es verdad.

Aunque soy incapaz de reconocerlo, me seduce tanto Jon como la idea de que una relación nueva me va a ayudar a acelerar la vuelta al reino de los sanos. En las semanas siguientes es como si nunca me cansara de verlo, hasta le acompaño de gira un par de días. Damos paseos de la mano por ciudades desconocidas, hablando durante horas y haciendo tímidas declaraciones solemnes en los bancos de los parques. Salimos con amigos hasta altas horas de la madrugada, de club de jazz en club de jazz hasta que se nos hace de día. Yo nunca dejo ver lo agotada que estoy, nunca digo que no, decidida a demostrar que puedo divertirme como los demás.

De vuelta en Nueva York, cuando pasamos nuestra primera noche juntos en mi apartamento, me siento temblorosa e insegura como un corderito: una cosa era la intimidad con Will, que había asistido a la metamorfosis que la enfermedad había provocado en mi cuerpo, y otra muy diferente la intimidad con alguien que no ha vivido ese procesoMe siento totalmente expuesta e insegura mientras nos quitamos la ropa. Mi cuerpo cuenta una historia muy diferente a la que he estado presentando yo. He perdido casi diez kilos como resultado de las últimas infecciones de *C. diff* y se me marcan terriblemente las costillas. Además, tengo los brazos cubiertos de moratones y marcas de jeringuillas de todas las vías y goteros, las inyecciones y los análisis de sangre. Y en el cuello y el pecho puede verse un reguero de cicatrices de todos los catéteres a lo largo de los años. Y luego está el puerto subcutáneo: todavía lo tengo.

Un montículo redondo de plástico bajo la reluciente piel cicatrizada: es más que evidente, justo encima de mi pecho derecho, duro al tacto. No sé si debería explicar por qué todavía lo llevo o sencillamente confiar en que Jon no lo note en la habitación en penumbra. Hay tantas cosas que no sabe. Si la relación empieza a ir más en serio no me va a quedar más remedio que abordar el siempre altamente sexy tema de la infertilidad y la menopausia inducida por la quimioterapia, entre otros muchos asuntos. Solo pensar en la perspectiva de tener que iniciar estas conversaciones basta para que me plantee la opción del celibato. *Inspira, espira. No tengo ni idea de cómo se hace esto.*

Jon dibuja una línea con el dedo que va descendiendo de mis labios al cuello para terminar en el remolino de cicatrices de mi pecho. Luego se inclina para rozar el puerto suavemente con los labios y dice: «eres la mujer más bella que conozco».

El verano provoca que me entren ganas de enamorarme, no solo de Jon, sino también de la posibilidad de una vida diferente. El único problema es que estoy forjando esta nueva existencia sobre los cimientos derruidos de mi antigua vida. A finales de agosto, después de no habernos visto en muchas semanas, Will y yo nos citamos. Compramos unos cafés helados en nuestra cafetería favorita y subimos a la azotea de mi edificio.

—Te tengo que contar una cosa —le dije en cuanto nos sentamos en una mesa de picnic.

—Yo también, pero tú primero —respondió él, siempre tan caballero.

Yo había acudido a la cita con intención de hablarle de Jon. Mi anuncio no era inesperado, a principios de verano ya le había contado que estaba pensando en empezar a salir con otros chicos, pero Will no era tonto. Sabía que por «otros chicos» quería decir Jon. Mencioné que nos habíamos estado viendo y recuerdo que Will había dicho «ya me avisarás cuando te canses de de tu despecho». Parecía muy convencido de que no era más que una aventura pasajera. Aquel comentario me enfureció, en parte porque a Will no parecía importarle tanto como yo había esperado que le importara, y en parte porque muchas de sus asunciones eran correctas: sobre lo enfadada que seguía con él, sobre mi incapacidad para estar sola. Pero lo que había empezado como una relación por despecho se había acabado convirtiendo en una relación con pleno sentido me pareció que le debía a Will decirle la verdad.

Había estado ensayando toda la mañana en mi cabeza, diciéndome que si era capaz de escoger las palabras perfectas, si sencillamente lo decía todo de la manera idónea, Will lo entendería y seríamos capaces de perdonarnos y cerrar nuestro capítulo juntos. Tal vez hasta sentar las bases de una amistad de por vida. Pero ahora que tengo este cara a cara con Will me cuesta seguir negando la evidencia. Mis ojos van a toda prisa de su rostro al suelo y de vuelta a su rostro. ¿La verdad? Nuestra situación es mucho más complicada de lo que he querido reconocer. Quiero creer que hemos terminado, pero el hecho es que nos sigue uniendo una maraña de vínculos profundos: Will sigue siendo mi persona de contacto para emergencias en todos mis papeles médicos, sigue siendo la primera persona a la que *quiero* llamar cuando no me encuentro bien o estoy triste o asustada. Y, sin embargo, lo que estoy a punto de decirle va a provocar que nuestra ruptura sea total e irreversible y, por un instante, no sé si es eso lo que quiero.

Intento hacer acopio de valor para hablar y voy contando en mi cabeza: tres, dos, uno. Pero, cuando por fin pronuncio las palabras, mis explicaciones articuladas con todo el tacto del mundo y cuidadosamente ensayadas se evaporan.

—Te quería decir que tengo una relación y va en serio —le suelto.

Sus ojos azules lanzan chispas. Mientras contemplo cómo la sorpresa se abre paso en su cara me invade una sensación de horror al verme desde fuera a mí misma. La negación te permite actuar como en una especie de vacío, sin tener que considerar las implicaciones de tus actos en tu propia vida o la de los demás. El dolor que se refleja en su cara hace que me sienta fatal. Y, sin embargo, otra parte de mí experimenta una cierta gratificación. A un nivel subconsciente un tanto retorcido, creo que he estado queriendo que Will sienta una décima parte del dolor que sentí yo cuando se mudó. Quiero demostrar que no soy la chica enferma, desvalida y necesitada en quien me convierto cuando estoy en su presencia. Quiero que sepa que hay otros a quienes les parezco deseable. Pero, más que todo eso, quiero que su rostro surcado por el dolor confirme lo que he estado ansiando: pruebas de que todavía le importo.

Will permanece en silencio durante un largo rato. Conforme recobra la compostura su mirada se endurece. Cuando por fin habla me informa de que, después de todo lo que ha sacrificado, soy una traidora y una cobarde por haber tirado la toalla tan pronto. Nadie me querrá ni me cuidará jamás como lo ha hecho él, añade. En cualquier caso, no se cree esa nueva relación que digo que tengo. Me advierte de que, una vez recupere la sensatez, me arrepentiré de lo que estoy haciendo.

—¿Sabes qué es lo más gracioso de todo? —pregunta Will— Hoy venía a decirte que estaba preparado para volver a mudarme aquí contigo, a darle a nuestra relación una nueva oportunidad, pero tú has hecho que ahora eso sea completamente imposible.

—¿Cómo te atreves? —le respondo yo entre dientes, furiosa—. Las cosas no van así, no me vale que me dejes cuando estoy enferma y que ahora se te ocurra volver cuando por fin estoy empezando a levantar cabeza.

—Muy bien, pues entonces supongo que con eso está dicho todo. Os deseo buena suerte a ti y a mi sustituto —me contesta Will estirando los brazos por encima de la cabeza y bostezando exageradamente.

Los dos habíamos hecho asunciones completamente erradas: yo nunca creí que se marcharía cuando le lancé el ultimátum, y Will nunca pensó que, una vez se hubiera ido, yo pasaría página. Pero no hay forma de dar marcha atrás y deshacer lo que ya está hecho. Ninguno de los dos es capaz de ver más allá de las traiciones del otro. Los dos estamos sufriendo, pero fingimos indiferencia. Somos demasiado orgullosos para pedir ni ofrecer perdón.

Permanezco en la azotea una eternidad después de que se marche Will. Me siento desorientada y no estoy segura de absolutamente nada —ni tan siquiera del cielo, las palomas, el ulular de las sirenas a lo lejos—, pero sobre todo no estoy nada segura de mí. Y, sin embargo, sí que hay algo que sé con certeza: por más que sea incapaz de imaginarme la vida sin Will, tampoco soy capaz de imaginar la manera de seguir con él. Los dos tenemos que liberarnos de nuestra codependencia —de nuestros antiguos papeles de cuidador y paciente—, pero no veo la manera de que podamos hacerlo si seguimos juntos, por lo menos no en el futuro cercano. Para poder forjarnos identidades nuevas tenemos que ir cada uno por su lado.

Aun así estoy desconcertada por la velocidad a la que hemos pasado de ser una pareja totalmente unida y enamorada a convertirnos en dos completos extraños, cada uno en su propio compartimento estanco de pena y dolor. Cuando procedemos a desmontar lo que queda de nosotros, tengo la sensación de estar no tanto en las fases finales de una ruptura, sino más bien en los primeros tiempos de un dilatado y demoledor proceso de divorcio. Will me devuelve su copia de las llaves del apartamento. Cerramos nuestra cuenta conjunta de banco y cancelamos el contrato familiar de los móviles. Nos repartimos las posesiones que tenemos a medias y, pese a que no se lo pedimos a nadie, nuestros amigos y familiares también podría decirse que se posicionan en el reparto.

En cuanto a *Oscar*, acordamos que compartiremos la custodia de manera que yo lo tendré entre semana y Will se lo quedará los fines de semana. Las primeras veces que hacemos esto, Will llama al timbre y entra a recoger a *Oscar*. Y entonces un día ve un par de Air Jordans del 46 en el armario de la entrada y, a partir de ese momento, nos encontramos en territorio neutral para las entregas. Poco a poco Will empieza a saltarse los fines de semana hasta que al final me confiesa: es demasiado duro. Él también necesita empezar a pasar página.

Pasar página. Es una expresión que me obsesiona: lo que significa, lo que no, cómo hacerlo de verdad. Al principio parecía tan fácil —demasiado fácil— y ahora estoy empezando a darme cuenta de que lo de pasar página es un mito, una mentira que te vendes a ti mismo cuando tu vida se ha vuelto insoportable. Es el espejismo de pensar que puedes erigir una barricada entre tu pasado y tú, que puedes ignorar tu dolor, que puedes enterrar tu gran amor con una relación nueva, que eres uno de los pocos afortunados que se las ingenia para saltarse la parte dura de pasar el duelo y curarte poco a poco y reconstruirte, y que todo esto, cuando al final venga a por ti —que lo hará—, no se ensañará.

Cuando el verano da paso al otoño empiezo a impacientarme por llevar todavía el puerto, el último vestigio del cáncer que puedo ver y tocar en mi cuerpo. Mi equipo médico insiste en que me lo deje hasta que estén seguros de que ya no me hará falta, pero yo quiero poder ponerme lo que me dé la gana sin preocuparme de que la gente se quede mirando ese disco tan raro que se adivina bajo mi piel por debajo de la clavícula. Quiero librarme de lo que me da la sensación de ser la última barrera que me separa de la normalidad. En mi siguiente revisión en el Sloan Kettering saco otra vez el tema de quitármelo —ya hace cinco meses de mi última quimio, a fin de cuentas— y, sí, he tenido un montón de sustos menores desde entonces que han acabado en tres colonoscopias, radiografías y una biopsia de médula ósea tras una alarmante y misteriosa caída de los recuentos de mis análisis de sangre. Pero, por lo general, mi salud se ha mantenido relativamente estable. Después de hablarlo entre ellos, mi equipo médico accede y se programa una fecha para que me lo saquen la semana siguiente. Es un voto de confianza a mi capacidad no solo de *estar* sana, sino de *permanecer* sana, y estoy entusiasmada.

Un viernes de finales de octubre, Jon y yo vamos al Sloan Kettering para la intervención quirúrgica. Tras haber visto de primera mano la manera en la que la enfermedad puede llegar a erosionar una relación, he tratado de mantenerlo al margen de todos los asuntos médicos. Hasta escondo el pastillero cuando se queda en mi apartamento y espero a que no esté para tomarme la medicación. No espero ni pido mucho —arruiné mi última relación por necesitar demasiado—, pero las normas del hospital dictan que alguien tiene que ir conmigo para acompañarme a casa después de la intervención.

—Aquí están los guantes y las mascarillas —le explico a Jon en la sala de espera—. Sí, tú también te tienes que poner las dos cosas, es para proteger a los otros pacientes que tienen el sistema inmunitario debilitado.

Me resulta raro explicarle costumbres que yo ya tengo completamente integradas en el día a día. Estoy todo el rato lanzándole miradas furtivas, analizando su lenguaje corporal, buscando indicios de que todo el asunto del cáncer le aterra, pero Jon parece no inmutarse.

Se presenta una enfermera que me hace unas cuantas preguntas preliminares antes de conducirme al quirófano. Entre las habituales —¿estás tomando alguna medicación?, ¿síntomas nuevos?, ¿dolor?—. De repente me suelta: «Veo en la historia clínica que has estado ingresada por una infección por *C. diff* y posible EICR en el intestino —dice—, ¿sigues teniendo náuseas frecuentes?, ¿cuántas veces al día vas al baño?, ¿y la consistencia de las heces?, ¿todavía más bien suelta?»

A estas alturas estoy tan abochornada que empiezo a sentir impulsos asesinos. Pero si a Jon todo eso le parece una asquerosidad, no lo demuestra. Cuando llega el momento de que me lleven a quirófano me besa con las mascarillas puestas y me dice que me lo encontraré esperando cuando me despierte.

Ya en la mesa de operaciones, espero tumbada de espaldas bajo el fulgor fluorescente de las luces. «¡Felicidades, —me dice el cirujano al entrar— Parece que estás aquí para que te "deportemos"!» Se refiere a que me van a quitar el puerto, claro, esa puerta de acceso de decenas de rondas de quimioterapia, antibióticos, células madre, inmunoglobulina y trasfusiones de sangre que han entrado en mi cuerpo desde que me diagnosticaron el cáncer. Claramente es un chiste que ha hecho miles de veces, la típica rutina que se ha inventado para que los pacientes se rían y, por más que el juego de palabras no deje de ser un tanto problemático, la verdad es que en este momento —efectivamente— me siento como si me estuvieran expulsando oficialmente del país, pues este procedimiento final me depositará firmemente en el reino de los sanos.

Me colocan sobre la cara la mascarilla anestésica y me piden que haga una cuenta atrás desde diez. «Te veo del otro lado», se despide el cirujano antes de que me invada un pesado sopor químico.

Me despierto en la zona de reanimación cuarenta y cinco minutos después. Noto un cosquilleo pulsante en las terminaciones nerviosas a medida que voy volviendo del crepúsculo de la anestesia. Abro las pesadas pestañas y mis ojos empiezan a pasear por la habitación, moviéndose en todas direcciones como canicas. No acabo de entender del todo dónde estoy ni por qué es Jon —y no Will—quien está sentado en la silla que hay junto a mi cama en esa habitación de hospital. Y entonces veo la venda en mi pecho y me acuerdo de lo que ha pasado. En vez de experimentar alivio, siento que me falta algo ahora que me he despojado del puerto y mis visitas a Sloan Kettering se van a ir espaciando cada vez más, que ya no veré a mis enfermeras y médicos favoritos tan a menudo. La tristeza que siento es el principio de algo demasiado complejo e inquietante para poder analizarlo en detalle de momento. Así que lo atribuyo a los efectos de la anestesia.

Más tarde esa misma noche, Jon sugiere que salgamos a celebrarlo. Yo todavía me siento rara, pero hago el esfuerzo. Nos vestimos y vamos a una gala en el teatro Apollo. Jon, que es más o menos conocido en las élites de la cultura de Harlem, tiene que atender constantemente a gente que se acerca a nuestra mesa para charlar un poco o hacerse un *selfie* con él. Al final, me paso gran parte de la noche sentada sola, bebiendo copa tras copa de Chardonnay. Hay un momento en que se me despega el vendaje del pecho y se desliza en dirección al dobladillo del vestido hasta que acaba aterrizando contundentemente en el suelo. Le doy una patada discretamente para esconderlo debajo del mantel, y miro alrededor para ver si alguien se ha dado cuenta. Los puntos, ahora visibles, están todavía en carne viva y me rozan contra la tela del vestido. Intento ignorar el dolor y concentrarme en las parejas que se deslizan con movimientos fluidos por la pista de baile de baldosas ajedrezadas, pero no da resultado. Contemplar a todas esas mujeres luciendo sus elegantes vestidos y a los hombres de smoking, tan guapos bajo las guirnaldas de lucecitas que desprenden un cálido brillo me resulta deprimente. Cuando me llevo la mano a la cara me sorprende comprobar que la tengo húmeda: por mis mejillas se deslizan lágrimas teñidas de rímel, formando enormes gotas negras como la tinta.

—¿Qué sucede? —me pregunta Jon alarmado cuando vuelve. Es una pregunta que me va a hacer una y otra vez en los próximos meses, desconcertado al descubrir que la mujer alegre, segura de sí misma y dispuesta a todo de la que se había enamorado era más bien un personaje al que yo aspiraba.

—Estoy bien —le respondo.

Lo que quiero decir, pero que no sé cómo expresar es: me han quitado el puerto, pero aún sigue ahí. Su ausencia es una nueva forma de presencia, una materialización de todas las demás trazas de la enfermedad con las que todavía tengo que lidiar: los estragos del tratamiento en mi cerebro, mi cuerpo, mi espíritu; el alto precio en muertes de amigos y la pena que se ha ido acumulando —ignorada— en mi interior; el dolor abrumador de haber perdido a Will y el miedo de haber cometido un error al no haberle abierto la puerta de vuelta; el terror y absoluta confusión que me produce el pensar en qué hacer con mi vida ahora.

Al cabo de tres años y medio —más de cuatro si cuento desde el picor—, he superado el cáncer oficialmente. Creí que me sentiría victoriosa cuando llegara este momento, pensé que lo querría celebrar. En cambio, tengo la impresión de estar al principio de una especie de hora de la verdad. Me he pasado los últimos mil quinientos días de vida esforzándome, incansablemente, por alcanzar un objetivo —la supervivencia— y, ahora que he sobrevivido, me estoy dando cuenta de que no sé cómo vivir.

El viaje del héroe es uno de los temas más antiguos de la literatura. Los supervivientes, al igual que los héroes, se enfrentan a un peligro mortal y superan pruebas imposibles. Contra todo pronóstico perseveran y sus cicatrices, de hecho, los hacen mejores y más valientes. Una vez que la victoria está garantizada, regresan al mundo normal transformados, con más sabiduría en su haber y con una capacidad renovada de apreciar la vida. Durante los últimos años me han bombardeado con este tema: está por todas partes en las películas y en los libros, en las campañas benéficas para recaudar fondos y en las tarjetas con mensajes de «ponte bien pronto». Es difícil ignorar esos clichés cuando han acabado tan integrados en nuestra cultura. Y todavía más difícil resulta no interiorizarlos y sentir que tienes que estar a su altura de todos modos.

Durante el otoño hago varios intentos de encarnar ese tema, de volver a la vida todo lo triunfante que pueda. Me arrastro al gimnasio que hay en el sótano del edificio donde vivo un par de días a la semana. Toda una hazaña para mí incluso en los tiempos anteriores al cáncer. Compro una batidora y me paso una temporada bebiendo zumos a base de kale que indefectiblemente me producen arcadas. Voy al café del barrio todas las mañanas e intento escribir algo nuevo. Tengo momentos alegres y ligeros cuando salgo a bailar con amigos, pero son breves y se esfuman tan rápido como aparecen.

Pero se supone que tengo que estar mejor, me repito sin parar. A fin de cuentas, en teoría, ya no estoy enferma. El torrente de citas médicas, análisis de sangre y llamadas telefónicas de amigos y familiares preocupados ha menguado hasta quedar reducido a un goteo. Cualquier día de estos me quitarán el certificado de discapacidad también. Si consigo no tener cáncer durante unos cuantos años, hasta puede que pase a engrosar las filas de los pacientes de cáncer que se considera que están «curados». Y, sin embargo, nunca me he sentido más lejos de ser la mujer joven, sana y feliz que esperaba ser en la otra orilla de todo esto.

Todavía tengo que tomar un puñado de pastillas cada mañana. Los inmunosupresores evitan que mi cuerpo rechace la médula de mi hermano. La doble dosis diaria de antivirales y antibacterianos protege mi frágil sistema inmunitario. El Ritalin es para la fatiga crónica y la especie de neblina general que no se ha disipado desde el trasplante. La Levotiroxina desempeña las funciones de mi tiroides destrozada por la quimio. Y los suplementos hormonales les hacen el trabajo a mis marchitos ovarios.

Las huellas psicológicas de la enfermedad son todavía peores, casi invisibles para los demás y nunca de fácil solución. La depresión te engancha como un demonio y te mantiene presa durante días, en ocasiones hasta semanas. La ansiedad va en aumento mientras espero a saber los resultados de un análisis de sangre rutinario. El pánico me invade cada vez que veo una llamada perdida de la consulta del médico o me descubro un moratón misterioso en la parte trasera de la pantorrilla. El duelo me sigue acechando, los ojos verde mar de Melissa se me aparecen en sueños noche tras noche.

Cuanto más intento encontrar mi lugar entre los sanos y vivir conforme a mis expectativas del viaje del superviviente, más acuso la disonancia entre lo que debería ser y lo que es.

Hasta reconocer este cisma parece imposible. Ya les he hecho pasar por tanto a mis padres que no los quiero preocupar con los retos a los que me tengo que enfrentar ahora. Mi equipo médico está centrado en el cáncer, no en sus consecuencias posteriores. Soy dolorosamente consciente de que las luchas de la recuperación son un privilegio que muchos no llegan a disfrutar. Y tengo miedo de sonar desagradecida o —peor aún— insensible ante quienes tienen que enfrentarse a incertidumbres mucho más aterradoras.

Y, sin embargo, las contradicciones provocan que sienta que me ahogo en un mar de preguntas sin respuesta: ¿Volverá el cáncer? ¿A qué tipo de trabajo puedo aspirar si necesito echar siestas de cuatro horas en mitad del día. O si se tiene en cuenta que mi poco fiable sistema inmunitario todavía me manda a urgencias regularmente? La redactora de *The New York Times* está empezando a aumentar la presión para que retome la columna; los lectores quieren saber qué tal me va —me pincha—, quieren leer sobre la vida después de un cáncer. Sin embargo, siempre que me siento a escribir, lo único que soy capaz de producir son mentiras. Quiero ofrecer a los lectores el tipo de texto que tanto ellos como yo hemos estado esperando todos estos años —ser capaz de decir que Will y yo seguimos juntos; que por fin estamos organizando nuestra boda, pospuesta durante tanto tiempo; que ahora me estoy entrenando para correr una maratón y que escribo piezas de periodismo de investigación desde lejanos lugares exóticos, y que además estoy esperando un bebé—, pero, obviamente, todo eso sería ficción.

Como soy incapaz de reconciliar lo que me imaginaba que sería la remisión con los hechos que conforman mi realidad, dejo la columna en un *impasse* permanente. Consigo mantenerme a flote financieramente gracias a algunas charlas pagadas y un trabajo a tiempo parcial para una empresa que se dedica a la inversión inmobiliaria que puedo hacer en remoto desde la cama. Pero ese trabajo no es ni sostenible ni algo que me llene. Apenas veo a mis amigos y, cuando los veo, me tengo que preparar para las temidas tres preguntas: ¿Qué tal estoy de salud? ¿Qué nos ha pasado a Will y a mí? ¿Qué voy a hacer ahora? Al final, sencillamente dejo de verlos.

Mientras tanto, la carrera de Jon va como un tiro. Siempre ha sido la persona más trabajadora del mundo y estoy muy orgullosa de su éxito. Pero tener una relación con un músico que está constantemente de gira y pasa más tiempo en la carretera que en casa es duro. Todavía no me siento segura en mi propio cuerpo sin un acompañante o cuidador permanentemente a mi lado. Y siempre que me quedo sola me derrumbo. Pero, por otro lado, al mismo tiempo, siempre que estoy con Jon lo mantengo a una cierta distancia. Estos mensajes contradictorios confunden y al final no tarda en empezar a pedirme más. Quiere saber hacia dónde va nuestra relación. Quiere saber qué opino del matrimonio y los hijos. Quiere que me abra. Pero, cuanto más pregunta, más grande se hace la brecha entre nosotros.

Cuando Jon sale de la ciudad para algún bolo, yo me acurruco en la cama, agotada por el esfuerzo de fingir que estoy bien. Me tapo la cabeza con el edredón y me hago un ovillo en mi posición habitual: fetal. Me permito llorar, con sollozos desconsolados, profundos, que me sacuden todo el cuerpo. Permanezco en la cama durante días, con las cortinas echadas, ignorando los correos y las llamadas. Solo salgo del apartamento cuando el perro se pone a llorar. Todas las noches me quedo dormida diciéndome que mañana será el día en el que por fin me centre. Todas las mañanas me despierto sintiéndome tan triste y perdida que apenas puedo respirar. En mis momentos más bajos, fantaseo con que vuelvo a enfermar. Echo de menos la sensación de propósito y claridad que experimentaba cuando estaba en tratamiento, la manera en que mirar directamente a los ojos a tu propia muerte simplifica en gran medida las cosas. Y hace que redirijas la atención hacia lo que de verdad importa. Echo de menos el ecosistema del hospital donde, igual que yo, todo el mundo estaba roto. En cambio aquí fuera, en el mundo de los vivos, me siento como una impostora, sobrepasada por la vida e incapaz de funcionar.

Una mañana temprano, ese invierno, paseo a *Oscar*. Tengo el aspecto demacrado de zombi de quien reparte su tiempo entre la Tierra y otro lugar mucho más oscuro. Subiendo por la avenida A, me topo con un hombre que me suena vagamente del café del barrio donde suelen ir a trabajar los autónomos. Me parece que es novelista. Va muy elegante con un chaquetón de tweed con coderas de piel y lleva un maletín en la mano. Yo voy en pijama fumando un cigarrillo que acabo de comprar en la tiendita de ultramarinos de la esquina por cincuenta céntimos.

—Despierta, princesa —me dice mirándome de arriba abajo—. La muerte es el último recurso.

Siento mucha vergüenza bajo el peso de su mirada penetrante y el resplandor blanquecino del sol invernal. Me he pasado la mitad de mi década veinteañera luchando para sobrevivir, pero solo para convertirme en alguien que rezuma derrota hasta el punto de suscitar una intervención en plena calle de un transeúnte preocupado, prácticamente un desconocido. Durante el tiempo que estuve en tratamiento me aferré a una única convicción: *si sobrevivo, tiene que ser para algo, no quiero simplemente vivir, quiero una vida que sea buena de verdad, aventurera, que tenga sentido. Si no, ¿para qué?* Y, sin embargo, el sitio en el que he acabado es todo lo contrario. Ahora que se me ha concedido la oportunidad de vivir una vida plena, no la estoy viviendo en absoluto. Peor aún: la estoy malgastando. El sentimiento de culpa magnifica la vergüenza que siento: sé perfectamente la suerte que tengo de estar viva cuando tantos otros seres queridos no pueden decir lo mismo. Del grupo de diez camaradas jóvenes con cáncer de los que me hice amiga durante el tratamiento, solo tres seguimos por aquí.

De camino a casa lo veo claro: no puedo seguir así. Algo —tal vez todo— tiene que cambiar.

26

RITOS DE PASO

ALGO NOS IMPULSA a seguir el recorrido de las grandes decisiones, las monumentales podríamos llamarlas —como emprender un largo viaje—, hasta identificar su germen en un momento de revelación, un chispazo de inspiración, un plan de acción que se te presenta perfectamente definido cuando estás tirada en el suelo, rezando para que algo —lo que sea— cambie.

Yo no puedo identificar ese momento en mi caso.

Mi decisión de marcharme a hacer un largo viaje por carretera me viene como en fases, pero empieza con un viaje que hice por otra persona.

Justo cuando se cumple un año de la muerte de Melissa y el final de mi tratamiento de quimioterapia, estoy haciendo cola en el control de seguridad del aeropuerto J. F. Kennedy, confiando en que a los agentes de la Administración de Seguridad en el Transporte no les dé por abrirme la maleta. Con un nombre como Suleika Jaouad no es raro que me registren más a fondo en pasos fronterizos y controles de seguridad de aeropuerto. Pero es que además, por una vez, hoy sí que tengo algo que esconder. Llevo un vial de polvo gris claro escondido en unos calcetines. No es el contrabando típico: pretendo introducir de tapadillo un puñado de las cenizas de Melissa en un vuelo de quince horas a la India.

Después de que muriera Melissa, se creó una beca con su nombre para mandar a adultos jóvenes con cáncer de viaje al extranjero. Yo no me tuve que pensar dos veces si la aceptaba cuando me ofrecieron la primera beca, ni cuando los padres de Melissa me lo pidieron, si llevaría una pequeña parte de ella conmigo. Aquel país significaba muchísimo para ella y además era el sitio donde habíamos planeado ir juntas algún día. Mi decisión de ir ahora es una forma de honrar el recuerdo de Melissa y el viaje que nunca hicimos. Y también es un primer intento de plantar cara a mis fantasmas.

No fue fácil convencer a mi equipo médico de que me dejaran viajar a la India, teniendo en cuenta lo débil que estaba mi sistema inmunitario. «El riesgo de infección es demasiado alto», dijo el médico cuando le planteé la idea por primera vez. Pero al final accedió y me fue bajando gradualmente la dosis de inmunosupresores para que mi cuerpo pudiera defenderse de los gérmenes. Además me tuve que poner una tanda de vacunas, hacerme una batería de análisis de sangre y conseguir la autorización de todos los miembros del equipo médico confirmando que estaba en condiciones para viajar.

Cuando embarco en el vuelo de Air India me pongo una mascarilla y esterilizo mi asiento, la mesita abatible y los reposabrazos con toallitas desinfectantes. Pese a todas mis precauciones, enfermo a causa de un virus a los pocos días de llegar a Delhi. Estoy débil y febril durante la mayor parte de las dos semanas que me quedo allí y acabo teniendo que ir a un hospital para asegurarme de que no sea nada serio. Estoy empezando a entender que, por mucho tiempo que pase, puede que mi cuerpo nunca vuelva a ser el que era, que no puedo seguir esperando hasta estar «bien del todo» para empezar a vivir otra vez. Es una concesión amarga, pero necesaria. Por más que tal vez no sea posible dejar atrás la enfermedad del todo, tengo que empezar a tratar de seguir para adelante llevándomela conmigo.

Aunque me encuentro fatal, todos los días me obligo a levantarme de la cama y salir a la calle a explorar. Guardo el vial con las cenizas de Melissa en el bolsillo del abrigo y lo llevo conmigo a todas partes, sintiendo su presencia a cada paso que doy. Exploramos juntas las polvorientas calles de Delhi: los mercados de especias de penetrante olor, las galerías de arte contemporáneo y los inmensos jardines jalonados de ruinas. Nos movemos en *rickshaw* abriéndonos paso entre la amalgama caótica de autobuses, bicicletas y, de vez en cuando, algún elefante. Mientras vagamos sin rumbo fijo, adopto la mirada de pintora de Melissa y disfruto de la intensidad vibrante de los colores:

en los saris decorados con gemas, en los puestos de flores atestados de caléndulas, en los pigmentos en tecnicolor que lanzan al aire a puñados los bailarines improvisados que celebran en las calles el festival hindú de Holi. Según lo estipula la beca, todas las tardes hago voluntariado en el Hogar de la Madre Teresa para enfermos terminales de cáncer, un lugar para los más pobres. Mi tarea consiste en poner ropa a secar en tendales hechos con alambre de gallinero, y repartir bandejas con comida a los enfermos que no pueden levantarse de la cama.

Dejo el Taj Mahal para el final. He llevado a Melissa conmigo a todas partes durante dos semanas y ha llegado el momento de despedirnos. Acudo una mañana cuando apenas está empezando a despuntar el día: no hay más que una docena escasa de turistas haciendo cola, esperando a que abran las puertas. Las calles están oscuras y desiertas a excepción de alguna que otra perra vagabunda durmiendo en mitad de la carretera con los cachorros acurrucados contra su cuerpo para darse calor. Le cuento al guía que llevo un vial con cenizas que pretendo esparcir una vez estemos dentro. Él me informa de que está estrictamente prohibido y que la seguridad es muy estricta en el interior, que me olvide. Yo le cuento la historia de Melissa y lo mucho que deseaba ella volver a este lugar. Cuando termino mi relato, el guía no solo accede, sino que se ofrece a pasar el vial escondido entre su ropa.

El Taj Mahal aparece ante mí igual que un poema flotante envuelto en la luz del amanecer, igual que una ensoñación de pilares y minaretes de mármol blanco como la luna. Es un lugar que le habló a Melissa directamente cuando se enfrentaba al final de su vida. Y después de estudiar su historia entiendo por qué razón: fue un encargo del emperador mogol Shah Jahan para honrar el recuerdo de su esposa, que había muerto dando a luz a su decimocuarto hijo en 1631. Según cuenta la historia, el emperador estaba tan desconsolado que se le puso el pelo blanco de un día para otro y juró que inmortalizaría su amor con el monumento más bello que hubiera visto el mundo jamás. Llevó décadas construirlo. Pero, cuando estuvo terminado, el emperador pudo por fin descansar. Mientras paseo por sus jardines ornamentales pienso en cómo el Taj es la expresión material tanto del amor como del duelo. Igual que mi amistad con Melissa. Estoy empezando a darme cuenta de que, en la vida, nunca se tiene lo uno sin lo otro.

Subo los peldaños empapándome de la hermosa caligrafía y las filigranas de piedras semipreciosas —coral, jade, ónix— incrustadas en el mármol. Doy la vuelta hasta la terraza de la parte posterior que da al Yamuna, un río sagrado jalonado por los fuegos crepitantes de los crematorios donde los hindúes acuden a realizar los últimos ritos de despedida para sus muertos. Con la mirada en el río, pienso en la última entrada de Melissa en Instagram; era una foto de ella tomada en la India y el texto que la acompañaba decía así: *gate gate paragate parasangate bodhi svaha.* Marchar, marchar, marchar más allá, marchar más allá definitivamente, ¡Qué revelación! Celebremos todos. Recorro la terraza con la mirada en busca de personal de seguridad y, una vez me he cerciorado de que el camino está despejado, paso del otro lado del cordón de seguridad y me acerco hasta el borde. Abro la palma de la mano hacia el río. Por un instante, la luz del sol se refleja en el vial. Y luego lo dejo caer a las aguas y desaparece.

Llevar las cenizas de Melissa al lugar que más le gustaba del mundo no disminuye el dolor de perderla. Pero sí me ha mostrado una forma en la que puedo empezar a asumir mi pena: me ha enseñado el valor del ritual en el duelo. O sea, las ceremonias que nos permiten sobrellevar sentimientos complicados y enfrentarnos a la pérdida, que hacen sitio para el acto aparentemente paradójico de reconocer el pasado como un camino hacia el futuro. Todo esto me hace pensar en las otras formas que tenemos de marcar el hecho de haber cruzado un umbral: cumpleaños, bodas y fiestas para embarazadas, bautismos, *bar mitzvahs* y quinceañeras. Todos estos ritos de paso nos permiten migrar de una fase de nuestras vidas a otra y evitan que nos perdamos en la transición. Estos rituales nos muestran el camino para honrar el espacio entre el ya no y el no todavía. Pero yo no tengo rituales preestablecidos. Me corresponde a mí crearlos.

A una distancia de varios continentes soy capaz de ver mi vida con más claridad. Durante largo tiempo he sido como una abeja atrapada del otro lado de una ventana cerrada. Me he estado golpeando una y otra vez la cabeza contra el cristal con desesperación creciente en un intento inútil de salir. Estas dos últimas semanas me han deparado un respiro temporal. Pero me preocupa que, en cuanto esté de vuelta en casa en Nueva York, también volveré a estar tristemente atrapada. Siento que tengo que hacer algo drástico para asegurarme de que eso no ocurra.

En el largo vuelo de vuelta a casa sueño despierta con embarcarme en un peregrinaje en solitario, aunque no sé qué forma concreta podría tomar. Quiero estar en movimiento —para encontrar la manera de soltar amarras, para lanzarme a explorar los grandes espacios abiertos del mundo exterior— y no porque tenga una inclinación particular, sino precisamente porque he acabado por cogerle miedo al mundo y a la pregunta de si tendré capacidad para navegar por él sola. Lo que quiero es no esperar nada, no pedir nada, no depender de ninguna otra persona. Quiero averiguar qué hay al otro lado de la tierra de nadie. Quiero empezar a vivir otra vez.

Todavía no cuento con la visión, la fuerza o los recursos para embarcarme en una travesía épica, así que empiezo por una serie de salidas preliminares cortas. Unas pocas semanas después de mi regreso, tomo un tren camino de Vermont donde mi familia tiene una pequeña cabaña cerca de la cordillera de las Green Mountains. Hasta hace poco, no estaba en condiciones para venir aquí sola. Pero ahora, en cambio, tengo la impresión de que aprender a estar sola es un primer paso necesario para lo que sea que venga después. Tengo que confiar en que puedo ser independiente. Tengo que convertirme en mi propia cuidadora. Me costó un tiempo decir en voz alta que era paciente oncológica. Y luego, durante mucho tiempo, fui solo eso. Ha llegado el momento de que averigüe quién soy ahora.

Perdida en lo más profundo del bosque, la cabaña no tiene cobertura de teléfono y el pueblo más cercano dista casi veinticinco kilómetros. La carretera solitaria discurre entre dorados campos de maíz, densas arboledas aisladas y, de vez en cuando, bordea alguna granja. A excepción de una vecina, Jane, que está jubilada y vive con su marido a casi dos kilómetros, no conozco a nadie. Como todavía no tengo carnet de conducir, Jane se ofrece a recogerme en la estación, me lleva al supermercado a comprar provisiones y luego me acerca hasta la cabaña, donde mi intención es quedarme hasta que se me acabe la comida.

—Oye, cielo, ¿estás segura de que vas a estar bien aquí completamente sola? —me pregunta Jane con la preocupación escrita en el rostro.

Aparte de *Oscar*, vamos a ser yo, los ciervos que pastan debajo del manzano y las pendientes escarpadas de las montañas a lo lejos.

—Me gusta la soledad —miento con un aire fingido de seguridad. La verdad es que estoy aterrada de pensar en lo que pueda pasar en el momento en que me quede sola con mis pensamientos.

Jane se marcha y ordeno mis cosas y me instalo en un sillón junto a la chimenea de piedra e intento leer un poco. Pero la ansiedad me puede y no logro concentrarme. El silencio y el aislamiento tienen un efecto multiplicador, y veo más claramente que nunca lo miedosa y frágil que me he vuelto. Cada ulular, cada gruñido que llega del bosque hace que de un bote y me levanto en mitad de la noche para comprobar por enésima vez que he cerrado con llave la puerta y que no hay un asesino en serie acechando en las sombras detrás de la pila de leña del porche. En mi vida A. C. —antes del cáncer— yo era contumazmente independiente y me enorgullecía de mis agallas, ya fuera para irme a estudiar a Egipto, informar desde la frontera de Israel con la franja de Gaza o hacer autostop en el desierto de Jordania. Mis escapadas solían bordear peligrosamente la temeridad. No obstante, haber convivido tanto tiempo con una enfermedad mortal ha cambiado mi relación con el miedo, me ha enseñado a permanecer muy alerta ante todos los potenciales riesgos que puedan estar agazapados en mi cuerpo o en el exterior.

Me paso prácticamente cada minuto de esa primera escapada a Vermont nerviosa y a disgusto, pero me obligo a vivir según una máxima: tengo prohibido marcharme por miedo. En los momentos en los que lo único que quiero es largarme de vuelta a la ciudad, decido quedarme una noche más, luego dos, y luego tres. Decido confiar en que lo que ahora me parece desconocido y aterrador pronto se volverá familiar y me dará sensación de seguridad. Me digo a mí misma que, si me doy el tiempo suficiente, me cansaré de comprobar mil veces si he cerrado con llave o de no pegar ojo pensando en depredadores imaginarios. Hasta puede que vaya convirtiéndose en realidad la mentira que le he contado a Jane y empiece a disfrutar de estar sola.

Cuando vuelvo a la ciudad al cuarto día todavía no lo he conseguido del todo, pero estoy más cerca.

Durante los dos meses siguientes vuelvo a Vermont siempre que puedo. Con cada escapada que hago sola a la cabaña empiezo a sentirme un poco más calmada, un poco más valiente, un poco más curiosa sobre qué hay del otro lado de la ventana. Salgo a dar paseos cada vez más largos con *Oscar*, que siempre se adelanta esprintando y me lleva por sinuosas carreteras comarcales que discurren junto a graneros destartalados, riachuelos cantarines y orillas de río cubiertas de musgo verde esmeralda. Me propongo encender un fuego y me aventuro en el bosque en busca de ramitas para encenderlo. Un día se presenta un oso negro despistado en mi propiedad y *Oscar* baja del porche de un salto a perseguirlo, rugiéndole con la ferocidad de un león. El oso se queda tan sorprendido que se tropieza y trastabilla y sale corriendo y desaparece entre los árboles del bosque. «La valentía de niños y animales es proporcional a su inocencia —escribió Annie Dillar en una ocasión—. Dejamos que nuestros cuerpos actúen según les dictan *nuestros* miedos».

Pasan días enteros sin ver a nadie. Llamo a Jon de vez en cuando, pero está muy ocupado, otra vez de gira. Y además parece comprender, sin necesidad de que yo se lo explique, que estoy trabajando un tema de envergadura y que me impone respeto, y que lo que más necesito ahora mismo es pasar tiempo sola. Mi soledad solo se ve interrumpida por las visitas esporádicas de un chico llamado Brian que viene a limpiar el largo camino de entrada y, a medida que va mejorando el tiempo, a echar una mano con el jardín. Un día nos ponemos a charlar y, cuando se entera de que no sé conducir, se ofrece a enseñarme. A cambio de las clases de conducción, yo le hago un poco de paño de lágrimas y escucho atentamente todo lo que me cuenta sobre lo difícil que es salir del armario en el Vermont rural y sus aventuras en una app gay de contactos que se llama GROWLr. Hacemos una sesión de lluvia de ideas para el texto de su perfil:

—Algo tosco, con barba, un poco más de cien kilos de peso, aspecto normal. De gran corazón, romántico empedernido. Flor favorita, el agapanto —dice Brian.

—Bien dotado. Géminis —sugiero yo.

Brian suelta una estrepitosa carcajada.

—En realidad soy Leo.

Brian es lo más próximo a un amigo que tengo por aquí y espero con ilusión sus visitas, aunque no tanto la parte en la que me tengo que poner al volante.

Aprender a conducir fue un momento cumbre del instituto para la mayoría de mis amigos que, la misma mañana en que cumplían los dieciséis, fueron corriendo al Departamento de Vehículos de Motor a sacarse el carnet. Para ellos y para la mayoría de los adolescentes estadounidenses, conducir era el ritual de paso definitivo. Implicaba poder enrollarte con alguien en el asiento de atrás por la noche, llevar a tus amigos al centro comercial y organizar las rondas de precalentamiento en el aparcamiento de los conciertos, montando un mini picnic-fiesta usando el maletero de barra. Conducir significaba tener independencia. A mí, en cambio, conducir me parecía una espeluznante y abrumadora responsabilidad. Un par de desastrosos intentos de prueba con la furgoneta de mis padres me confirmaron lo que yo ya sospechaba: lo mejor para peatones, ciclistas y conductores dondequiera que estuvieran, era que yo no aprendiera a conducir. No fue precisamente una coincidencia que escogiera ir a la universidad en una ciudad pequeña donde no hacía falta tener coche y que luego, después de graduarme, decidiera vivir en grandes urbes donde el medio de transporte principal es el metro.

Vivir en Vermont sin carnet de conducir, en cambio, es más que incómodo. No me gusta tener que pedir a la gente que me lleve y me traiga, pues no es sino un recordatorio de mi dependencia. Cuando se me acaba la leche para el café de la mañana, quiero poder recorrer en mi coche los treinta kilómetros que hay hasta el mercado de productores locales. Y no es tanto que ya no me dé miedo conducir, sino que el anhelo de libertad está desplazando poco a poco al miedo.

Brian me da clases todo el verano y empiezo a aventurarme en las carreterillas secundarias y a practicar el aparcamiento en paralelo entre un par de pinos. A medida que me voy sintiendo más cómoda al volante, una idea difusa comienza a cristalizar en mi cabeza hasta convertirse en un gran plan.

El tiempo que he pasado en la India me ha permitido asomarme a la realidad de cómo un viaje te puede catapultar y sacarte de viejos hábitos y maneras de ser y crear las condiciones necesarias para que emerjan otros nuevos. Cada vez veo más claro que necesito apartarme de lo que me resulta familiar, pero no desearía hacerlo completamente sola. Más bien, quiero buscar a otros que puedan aportar perspectiva al análisis del aprieto en el que me encuentro, que me puedan guiar en el tránsito. Cuando por fin apruebo el examen del carnet de conducir, el siguiente paso es ya totalmente obvio en mi cabeza: voy a hacer un viaje por carretera para visitar a las personas que me sirvieron de apoyo cuando estaba enferma.

Es casi medianoche y los troncos de la chimenea se han consumido prácticamente del todo, pero reavivo el fuego de las brasas y preparo café. Me siento en el suelo de la cabaña y abro una gran caja de madera tallada que compré hace muchos años en una tienda de antigüedades y contiene felicitaciones de cumpleaños de mi abuela, fotos, mitades de entradas de conciertos y un macabro muestrario de recuerdos hospitalarios, como una vieja pulsera identificativa y mi puerto subcutáneo. En la caja también hay cientos de cartas: sobres sobados llegados de lugares lejanos, mensajes de amor garabateados en servilletas de bar, invitaciones impresas en papel bueno de mucho gramaje y docenas de copias en papel medio desvaídas de innumerables correos electrónicos. Algunos de estos mensajes me han llegado de gente que conozco bien, como el padre de Will, que me envió más de doscientas tarjetas —una cada día de ese largo verano después de conocer mi diagnóstico y una todos los días después del trasplante hasta que estuve recuperada. Sin embargo, la mayoría son de personas a las que nunca he visto.

Suele decirse que en los momentos difíciles es cuando descubres quiénes son tus amigos de verdad, pero yo sobre todo descubrí de quién me quería hacer amiga. Algunas personas con las que creía que podía contar desaparecieron, mientras que otras que apenas conocía hicieron por mí mucho más de lo que jamás me habría esperado. En infinidad de ocasiones me quedé sin palabras ente el tacto y la delicadeza de que dieron muestra estos

254 • ENTRE DOS REINOS

desconocidos —lectores de mi columna, comentadores anónimos de internet, conocidos de sala de espera de hospital y amigos de amigos que yo apenas conocía— que me enviaron paquetes con regalos y correos llenos de humor, mensajes de Facebook haciéndome confidencias y largas cartas escritas a mano. De hecho, fueron mucho más honestos y se mostraron mucho más vulnerables que mucha gente que conocía en el mundo real: compartieron conmigo sus propias historias sobre lo que significa que tu vida se interrumpa, ya sea por el mazazo de un diagnóstico o algún otro acontecimiento traumático o desolador. Me enseñaron que, cuando la vida te tumba, tienes dos opciones: puedes dejar que lo peor que te ha pasado en la vida se haga con el control del resto de tus días, o puedes luchar con uñas y dientes para volver a ponerte en marcha.

Me había dado cuenta de que estaba desarrollando una cierta querencia hacia la caja desde que había terminado el tratamiento. Había una misiva en particular que me gustaba leer. Era un correo impreso que me había enviado Ned, el tipo de veinticinco años que me había escrito cuando yo todavía vivía en Hope Lodge en 2012, hablándome de las dificultades de hacer la transición de vuelta al «mundo real». El mensaje me enfureció al principio de recibirlo; había llegado más o menos por la época en que me había enterado de que tenía que empezar con la quimio otra vez después del trasplante. ¿Qué podría *tener de tan complicado hacer la transición de vuelta a la «normalidad»?* —me había preguntado yo—. *Si yo lo único que quiero es normalidad.* En cambio, cuando había salido de la niebla permanente que te envuelve durante el tratamiento, me había dado cuenta de que Ned llevaba razón. Mientras hacía mi propio intento personal de salvar los obstáculos de mi accidentado paso a otro estado, volvía a su carta una y otra vez, pues encontraba consuelo en sus palabras. Conocía a muy poca gente en la vida real que supiera lo que es estar atrapado entre dos mundos.

Había mucha más gente que me había escrito y que tal vez podría ofrecerme consejo sobre qué significaba reanudar tu vida tras una catástrofe. Estaba Howard, el historiador del arte jubilado de Ohio, que se había pasado la mayor parte de su vida luchando con una enfermedad terriblemente debilitante y aun así había vivido intensamente. Y también estaba Bret, el joven que había conocido brevemente la primera vez que había ido a una sesión de quimio sola y que ahora se estaba recuperando e intentando rehacer su vida de vuelta en Chicago. Y Salsa, cocinera en un rancho, que me había prometido que me llenaría el plato hasta arriba si alguna vez se me ocurría aparecer por Montana. Y Katherine, la profesora de instituto de California que estaba intentando seguir su camino tras el suicidio de su hijo. Y por supuesto no me podía olvidar de Lil'GQ, el preso que estaba en el corredor de la muerte en Texas, cuya cuidada caligrafía —esas voluptuosas pes y qus escritas con tinta azul sobre el fondo amarillo de páginas de cuaderno arrancadas— seguía tatuada en mi cabeza: *Ya sé que nuestras circunstancias son diferentes, pero, tanto en tu caso como en el mío, la amenaza de la muerte nos está acechando en nuestra propia sombra.*

Mientras voy mirando el contenido de la caja hago una lista de unas veintitantas personas a cuyas palabras e historias he estado dando vueltas en mi cabeza. Le escribo a cada una un correo electrónico anunciando que voy a embarcarme en un viaje por carretera para recorrer el país y preguntándoles si querrían que nos viéramos. No sé muy bien que esperar cuando le doy el botón de Enviar. En la mayoría de los casos ya han pasado años desde que se pusieron en contacto conmigo inicialmente y, en muchos casos, en su día yo no tuve fuerzas para responder. No tengo ni idea de si se acordaran de mí, ni de si estas personas siguen vivas, así que no me puede resultar más emocionante comprobar que, al cabo de unos días, tengo la bandeja de entrada del correo electrónico a rebosar con un coro prácticamente unánime de respuestas animándome a hacerles una visita.

Adquiero unos cuantos mapas de carreteras y los despliego en la mesa de la cocina. Recorro con un dedo las líneas moradas que señalan las carreteras interestatales, los serpenteantes trazos azules de los ríos y las manchas verdes de los parques nacionales, y así mi itinerario va cobrando vida. Seguiré una ruta en sentido contrario a las manecillas del reloj que me llevará por todo el país —del nordeste al Medio Oeste, atravesando luego los estados de las Rocosas para después bajar por la costa Oeste y cruzar el suroeste y el sur, y finalmente subir por la costa Este. Voy a recorrer unos veinticuatro mil kilómetros, pasaré por treinta y tres estados y visitaré a más de veinte personas. *Oscar* y yo vamos a ir a un internado de Connecticut, al *loft* de un artista en

Detroit, a un rancho de la Montana rural, a una cabaña de pescadores en la costa de Oregón, al bungaló de una profesora en el valle Ojai y a una tristemente famosa prisión en Livingston, Texas. Iremos donde nos lleven las cartas y veremos lo que nos encontramos.

Durante las dos semanas siguientes vuelvo a Nueva York a meter todas mis pertenencias en cajas, las envío a un guardamuebles y subarriendo el apartamento. No me puedo permitir comprarme un coche, pero mi amigo Gideon se ofrece generosamente a que me lleve su viejo Subaru. Entre los ingresos adicionales de alquilar el apartamento y los cuatro mil dólares que he ahorrado debería tener suficiente dinero. Mi intención es acampar y dormir en los sofás de la gente siempre que pueda, y solo en alguna ocasión pasar la noche en un motel. Hago un exhaustivo barrido de los anuncios de Craig List en busca de material de camping de segunda mano y compro un hornillo de gas, un saco de dormir para temperaturas por debajo de cero, una esterilla de gomaespuma y una tienda. Meto todo eso junto con una caja llena de libros, un saco de comida de perro, un kit de primeros auxilios y una cámara en la parte trasera del coche. Antes de empezar mi periplo acudo a una última cita con el oncólogo.

Mi viaje durará cien días: es el máximo de tiempo al que ha accedido el equipo médico hasta mi próxima cita de seguimiento, pero a mí me gusta más pensar que es otro proyecto de los cien días y me hago el propósito de hacer algo novedoso a diario con la intención de expandir mis límites. Será mi manera de reivindicar un número que, durante la cuenta atrás de los cien días después de un trasplante de médula, representa un punto de inflexión de importancia crítica de cara a la recuperación. La diferencia es que, esta vez, el rito de paso es obra mía.

27

REENTRADA

EN MEDIO DEL CAOS matutino del Midtown de Manhattan, termino de cargar todas mis cosas en el coche, me siento al volante y me pongo el cinturón. *Oscar*, que va en el asiento trasero, respira trabajosa y entrecortadamente como un asmático y le tiembla todo el cuerpo hasta tal punto que puedo oír el campanilleo de las placas del collar chocando entre sí. Intento no tomarme su nerviosismo como algo personal. *Oscar* ha estado pocas veces en un coche. Claro que, en realidad, mi experiencia conduciendo es limitada. *Poner el intermitente, mirar por el retrovisor, cuidado sobre todo con el ángulo muerto.* Entono las instrucciones de Brian como si fueran un número de teléfono que no quiero que se me olvide. Giro la llave del contacto. En el momento en que el motor empieza a ronronear me incorporo a la riada del tráfico Al girar a la derecha en la Novena Avenida paso por delante de una papelera desbordada, hay bicicletas abandonadas encadenadas a las farolas. Un hombre corpulento con la mirada salvaje vestido con harapos, está en medio del carril bici. Parece que me saluda con la mano: una imagen rara, pero no nada reseñable si hablamos de la ciudad de Nueva York. Cuando paso por su lado, el hombre exagera los gestos, agitando frenéticamente los brazos por encima de su cabeza. Da la sensación de que está intentando avisarme de algo. Antes de que me dé tiempo a pensar ni un segundo en qué pueda ser, empiezan a sonar las bocinas de los coches. Y entonces me doy cuenta: me están pitando a mí. Y circulan directamente hacia mí.

Es el minuto cinco de un viaje de veinticuatro mil kilómetros y ya estoy conduciendo en dirección prohibida en una calle de un solo sentido. Doy un volantazo hacia la izquierda al tiempo que piso el acelerador a fondo y cambio de dirección con un trompo, evitando una colisión por los pelos. Al incorporarme al carril más cercano a la acera, siento la efervescencia de la adrenalina corriendo por mis venas. *Este viaje es una pésima idea* —pienso al mirar el resto de vehículos que circulan velozmente—. *No estoy preparada. Estoy demasiado verde, demasiado frágil para sobrevivir. Lo más sensato es cancelar toda la operación.* Pero, incluso mientras me digo todo esto, sé que no lo voy a hacer. No puedo. Quedarme equivale a estar inmersa para siempre en una narrativa de persona rota. Marcharme equivale a crearme un nuevo relato de quién soy. Verdaderamente, no hay que pensárselo mucho.

Los restos de mi pasado están esparcidos por todas partes en las calles de Manhattan. Es donde nací y donde casi muero; donde me enamoré y donde, a lo largo del último año, me he derrumbado. A medida que con el paso de los minutos la ciudad se va alejando en el retrovisor, lo cierto es que no me da ninguna pena.

Mi destino de la primera noche está tan solo a algo más de ciento cincuenta kilómetros hacia el norte, no llegaré hasta el anochecer: me hacen desviarme y acabo en la Garden State Parkway, una carretera de peaje, y encima en la dirección sur. Todavía muy poco familiarizada con el concepto del «ángulo muerto» de los retrovisores, efectuo unos cuantos cambios de carril desafortunados con los que me gano los correspondientes bocinazos y que por lo menos un conductor me dedique un agresivo gesto con el dedo anular. Totalmente sobrepasada, decido seguir hacia el sur y parar en una ciudad pequeña de la costa de Jersey para una comida improvisada con una amiga, y luego vuelvo a la autopista, esta vez en dirección norte. Avanzo milímetro a milímetro por la circunvalación de la zona metropolitana de Nueva York, ahora colapsada con el tráfico de la hora punta hasta que, poco a poco, voy llegando a los verdes espacios abiertos de Connecticut. Conducir no es una actividad física —deportiva— en sí, pero a mí me lo parece: me duelen las muñecas de agarrar el volante, me palpitan de cansancio los tendones del cuello… La tarea de sentarme derecha y concentrarme en las siempre cambiantes variables del tráfico requiere un aguante del que mi cuerpo carece todavía, y me cuesta imaginar cómo voy a poder soportar otros noventa y nueve días más como este.

Cuando por fin llego a las inmediaciones de Litchfield, los tibios rayos del sol de la tarde se filtran por las copas de los pinos. Me doy unas cuantas palmaditas rápidas en las mejillas para mantenerme despierta y, cuando llego a la destartalada granja donde pasaré la noche, ya casi se ha puesto el sol. Aparco debajo de un viejo sauce y salgo del coche con paso algo vacilante, encantada de respirar el fresco aire otoñal. Rebusco en el maletero para pescar la linterna, el saco y algo para cenar y enfilo por un sendero que desemboca en una hilera de diminutas cabañas a orillas de un prado. La cabaña está expuesta a corrientes de aire. El interior es muy básico: un espacio único amueblado con sillones desparejados, un catre cubierto con unas mantas de lana y un escritorio. La cabaña es de un amigo de un amigo que está de viaje y me la ha cedido. Sobre el escritorio me ha dejado una botella de vino y una nota invitándome a que me sienta como en casa.

Considero tomar una copa de vino y cocinar una cena como es debido, pero estoy demasiado cansada, así que engullo rápidamente un sándwich de mantequilla de cacahuetes y mermelada y me deslizo dentro del saco de dormir. Por la puerta corredera de cristal contemplo cómo se va poniendo el sol sobre el prado y la noche va tejiendo sus hilos sobre todo. Cuando mis ojos se acostumbran a la oscuridad creciente empiezo a reparar en detalles que no había visto: la tenue silueta de los árboles mecidos por el viento; el brillo de las estrellas perforando el cielo una por una… Las empiezo a contar en un intento de calmar mi mente, pero no consigo conciliar el sueño. No me siento a gusto en el colchón, que es duro e irregular como un camino de gravilla. Mientras doy vueltas de lado a lado, presa de la añoranza por mi colchón, me sorprendo a mí misma preguntándome qué se me ha perdido a mí allí o, en definitiva, qué se me ha perdido a mí en un viaje por carretera para recorrer todo el país. Las horas van pasando y la oscuridad me susurra al oído todo tipo de mensajes preocupantes, conjurando todas las cosas terribles que podrían salir mal en los próximos meses. El ruido de un fuerte golpe que viene de fuera hace que me incorpore de un salto con el corazón latiéndome desbocado, solo para descubrir que no es más que la mosquitera de la puerta que se ha desencajado por el viento. Me vuelvo a tumbar sintiéndome patética: una mujer hecha y derecha de veintisiete años con miedo a la oscuridad.

Mientras tanto, *Oscar* lleva horas durmiendo a pierna suelta. Se ha acurrucado en una esquina de un sillón con un mullido relleno y emite unos cadenciosos resoplidos suaves —*puff, puff, pffff*— mientras duerme. Le envidio profundamente esa inconsciencia total y absoluta suya, la confianza ciega con la que va por el mundo, aparentemente ajeno al hecho de que el peligro y la muerte también están en las cartas. Digo su nombre muy bajito y me alivia mucho oír que se levanta y salta al suelo, atraviesa la estancia de unas cuantas grandes zancadas, con las uñas de las patas repiqueteando suavemente en el frío suelo, y por fin entierra el hocico en mi mano. «Anda, venga, sube», lo invito dando un par de palmaditas en el catre. *Oscar* tiene prohibido dormir en la cama, así que alza la vista hacia mí con aire de perplejidad. Vuelvo a dar un par de palmaditas en la cama y, por fin, él toma impulso flexionando sus achaparradas patas traseras y se eleva por los aires para aterrizar en el colchón con un golpe sordo muy poco elegante. Le rasco el sedoso pelaje de detrás de las orejas con la punta de los dedos y luego el pelo más grueso del cuello y termino en la suave y rosada piel salpicada de motas de la tripa. *Oscar* lanza un suspiro de satisfacción y se acurruca contra mi pecho, yo le paso un brazo por encima y, de repente, somos un par de colegas en la oscuridad de nuestro campamento improvisado. El calor que desprende su cuerpo atraviesa la fina tela de algodón de mi camiseta. Cierro los ojos y cuando los vuelvo a abrir ya ha aparecido en el cielo una pálida franja anaranjada que va ascendiendo por detrás del prado. Ya está aquí el día 2.

Al amanecer, escribo una nota para darle las gracias al dueño de la cabaña, cierro con llave y subo colina arriba hacia el coche, ojerosa y adormilada. Después de hora y media conduciendo por carreteras comarcales de doble sentido, llego por fin a la primera dirección de mi lista: un internado femenino llamado Miss Porter's School. Los impolutos edificios blancos de listones de madera que albergan los dormitorios emergen majestuosos en medio de una gran extensión de tupido césped bien cortado. Todo es tan absolutamente perfecto que el lugar entero parece como recién salido de un libro de Edith Wharton. Algo nerviosa, busco con la vista entre las riadas de chicas que corren a clase cargando pesadas mochilas a la espalda, hacia la acera que bordea el edificio, hasta que por fin la poso en un rostro vagamente familiar.

Ver a Ned cara a cara resulta estremecedor. Intento conectar la imagen del hombre que tengo delante con la fotografía que recibí hace tres años, de un paciente de cáncer completamente calvo sentado en el borde de una cama de hospital con el torso desnudo. El Ned del presente tiene una generosa mata de cabellos castaños en la cabeza, lleva gafas, camisa azul y pantalón de pinzas algo arrugado, todo lo cual le da un aire de madurez con una ligera pincelada de ratón de biblioteca, haciendo que parezca mayor que sus veintinueve años. Cuesta creer que esta persona haya estado enferma alguna vez. Echa a andar hacia mí y, en el momento que da el primer paso, se disipa completamente cualquier cercanía que haya podido sentir que nos unía. Me doy cuenta de que, lejos del resplandor intimista de nuestras pantallas de ordenador, sencillamente somos dos completos desconocidos que se encuentran por primera vez en una acera.

Nos damos un abrazo incómodo.

—¡Qué ilusión me hace conocerte! —me dice con una sonrisa tímida—. ¡Y a mis alumnas ya ni te digo! —Es profesor de literatura de décimo en el Miss Porter's y cuando estábamos planeando mi visita me preguntó si me importaría que me conociera su clase y hablarles un poco sobre el viaje que estaba empezando—. Por aquí, por favor —me indica y le sigo atravesando el campus hasta un pequeño edificio con cubierta de tejas. *Oscar* da saltos de contento a nuestro lado.

Serán una docena de chicas en clase, sentadas en un semicírculo alrededor de un escritorio de madera en un aula pequeña. Todas tienen aspecto de purasangres: atléticas, con los sedosos cabellos recogidos en largas colas de caballo y enfundadas en cálidos forros polares. Noto cómo se agolpa la sangre en mis mejillas y en mi pecho, que se cubre de un repentino sarpullido como me pasa siempre que soy el centro de atención. Observo la estancia por un momento y empiezo a pesar que no hay público que intimide más que un colega con quien te carteas en internet y un grupo de adolescentes.

—Buenos días a todas —saluda Ned—, me gustaría presentaros a una invitada especial.

—Hola —saludo por mi parte—,soy Suleika Jaouad y este es *Oscar.*

Al oír su nombre, *Oscar* ladra excitado. Un coro de «ohs» enternecidos resuena en el aula al tiempo que las chicas se levantan de sus sitios como movidas por un resorte para correr a hacerle carantoñas. Yo, por mi parte, le doy las gracias a *Oscar* en silencio por haber roto el hielo tan bien. Una vez se ha calmado un poco la cosa y Ned ha mandado a las chicas de vuelta a sus sitios, la atención vuelve a centrarse en mí. Cambio el peso de una pierna a otra unas cuantas veces, y experimento una cierta incomodidad mientras les cuento que estoy al principio de un largo viaje en coche por todo el país, un periplo de cien días, para ser más exactos. No hace más que un día que he salido de casa y esta es mi primera parada.

Tengo la sensación de que en el aula el ambiente está cargado y el espacio es muy reducido, y me entran unas ganas terribles de salir fuera, al patio a que me dé el aire. Trago saliva, sintiéndome completamente expuesta, pero sigo con la historia de cómo me diagnosticaron leucemia justo después de terminar la universidad.

—Ahora estoy en remisión —les explico—. Voy a aprovechar este viaje para recuperarme de lo que he pasado y reflexionar sobre hacia dónde quiero ir ahora. Durante estos meses que voy a estar en la carretera, voy a visitar a algunas de las personas que me escribieron cuando estaba enferma. Vuestro profesor es una de ellas.

Entonces Ned les cuenta que él también pasó por una experiencia parecida a los veintipocos años y que, cuando leyó mi columna, sintió la necesidad de escribirme una carta.

—Recuerdo haberme sentido totalmente enjaulado en mi habitación del hospital, aislado y lleno de frustración por todo el impulso que había perdido —dice Ned volviéndose hacia mí—. Y, esto va a sonar increíble, pero me pasaba mucho tiempo fantaseando con salir de allí y hacer mi propio viaje épico. Y ahora, tú lo estás haciendo. Y además estás aquí. Es todo bastante surrealista.

Las chicas no nos quitan ojo. Parecen desconcertadas, pero también algo en ellas se ha suavizado: es como si, de repente, Ned les parezca menos un profesor y más alguien con quien se pueden identificar, un hombre joven que no les lleva tantos años y que tiene una vida fuera del aula, que enferma, al que también le pueden romper el corazón, y que va por el mundo con secretos a cuestas igual que ellas.

Durante la hora siguiente, las chicas alzan una mano tras otra para formularme docenas de preguntas sobre mi viaje y lo que escribo. Asienten vigorosamente con la cabeza para animarme a seguir hablando, cosa que ayuda mucho a que mis nervios se calmen. Y entonces empiezan a contar ellas sus historias también. Una alumna externa, hija de bangladesíes, se sincera sobre las dificultades de cambiar de cultura constantemente entre la de casa y la del colegio. Otra habla de la muerte repentina de su padre y lo mucho que lo echa de menos. Una chica, que forma parte del equipo de competición atlética del internado, con la cara cubierta de pecas color miel clara, me lleva a un aparte al terminar la charla para comentarme su propio diagnóstico de cáncer de hace aproximadamente un año. «Antes de eso, si me hubieras preguntado que quién era yo te habría respondido que una atleta —dice suavemente—, pero ahora ya no estoy segura porque el cáncer te hace una cosa rara, coge quién eres y lo que crees que sabes y lo tira todo a la basura».

Cuando suena la campana para indicar el cambio de clase, varias se quedan un poco rezagadas para seguir charlando. «Llévame contigo», me dice una. «¡Yo también quiero ir!», se suma otra. Me siento profundamente agradecida a Ned y sus alumnas, que han asistido con amabilidad a mi nerviosa —incluso temblorosa a ratos— intervención en la que confesaba una total falta de claridad sobre qué me deparará el futuro. Y, sin embargo, aparentemente creen en lo que me he propuesto hacer y mi viaje les parece algo emocionante y que merece la pena. Yo no tengo tanta fe como ellas en que así sea, pero sin duda me han dado un chute de confianza que necesitaba. Su actitud abierta me ha mostrado lo que puede pasar cuando nos olvidamos de las necedades y el postureo y admitimos la incertidumbre.

Después de clase, Ned y yo llevamos a *Oscar* a su apartamento y luego nos dirigimos al restaurante del internado. Pasamos por delante de una pared de la que colgaban una hilera de retratos al óleo de las antiguas directoras del colegio: todas mujeres blancas de expresión adusta que parecen recién salidas del *Mayflower*. Los internados elitistas de Nueva Inglaterra se rigen por reglas y tradiciones que alguien como yo, que he ido a la escuela pública toda la vida, no puede acabar de comprender. Ned, en cambio, nació en este tipo de ambiente. Durante la comida me cuenta que se crio en el campus del internado de Massachusetts donde sus padres eran profesores; lo de enseñar lo lleva en la sangre. Este trabajo en el Miss Porter's es el primero que tiene después de haber dejado la universidad para empezar el tratamiento. Cuando le pregunto qué tal le está yendo, su cara se ensombrece:

—Pues creo que está todo bien, eso parece. En administración están contentos, pero me preocupa no estar a la altura del antiguo Ned, y eso hace que tenga la sensación de ser un fraude.

—¿A eso aspiras? —pregunto— ¿A volver a ser el antiguo Ned?

—Quiero decir que eso sería lo ideal, pero sencillamente no es realista —responde negando con la cabeza.

Me dispongo a replicarle, pero desisto. ¿Qué puedo tener que añadir? Ned acaba de resumir lo que a mí me ha llevado casi un año desenmarañar: no hay restablecimiento posible para gente como nosotros, no es posible volver a los días en que nuestro cuerpo estaba intacto y nuestra inocencia sin mácula. La recuperación no es un suave y hasta divertido proceso que te devuelve a tu estado anterior a la enfermedad. Pese a que la palabra podría sugerir otra cosa, la recuperación no es en absoluto cuestión de salvar lo de antes, sino de aceptar que debes renunciar para siempre a un yo que te resulta familiar en favor de otro yo que acaba de nacer. Es un acto de brutal y aterrador descubrimiento.

Después de comer, Ned me lleva a dar un paseo por calles de zonas residenciales con jardines de prístinas vallas blancas y caminos que corren paralelos a campos de maíz, hasta llegar a un río cercano. Solo hace un par de horas que lo conozco, pero ya le estoy hablando con más franqueza de la que he mostrado con ninguna otra persona en el último año. Mientras paseamos, le hablo de todo —Will, Melissa, Jon y la depresión de la que soy prisionera—, hasta le cuento que fumo y le explico mi fantasía recurrente sobre una recaída. Durante mucho tiempo me ha dominado la *omertá* que parece ir de la mano de la supervivencia: ser demasiado avergonzada para contarle la verdad a nadie. Es un alivio saber que Ned, no solo me entenderá, sino que él también se ha enfrentado a muchos de estos mismos retos.

—Oye, una cosa que no quiero dejar de preguntarte es qué fue lo que te hizo decidir venir a verme —me dice Ned.

—Lo que me escribiste sobre hacer la transición después del tratamiento, sobre lo difícil que iba a ser. Ahora lo entiendo —contesto. Caminamos en silencio un rato y entonces añado—: Ya sé que no se puede volver a ser la persona de antes del cáncer, pero confiaba en que a estas alturas por lo menos sí que habrías encontrado ya el camino de vuelta a la normalidad.

Ned va aflojando el ritmo, concentrado en escuchar. Le menciono la idea de los reinos de Sontag y le pregunto cómo ha sido para él la vuelta al reino de los sanos. Ned ladea la cabeza con aire abrumado.

—Desearía decirte que he saltado por encima de la alambrada de espino de vuelta al otro lado —dice—, pero la verdad es que realmente no sé si eso es posible.

Su respuesta me produce vértigo y mientras seguimos hablando acabo identificando la sensación que estoy sintiendo como decepción profunda. La idea de que la reintegración es un proceso continuo y difícil se suele mencionar con frecuencia en relación a los veteranos de guerra o la gente que sale de prisión, pero no cuando se habla de los supervivientes de una enfermedad. Todo este último año me he estado imaginando a Ned perfectamente instalado de vuelta en el reino de los sanos, tras haber dejado atrás hace mucho las preocupaciones que menciona en su carta, con lo cual ahora estaría en situación de poder guiarme. Pero resulta que él todavía está igual que yo, tratando de encontrar su camino, todavía está batallando para cargar con el daño colateral de la enfermedad y, de repente, me doy cuenta: tal vez siempre sea así.

—¿Has notado algo raro en mi manera de andar? —me pregunta Ned señalando una leve cojera.

Esa leve cojera ha sido lo primero en lo que he reparado cuando empezamos a andar. Pero no me ha parecido de buena educación hacer ningún comentario al respecto, así que no he dicho nada.

Ned me cuenta que un efecto secundario de su quimio es que le ha erosionado las articulaciones y hace poco que le han tenido que poner dos prótesis de cadera. Sufre neuropatía y dolor crónico, lo que le dificulta correr o practicar deporte y, como tantos antiguos pacientes, vive con el zumbido constante de permanecer vigilante, alerta ante cualquier mala noticia, con los ojos pendientes de detectar algún indicio temprano de que la enfermedad se ha vuelto a colar en la trama de la historia.

Sé todo lo que hay que saber al respecto porque a mí me pasa igual. Antes de comenzar el viaje lo hablé con un médico del Sloan Kettering que me explicó que lo que me estaba sucediendo tenía nombre: trastorno por estrés postraumático (TEPT)), un diagnóstico que yo siempre había creído que estaba reservado a gente que había sufrido terribles atrocidades violentas. Hay traumas —según me explicó— que se niegan a permanecer en el pasado y desatan el caos en forma de desencadenantes de crisis o vívidos recuerdos desagradables, pesadillas o ataques de ira, hasta que se procesan y se les da su espacio. Todo esto me ayudó a comprender por qué el horror de tener cáncer no había terminado con el último día de tratamiento, sino que se había intensificado después: la agobiante sensación de que algo terrible podía volver a pasar en cualquier momento, las pesadillas que me despertaban violentamente por las noches, los ataques de pánico que me dejaban de rodillas haciendo jadeantes esfuerzos por que el aire entrara en mis pulmones. La resistencia que sentía a la hora de entablar verdadera intimidad. La vergüenza personal que iba conmigo a todas partes y el sentimiento de culpa que me provocaba ver cómo afectaba todo esto a los que me rodeaban. La voz persistente en mi cabeza que me repetía: *No bajes mucho la guardia porque un día de estos voy a volver.*

Reconocer mi estrés postraumático fue una revelación, como también lo fue la posibilidad de lo que los psicólogos describen como «crecimiento postraumático». Mi enfermedad me ha humillado y me ha hecho más humilde, y también me ha enseñado, aportándome sabiduría que seguramente habría tardado décadas en adquirir la egocéntrica jovencita de veintidós años anterior al diagnóstico. Ahora bien, la famosa frase de Hemingway —«el mundo nos rompe a todos y después muchos son fuertes en los lugares rotos»— solo es cierta si vives abierto a las posibilidades de tu nueva sabiduría recién adquirida. Ni Ned ni yo hemos encontrado todavía la manera de hacer eso, pero al terminar el paseo y despedirnos, para concluir la tarde cada uno por su lado, encuentro consuelo en saber que no soy la única.

Unas horas después, esa misma noche, me pongo al volante y paso a recoger a Ned pues hemos quedado para cenar. Mientras el coche avanza tembloroso por la autopista, el cielo va adquiriendo un tono cada vez más oscuro, negro carbón. Nunca he conducido en una autopista de noche, con lo cual me da tranquilidad tener conmigo de copiloto a alguien más que *Oscar*. Ned me da indicaciones para llegar al restaurante y consejos sobre cómo cambiar de carril. Cuando llegamos siento que he cogido más confianza, aparco en un hueco que encuentro, salgo del coche y echo a andar hacia el restaurante, pero Ned permanece plantado en el sitio sin moverse:

—Me veo en el deber de informarte de que has aparcado cruzada y estás ocupando dos huecos de aparcamiento —me grita desde la distancia, haciendo ímprobos esfuerzos para no reírse—. Visto que estamos enfrente de una tienda que vende todo tipo de bebidas alcohólicas, igual sería prudente aparcar otra vez antes de que alguien llame a la policía para informar de lo que parece ser un caso flagrante de conducción con muchas copas encima.

Una vez he vuelto a aparcar el coche como es debido nos encaminamos hacia la señal de neón rojo SEOUL B.B.Q & SUSHI. Mientras esperamos a que el camarero nos traiga un aperitivo, Ned mete la mano en su mochila y saca un gran sobre marrón de papel manila que desliza sobre la mesa hacia mí. Cuando lo abro, me encuentro con que contiene un montón de poemas, todos con notas de lápiz al margen.

—Si algo he aprendido con todo esto —dice—, es que una de las cosas que me sostienen es la poesía. Veo mi experiencia reflejada en lo que leo y se convierte en el lenguaje que utilizo para captar su sentido. Te he hecho una pequeña selección de mis favoritos, igual te hablan a ti también en el lugar donde estás ahora, donde los dos estamos ahora mismo.

Ned cierra los ojos y empieza a recitar unos versos de un poema de Stanley Kunitz titulado «Las capas»:

> He caminado por muchas vidas,
> algunas mías,
> y no soy quien era,
> pero algún principio de existencia
> permanece, y lucho por
> no desviarme de él.

Igual que para Ned, leer y escribir han sido parte integral de mi vida desde la infancia. Después de conocer el diagnóstico, juntar frases fue lo que me permitió aferrarme a un sentido de quién era yo pese a ir poniéndome cada vez más enferma, incluso a pesar de que ya no me reconocía en el espejo, pues me proporcionó una ficción de control en un momento en el que había tenido que cedérselo en grandes cantidades a quienes me cuidaban. Intentar expresar lo que me pasaba con palabras me hizo escuchar y observar mejor, no solo a los demás, sino también los cambios sutiles en mi propio cuerpo. Me enseñó a alzar la voz para defender mi propio caso. (Mi equipo médico solía bromear diciendo que cada vez que cometían un error acababa publicado en *The New York Times*). Informar sobre mi experiencia me ofreció una manera de transmutar el sufrimiento en lenguaje. Y además creó una comunidad, por ejemplo trayéndome hasta aquí a ver a Ned.

No creo que sea una exageración decir que la escritura me salvó. Pasara lo que pasara, yo escribía, aunque solo fuera unas pocas frases.

Excepto este último año.

De vuelta en la habitación del motel sigo pensando en el poema que me ha recitado Ned, en la idea de un «principio de existencia» que sea un hilo conductor entretejido a través de pasado, presente y futuro. He reparado en que Ned habla de sí mismo como dividido en tres yos diferentes: el Ned de antes del diagnóstico, el Ned enfermo y el Ned en recuperación. Cuando hablo de mi vida, ahora me doy cuenta de que también hago lo mismo. Tal vez el reto sea identificar el hilo que conecta esos tres yos. Me parece un desafío que se trabaja mejor sobre el papel.

Por primera vez en meses, abro mi diario y empiezo a escribir. Decido hacerlo todos los días, para seguir el hilo allá donde me lleve.

Entre Ned y la siguiente persona de mi lista hay más de mil kilómetros de autopista. Un conductor con más experiencia, o alguien con una mayor reserva de energía de la que tirar, tal vez podría hacerlo de una tirada en unas doce horas. A mí me va a llevar casi dos semanas. La mañana del día 3 me despierto en Farmington con un picor sospechoso en la garganta. Estaba deseando acampar, pero me parece que me he resfriado y la previsión del tiempo anuncia una tormenta.

El cielo está todo magullado por ominosas nubes moradas y negras cuando llego a un camping en Middleborough, Massachusetts. Al salir del coche noto que me cae una gota de lluvia en la cabeza, y luego otra... La idea de dormir con el perro en la tienda bajo la lluvia, además estando acatarrada, me parece terrible así que, ya en la oficina del camping, cambio de idea y opto por alquilar una cabaña. Las cabañas forman un semicírculo en una zona de árboles sobre el que se ciernen un par de largas hileras de caravanas aparcadas en un prado de hierba amarillenta. No es precisamente la experiencia en medio de la naturaleza que me había imaginado.

Saco mis cosas del coche y me siento en la mesa de picnic que hay frente a la cabaña. Es el primer día del otoño que de verdad está haciendo frío y llevo puestos unos vaqueros, sudadera, un grueso chaquetón negro y gorro de lana. *Oscar* duerme en mi regazo, calentándome los muslos mientras consulto el mapa. Estoy absorta estudiando el itinerario hacia el norte de la próxima semana cuando, de repente, *Oscar* se baja de un salto y empieza a gruñir, enseñando los dientes a un coche que acaba de detenerse junto a la cabaña de al lado y del que salen a la carrera dos perritos luciendo idénticos lazos de color rosa; les siguen sus dueños, una pareja joven de unos treinta años que enseguida se me acercan.

—Yo soy Kevin y esta es Candy —hace las presentaciones él: pelo engominado y cadena de plata al cuello.

—Suleika —respondo—, encantada.

—¿Su qué?

— Su lei-ka —enuncio lentamente.

—¿De dónde coño has sacado ese nombre? —se interesa Kevin con una risotada— Tú no eres americana, ¿verdad?

No me queda claro si es una pregunta genuina, una broma o un comentario racista. No sé qué decir, así que yo también me río, odiándome un poco a mí misma por ello.

—¿Estás aquí sola? —me pregunta Candy.

Digo que sí sin pensar y me arrepiento al instante de no haber contestado que no, que estoy con mi novio Buck, que ha salido a cazar un bisonte, pero que él y todos sus rifles estarán de vuelta de un momento a otro. Y a ese pensamiento le sigue rápidamente otro: que no necesito ningún hombre para sentirme segura en la carretera, que lo único que me hace falta es un poco de discernimiento con quién interactúo y cómo. En este caso concreto, el buen discernimiento dicta que desee educadamente a mis vecinos que disfruten el resto del día y me retire a mi cabaña. A través de la mosquitera de la puerta, veo que Kevin y Candy se dirigen de vuelta al coche y, para mi gran alivio, arrancan y se van.

Tras asegurarme bien de que efectivamente se han marchado, salgo fuera a buscar leña para la parrilla instalada delante a la cabaña: está húmeda y necesito tres intentos para que prenda. Pero, cuando lo consigo, contemplo con satisfacción las lenguas de fuego ascendiendo vacilantes en el aire fresco de la tarde. Ha dejado de llover y le quito la correa a *Oscar* para que corretee suelto un rato. Me tumbo de espaldas sobre la hierba húmeda, estirando los brazos y acariciando las briznas con la punta de los dedos. El olor a madera quemada me entra suavemente por la nariz.

Me quedo adormilada y, cuando me despierto, ya está oscuro. Del cielo cuelga un gajo de luna creciente que me recuerda a un blanquísimo trozo de uña recortada. Otro día más, estoy demasiado cansada para estrenar mi flamante hornillo, así que me preparo otro sándwich de mantequilla de cacahuetes y mermelada y me instalo en la mesa de picnic con el sobre de poemas que me ha dado Ned. Pero, antes de que me dé tiempo a ponerme a leer, me distrae el sonido del crujir de zarzas. Entorno los ojos en dirección al bosque y diviso a un perrazo acompañado de un hombre fornido con camisa de cuadros de franela que apenas le abrocha por encima de su inmensa barriga. Arrastra una inmensa bolsa de lona azul que contiene… ¿*Qué? Igual provisiones sencillamente*, me digo para mis adentros—. *O… bueno, también podría ser un cadáver.* El hombre remolca su carga hasta el porche de la cabaña —que queda a mi derecha— sin decir ni hola. Se sienta en los peldaños y abre una lata de cerveza, la primera de un pack de doce del que empieza a dar cuenta a una velocidad vertiginosa. Me siento incómoda. Mi plan de una noche tranquila junto al fuego acaba de esfumarse. Me llevo dentro los poemas y lo que queda del sándwich.

Hubiera preferido no volver a poner un pie fuera hasta la mañana siguiente, pero la cabaña no tiene agua corriente y los baños están a unos sesenta metros. Antes de acostarme, cojo una linterna y el neceser y me preparo para salir a hacer una incursión rápida en el baño. Pero, en el momento que abro la puerta, *Oscar* sale disparado escurriéndose entre mis piernas y desaparece en mitad de la noche. «*Oscar* —lo llamo en un susurro y luego, ya alzando la voz, vuelvo a insistir—: *Oscar*, maldita sea, ven aquí». Apunto con la linterna hacia el bosque y hago un barrido rápido por la zona, caminando arriba y abajo por la hierba alta mientras llamo al perro por su nombre cada vez más frustrada.

—¿Se te ha escapado el perro? —pregunta mi fornido vecino, bebedor impenitente de cervezas, que acaba de aparecer a mi espalda haciendo que dé un respingo.

—Sí, pero lo tengo todo controlado.

—¿Quieres que te ayude a buscarlo? —sugiere como si no hubiera oído una palabra de lo que acabo de decirle.

—No, no hace falta —repito con más firmeza y echo a andar para alejarme.

Llevo tanto tiempo viviendo en el restringido mundo de la enfermedad que no es solo que dude de la seguridad de mi propio cuerpo, sino de la del mundo en general también. Cuesta identificar qué es un miedo razonable, en qué confiar y en qué no. A pesar de lo mucho que quiero a *Oscar*, no estoy dispuesta a salir a buscarlo por el bosque en medio de la noche con un desconocido de aspecto inquietante. Así que giro sobre mis talones en dirección a mi cabaña y, a medida que me voy acercando, oigo el golpeteo de un rabillo nudoso sobre los tablones de madera del porche: por supuesto es *Oscar*, luciendo una amplia sonrisa en ese rostro desaliñado. «Debería mandarte de vuelta a la protectora», marmoteo al tiempo que lo cojo en brazos y cierro con pestillo a mis espaldas.

Amanezco peor del resfriado: me duele todo el cuerpo y noto la cabeza como si la tuviera llena de grumosa arena mojada. Cuesta trabajo no desanimarse pensando que puede que me pase así gran parte del viaje: noches de ansiedad, enfermedad intermitente y agotamiento persiguiéndome de estado en estado. Me arrastro hasta la mesa de picnic de fuera donde batallo con el hornillo de gas. Por fin consigo encenderlo. Las llamas azules parpadean bajo el cazo de burbujeantes gachas de avena y, justo en el momento en que me dispongo a empezar a desayunar vuelven a aparecer mi vecino y su perro.

—Muy buenos días —saluda él inclinando levemente la visera de la gorra de camionero que lleva encasquetada sobre una maraña de rizos grasientos—. Disculpa, que no me haya presentado antes. Yo me llamo Jeff y este es *Diesel* —dice señalando al labrador negro que está a su lado—. Quería disculparme por lo de ayer por la noche. Soy sordo y la verdad es que no te oía bien. Pero hoy sí que me he puesto el aparato. Me alegra ver que conseguiste recuperar al perro sin problema.

A la luz del día, lo veo mucho mejor: las uñas de sus manos están medio rotas y una barba de varios días le cubre las mejillas, pero sus ojos destilan bondad. Noto una punzada de culpa: debería haber aprendido algo por haberme pasado los últimos años siendo el blanco de todo tipo de asunciones infundadas. En una ocasión, un día de invierno que nevaba en Manhattan, un hombre me gritó en el autobús por no ceder mi asiento a una señora mayor. *Señor, ya lo sé, ya sé que mi aspecto es joven, pero es que estoy enferma; de hecho voy a la sesión de quimioterapia*, hubiera tenido que decirle. Aunque no lo hice, sino que, cohibida por la mirada reprobatoria de varios pasajeros, me sonrojé y liberé el asiento.

—¿Cuánto tiempo llevas haciendo camping? —le pregunto a Jeff esforzándome por ser amable.

—Llevo unas cuantas semanas durmiendo en una tienda, pero ha estado lloviendo mucho, así que ayer por la noche me trasladé a una cabaña.

—¡Vaya, unas cuantas semanas! —repito muy impresionada—. Yo también estoy embarcada en una larga aventura.

—Bueno... supongo que se podría llamar una aventura... He tenido que vender mi casa y me está costando encontrar un sitio que me pueda permitir, así que de momento esta es mi casa. Mucha gente en este camping está en la misma situación. Corren tiempos difíciles, ¡pero no me oirás quejarme!

—Jeff y yo seguimos charlando un buen rato. Me habla de las playas de Plymouth, una ciudad costera que no queda lejos—. El paisaje de esa zona es muy bonito —me dice—, deberías darte una vuelta por allí.

Hoy no hace tanto frío y, como no tengo nada más planificado, sigo su consejo. Mientras paseo por una playa de guijarros pienso en Jeff y en *Diesel*, en cómo se las van a arreglar este invierno sin una casa. Y pienso en Ned y sus alumnas. Pienso en las personas y los kilómetros de autopista que me esperan. *Oscar* persigue olas en la orilla. Vetas de rosa y naranja se entrecruzan sobre el mar a medida que el sol se va hundiendo poco a poco cada vez más en la línea del horizonte.

Al cabo de unos pocos días, cuando el tiempo y mi catarro ya van mejorando, busco un sitio para probar mi tienda de campaña, decidida a acampar de verdad antes de marcharme de Massachusetts. Bordeando la costa lentamente llego a Salisbury, a un camping llamado Pines Camping Area. Aparco enfrente de la cabaña con tejado a dos aguas que hay a la entrada. La cabeza de rizos canosos de una mujer oscila del otro lado del mostrador de recepción. Su propietaria está enchufada a una botella portátil de oxígeno; un paquete rojo de Marlboro descansa sobre la mesa.

—¿Te puedo ayudar en algo? —me recibe con voz ronca. Cuando le pregunto si quedan huecos para acampar esa noche me muestra el mapa del camping—. Escoge —dice—, no hay nadie más que tú.

Los altos pinos se ciernen sobre mí mientras me dirijo hacia el extremo más alejado del camping. En el último rato de luz del día, saco rápidamente la tienda para montarla. Extiendo la lona y la armazón de la tienda en el suelo y doy un par de pasos hacia atrás con los brazos cruzados sobre el pecho para coger perspectiva mientras inspecciono el equipo. ¿De verdad va a ser tan difícil...?

Después de un rato peleándome con las varillas de metal obtengo la respuesta. Mi tienda de segunda mano no venía con manual de instrucciones. Tras varios intentos fallidos descarto cualquier idea romántica del bosque como un santuario lejos de la civilización y saco el teléfono para recurrir a un tutorial de YouTube. Un cazador vestido con ropa de camuflaje y un modelo de tienda exactamente igual al de la mía —una Big Agnes Fly Creek— me explica lo que tengo que hacer pausadamente, arrastrando un poco las palabras, desde un bosque en algún lugar del país. Yo miro el vídeo, rebobino y lo vuelvo a mirar, tirándome por el suelo para sujetar la lona a las varillas justo como dice él.

No he llegado muy lejos. Desde que salí de casa hace una semana he experimentado unos cuantos sobresaltos. Pero cada situación estresante me permite encontrar nuevos recursos. Tengo que creer que si sigo esforzándome por convertirme en la persona que querría ser —alguien autosuficiente e independiente a quien no le da miedo acampar sola en el bosque— al final lo conseguiré. Cuando por fin tengo montada la tienda me arrastro dentro con una sensación un tanto exagerada de logro y, con la lámpara sujeta sobre la frente, abro mi cuaderno y le quito el capuchón al boli. *¡Estoy acampando!* —escribo— ¡En una tienda! ¡Sola!

28

PARA LOS QUE QUEDAN ATRÁS

PASAN COSAS RARAS cuando haces un viaje sola. La monotonía de conducir se vuelve meditativa: la mente se expande. Las preocupaciones y ansiedades habituales levantan el vuelo y, en cambio, empiezan a revolotear en tu mente imágenes que sueñas despierta. De vez en cuando, el tenue hilillo de una idea aparece como por arte de magia para luego retirarse, como si fuera un rutilante espejismo en medio del desierto. Otras veces te arrolla sin previo aviso una avalancha de recuerdos desatados por una vieja canción en la radio o un momento de *déja vu* provocado por el paisaje. La interacción entre geografía y memoria se convierte en una conversación: se activan y espolean mutuamente. En ocasiones hasta desembocan en visitas improvisadas.

VIVE LIBRE O MUERE puede leerse en un gran rótulo con letras azules que me recibe al entrar en New Hampshire. Me pica la curiosidad por conocer el origen del lema del estado, así que hago una búsqueda rápida en internet en la próxima gasolinera que paro, y me entero de que fue acuñado por el general John Stark, famoso veterano de la Guerra de Independencia, en 1809. Un reumatismo grave que lo debilitaba seriamente le había obligado a rechazar la invitación para asistir a la conmemoración de la batalla de Bennington, así que envió un mensaje por correo: «Vive libre o muere: la muerte no es el peor de los males». Como alguien que está tratando de escapar de una vida que ya no le parece libre, me identifico con la primera parte del eslogan. En cuanto a la segunda, a mí la muerte sí me parece el peor de los males, sobre todo para los que quedan atrás, que tal vez nunca encuentren la manera de poner punto final a su luto.

Me acuerdo de que los padres de Melissa viven en la zona, a un corto desvío de mi ruta, y no me parece bien estar tan cerca y pasar de largo sin ni tan siquiera avisarles, así que le mando a su madre, Cecelia, un mensaje de texto para que por lo menos sepa que estoy por aquí. *¿Desayuno tardío?* —sugiere— *Conozco un sitio en Windham justo a la salida de la 93. Es agradable, mono y además tiene mesas fuera, así que podemos traer a los perros.*

¡Perfecto! —respondo yo—. *Puedo estar ahí en una hora.*

De vuelta en el coche, contemplo cómo desfilan a gran velocidad las líneas de separación de los carriles de la autopista, igual que largas cintas blancas, mientras hago memoria de la última vez que nos vimos. Fue hace año y medio, una noche cálida y ventosa de abril, en Brooklyn. Nos habíamos reunido para el velatorio de Melissa que, en el más puro estilo de Melissa, había insistido en que llamáramos «fiesta». Antes de ir para allá quedé con Max —el poeta del ala de pediatría— en un restaurante mexicano donde bebimos una cerveza y un chupito de tequila de trago en busca de un poco de coraje líquido. El velatorio se celebraba a unas pocas manzanas, en un local cavernoso en el que solían celebrarse inauguraciones de exposiciones, rodajes de vídeos musicales y desfiles de moda. Me acuerdo de ir de la mano de Max mientras nos abríamos paso entre la muchedumbre hacia donde estaba reunida nuestra banda del cáncer en un grupito. No cabía un alfiler y hacía mucho calor, no corría el aire. Una lámpara de techo provista de resplandecientes adornos proyectaba una luz de un tono escarlata. Las obras de Melissa cubrían hasta el último centímetro de las paredes. En acatamiento de sus estrictas instrucciones, había botellas de litro y medio de *whiskey*, litronas de cerveza y botellas de vino bueno y, a medida que el alcohol iba corriendo, las risas subían de volumen. Cuando llegó el momento de que todo el mundo tomara asiento para honrar el motivo por el que nos habíamos reunido todos allí, una sensación contenida de pánico inundó la sala. Hasta ese momento, el velatorio podría haber pasado perfectamente por una fiesta sorpresa de cumpleaños, pero era como si todos estuviéramos empezando a darnos cuenta de que la invitada de honor nunca se presentaría.

Esa noche hizo que la ausencia de Melissa se volviera real de un modo en que no lo había sido hasta entonces. Y también hizo visible la desolación que había provocado su muerte en su familia, sus amigos y su comunidad. Max se sentó a mi lado con los ojos desorbitados y un ligero aire de estar a punto de desmayarse. Me pregunté cómo sería para él estar allí, teniendo en cuenta que Max y Melissa compartían diagnóstico. Él estaba bien de momento, pero el sarcoma de Ewing es vengativo y suele volver una y otra vez a saquear el cuerpo hasta el último suspiro. Como si hubiera leído mis pensamientos, Max me pasó el brazo por encima de los hombros y yo apoyé mi cabeza contra la suya. «Me parece estar viendo un anticipo grotesco de lo que va a ser mi propio funeral», musitó.

Dio comienzo un programa completo de actuaciones, lecturas y brindis intercalados con el murmullo suave de los sollozos. El padre de Melissa, Paul, fue el primero que tomó la palabra. «Para un padre no hay dolor más grande que perder a un hijo —dijo con su fuerte acento irlandés—, pero encontramos un gran consuelo en el increíble legado que nos ha dejado Melissa a través de su arte y de todos sus maravillosos amigos. En estos últimos tres años he pasado una cantidad asombrosa de tiempo con Melissa, acompañándola en la batalla contra esta temible enfermedad, y en ese sentido me considero el padre más afortunado del mundo». Luego habló del que dijo había sido uno de los mejores días de su vida: era una tarde preciosa de verano y, pese a estar en mitad de otra ronda de quimio, Melissa se encontraba bastante bien, así que lo llevó al museo, luego a comer a un restaurante y a ver a su amigo Chuck, que era artista tatuador. «Hoy te vas a hacer un tatuaje», recordaba Paul que Melissa le había dicho. Al final se decidieron por hacerse uno igual, del *claddagh* irlandés —dos manos que sujetan un corazón coronado—, que simboliza amor, honor y amistad, tres cosas que Melissa poseía en grandes cantidades. Luego fueron a un bar al otro lado de la calle donde unos amigos estaban tocando *bluegrass*. «Un tipo me pasó una guitarra y nos pusimos a tocar como locos, fue puro *rock and roll* —rememoró Paul con una sonrisa—. Luego Melissa me cogió del brazo y dijo: "Sabes que eres el más guay, ¿verdad, papá?" Y, os digo una cosa: los jóvenes de veintitantos no les dicen esas cosas a sus padres». Luego cogió una guitarra y empezó a rasgar las cuerdas mientras cantaba una vieja canción folk muy conocida titulada «Dimming of the Day», el final del día, para por fin concluir con una frase que lo decía todo: «La echaremos de menos siempre».

A medida que, uno tras otro, los asistentes se iban poniendo de pie para compartir un recuerdo, una anécdota favorita, mi mirada no paraba de vagar de vuelta a la madre de Melissa, que tenía el aspecto de estar completamente perdida. Llevaba una chaqueta cruzada y, en honor al pasatiempo favorito de su hija, se había puesto en una solapa un broche con forma de una hoja dorada de marihuana. Su expresión me impresionó: rostro impertérrito, mandíbula apretada, mirada fija en un punto. No lloró ni una lágrima hasta el final, cuando le llegó el turno de hablar. «Melissa era sencillamente increíble —dijo con voz rota un segundo antes de echarse a llorar desconsoladamente—. Se suponía que iba a decir más cosas, pero sencillamente... no puedo».

A los que pierden a la pareja los llamamos «viudos» o «viudas», y los hijos que pierden a sus padres son «huérfanos», pero no hay una palabra para designar a los padres que pierden a un hijo. Se supone que los hijos deben sobrevivirte varias décadas, enfrentarse al peso de la mortalidad precisamente a través de tu muerte. Asistir a la muerte de un hijo es un infierno demasiado pesado para el entramado del lenguaje. Sencillamente, las palabras se desmoronan.

La mayor preocupación de Melissa en las últimas semanas de su vida había sido qué pasaría con sus padres cuando ella ya no estuviera. Yo no sabía qué decir cuando sacaba el tema. Tampoco sabía qué decirles a sus padres la noche de la celebración en su memoria. Más allá de un abrazo rápido y una expresión apresurada de condolencias, me había mantenido a cierta distancia, por miedo a decir algo incorrecto o a derrumbarme en su presencia. ¿Acaso podía yo ofrecerles nada que aliviase su dolor?

Ahora, mientras conduzco para reunirme a desayunar con la madre de Melissa, sigo sin saber qué decir. Nunca hemos pasado tiempo juntas en ausencia de Melissa. Hasta hoy, la mayoría de nuestros encuentros habían sido en salas de espera y pasillos de hospital. Manteniéndome en el carril de la derecha abandono la autopista por la salida 3 y voy dejando atrás un prado donde pastan unas vacas, una iglesia con su blanco campanario y un puesto hasta arriba de patata roja que vende un granjero. Cuando llego a la tienda-café donde hemos quedado, la Windham Junction Country Store and Kitchen, Cecelia ya me está esperando en el aparcamiento: lleva una cazadora vaquera y unas Converse altas de color negro. Es idéntica a su hija, solo que con gafas y mechones de canas en la melena negra por los hombros. Se me encoge el corazón al verla.

Pedimos unos cafés y vamos a sentarnos fuera. El bosquecillo que bordea el café lanza resplandecientes destellos de colores.

—Este fin de semana es el cambio de hoja —me explica mientras admiramos juntas la vista.

Ha traído a un cachorro de schnauzer que ha rescatado hace nada de una protectora. Me cuenta que, después de haber visto lo mucho que me ha ayudado *Oscar* a mí, decidió adoptar un perro ella también.

—Hacen que todo parezca un poco mejor, ¿verdad? —respondo yo mientras los dos perros empiezan a jugar.

—Así es —asiente Cecelia—, pero no te voy a mentir, ha sido un año terrible. Paul y yo hemos estado pensando en hacer las maletas y mudarnos. Necesitamos empezar de cero. Estamos considerando California o Arizona, ¡pero vete a saber qué pasa al final!

Se me alegra la cara al imaginármelos jubilados en algún sitio con palmeras y sol todo el año.

—Claro, ¿por qué no? —le contesto.

—Todavía no hemos conseguido limpiar la casa desde que murió Melissa —me confiesa—. Es un lío, y estoy a punto de ganarme el título oficial de acumuladora compulsiva de cosas, ¡si es que hasta me da vergüenza! Por eso te he sugerido que nos viéramos aquí. Queremos mudarnos, pero sencillamente tenemos tantas cosas… Y ni sé por dónde empezar. ¿Qué se supone que tengo que hacer con su viejo caballito balancín de madera? ¿Y qué me dices de sus cuadros? ¿Y su ropa?

No puedo fingir tener soluciones para el dilema de Cecelia. Tener que decidir qué guardar y que dar ya es complicado para las pertenencias de uno mismo, no hablemos ya si lo tienes que hacer con las de un hijo que ha muerto. Es una tarea que parece incidir en el sentido mismo del duelo, en la angustiada batalla entre aferrarse y soltar, entre permanecer atado al pasado o permitir que partes de él se alejen a la deriva. Eso sí, estoy segura de que Melissa no querría que sus padres vivieran en un mausoleo repleto de sus antiguas pertenencias. En una de nuestras últimas conversaciones, cuando le pregunté si le daba miedo la muerte, ella me respondió: «mi mayor miedo es que las vidas de mis padres queden arruinadas para siempre».

—Melissa querría que tú y Paul encontrarais la manera de seguir. De ser felices —le digo.

—No sé si alguna vez seremos felices —responde Cecilia—, es insoportable: todas las horas de todos los días sin ella... Y lo peor es que otros padres nos tratan como si pesara sobre nosotros algún tipo de maldición, o una enfermedad contagiosa. El duelo hace que la gente se sienta incómoda, supongo. Quieren que seas positivo, que dejes de hablar de tu hija difunta, quieren que dejes de estar triste. Pero nunca dejaremos de estar tristes, así que, ¿qué hacemos?

Después del desayuno, Cecelia me acompaña al coche y me pregunta cuál es mi siguiente destino. Le cuento que voy camino de Ohio, pero que igual hago una parada para ver a mis padres antes de marcharme del nordeste.

—¡Bueno, tengo una cosa para ti! —anuncia al tiempo que me entrega una pequeña mochila llena de chuches, juguetes y una botella de agua para perros, todo para *Oscar*.

Y entonces mete la mano en la chaqueta y abre la mano para mostrarme una llave antigua de plata. Me explica que es parte de la colección de cachivaches de Melissa. Me conmueve mucho el gesto y noto que se me está haciendo un nudo en la garganta. No quiero llorar así que me contengo, me saco las llaves del coche del bolsillo y añado la suya al llavero.

—Así Melissa puede acompañarme mientras conduzco arriba y abajo por todo el país —le digo.

La silueta de Cecelia despidiéndose con el brazo en alto va desapareciendo en el retrovisor a medida que me alejo de Windham. En cuanto dejo de verla se me llenan los ojos de lágrimas. Cuando llego a Vermont al cabo de una hora más o menos, estoy llorando tanto que se la visión de los árboles y el asfalto se superpone. Veo un pequeño ensanchamiento del arcén a un lado de la carretera y me paro y apago el motor. No he llorado por Melissa desde el día en que me enteré de que había muerto. Y ahora que sí estoy llorando tengo la impresión de que no voy a ser capaz de parar. Creí que había asimilado su muerte —por lo menos hasta donde eso es posible—. Aunque, en este momento, siento una pena descarnada. Dicen que el tiempo cura todas las heridas, pero la ausencia de Melissa es una herida que no se curará. No es posible. Yo voy cumpliendo años y ella sigue muerta.

Es la certidumbre del nunca lo que duele, el saber que nunca más comeré sándwiches de mantequilla de cacahuetes y mermelada en forma de estrella en su compañía en el ala de pediatría. Nunca más bailaremos en su cuarto de estar sacudiendo las pelucas al ritmo de la música. Nunca la observaré pintar otra obra de arte. Entiendo por qué la gente cree en el más allá, por qué se consuela con la fe en que los que ya no están con nosotros siguen existiendo en algún otro lugar, eternamente, en algún reino celestial donde no existe el dolor. En cuanto a mí, lo único que sé es que aquí, en la Tierra, no puedo encontrar a mi amiga.

Con manos temblorosas me llevo el borde del jersey a los ojos para secármelos. Y sigo conduciendo. Voy avanzando por las sinuosas carreteras secundarias de Vermont cubiertas de hojas caídas de los árboles, pasando de largo campos de maíz y atravesando puentes cubiertos. Conduzco hasta que llego a la cabaña donde, durante el verano, se me ocurrió la idea de este viaje ridículo. Paso unos cuantos días durmiendo y paseando por el bosque, y llorando un poco más. Y luego sigo ruta.

Si hay algo que el tiempo ha cambiado desde que murió Melissa es que en estos días, en el acto de recordar, también tienen cabida los momentos felices y no solo la tristeza. Mientras el coche circula dando saltos por el camino de tierra, me imagino a Melissa sentada en el asiento del copiloto, llevando el ritmo de la música que suena en la radio con la cabeza y con sus ojos verdes lanzando destellos que reflejan el sol del otoño. Le pregunto su opinión sobre los dilemas de la vida —el tema de la pérdida, mi vida amorosa, cómo llevar el pasado contigo hasta el futuro y qué demonios puede hacerse con mi pelo tras el tratamiento de quimioterapia, corto por delante y largo por detrás— y, en mi cabeza, al imaginarla sonriendo con los síes y negando con la cabeza los noes, las respuestas se vuelven un poco menos nebulosas.

Mientras hablaba con la madre de Melissa, un pensamiento obstinado se empeñaba una y otra vez en rondarme la cabeza: *Si mi historia y la de Melissa hubieran acabado de un modo diferente, Cecilia podría haber sido la que visitaba a mis padres, destrozados por la pena.* Es un pensamiento que me produce un sentimiento de culpa tan grande que me podría ahogar en ella, no solo por estar aquí yo y Melissa no, sino también porque mi vuelta al mundo me ha tenido tan absorbida que ni siquiera me he parado a pensar en lo que han pasado mis propios padres. Me imagino a mi madre en el lugar de Cecelia, sentada en el suelo de mi dormitorio de niña rodeada por montones de cosas —mi perro de peluche favorito, cajas de cartón repletas de boletines de notas y viejos dibujos, mi polvoriento contrabajo apoyado en la pared en una esquina y mi ropa de bebé tejida a mano cuidadosamente doblada y envuelta en papel seda, destinada para los nietos algún día. Mis padres son afortunados, por supuesto: no han perdido a una hija. No obstante, vivir con esa posibilidad y haberme cuidado a lo largo de todo el proceso es en sí mismo su propio trauma particular.

Saratoga queda a una hora de coche de la frontera entre Nueva York y Vermont y, en el último minuto, decido parar una noche en casa de mis padres. No me acuerdo de la última vez que vine de visita y, en cuanto entro con el coche en el camino que conduce al garaje, mi madre sale corriendo a recibirme. Abrazo sus delicados hombros con fuerza e inhalo el olor de su crema de cara. Quiero decirle que la quiero, contarle lo mucho que la he echado de menos, pero mi familia siempre ha estado más cómoda con los acalorados debates de sobremesa después de la cena que con las muestras efusivas de afecto. Ahora bien, es algo más que eso. Durante el último año hemos dejado de hablar tan a menudo como antes ni tan abiertamente como solíamos hacerlo. De hecho, durante una temporada, no hemos hablado.

Yo siempre había asumido que nuestra cercanía sería una constante, sobre todo teniendo en cuenta todo lo que habíamos pasado juntas, pero después de que yo terminara el tratamiento surgió entre mis padres y yo un extraño distanciamiento. Ellos sabían que mi relación con Will había sido fuente de mucha tensión. Pero nadie era consciente de hasta qué punto éramos infelices, así que la noticia de que él se había marchado fue una terrible sorpresa. Will había vivido en casa de mis padres durante casi un año en la época de preparación para el trasplante. Pasaba con nosotros las vacaciones familiares y había permanecido infinidad de horas con mis padres sentado en habitaciones de hospital. Después de que Will y yo nos instaláramos por nuestra cuenta, él seguía en contacto diario con mis padres, siempre pendiente de mandarles un mensaje de texto con las últimas novedades sobre mi estado de salud y hasta fotos en muchas ocasiones. Ellos consideraban a Will como un miembro de la familia, un yerno honorario.

Y, para mis padres, más desconcertante todavía que la separación de Will, fue que les anunciara que había empezado una nueva relación. No se mordieron la lengua a la hora de hacerme saber que no les parecía bien: era demasiado pronto para empezar una relación con otra persona, dijeron. ¿Estaba completamente segura de que lo que se había roto entre Will y yo no se pudiera reparar? Tuvieron que pasar más de seis meses antes de que accedieran a cenar con Jon. Poco a poco dejaron de mencionar a Will tan a menudo e hicieron un esfuerzo por apoyarme más, pero aun así yo notaba una especie de preocupación residual soterrada. Donde yo veía la oportunidad de empezar de cero, mis padres veían peligro, la posibilidad de que estuviera abocada a más problemas sentimentales, solo que en esta ocasión con un hombre que no comprendía lo delicado que seguía siendo mi estado de salud.

Ahí era donde acababan todas las conversaciones: pánico sobre mi salud. Siempre que estaba al teléfono con mis padres, si por lo que fuera tosía o mencionaba que estaba cansada, sus respuestas se teñían de alarma: «¿Estás mal? ¿Puedes concertar una cita para que te hagan un análisis de sangre? ¿Por qué no vienes a casa a descansar unos días?» Su preocupación se había convertido en una especie de tic que eran incapaces de controlar. Querían protegerme, pero su ansiedad podía resultar agobiante. Aunque no había sido una decisión consciente, poco a poco dejé de llamarlos o visitarlos tan a menudo. Dejé que pasaran días antes de responder a correos o mensajes de texto, a veces ni siquiera respondía en absoluto. Sabía que eso les dolía —en particular a mi madre, que estaba acostumbrada a estar en contacto todos los días—, pero no sabía qué más podía hacer. Para aplacar mis propios miedos necesitaba distanciarme de los suyos.

Sigo a mi madre hasta la cocina donde nos hacemos un té de cúrcuma y luego subimos con las tazas en la mano a su estudio. La música clásica brota de un viejo estéreo portátil salpicado de pintura. Los alféizares de las ventanas están llenos de ramitas, conchas, plumas y huesos de animales que va recogiendo en sus paseos diarios por el bosque con mi padre. Sus obras más recientes están colgadas en las paredes: gigantescas pinturas en blanco y negro de lo que parecen ser nidos de pájaros abandonados.

Nos sentamos delante de la gran mesa de dibujo que hay justo debajo de una de las ventanas: está llena de cuadernos, frascos con pinceles y decenas de tubos de pintura y, cuando mi madre hace espacio para las tazas reparo en sus manos y en cómo décadas de pintura y jardinería han hecho que ahora las tenga ajadas, con los dedos torcidos y deformados como raíces de jengibre y las palmas ásperas como la corteza de un árbol. Son las manos que me sujetaron justo después de nacer. Son las manos en las que clavaba una mirada furibunda y llena de resentimiento cuando llegaba el momento de mis inyecciones diarias de quimioterapia durante el ensayo clínico. Son las manos que me cambiaron las sábanas empapadas de orina cuando me puse tan enferma que mojaba la cama. Esas manos y yo hemos estado juntas en mil batallas.

—*Maman?* —le digo— *Merci.*

—*Pourquoi?*

—Por cuidarme siempre tan bien.

—No me tienes que dar las gracias. Es lo que hacemos los padres. —Parece dudar un momento y luego añade—: ¿Sabes lo que me resulta extraño? En lo que a mi vida cotidiana se refiere, tengo la impresión de que funcionaba mejor cuando estabas tan enferma. Estábamos en modo emergencia y tenía la atención completamente enfocada en una única cosa: cuidarte. No podía admitir lo asustada que estaba de pensar que no lo superarías. Pero, ahora que estás mejor, ahora es cuando me estoy permitiendo sentir el miedo, cuando estoy empezando a escuchar y a tratar de comprender lo que ha significado todo lo que hemos pasado.

Es la primera vez que mi madre ha compartido todo esto conmigo, el primer atisbo que percibo de lo que han sido estos cuatro últimos años para ella. Desde el día en que me diagnosticaron el cáncer, mi padre y mi madre no se han separado ni un minuto de mi lado. Mi sufrimiento ha sido el suyo, mis decepciones, penas e incertidumbres, las suyas también. Me imagino que tendrá que pasar mucho tiempo antes de que logren librarse de la preocupación de que pueda volver a pasar. No soy la única persona de la familia que está batallando por seguir con su vida.

—No puedes seguir yendo a los mismos sitios y haciendo las mismas cosas que antes cuando todo en tu vida se ha puesto patas arriba —dice mi madre—. Yo todavía no he encontrado el equivalente para mí del viaje que tú has empezado, algo que me ayude a enfocarme de nuevo.

A la mañana siguiente, mis padres y yo vamos a desayunar al huerto de manzanos de una amiga de la familia que no queda lejos de casa. Durante la comida, el ambiente es distendido y esperanzado, pero noto la corriente subterránea de preocupación, solo que esta vez no es sobre los resultados de mis últimos análisis de sangre, sino sobre mi destreza para indicar los cambios de dirección de la marcha con los intermitentes. De vuelta en casa de mis padres meto mis cosas en el coche. Me gustaría poder quedarme más, pero tengo que volver a la carretera.

—Esta vez, mi proyecto de los cien días va a ser llamarte a diario —me anuncia mi madre con cara de póquer en el momento que subo al coche.

Está junto a mi padre que, curiosamente, se sujeta las manos por detrás de la espalda. En el momento que arranco y el coche echa a andar, veo a mi padre por el retrovisor acercarse a la parte trasera del coche para derramar un vaso de agua en la ventana de atrás. Es una vieja costumbre tunecina que le he visto hacer miles de veces en el pasado: echar agua a la espalda del ser amado que se marcha en el momento en que se aventura en un largo viaje, una bendición para asegurarte de que vuelva de una pieza.

29

LA LARGA INCURSIÓN

O MI GPS miente o soy una conductora errática, pero siempre parece que tarde el doble de lo que me dice en llegar a los sitios. «Gira a la derecha en... *recalculando*...», me informa la voz robótica en tono condescendiente cuando me vuelvo a saltar una salida. Llegar hasta mi próximo destino, Columbus, Ohio, va a suponer mi trayecto más largo hasta ahora. El GPS predice que, si sigo su torrente de indicaciones al pie de la letra, estaré allí en nueve horas y veintiún minutos. Lo dudo mucho.

Esta temporada los tiempos los marco yo.

Dos semanas atrás, cuando emprendí viaje, estaba tan tensa que me tenía que recordar a cada poco que tenía que respirar. Cada minuto que pasaba al volante planteaba un sinfín de potenciales escenarios nuevos y abrumadores: ¿Tengo preferencia yo? ¿Qué significa una señal intermitente? ¿Eso que había encima de la señal era un jeroglífico egipcio? Los cambios de carril y las incorporaciones a la autopista habían resultado ser particularmente estresantes, una especie de juego de las adivinanzas existencial: ¿sobreviviré o no? No obstante, cada día que pasa voy ganando más confianza y ya llevo por lo menos setenta y dos horas sin que un conductor me haya pegado un bocinazo iracundo o desconcertante. Antes de salir de Saratoga esta mañana, mi padre me ha enseñado que, si me inclino hacia delante en el asiento mientras miro por el retrovisor, la curvatura del espejo me permite ver los coches agazapados en el ángulo muerto. Ahora, mientras avanzo a buen ritmo por la interestatal, los kilómetros se suceden con una recién adquirida facilidad. Hasta *Oscar* parece ir más relajando royendo su hueso en el asiento de atrás.

Al cabo de unas tres horas empiezo a flaquear, medio adormilada por el cálido sol que entra a raudales por la ventana. Paro en un área de descanso, me quito los zapatos, echo el respaldo del asiento hacia atrás todo lo que se puede y pongo los pies en el salpicadero para estirar un poco los dedos. El cansancio me sigue persiguiendo. Pero, en vez de luchar contra él o echarme la bronca por ser tan lenta, cierro los ojos bajo los arcos amarillos de un McDonald's. Para variar, no solo estoy intentando aceptar las limitaciones de mi cuerpo, sino de saborear incluso los descansos que tengo que hacer debido a ellas. Estas paradas técnicas acaban siendo uno de los momentos que más me gustan del viaje: me sacan del bullicio constante de mis pensamientos trayéndome de vuelta al presente, me anclan a este extraño cuerpo nuevo, y a lugares nuevos adonde, de otro modo, nunca habría ido.

Media hora más tarde me despierto completamente recuperada y consigo hacer otros doscientos y pico de kilómetros antes de parar hasta el día siguiente. Encuentro un motel barato a las afueras de Buffalo y, mientras espero a que la recepcionista me traiga la llave de la habitación, echo un ojo a los folletos de *tours* en barco por las cataratas del Niágara. El día es gris y desapacible. *Oscar* necesita hacer un poco de ejercicio, pero la única zona verde a la vista es una estrecha franja de césped seco que rodea la propiedad. Damos unas cuantas vueltas rápidas al aparcamiento con la banda sonora del chasquido de neumáticos atravesando charcos que viene de la autopista. De repente, sin previo aviso, se pone a granizar. *Oscar* levanta el hocico al cielo y gruñe.

En el interior, la habitación es increíblemente acogedora, la iluminación es cálida y agradable. Le echo a *Oscar* comida y bebida en sus respectivos boles y me pongo a pensar qué puedo hacer ahora. La mullida cama es de lo más tentadora, y la perspectiva de acurrucarme en el sofá con un libro también. Y, sin embargo, a pesar de que llueve y he hecho casi quinientos kilómetros, una parte nueva de mí quiere salir a explorar. Y entonces me acuerdo de los folletos de recepción: las cataratas del Niágara está a tan solo media hora y yo nunca he estado ahí. Le doy una rascada a *Oscar* detrás de las orejas y luego echo a andar en dirección al coche.

Mientras conduzco camino de las cataratas, mis expectativas se van rebajando con cada hotel hortera y casino estridente que dejo atrás. La entrada al parque está flanqueada por dos aparcamientos abarrotados. Cuando encuentro un sitio para aparcar ya me estando entrando dudas sobre si quiero entrar, pero al final salgo del coche, hago la cola y compro una entrada para una visita a bordo del *Maid of the Mist*, el barco que navega río arriba pasando por delante de la base de las cataratas del lado estadounidense hasta llegar a la cuenca en forma de U del lado canadiense. Me pongo un chubasquero de plástico y me subo al enorme ferry de dos pisos con otros cientos de turistas. Nunca he visto tantos palos de *selfie* en mi vida.

Abriéndome paso con paciencia entre la gente, al final me hago con un buen sitio en la parte delantera de la cubierta inferior, con las costillas aplastadas contra la barandilla de estribor. Al mirar alrededor no puedo evitar darme cuenta de que al parecer soy la única persona que no va acompañada de su familia o su pareja. Hacer visitas turísticas sola, sobre todo en un lugar tan concurrido, me hace sentir incómoda. Me doy cuenta de que me están entrando ganas de ponerme a decirles a las parejas que tengo al lado: «tengo amigos, lo juro». Evidentemente, todo el mundo está demasiado ocupado contemplando el espectáculo para darse cuenta —o importarles siquiera— que yo esté sola. Pero aun así tengo la impresión de llamar un poco la atención y me siento un tanto sola.

La sensación solo dura unos minutos. Cuando el barco empieza a deslizarse por las gélidas aguas, el viento me entumece la cara y mi incomodidad se evapora con la emoción que me produce el paisaje. Más bien, mi soledad me empieza a parecer un lujo porque me permite estar plenamente presente de un modo en que no lo habría estado si hubiera venido con alguien. Bandadas de gaviotas sobrevuelan nuestras cabezas. A medida que las rugientes cataratas van asomando más allá de la proa, el casco del barco comienza a vibrar. Lo que veo ante mí es mucho más majestuoso de lo que jamás habría podido imaginar: infinitos litros de agua cayendo al vacío por encima de un precipicio colosal, golpeando, abofeteando y amasando el río hasta formar una violenta capa de espuma. Al acercarnos, un agua helada salpica la cubierta. Tengo el chubasqueo pegado al cuerpo como si fuera envoltorio plástico de cocina. Pero, aunque estoy empapada y muerta de frío, no retrocedo un milímetro. Mis sentidos están plenamente despiertos; y el mundo a mi alrededor es demasiado maravilloso.

Es imposible enfrentarse a una inmensidad tal y no maravillarse. Mi diagnóstico me provocó un efecto similar y me hizo preguntarme cómo era posible que nunca hubiera reparado en la belleza de cuanto me rodeaba o hubiese podido creer en algún momento que la vida era poco interesante. Mientras me dirigía a pie al Mount Sinai para mi primera sesión de quimio, a sabiendas de que eran mis últimos momentos en el mundo exterior durante una larga temporada porque luego pasarían semanas antes de que volviera a poner un pie fuera del hospital, había ido reparando en hasta el último detalle, desde el color del cielo hasta la sensación de la brisa en la nuca. Creí que esta nueva capacidad de apreciar las cosas se quedaría conmigo para siempre, que una vez que había visto, una vez que sabía cómo todo puede cambiar en un instante, nunca volvería a dar nada por sentado. Y sin embargo, con el tiempo, mi campo de visión se fue estrechando hasta quedar reducido al perímetro de una planta de hospital; luego al de una cama. Aislada del exterior, no me quedó más remedio que dirigir la mirada hacia el interior. Una vez pude salir por fin y dejar atrás la amenaza de una muerte inminente, me derrumbé incluso más sobre mí misma. Dejé de prestar atención. Aquí, al pie de las cataratas, estoy redirigiendo la mirada hacia fuera otra vez.

A la mañana siguiente, la suave luz de un día perfecto de otoño se refleja en el salpicadero mientras me incorporo tranquilamente a la interestatal 90, la arteria septentrional que va de Boston hasta Seattle cruzando el país de lado a lado. A lo largo del camino, de tanto en tanto, se ven fugazmente las aguas de color azul del lago Eire. Alrededor de mediodía entro a Pennsylvania por la punta noroeste del estado y *Oscar* empieza a llorar pidiendo un paseo. Salgo de la autopista y sigo las señales a Presque Isle State Park, una estrecha península que se adentra en el lago describiendo un arco. *Oscar* y yo paseamos por una tranquila playa de arena. El lago es enorme —un mar en realidad— y las orillas están jalonadas de álamos de Virginia, sauces y robles. Las hojas amarillas se reflejan en el agua como resplandecientes estrellas caídas.

Por mucho que haya estado disfrutando de mi soledad, me sorprendo a
mí misma deseando que Jon estuviera aquí para compartir la vista. Hace días
que no hablamos y la distancia ya está haciendo que me sienta desconectada
de él. Saco el teléfono del bolsillo del chaquetón y marco su número.

—¿Cómo va eso? —me pregunta. (Es su saludo habitual).

Oigo los sonidos de fondo de una trompeta y una tuba, por lo que me
imagino que debe de estar ensayando con el grupo.

—Va todo bien —contesto, y hasta me sorprendo al caer en la cuenta de
que realmente así es—. Estoy camino de Columbus, voy a visitar a un hombre llamado Howard Crane.

El silencio al otro lado de la línea desaparece entre las fauces de las
palabras no dichas. Cuando le hablé a Jon por primera vez de mi plan de
hacer un viaje por todo el país me dejó bien claro que no le gustaba nada
la idea. Por más que reconociera mi necesidad de un cambio drástico, no
le gustaba la idea de que viajara sola. Y todavía se preocupó más cuando
se enteró de que mi intención era visitar a más de una veintena de desconocidos, con muchos de los cuales solo había tenido contacto a través de
internet. Tal y como Jon señaló, nunca se puede estar seguro de las verdaderas intenciones de la gente, por muy bien que se presente todo sobre el
papel.

—Ten mucho cuidado, ¿eh? —me insiste.

Pongo los ojos en blanco.

—¿Tú, todo bien?

—Sí, yo bien. Trabajando sin parar. Me resulta difícil que no estés tú...
—comenta con tono un tanto abatido. Pocos días antes de marcharme, Jon
había empezado un trabajo nuevo como líder de un grupo que toca en un
programa de televisión de entrevistas que se emite en horario nocturno: justo
cuando había conseguido un bolo de cinco noches a la semana que le permitía dejar de salir de gira y quedarse en Nueva York, yo había emprendido mi
propia gira, por así decirlo. El volumen del sonido de los instrumentos que
se oyen de fondo va subiendo y me cuesta oír lo que dice—. Oye, me encantaría encontrar el momento para que hablemos sobre lo nuestro. ¿Te puedo
llamar después de...? —y entonces se corta.

—¿Sigues ahí? —pregunto, aunque sé que no.

Vuelvo al coche desanimada. No es solo que no hayamos estado en contacto, es que nos hemos quedado atascados en un *impasse*. Jon sigue estando ahí, con la esperanza de que llegue el momento en que esté preparada para una relación más seria. Pero, durante todo un año, he estado igual de accesible a nivel emocional como una piedra. Por mucho que quiera no sé cómo hacer para dejarle entrar.

De niña siempre creí que cuando encontrabas «a tu alma gemela» experimentabas una especie de clic místico, una certeza absoluta sin resquicio de duda de que esa persona era la adecuada para ti. En mi última relación, había experimentado esa convicción, por lo menos al principio, pero esa certeza se había ido tambaleando con el tiempo. «Si la relación ha terminado, eso es porque no era la adecuada para ti», me había tranquilizado una amiga, pero la premisa me sigue inquietando: ¿y si lo era y la he cagado?

Durante el último año, Jon y yo hemos hablado de vez en cuando de un posible futuro juntos. Yo soy capaz de planteármelo como un experimento mental divertido del tipo *qué aspecto tendrían nuestros hijos*, pero cuando de verdad me pongo a pensar en serio en la envergadura de semejante compromiso, me entra pánico. Tal vez no seamos la persona adecuada para el otro, tal vez yo no sea capaz de tener una relación con nadie, tal vez es una irresponsabilidad por mi parte considerar compromisos a largo plazo del tipo del matrimonio o los hijos dada la probabilidad de que tenga una recaída.

La raíz de todo es una incertidumbre todavía más profunda: tal vez al final sí que la enfermedad sea mortal a pesar de todo.

Es un tipo de incertidumbre que Howard Crane, la siguiente persona de mi lista, conoce bien. A medida que avanzo en dirección sur hacia la ciudad en la que vive, atravesando la parte amish de Ohio, el paisaje se va abriendo y cada vez hay más pastos, más colinas. Paso a un hombre con tirantes y sombrero de paja conduciendo una calesa tirada por un caballo, seguido de un segundo, y un tercero. Por lo demás, no hay ni un alma en la carretera. A derecha e izquierda, las tierras de labor se extienden más allá de donde alcanza la vista. Acelero un poco y el coche levanta una nube de polvo.

292 • ENTRE DOS REINOS

Con Columbus ya no muy distante, pienso en la carta de Howard, de tres años atrás. Lector voraz de *The New York Times*, me había escrito una larga carta con motivo del primer artículo que publiqué en mi columna, que llevaba por título «Enfrentarse al cáncer con veintitantos» y trataba sobre las distintas formas en que la edad se convierte en parte integral de cómo vivimos la enfermedad. *Me imagino que a estas alturas estás en el hospital, donde te estás sometiendo al proceso del trasplante de médula que ojalá te devuelva la salud y el bienestar que la mayoría de la gente joven da por sentados —me escribió—. Te escribo esta carta porque quiero hablarte de mi experiencia que, aunque diferente en muchos sentidos, sin duda comparte ciertos paralelismos con la tuya, por lo incierta y transitoria.*

Mi columna le había traído a la mente décadas de viejos recuerdos de cuando era estudiante de posgrado con treinta y pocos años y trabajaba en excavaciones arqueológicas en la cuenca del Sistán, en el noroeste de Afganistán. *Como le pasa a todos los jóvenes yo pensaba que era relativamente inmune a todo. Pero al cabo de un par de años de repente caí enfermo —me escribió—. Al principio creí que había contraído algún tipo de malaria. Pero al tercer día me di cuenta de que era muy improbable que saliera con vida del Sistán. Sin embargo —sin entrar en detalles—, gracias a una serie de acontecimientos que solo puedo tachar de incomprensibles, conseguí llegar a Kabul —distante casi mil kilómetros— y luego estuve ingresado semanas en un hospital, primero en Alemania y después en Boston. Cuando me dieron el alta, mi estado físico era como el de un hombre de ochenta años.*

Howard había sufrido una serie de síntomas espeluznantes: orina negra como el alquitrán, ceguera temporal y un daño persistente en su médula ósea. Pero, por aquel entonces, los médicos eran incapaces de darle un diagnóstico. Lo que todo el mundo esperaba era que no sobreviviera. *Estaba tan enfermo que la muerte no me asustaba (o tal vez sencillamente no me parecía real). En retrospectiva, he pensado mucho sobre el asunto —escribía. Eso de que hay que vivir al día es un cliché, ya lo sé. También sé que es tal vez lo más difícil del mundo. Siempre estamos pensando en el futuro, haciendo planes, albergando esperanzas. Y, sin embargo... sin embargo...*

Las últimas palabras de su carta hicieron que se me saltaran las lágrimas: *Si creyera que rezar sirve de algo, tú estarías en mis oraciones —me decía—, pero*

no soy creyente. Y, aun así, quiero que sepas que los milagros están por todas partes,
que el cuerpo humano es capaz de superar cosas que parecen insuperables.

El sol cae por detrás de una hilera de casas de estuco beis con jardines de césped recién cortado. Un buzón decorado con dos grullas me indica que he llegado a mi destino. No salgo del coche inmediatamente; necesito unos minutos de preparación. Le prometí a Jon que seguiría un miniprotocolo de comprobaciones debidas antes de todas las visitas. Aunque me ha costado recabar información sobre Howard más allá de la que él compartía en su carta. He encontrado artículos académicos que ha publicado en revistas y un currículum vitae como miembro del claustro de profesores de la Universidad del Estado de Ohio. Pero aun así sigue siendo un completo desconocido. Armándome de valor, avanzo por el sendero del jardín de la parte delantera de la casa hacia la puerta principal y toco el timbre.

Howard es alto y delgado, con barba blanca. Tartamudea ligeramente cuando me invita a entrar, cosa que me indica que él también está nervioso, con lo cual mi nerviosismo aumenta.

—Muchas gracias por recibirme —digo mientras le sigo.

—Cuando recibí tu carta no me lo podía creer —me dice—. Nunca creí que tendría noticias tuyas, así que cuando dijiste que te gustaría que nos viéramos, pues… para mí fue algo bastante extraordinario.

Howard va vestido con un jersey de cachemir negro y un fular. Si el aspecto de la sección superior de su cuerpo dice «respetable intelectual», la parte inferior, con chanclas y vaqueros holgados que se le escurren por los huesos de las caderas, habla más bien de un hijo de los años sesenta.

—Mi mujer, Meral, vendrá en un rato —me informa, explicándome que tenía una cita con un paciente en la consulta—. Mientras tanto, te enseño dónde dormirás.

Me guía escaleras abajo por unos empinados peldaños que crujen al pisarlos y, cuando llegamos al sótano, paseo la mirada por el lugar: espacioso, pero abarrotado con pancartas pintadas a mano protestando por la guerra de Irak y pilas gigantescas de ejemplares de *The New York Times Magazine*. En las paredes forradas con paneles de madera hay colgadas docenas de recortes de periódico y fotos enmarcadas. Completan el conjunto media docena de sillas apiladas a un lado y un gran sofá cama con cojines cubiertos con fundas de batik en el que dormiremos *Oscar* y yo.

—Somos de los que no tiran nada —me informa Howard señalando a su alrededor con manos que revolotean en el aire—, pero por lo menos confío en que estarás cómoda. —Me cuenta que el sótano es donde Meral organiza las sesiones de los grupos de apoyo para sus pacientes. El semblante de Howard cambia por completo cuando habla de ella: ya no tartamudea y en su mirada se refleja un destello de orgullo. —Es una de las terapeutas más importantes del país de personas transgénero —me cuenta—. Se crio en Turquía en las décadas de los cuarenta y cincuenta, en un entorno muy pobre. Cuando iba a la escuela primaria solo podían escribir a lápiz. De esa forma, cuando terminaban una tarea, la podían borrar después y así reutilizar el papel. Sencillamente había muchas cosas que escaseaban en la Turquía de aquellos tiempos. Ahora vivimos con esta plétora de cosas, pero aun así a ella le cuesta tirar nada. ¡Y ya se ve claramente que a mí también!

Mientras hablamos, Meral, una mujer impresionante vestida toda de negro excepto por un fular con estampado de piel de leopardo baja por las escaleras. Es más segura de sí misma y extrovertida que Howard, así que no duda en darme un abrazo mientras lo riñe a él por no haberme ofrecido nada de beber.

—Mi Howard lleva semanas esperando tu visita como agua de mayo —me dice con un levísimo rastro de acento—. Los dos estábamos deseando que vinieras. Y ahora, ¿qué tal si cenamos? Debes de estar muerta de hambre, pobre. Hay un restaurante turco muy bueno que no queda lejos. Howard conduce.

Cuando nos sirven los entrantes la conversación ya va como la seda. Con mucha amabilidad me formulan muchas preguntas. Les encanta descubrir que yo también he vivido en Oriente Próximo. Les hablo de la experiencia de estudiar en Egipto, de mi investigación sobre los derechos de las mujeres en el norte del África poscolonial y de mi familia de Túnez. La gente rara vez me pregunta por lo que me interesaba antes de enfermar y, mientras hablo de aficiones largo tiempo olvidadas, siento como si estuviera haciendo una visita guiada por la vida de otra persona.

Un viejo refrán tunecino dice que toda tu vida está escrita en tu frente, pero es como si todo lo que ocurrió antes del diagnóstico a mí se me hubiera borrado. No sé cómo pasó ni si lo podría haber evitado de algún modo. Pero, en algún momento de estos últimos años, toda mi existencia, mi identidad, hasta mi carrera, quedaron ligadas a lo peor que me había pasado jamás. El abanico de mis intereses se encogió en proporción directa a mi mundo. Un año después de haber acabado el tratamiento, la enfermedad continúa dominando la narrativa y parece eliminar cualquier posibilidad de cualquier otra cosa.

A la mañana siguiente me reúno con Meral y Howard en el cuarto de estar. Pasamos un rato sentados en el sofá tranquilamente viendo las noticias. El gato, un venerable anciano atigrado, duerme hecho un ovillo en el regazo de Howard. Mientras los expertos políticos debaten en pantalla la decisión de la administración Obama de no retirar las tropas de Afganistán, Howard frunce el ceño, gruñe y refunfuña «porque el mundo se va al carajo».

—Ha llegado el momento de escribir otro editorial —dice.

—¿Siempre te ha gustado escribir cartas? —le pregunto.

—Supongo que se podría decir que es una afición que tengo —contesta. Me cuenta que empezó a escribir cartas cuando conoció a Meral. Estuvieron separados los dos primeros años de relación: ella acababa de terminar el instituto y vivía en Berkeley; él iba a la universidad a casi cinco mil kilómetros de distancia, en Cambridge—. Las llamadas telefónicas costaban un ojo de la cara y no nos las podíamos permitir. Lo único que podíamos pagar eran los tres céntimos del sello del correo postal.

—Nos escribíamos una carta al día —interviene Meral—, a veces dos.

—No sé cómo las llenábamos —comenta Howard sacudiendo la cabeza con aire de perplejidad—. ¡Un día me llegó una carta de ella de veintisiete páginas! ¿Qué podía haber pasado en veinticuatro horas para llenar veintisiete páginas?

Howard y Meral habían seguido escribiéndose cartas a lo largo de los años siempre que estaban separados, incluso durante la época que Howard pasó en Afganistán. Desde una cama de hospital en Kabul, Howard había dictado la que creía que sería su última carta a Meral, convencido de que no la volvería a ver. Al final se recuperó asombrosamente bien, pero esa no sería la última vez que se las tendría que ver con la muerte. Al final, los médicos le diagnosticaron inmunodeficiencia común variable. Él —como yo— tiene debilitado el sistema inmunitario. Y, a lo largo de los años, ha ido sufriendo una sucesión ininterrumpida de infecciones, algunas de las cuales han puesto en grave peligro su vida. Sin embargo, Howard —a diferencia de mí— no ha dejado que todo eso le impidiera amar y ser amado. No solo ha aceptado la incertidumbre con los brazos abiertos, sino que ha forjado una vida entera dentro de ella, construyendo y reconstruyendo tantas veces como ha sido necesario. Pese a su delicada salud, se casó, tuvo dos hijos y se labró una carrera fascinante.

Eso sí, su vida no ha estado exenta de dificultades, claro está. Me habla, por ejemplo, de su nombramiento para ocupar el prestigioso cargo de director de la cátedra de historia del arte de la Universidad del Estado de Ohio y cómo luego tuvo que dejarlo a los cinco años por lo mal que estaba. Y, sin embargo, Howard se obstinaba en seguir encontrando la manera de soslayar sus limitaciones:

—Para mí, la peor época era el invierno —comenta explicándome que solía tener neumonía—. No me quedaba otra que hibernar, así que empecé a dar clase solo en los meses más templados.

Ahora Howard está jubilado, pero se pasa el día leyendo, dando largos paseos en un parque que tiene cerca. Y de vez en cuando envía una muy sentida carta al editor de algún medio de comunicación. Meral y él ya son abuelos y hace poco que celebraron los cincuenta años de casados. Y, una vez a la semana, van juntos a clase de bailes de salón.

Cuando le pregunto si tiene algún consejo que darme rehúsa hacerlo y me dice que le pregunte a Meral, que para eso es la terapeuta.

—Y, ¡no te vayas a pensar!, sus instrucciones son muy claras —comenta Howard—. No cree en que la gente acabe encontrando su propio camino como por arte de magia, porque a menudo no es el caso, sino que pasan años (¿se puede decir sin ser grosero?) haciéndose *pajas mentales* —sentencia con una risilla.

—¡Venga ya, no te voy a dejar que te escabullas tan fácilmente! —insisto.

Tras unos instantes, Howard cede:

—Lentamente, con suficiente paciencia y persistencia, te acabarás zambullendo de nuevo en la vida y, seamos honestos, la vida puede ser tan maravillosa... Pero pienso que tal vez lo más importante sea encontrar a alguien que tenga la capacidad de permanecer a tu lado. Yo le debo más a mi mujer... —se le quiebra la voz—. En definitiva no se puede ni explicar cuánto le debo.

—Parece que me tengo que buscar un equivalente a Meral entonces... —concluyo.

Verlos juntos hace que quiera abrirme al futuro. Pero, por mucho que lo intento, sigo sin poder imaginarme haciéndome vieja, ya sea sola o acompañada. Aprender a nadar en el océano del no saber, esa es mi tarea constante. No tengo forma de saber si habrá una célula cancerígena canalla acechando en algún lugar de mi médula. No puedo predecir si mi cuerpo incumplirá compromisos conmigo misma o con otras personas. Ni siquiera estoy segura de querer sentar la cabeza de un modo más convencional. Pero sí hay algo que estoy empezando a comprender: nunca se sabe. La vida es una incursión en el misterio.

30

ESCRITO EN LA PIEL

TEMPRANO por la mañana en Eastern Market, un barrio industrial de Detroit. Estoy invitada en casa de Nitasha, una mujer de treinta y pocos años con una larga melena negra rizada y un aura etérea de hechicera. Encargada de marketing digital para una farmacia de día, artista de noche, y aficionada a Frida Kahlo a todas horas, me ha acogido en el amplio espacio abierto de su gigantesco *loft* con techos de seis metros de altura y paredes de ladrillo visto cubiertas con sus pinturas.

Cuando llegué ayer por la noche estaba calentando a fuego lento *harissa* casera en honor a mi ascendencia tunecina. Mientras cortábamos con los dedos trozos de pan para mojarlos en la pasta picante de chile, me contó que había sabido de mí por primera vez hacía años, por seguir a Melissa en las redes sociales.

—Vi un retrato que te había hecho y me conmovió mucho vuestra amistad —me dijo. De hecho, inspirándose en parte en nuestras luchas, está perfilando un plan para usar su *loft* como un espacio de exposiciones para lo que ha bautizado como el «Museo de la Sanación», donde se exhibirán obras de artistas locales que exploren temas relacionados con la enfermedad, la medicina y la recuperación.

Nuestra primera parada de la mañana es en el mercado de productores locales que queda a unas cuantas manzanas. Nitasha me guía entre los puestos al aire libre donde se pueden comprar tarros de pepinillos en vinagre casero, despampanantes lechugas y jabones artesanales confeccionados con

leche de cabra. Mientras paseamos por el mercado me habla del dermogra-
fismo, una enfermedad de la piel con la que lleva conviviendo desde que tenía ocho años. Ella también sabe lo que es tener un picor insoportable que te
vuelve loca:

—Y me picaba y me picaba. Y me picaba todavía más —dice—, hasta el
punto de desear poder despojarme de la piel como quien se baja la cremallera de un mono.

Hasta los rasguños más pequeños se transforman en verdugones que no
desaparecen hasta media hora después.

Pero Nitasha, como Frida Kahlo, ha convertido su difícil situación en
arte. Traza distraídamente unos cuantos arcos sobre su antebrazo con la uña
y contemplo cómo se convierten en gruesas marcas de un rojo encendido.
Me explica que dibuja así en su piel —a veces composiciones geométricas,
otras veces mensajes escritos— y utiliza los resultados como fuente de inspiración. Por ejemplo, en una instalación titulada «Traje de piel», experimentó
dejando objetos oxidados sobre telas y fue superponiendo capas con las manchas resultantes para crear patrones imitando la apariencia de la piel vista a
través de una lupa de aumento.

—Veo mi cuerpo como una extensión de mi cuaderno de dibujo —me
cuenta cuando salimos del mercado *hipster* y echamos a andar por las calles
desiertas, pasando por delante de almacenes y edificios abandonados—. Y
también resulta útil para apuntar números de teléfono —añade entre risas.

Al rato, esa misma tarde, Nitasha me lleva a dar una vuelta en coche por
la ciudad. Pasamos por delante de una casa abandonada en la que las ramas
de los árboles han empezado a entrar por las paredes. Vemos parcelas en las
que los agricultores urbanos cultivan ahora huertos. Recorremos las aceras
del Heiderberg Project, un barrio donde las casas en ruinas se han convertido en obras de arte público pintadas con psicodélicos lunares, y en el que hay
esculturas de jardín hechas de montañas de muñecas y otros objetos encon-
trados por ahí. Nos paramos ante la fachada de ladrillo visto de un almacén
donde lucen unas nubes de color mandarina y azul aguamarina hechas con
pintura en spray. En el extremo inferior derecho hay una inscripción del artista, Fel3000ft, que es como un grito de guerra, un llamamiento a recons-
truirse después de cualquier catástrofe:

Nos han considerado muchas cosas: una ciudad en decadencia, una ciudad aflígida y sin la menor esperanza. Pero nunca nos hemos rendido y nunca decimos morir. Nacemos luchadores, nos levantamos de nuestras cenizas. Somos una comunidad que cree en su futuro, nos enfrentemos a lo que nos enfrentemos. ¡Somos Detroit!

Estoy aprendiendo a leer los estados de ánimo de las ciudades y, tal vez más que en ningún otro sitio hasta ahora, me identifico con Detroit, una ciudad de narrativas. Un lugar movido por la industria del automóvil que hizo crecer a Estados Unidos. Un lugar marcado por la segregación, pero también por una promesa tan colosal que decenas de miles de afroamericanos se instalaron allí durante la Gran Migración. Un lugar que casi murió cuando los fabricantes de automóvil redujeron la escala de sus operaciones o se marcharon, pero que no murió, que se niega a morir. Un lugar donde el futuro se pinta sobre el palimpsesto de un pasado doloroso, sobre piel que se levanta formando verdugones, enojada y hermosa (con una belleza que trasciende la ira, pero que no sería posible sin ella). ¿Acaso no es así como ocurre siempre, con la catástrofe forzando la reinvención?

Antes de marcharme de Detroit, Nitasha me lleva a otro sitio: el escaparate de un médium con una señal en la ventana anunciando lecturas del tarot y de las hojas del té. Me insiste en que este médium no es un fraude, sino que de verdad tiene poderes de clarividencia y que su especialidad es sanar almas dañadas. Yo nunca he hecho esto y mi parte lógica considera que es una pérdida de tiempo, pero la otra parte —la que quiere disipar la incertidumbre, conjurar la ilusión de saber qué va a ser de mí en la vida— no se puede resistir.

Tras el modesto escaparate hay una habitación envuelta en una densa niebla de incienso con estanterías repletas de cristales, aceites y hierbas a la venta. El vidente, un tipo joven que lleva una camiseta muy pegada con incrustaciones de diamantes de bisutería y vaqueros lavados al ácido, me conduce hasta la trastienda. Tras un pesado cortinaje, nos sentamos frente por frente con mis manos en las suyas y los rostros iluminados apenas por el resplandor titilante de las velas votivas. En los minutos que siguen, su cuerpo empieza a temblar y se le ponen los ojos en blanco, entra en trance debido a —supongo— las «visiones» que está teniendo. Yo lo observo con aire escéptico, arrepintiéndome ya del momento en que, al final de la sesión, le tenga que dar un crujiente billete de cincuenta.

Cuando el médium abre los ojos me cuenta que le ha visitado un antepasado, una mujer, puede que una tía por el lado de la familia de mi padre. Luego echa la cabeza hacia atrás como si fuera a beber un gran trago de agua, juntando y separando los labios y con un temblor en los párpados que le da aspecto de estar poseído. Cuando abre otra vez los ojos me dice que esta tía mía estuvo muy enferma antes de morir. Y luego me pregunta si yo he estado enferma también.

Trato de no perder la compostura cuando le contesto que sí, he estado enferma y, sí, ahora que lo pienso, mi padre tenía una hermana, Gmar, que murió muy joven de una enfermedad misteriosa. El médium me dice que Gmar se ha pasado muchos días y muchas noches preocupada por mí y ha hecho cuanto ha podido para protegerme. Pese a que mi cuerpo ya no corre peligro, ahora estoy inmersa en otro tipo de odisea, larga y difícil, que me llevará hasta las profundidades de lo desconocido antes de lograr ver con claridad. Se me pone la piel de gallina al oírlo y, por un momento, me hago la pregunta: ¿Le he dicho mi nombre? ¿Alguna otra información? ¿Será mi pelo corto lo que le ha dado la pista? No creo, pero el hecho es que ya no me importa. Me inclino hacia delante: quiero saber más.

El vidente extiende una baraja de cartas del tarot sobre la mesa y me invita a escoger. Con cada carta que elijo va asomándose cada vez más profundo en mi interior. Escribiré un libro que me llevará por todo el mundo, dice. También ve que me va a costar comprometerme con una pareja. Pero que, tras una larga temporada de incertidumbre, al final acabaré con una mujer… no, un momento —se corrige—… un hombre. Y luego entona unos cánticos extraños.

Sé que seguramente el médium me está diciendo lo que cree que quiero oír. Pero yo veo mi futuro como un largo pasillo de puertas cerradas. Y con cada una de sus predicciones se abre una puerta y puedo ver lo que hay un poco más allá. Hasta ahora, para mí el tiempo se ha medido en pequeños intervalos: la siguiente biopsia, la cita con el médico a la vuelta de la esquina. Imaginar el futuro es un ejercicio aterrador cuando tu vida se ha puesto del revés: hace falta esperanza, lo cual no deja de parecer arriesgado, hasta peligroso. No obstante, a medida que el médium va hablando, a medida que me va contando más sobre la larga y rica vida a la que estoy destinada, al oírlo referirse a mi futuro como algo inevitable, empieza a parecerme posible.

—¿Qué más? —le pregunto predispuesta a la máxima credulidad.

Al día siguiente la llovizna cae mansamente sobre las ramas desnudas de los árboles. El cielo es plomizo y el ambiente es húmedo y pesado. En otras ciudades siempre he interpretado el mal tiempo como un presagio que me anuncia que tengo que seguir ruta, y es verdad: ha llegado el momento de marcharme. Pero, incluso con el frío, con la calefacción del coche a tope mientras la lluvia salpica el parabrisas, me cuesta marcharme de Detroit.

Ya en la carretera, mientras pienso en mi siguiente parada mi mente vuelve de pronto a mi cuarto ingreso en el hospital por la *C. diff.* Solo ha pasado un año, pero no me acuerdo de mucho. Más bien he intentado borrar esos últimos días de tratamiento que fueron también los últimos días con Will. Pero lo que recuerdo con más claridad es que sentí un desbordante deseo instintivo de aislarme, igual que un coyote herido que abandona la manada cuando siente que se acerca el final. Sabiendo que Will se preparaba para mudarse a otro apartamento, fui incapaz de mantener una actitud estoica: mandé a mi madre a casa y anuncié que no quería visitas. Le dije a todo el mundo que estaba bien cuando lo que sucedía era que necesitaba privacidad para derrumbarme.

Bret, a quien voy a visitar ahora, fue una excepción a la prohibición de las visitas durante ese tiempo. Es el tipo que me abordó en la sala de espera de la clínica de trasplantes porque me había reconocido por la columna. Me acuerdo de haberme maravillado de lo fortuito que era que hubiéramos acabado sentados justo al lado ese día; era la primera vez que yo iba a una sesión de quimio sola y la primera vez que él iba al Sloan Kettering, y la presencia de otro paciente joven nos consoló a los dos. Después de ese día seguimos en contacto, nos enviamos algún correo, nos llamamos unas cuantas veces e intercambiamos consejos médicos de vez en cuando. Solo nos volvimos a ver en otra ocasión, pero hasta cierto punto me sentía más cercana y más conectada con él que con mi familia y amigos. El trauma se las ingenia para hacer que veas el mundo dividido en dos bandos: los que lo pillan y los que no.

La última vez que nos vimos, Bret estaba a punto de embarcarse en su propio viaje. Los médicos habían concluido que su estado era suficientemente estable para trasladar su caso a un hospital que estuviera más cerca de casa, así que él y su mujer Aura se volvían a Chicago. Antes de marcharse vinieron a mi habitación a despedirse: entraron en tromba, embriagados con el mundo de posibilidades que volvía a abrirse ante ellos. Recuerdo que me trajeron un sombrero ridículo que habían encontrado en una gasolinera, una boina blanca decorada con una especie de redecilla resplandeciente y piedritas azules pegadas que me quedaba absurda con mi pelo tan corto. Me alegré profundamente de ver a Bret tan bien y Aura me encantó desde el primer minuto: su presencia iluminaba las estancias y, a juzgar por lo que había oído, como cuidadora, se merecía una medalla de oro. La visita me animó, pero cuando se marcharon me vine abajo otra vez. Verlos tan felices juntos pese a todo lo que habían pasado era muestra de que era posible, era prueba de que el amor podía sobrevivir a una larga enfermedad, y además me mostró que las cosas podrían haber sido diferentes para mí y para Will, provocando que me planteara la dolorosa pregunta de por qué no había sido así.

Mi destino es una casa de madera de estilo victoriano en un barrio tranquilo de la zona sur de Chicago. Bret me hace la visita guiada y me cuenta que se apretaron mucho el cinturón durante un año para dar la entrada para aquella casa —su primera juntos—, y desde entonces ha estado liado con pequeños proyectos de renovación de distintas cosas: justo hace nada acaba de reparar una gotera en el techo. Confían en tener un bebé en algún momento del futuro no muy lejano —me dice—, pero todavía queda mucho trabajo por hacer. Admiro los suelos de madera y el inmenso ventanal del cuarto de estar, el comedor soleado y el estudio, que me cuenta que tienen intención de convertir en el cuarto del bebé. Todo es tan *adulto* que me impresiona: toman café gourmet en el porche trasero, cuidan con esmero las plantas caseras, pagan la hipoteca... Tienen treinta y pocos años, solo unos cuantos más que yo, pero sus vidas parecen muchísimo más sofisticadas. Todo lo contrario a dormir en campings y en sofás ajenos y subsistir a base de café de bar de gasolinera y sándwiches de mantequilla de cacahuete y mermelada.

Aura es trabajadora social en un colegio público y su jornada laboral todavía no ha acabado. Bret me habla de lo comprometida que está con los alumnos, muchos de los cuales viven en peligrosos barrios pobres. El tiempo libre que le queda —cuando no se está ocupando con los cuidados que todavía necesita su marido—, lo dedica a organizar iniciativas y manifestaciones sobre reformas educativas. «Mi mujer trabaja tantísimo —se admira Bret—, que lo menos que puedo hacer es asegurarme de que cuando vuelva a casa sea a un sitio bonito, y tenerle la cena preparada». Se pone manos a la obra con un curry de pollo con anacardos, descorcha una botella de vino y pone la mesa.

Desde fuera, es fácil asumir que Bret y Aura tienen una vida perfecta. Pero cuando por fin nos sentamos los tres a cenar, me ponen al día de los acontecimientos del último año. Entre los que se cuenta un ataque al corazón de consecuencias casi fatales que ha sufrido Bret hace poco. Seguramente provocado por lesiones en los vasos sanguíneos debidas a la radiación que recibió durante el tratamiento. Bret también sufre enfermedad injerto contra receptor (EICR), algo con lo que los dos hemos tenido que pelear. Mi caso, por suerte, ha sido leve y sigue bajo control excepto por un sarpullido que me sale en la frente de vez en cuando. En cambio la EICR de Bret ha ido a más desde la última vez que nos vimos y está atacando a sus pulmones y provocándole un enrojecimiento intenso de ojos y piel.

Bret era realizador de cine, pero ahora ha pedido la baja: le tiemblan las manos por los efectos secundarios de los inmunosupresores, de ahí que no puede sostener una cámara y mantenerla inmóvil. No está claro cuándo ni si —algún día— podrá volver al trabajo. De momento y hasta nueva orden se ve obligado a depender completamente de los cuidados de su mujer, no solo físicamente, sino también financieramente. Si no fuera por el seguro médico de ella, Bret no sobreviviría. «Yo he recibido tanto apoyo y tanto amor, deseo tanto contribuir de algún modo a hacer el mundo mejor... pero no puedo», comenta con tono repentinamente sombrío.

Pese a que ya está libre del linfoma que en otro tiempo plagaba su cuerpo, Bret, en muchos sentidos, está más enfermo que nunca. «Ya hace dos años del trasplante y me sigo encontrando fatal —confiesa mientras lavamos los platos después de cenar—. Me duelen las manos, me duelen los músculos y las articulaciones, tanto que me despierto del dolor a las cinco de la mañana, y no puedo ni cerrar la tapa del pastillero de la cantidad de pastillas que hay dentro». Esta es la cruel ironía de la medicina: a veces los tratamientos que recibes para curarte te hacen enfermar más a largo plazo, requieren más cuidados y encima te exponen a todavía más complicaciones y efectos secundarios. Es un ciclo desquiciante.

—He superado el trasplante, he superado el infarto y tengo mucha suerte de seguir con vida —me comenta Bret la tarde del día siguiente mientras la lluvia golpetea el cristal de la ventana. Estamos escuchando un vinilo de Tina Turner en su tocadiscos. *Oscar* y *Lodge* (su perro mezcla de Golden retriever y corgi) están acurrucados en el sofá entre los dos—. Pero, cada vez que pasa algo me cuesta un poco más volver a ser el que soy, ¿sabes? —Yo asiento con la cabeza y musito un sí y él continúa—: Es como estar en los últimos asaltos de un combate de boxeo: ya estás más allá del cansancio y sospechas que seguramente las cosas solo pueden empeorar, pero aun así encuentras la manera de seguir luchando. Y, sin embargo, a veces no puedo evitar preguntarme: ¿qué sentido tiene todo? Hay tanta gente que mejora y luego sufren otra enfermedad todavía peor. Tuviste linfoma y enfermas de leucemia. O tu hígado está tan saturado de toxinas que va a colapsar cualquier día de estos.

—¡Cáncer de piel a la vuelta de la esquina, seguro! —interrumpo yo, y ambos nos reímos.

Tanto Bret como yo hemos aprendido a la fuerza cómo prepararnos para las malas noticias; nuestro cuerpo y por tanto nuestra vida podrían implosionar de un momento a otro. En cierto sentido, los reveses y las recaídas eran más fáciles de sobrellevar cuando seguíamos en tratamiento. Estábamos preparados para la posibilidad de que las cosas se torcieran. Cuando el cuerpo te ha traicionado una y mil veces en el pasado, eso fulmina cualquier atisbo naciente de confianza en el universo o en el lugar que ocupas en él. Cada vez se hace más difícil recuperar la sensación de seguridad. Después de que se haya derrumbado el techo sobre tu cabeza en una ocasión —ya sea por una enfermedad o cualquier otra catástrofe— no asumes la estabilidad estructural como el estado natural de las cosas. Tienes que aprender a vivir sobre una falla tectónica.

Esa noche, empiezo a pensar en lo porosa que es la frontera entre los enfermos y los sanos. No es solo gente como Bret y yo, que vivimos en el territorio salvaje de la supervivencia. Como vivimos más tiempo, la mayoría de personas viajamos adelante y atrás entre estos dos reinos y nos pasamos la mayor parte de nuestras vidas en algún punto intermedio. Estos son los términos de nuestra existencia. ¿Y la idea de luchar por alcanzar un hermoso estado hipotético de bienestar? Nos aboca a quedar enredados en una insatisfacción perenne, centrados en un objetivo que queda fuera de nuestro alcance.

Estar bien ahora consiste en aprender a aceptar el cuerpo y la mente que tengo en estos momentos.

31

EL MÉRITO DEL DOLOR

LA MANERA cómo nos curamos no siempre parece una curación. Cuando salí de casa hace cuarenta días me imaginaba el viaje como una oportunidad de empezar a vivir otra vez. Creí que cuanto más lejos llegara conduciendo, más lejos estaría también de los pasillos de hospital por los que flotaba con una bata de algodón atada a la espalda, cuchicheando a solas hasta las cejas de morfina; más lejos me sentiría de la habitación de Hope Lodge donde había esperado tendida en la cama a que Will volviera con un miedo gélido acumulándose en mis entrañas; más lejos estaría del apartamento diminuto como una caja de zapatos de la avenida A donde habíamos construido un hogar, que luego habíamos demolido.

¡Muévete de una vez! —me digo— ¡Supéralo ya! Pero, cuantos más kilómetros de distancia pongo entre Will y yo, más pienso en lo que nos ha pasado. El deterioro de nuestra relación me parece peor después de haber visto a Bret y Aura encontrar la manera de prosperar juntos, incluso hacer planes para tener un bebé, pese a la lucha constante con los problemas de salud de él.

Últimamente, veo fantasmas de Will por todas partes, siluetas de hombres como torres con mandíbulas cuadradas y pelo al viento que hacen que el corazón me dé un vuelco. Me pregunto, de modo completamente irracional, si no será Will ese tipo que está sentado en la barra de formica del típico restaurante familiar del Iowa rural, devorando patatas fritas y palitos de pollo, o ese otro que está pescando truchas en la orilla de hierba muy alta de un río en la zona de pastos de Nebraska conocida como Sandhills, donde estuve una semana haciendo camping. Esas apariciones están sobre todo en mi cabeza, pero el caso es que hay días en que algo o alguien invoca su nombre inesperadamente y entonces los fragmentos escondidos del pasado que todavía viven aparecen ante mis ojos, un torbellino de arrepentimiento e ira que gira a toda velocidad hasta que ya no soy capaz de ver nada más. He pasado tanto tiempo intentando sepultar su recuerdo que parece inevitable que me acabe teniendo que enfrentar a él.

Atravieso Pine Ridge, una de las reservas indias más pobres de todo el país, mientras las plantas rodadoras dan tumbos por el arcén de la carretera. El paisaje es árido, abundan los arbustos y el entorno está empapado de una quietud que se posa sobre todo como un sedimento: los remolques-caravana, las chabolas de retazos de tablones de madera y lona, las montañas oxidadas de piezas de automóviles desmembrados. La noche anterior dormí en el suelo del cuarto de estar de un motero con coleta en Lead, Dakota del Sur, que resulta que antes trabajaba para esta reserva y me ha recomendado que pare a hacer una visita. Antes de marcharme de su casa, me ha puesto en contacto con el personal de Thunder Valley, un proyecto comunitario de regeneración que se está poniendo en marcha en «la res», que es como la ha llamado él y como la llama todo el mundo en la zona.

El viento sisea y aúlla con fuerza en el aparcamiento desierto de Thunder Valley y me abofetea el rostro. Me recibe un hombre joven de la etnia Oglala Lakota, que se identifica como el fundador del lugar. Es un tipo corpulento de rostro aniñado con la piel tostada cubierta de tatuajes y una trenza de pelo negro y brillante que serpentea por su espalda.

—Nick —se presenta con un fuerte apretón de manos y luego me indica el camino que conduce a una de las casas prefabricadas que alberga las oficinas de Thunder Valley.

Nos sentamos en una mesa y Nick me empieza a hablar del trabajo que hacen. Me interesa todo: el proyecto piloto de vivienda sostenible que se basa en una técnica de construcción con balas de paja, el huerto comunitario para combatir la escasez de alimentos frescos en la reserva... Pero, aun así, no logro concentrarme. Nick me resulta familiar, el lugar me resulta familiar, y las sinapsis de mi cerebro están distraídas.

—¿Puede ser que ya nos conozcamos de algo? —le interrumpo.

—Estaba pensando exactamente lo mismo —me contesta—. ¿Cómo has dicho que te llamabas?

Le repito mi nombre y apellido, deletreando letra a letra un poco más despacio esta vez.

Los dos nos echamos un poco para delante en el asiento y nos quedamos mirándonos un buen rato, intentando localizar la carpeta arrumbada hace mucho tiempo en algún rincón de los archivadores de la memoria. Y entonces se produce el clic: «¡Will!», exclamamos los dos a la vez al caer en la cuenta.

Todavía me parece increíble. He hecho tal esfuerzo por bloquear el pasado que he llegado hasta aquí —hasta Pine Ridge, hasta Thunder Valley, hasta Nick— sin hacer la conexión mental: el padre de Will (realizador de documentales y reportero) había hecho un documental sobre la reserva al principio de su carrera. Él mismo me había contado que, a finales de la década de los sesenta, los nativos americanos, hartos de soportar siglos de maltrato a manos del gobierno federal, había organizado un movimiento de bases conocido como el American Indian Movement, y habían liderado protestas por todo el país, una de las cuales había culminado en un tiroteo letal con dos agentes del FBI en Pine Ridge en 1975. El padre de Will fue el único periodista que no era de ninguna etnia indígena que presenció el tiroteo: estaba en Jumping Bull, un rancho en el extremo suroeste de la reserva, cuando empezaron a volar las balas; una ráfaga perdida había impactado en su furgoneta *pickup* y él se había agazapado detrás del vehículo con una grabadora de cintas de casete y lo había grabado todo para una emisión de la radio pública estadounidense.

En mis primeros tiempos en París, cuando Will y yo estábamos todavía en la fase de escribirnos, él me habló de haber acompañado a su padre en viajes relacionados con los reportajes en los que trabajaba, y en uno de esos se había hecho amigo de Nick y su familia. Hasta me había enviado un artículo sobre el trabajo de Nick en Thunder Valley. *Si en algún momento tienes planes de estar en Estados Unidos más de una semana, podríamos ir de visita* —me había escrito—. *Es una parte del país que poca gente conoce.* Como todavía estábamos en las fases incipientes del cortejo, recuerdo haber estado mucho menos interesada en el artículo sobre Thunder Valley que en descifrar el uso de la primera persona del plural por parte de Will, cosa que me había hecho concebir esperanzas de que él también veía aquello como una relación que podía continuar más allá de la página escrita.

Nick y yo seguimos sorprendiéndonos conforme se van encajando las piezas del puzle, completamente desconcertados por lo raro que es vernos aquí, hoy, en circunstancias que no tienen nada que ver en absoluto. Él había oído hablar de mí a Will —de mi enfermedad, de lo que escribo— y me cuenta que hasta soy amiga de Facebook de su hermana.

—¡El mundo es un pañuelo! —se maravilla.

—¡El mundo es un pañuelo! —corroboro yo, menos maravillada y más molesta por todo lo que he borrado de mi mente.

—Cuéntame: ¿cómo está Will? —quiere saber—. Hace un tiempo que no hablamos.

Me digo «trágame tierra» al darme cuenta de que Nick no sabe nada. No tengo ni idea de cómo contar la historia de lo que nos ha sucedido a Will y a mí. Y cuando lo intento, puedo oír el veneno que rezuman mis palabras pese a todos mis esfuerzos por mantenerlo a raya. Sé que no es justo presentar a Will como el malo de la película —no hace justicia a las formas infinitas en que me quiso, estuvo a mi lado y luchó para quedarse—, pero todavía sigo siendo incapaz de narrarlo de otra manera.

—No estoy segura de en qué anda ahora —digo por fin intentando que no me tiemble la voz, pero la ira es patente, vibra justo debajo de la superficie.

—¡Ay —exclama Nick—, no sabía que habíais roto vuestra relación! Vaya, lo siento mucho.

—Yo también lo siento mucho.

Me enjugo con determinación las lágrimas con el antebrazo antes de cambiar de tema. Estos cielos tan rasos típicos del oeste son demasiado inmensos, las ondas expansivas que se forman son de largo alcance. Todo me hace sentir expuesta de más, igual que en las situaciones extremas: experimentas las cosas en carne viva y te sientes vulnerable frente al mundo.

Paso la noche en la reserva, en el motel Lakota Prairie Ranch Resort. La habitación da a un aparcamiento, la moqueta está pegajosa y la colcha raída. En la encimera del baño encuentro un montoncito de toallas con manchas de aceite junto a una nota plastificada que dice «Para su comodidad: utilice POR FAVOR los trapos para limpiar manchas de líquido, zapatos, armas».

Lanzo la colcha al suelo, desenrollo el saco de dormir sobre el colchón y me paso las horas que siguen tratando de convencerme de que estoy dormida cuando en realidad estoy pensando en Will. Me acuerdo de como Nick, después de que me dieran el diagnóstico, había invitado a Will a que me trajera a Pine Ridge para una ceremonia de sanación que se conoce como la Danza del Sol y que, cuando los médicos dijeron que yo no estaba en condiciones de viajar, Will había decidido hacer el viaje a Pine Ridge sin mí. ¡Cómo me enfadaba que Will viajara sin mí! Que él pudiera ir a sitios y yo no hacía más que evidente la diferencia que había entre nosotros, entre el resto de mis amigos y yo, entre todas las personas de este mundo con un cuerpo que funcionaba bien y yo. Yo, que todavía batallaba por encontrarle un sentido a por qué unas personas sufren y otras no, por qué había vidas marcadas por la desgracia y otras que se libraban. Ser joven y estar enferma era una injusticia, hasta el punto de que a ratos se hacía casi insoportable. Siempre había tenido claro, por lo menos en teoría, que desesperarme y patalear era inútil, y además nocivo. Aun así, no podía evitar comparar mis limitaciones con las libertades que disfrutaban otros. Ansiaba tanto su libertad que los odiaba.

Tras mis párpados cerrados arde una hoguera de remordimiento que no me deja dormir. Es relativamente fácil destruir el pasado, en cambio es mucho más difícil olvidarlo. Rememoro una y otra vez la primera gran pelea que tuvimos Will y yo. Como tantas primeras peleas, contenía unas semillas de discordia que más tarde florecerían y se harían mucho más grandes. Se suponía que teníamos que viajar a Santa Bárbara en unos pocos días para la boda de un amigo de la infancia de Will. No habíamos tomado un avión desde que había empezado con el tratamiento y estaba deseando un cambio de aires. Pero, conforme se iba acercando la fecha del viaje, también fue haciéndose cada vez más evidente que, salvo que los resultados de mis análisis de sangre cambiaran por arte de magia, no podría acompañar a Will. No obstante, seguí insistiendo hasta el último minuto en que estaba bien.

Mi desesperación por participar en los eventos del mundo solía nublarme el entendimiento; es decir, Will solía tener que asumir el ingrato papel de obligarme a hacer lo que debía. Así que, unas cuantas noches antes de la fecha en que teníamos que viajar me lo soltó:

—Lo he hablado con tus padres —dijo rodeándome los hombros con un brazo—. Sabes de sobra que me encantaría que vinieras, pero todos estamos de acuerdo en que no es seguro que tomes un avión ahora mismo. Te tienes que quedar en casa y descansar.

Recuerdo que me invadió el deseo de chillar, que había sentido una furia tan grande que quería alzar las manos al cielo y descolgarlo de un tirón violento como si fuera un cortinaje de techo. Will llevaba razón: tomar un avión en mi estado era un suicidio. Sabía que él solo intentaba cuidarme, pero no se me ocurría nada ni nadie más con quien pagarlo. Apartándome violentamente de su lado repliqué:

—¿Pero cómo te *atreves* a conspirar con mis padres a mis espaldas? Como si fuera una niña pequeña incapaz de tomar mis propias decisiones... Como si no me sintiera ya completamente patética... Y... claro, ¡déjame adivinar!: tú sí que vas a ir. Sin mí.

Fui testigo de cómo ese hombre —que no había vuelto a casa a ver a su familia y sus amigos desde hacía meses, que no se había separado de mí desde que me habían diagnosticado el cáncer, que se había pasado todo el verano durmiendo en un catre junto a mi cama en el hospital— se derrumbaba.

—Sus, por favor -me suplicó—, no te enfades. Solo me hace falta tomarme un respiro.

—¿Ah sí? —le solté— Pues a mí también, ¿sabes?

Al día siguiente me desperté con el resquemor de la culpa. Sabía perfectamente que había hecho mal. Entendía muy bien lo importante que es regalar a los cuidadores tiempo libre para ellos sin que se sientan culpables. Will se merecía y también necesitaba desesperadamente un descanso y me dije que, solo porque yo estuviera demasiado enferma para viajar, él no tenía por qué quedarse en casa también. Con ese pensamiento en mente intenté guardarme la ira cuando Will se despidió para ir a la boda. Pero mi ira era muy difícil de aplacar. Por muy profundamente que estuviera sepultada, acababa encontrando la manera de salir a la superficie.

A medida que, al ir pasando los días, iban apareciendo en mi Facebook fotos de Will y de lo que estaba haciendo, el fuego se empezó a avivar. Con cada foto nueva que veía —Will y sus amigos en la playa, jugando al fútbol, en un bar, bailando— mi furia iba abriéndose paso más cerca de la superficie. En la soledad de mi habitación, mi parte irracional se acabó haciendo con el control: tal vez en el fondo Will se alegraba de que yo no hubiera estado en condiciones para acompañarlo. Libre de mi presencia podía irse de juerga hasta la hora que quisiera; una novia enferma era una responsabilidad, te aguaba todas las fiestas, suponía una amenaza constante de que se te arruinaran los planes porque estuviese cansada otra vez.

Era obvio que, en realidad, mi ira era causada por los pésimos resultados de mi analítica, que me habían impedido acompañarlo, por el cuerpo que me tenía condenada a estar todo el día en la cama, por la sesión de quimio que tendría que hacer al final de la semana, por la posibilidad de que mi vida se hubiera acabado antes de empezar realmente. Pero cuesta sentir ira por algo tan nebuloso como el cáncer. Así que tienes que redirigir la trayectoria de tu ira —en un mundo ideal hacia un lienzo o un cuaderno— antes de que acabes proyectándola contra un blanco humano. Pero entonces no sabía cómo hacerlo. Cuando Will llamó al final de la celebración de la boda, con un tono de voz que revelaba que estaba contento, relajado y un pelín borracho, busqué un pretexto para discutir con él. Lo estuve haciendo todo el fin de semana, regañándolo por todo tipo de cosas ridículas: no llamar exactamente a la hora que había dicho que llamaría, no responder a un mensaje de texto de inmediato.

Lo que subyacía en el fondo de mi ira era miedo a que, si Will pasaba tiempo ahí fuera, en el mundo, tal vez se daría cuenta de todo lo que se estaba perdiendo; miedo a que se acabara cansando de tener que cuidarme, de que se marchara para no volver.

Lo que me gustaría haber sabido entonces: el miedo te consume, se convierte en lo que eres hasta que aquello que más temes cobra vida.

Hacia el final del viaje de Will, me subió mucho la fiebre y acabé de nuevo ingresada en el hospital, y tardé semanas en salir. Él volvió directamente del aeropuerto al ala de oncología donde me encontró enchufada a un montón de tubos y cables. Tenía dificultades para respirar y el color de mi tez era ceniciento. La enésima infección hacía de las suyas en mi sangre. Se sentó junto a la cama y, llevándose las manos a la cabeza, se echó a llorar. «Nunca debería haberme marchado», dijo.

Una confesión: en ese momento, en el fondo me alegré de haberme puesto enferma mientras él estaba lejos: significaba que había tenido que acortar su viaje; significaba que estaba de vuelta en la burbuja conmigo y yo ya no me sentía tan sola; significaba que en el futuro se lo pensaría mucho antes de volver a marcharse. Estaba plenamente convencida de que, si lograba mantenerlo siempre a mi lado, eso evitaría que nos distanciáramos. Era tan joven.

Antes de marcharme de Pine Ridge estuve leyendo sobre la Danza del Sol, una ceremonia de sanación con siglos de antigüedad que se celebra todos los veranos. Comienza con un grupo de aproximadamente un centenar de hombres que unen fuerzas para talar un árbol gigantesco en un bosque cercano. Utilizando un complejo juego de arneses, se aseguran de que el árbol talado nunca toque el suelo y luego lo cargan en el remolque plano de un camión. Una vez se ha transportado el árbol con éxito hasta la reserva, los hombres lo levantan en el centro de un espacio circular al aire libre que se abre entre dos montañas conocido como Thunder Valley.

El árbol es la pieza central —tanto física como espiritual— de la ceremonia. Sus ramas se decoran con cientos de «hatillos de tabaco», ofrendas de hojas de tabaco envueltas en telas de muchos colores. Cada color significa una oración diferente. Los hombres se atraviesan la piel del pecho con agujas en las que enhebran cuerdas que atan al tronco del árbol. Y, durante cuatro días en los que no comen y solo beben el mínimo imprescindible de agua, cantan, bailan y rezan bajo un sol abrasador, lo que provoca que muchos acaben desmayándose. El dolor, el calor, la deshidratación y el hambre no son desafortunados peligros, sino parte integral del proceso. Los danzantes creen que, simulando la muerte, alivian el dolor y los padecimientos tanto de su comunidad como de sus ancestros. No se trata de hacer penitencia ni de glorificar el sufrimiento, sino de recrear y honrar el ciclo de la vida y la muerte. El propósito de practicar un rito de purificación es volver al mundo renovados por la limpieza espiritual que han experimentado y con fuerzas renovadas para enfrentarse a lo que les depare el futuro.

Es una lección sobre el mérito del dolor.

Estoy empezando a darme cuenta de que, si quiero recorrer la distancia que hay entre estar al borde de la muerte y resurgir de esa situación renovada, en vez de sepultar mi dolor, debo usarlo como una guía para conocerme mejor. Al enfrentarme a mi pasado, no solo tengo que lidiar con el dolor de perder a otra gente, sino también con el dolor que yo he causado a otros. Debo seguir buscando verdades y maestros en estos largos tramos solitarios de autopista, incluso —especialmente— cuando la búsqueda me genere incomodidad.

En algún punto entre Dakota del Sur y Wyoming, el frescor del otoño se transforma en escarcha letal y se vacían los árboles de pájaros. Bajo la ventanilla, saco la mano y mis dedos enseguida se quedan completamente entumecidos. Un olor calcáreo y húmedo impregna el ambiente. Empieza a nevar: cae un copo aquí y un copo allá y mi mente empieza a vagar. Mientras atravieso mi particular tierra de nadie, a veces tengo la sensación de que no soy más que recuerdos. Rebobino para contemplar viejas escenas de mi vida, reparando en la infinidad de errores y decisiones lamentables, pero ahora ya no puedo hacer nada al respecto salvo comprender mejor qué pasó.

En este momento en particular, me encuentro en el ecuador del recuerdo de una conversación telefónica que tuve con mi padre hacia el final de mi última hospitalización. Le acababa de contar que Will se marchaba del apartamento y que no creía que fuéramos a restablecer nuestra relación. «Eres mi hija y te quiero más que a nadie en este mundo —me dijo—, pero no estoy nada seguro de que, a la edad de Will, yo hubiera sido capaz de permanecer a tu lado como lo ha hecho él».

Recuerdo haberme sentido herida cuando colgué. En vez de alabar a Will, mi padre debería haberse enfadado con él por dejarme. En aquel momento yo todavía estaba demasiado consumida por la ira para entender qué quería decir mi padre en realidad. Mientras conduzco ahora, todavía sigo dándole vueltas, tratando de encontrarle el sentido.

En mi cabeza he perdonado a Will por haberse marchado del apartamento. Pero en mi corazón todavía me siento traicionada. Will y yo no hablamos, de vez en cuando me manda un correo electrónico o un mensaje de texto con alguna foto —una lista escrita a mano de mi medicación de quimio y las correspondientes instrucciones que había apuntado en un diario, o una fotografía mía en la que estoy tendida en una camilla con una mascarilla de oxígeno. No tengo claro si son gestos nostálgicos o si denotan hostilidad, como si fuese su manera de decirme *Mira todo lo que he hecho por ti.* Odio la forma en que estos mensajes me recuerdan lo mucho que lo necesitaba y el ascendente tan grande que todavía tiene sobre mí. Solo de pensarlo me pongo furiosa. «Que te jodan, que te jodan, que te jodan», canturreo mientras conduzco. Quiero que deje de culparme por sus problemas. Quiero que se disculpe por todas las formas en que me ha hecho daño. Entonces —me digo— podré por fin dejar de estar furiosa.

Los dientes de sierra de la cordillera Teton se recortan en el horizonte. Me incorporo a las vías arboladas de la John D. Rockefeller Jr., un tramo majestuoso de autopista que desemboca en el parque nacional de Yellowstone, pero estoy demasiado absorta en mis pensamientos para admirar el entorno. Caigo en la cuenta de que, a los veintisiete, tengo exactamente la misma edad que tenía Will cuando yo enfermé. Por aquel entonces, la diferencia de edad de cinco años parecía colosal, vista del modo en que se ven esas cosas cuando tú tienes veintidós y cada año que pasa podría ser una década. *Mon vieux*, había llamado a Will en una ocasión cuando vivíamos en París.

Mientras avanzo en medio de lo que se ha convertido en un gran remolino de nieve, intento imaginarme que habría hecho yo si me encontrara en la situación de Will ahora. Intento imaginarme lo que sería permanecer al lado de alguien con quien solo llevara saliendo unos meses y a quien le acabasen de diagnosticar una enfermedad mortal. Intento imaginarme haciendo las maletas, tomando un avión e instalándome en un pueblo perdido en el que no he estado jamás para vivir con sus padres; pasarme meses de mi propia vida durmiendo en catres de hospital; rechazar ascensos en el trabajo en un momento en el que la mayoría de mis amigos están centrados en labrarse una carrera. Intento imaginarme cómo llevaría yo ser el blanco de su ira. Intento imaginarme salir a comprar un anillo de compromiso a sabiendas de que la persona que amo podría no sobrevivir. Cuando intento imaginarme a mí misma haciendo todas esas cosas, doy un traspiés. No puedo. Dudo que fuera capaz de hacer ni tan siquiera una parte de lo que Will hizo por mí.

La verdad es que el clamor de mis propias necesidades ponían en sordina las necesidades de Will. Yo necesitaba confirmación constante de que mis necesidades no eran excesivas. Pero, cuando mis necesidades sí que empezaron a resultar excesivas, actué de forma que para él resultara imposible tomarse los descansos que necesitaba desesperadamente. En esos últimos meses, cuando me acompañaba en el enésimo viaje a urgencias, la expresión de su rostro había sido de obligación mezclada con agotamiento. Yo me lo tomé como prueba de que efectivamente yo era una carga y que se estaba tomando su tiempo hasta que llegara el momento oportuno para marcharse. Y, sin embargo, al final no fue la enfermedad la que hizo que se marchara, sino yo. Fueron la infinidad de pequeños gestos con los que lo había estado empujando hacia la puerta durante años, desafiándolo a que se atreviera a marcharse hasta que, un día, al final eso fue precisamente lo que hizo.

Lo siento mucho, murmuro en la oscuridad.

Ha empezado a nevar con más fuerza y los limpiaparabrisas están trabajando a destajo. Así que considero dar la jornada por concluida y buscar un motel hasta que amaine la tormenta. Pero me preocupa que, cuanto más retrase esta etapa de mi viaje hacia el oeste, peor se van a poner las condiciones climatológicas. Al final decido seguir hasta llegar a la frontera con el estado de Montana. Como por la carretera no circula ningún otro coche, mis ruedas van dejando huellas en la impoluta nieve recién caída. Los pinos ponderosa que jalonan la carretera se vencen bajo el peso de la nieve y de sus ramas cuelgan estalactitas. Todo brilla reflejando una gélida luz de color azul intenso.

A lo largo de la hora siguiente, lo que queda de mi ira contra Will se acaba evaporando y, en su lugar, soy capaz de sentir lo que la ira no me ha dejado sentir hasta ahora y, de repente, hay tantas cosas que quiero decir... Tal vez Will no estuviera a mi lado al final, pero sí que estuvo a mi lado cuando importaba. Quiero pedirle perdón. Quiero decirle cuánto lo echo de menos.

Si esto fuera una película, ahora mismo llamaría a Will. Hasta puede que encontráramos —tal vez— la manera de volver a estar juntos. Pero esto no es una película. La última vez que hablamos me contó que tenía un trabajo nuevo de redactor de una página web especializada en deportes. He oído que sale con alguien y que son felices. Amar a Will ahora mismo es apreciar los recuerdos del tiempo que estuvimos juntos sin dejar que sus cantos de sirena me arrastren. Es resistir la tentación de llamarlo. Es darle el espacio que necesita para recuperar su vida. Es hacer lo más difícil: dejar que se vaya.

Ya muy cerca de la frontera de Montana atravieso el típico pueblo que, como pestañees, te lo pasas sin darte cuenta. La carretera principal está vacía a excepción de un coche que circula detrás de mí. Al cabo de unas cuantas manzanas el coche se me ha pegado tanto que me siento molesta. Una luz roja gira en su techo, pero estoy tan absorta en mis propias cavilaciones que no reparo en ello. Solo cuando oigo el sonido de la sirena caigo en la cuenta de que me sigue un coche de policía.

Nunca me ha parado la policía y mi antiguo profesor de conducción, Brian, nunca llegó a este capítulo en sus clases. Presa de la agitación, me desvío a un lado y apago el motor. Y, en un nada afortunado intento de colaborar, abro la puerta del coche, pensando que me encontraré con el agente de policía a medio camino entre los dos automóviles. Pero, en cuanto pongo pie a tierra sobre el suelo helado, me doy cuenta de que he cometido un grave error: un error que para gente que no tiene mi aspecto ni disfruta de mis privilegios podría ser cuestión de vida o muerte.

—¡Vuelva al vehículo! —me grita enfadado el agente— ¡VUELVA. AL. VEHÍCULO!

Aterrorizada, me meto a toda prisa en el coche otra vez y cierro la puerta con un gran portazo. *Oscar* ladra desaforado y le ordenó con voz sibilante que deje de hacerlo en el momento en que aparece el policía del otro lado de la ventanilla, que golpea con nudillos enguantadas para que la baje.

—Lo siento mucho, agente —me disculpo cuando la luna empieza a bajar—, creía que se suponía que tenía que descender del coche, pensé que por educación —sigo explicando tontamente y con la respiración algo agitada.

El agente tiene las mejillas cubiertas de una constelación de espinillas rabiosas y rostro aniñado, pero su expresión no es precisamente amigable.

—No vuelva a hacer eso jamás —me echa la bronca mirándome condescendiente desde las alturas—. ¿Sabe por qué le he ordenado parar?

—No, señor, no lo sé.

—Iba usted diez kilómetros por hora por encima del límite de velocidad.

Me dispongo a disculparme otra vez, pero el agente alza la mano para indicarme que me calle.

—Carnet de conducir y documentación del coche.

Rebusco en la guantera, que está llena de mil porquerías inservibles: mapas viejos, papeles, cacao para los labios y, misteriosamente, un Slinky, un juguete consistente en un muelle helicoidal.

—Ahí ahí, ahí tiene la documentación —me indica el agente.

Al cabo de unos minutos el policía vuelve con mi carnet de conducir y los papeles del coche y me mira fijamente por la ventanilla abierta. Tiene unas cuantas preguntas más, empezando por cómo es que, siendo conductora novel, he acabado en Wyoming con un coche con matrícula de Nueva York, y por qué está registrado a nombre de otra persona.

—Pues la verdad es que es una historia curiosa —respondo para luego lanzarme a una explicación profusa y atropellada sobre el cáncer y los dos reinos y el viaje de cien días por carretera y mi amigo que me ha prestado el coche. Tengo la adrenalina a tope y me cuesta decidir si algo de lo que estoy diciendo tiene el menor sentido.

—Bueno, bueno, señorita, cálmese —me dice, luchando por evitar sonreír—. La voy a dejar marchar con una amonestación —me informa—, pero a ver si lo he entendido: se acaba de sacar usted el carnet de conducir; su amigo le ha prestado el coche; y está haciendo un viaje por todo el país.

Asiento a cada afirmación.

—Pero, por el amor de Dios, ¿cómo se le ocurre andar por ahí conduciendo en medio de una ventisca?

32

SALSA Y LOS
SUPERVIVENCIALISTAS

A MEDIDA QUE ME ADENTRO cada vez más en los paisajes salvajes de Montana, también me cruzo con cada vez menos coches. Los espacios abiertos son infinitos y están recubiertos por una capa de nieve hasta la rodilla. El cielo es una inmensidad tan sobrecogedora que me siento como si fuera la única persona sobre la faz de la Tierra. Llevo varias horas conduciendo en silencio cuando suena el teléfono y doy un respingo por la sorpresa. Miro de reojo y veo el nombre de Jon parpadeado en la pantalla. Dejo que salte el contestador. He tenido tantas cosas en la cabeza últimamente que no sé cómo compartirlo con él. Estos días, cuando hablamos, nuestras conversaciones son poco más que mero parloteo un tanto forzado. ¿Nos hemos quedado sin cosas que decirnos? Con medio continente de separación entre nosotros, cuesta acordarse de por qué hacemos buena pareja. El futuro de nuestra relación siempre fue precario hasta cierto punto y cada vez parece más improbable que lo que hay entre nosotros sobreviva al viaje.

La pérdida me ha hecho cautelosa, me ha dejado sin fuerzas, y no solo la pérdida de vida a la que he asistido en los últimos años, sino también las pérdidas colaterales provocadas por la enfermedad: de Will, de la fertilidad y la feminidad tal y como la había imaginado, de mi identidad y mi lugar en este mundo. En ocasiones siento el corazón tan atribulado que no hay hueco en él para los vivos, para la posibilidad de un amor nuevo, de nuevas pérdidas.

Justo ayer por la noche recibí un mensaje de alguien a quien quiero que me hizo batirme en profunda y cautelosa retirada. Después de estar todo el día conduciendo en medio de una ventisca, paré en un hostal en Gardiner, Montana y me zambullí en la bañera exenta de la habitación para entrar en calor y relajarme. Llené la bañera prácticamente hasta el borde, me quité las botas y los calcetines de lana, me desnudé y sumergí mi cuerpo en el agua caliente. Suspiré conforme mis músculos se destensaban. Después de estar a remojo un rato, alargué el brazo por encima del borde de la bañera para coger el móvil con dedos resbalosos. Desde el principio del viaje se me habían ido acumulando los correos electrónicos en la bandeja de entrada y pensé que ya iba siendo hora de ponerme un poco al día.

Revisando por encima las decenas de correos sin leer, vi uno de mi amigo Max; lo había enviado hacía semana y media. El título —Últimas noticias médicas— me puso tensa. Muchos pacientes envían correos masivos para tener a la familia y amigos informados; este tipo de mensajes no siempre contiene malas noticias. Ahora bien, en los cuatro años que conocía a Max, nunca había enviado un mensaje masivo sobre su salud. Sabía que fuera lo que fuera lo que decía el correo, no eran buenas noticias.

Me quedé mirando el teléfono fijamente un rato, y luego lo volví a dejar en el suelo de baldosas. No quería leer el mensaje. No quería cruzar esa puerta. Deslicé la cabeza debajo del agua y luego abrí los ojos y contemplé las gotitas de aire que escapaban de mis labios para ascender hasta la superficie. Me incorporé otra vez sacando la cabeza del agua, provocando un chapoteo al volver a la superficie. Una vez que el agua había vuelto a la calma, cogí el teléfono de nuevo y empecé a leer.

Queridos:

El cáncer ha vuelto a mis pulmones y mi garganta y me van a operar mañana en el Cedars Sinai de Los Ángeles. El tiempo de recuperación de esta cirugía es incierto; no sabemos lo difícil que será acceder a los tumores. En este momento tampoco sabemos si el tratamiento inmunológico que estaba siguiendo ha surtido algún efecto ni hasta qué punto de ser el caso. La cirugía permitirá responder a todos estos interrogantes y nos ayudará a planificar los siguientes pasos.

Si os queréis poner en contacto conmigo o enviarme alguna cosa, espero tener acceso al correo, pero lo que no sé es lo despejada que tendré la cabeza... Os pediría por favor que no preguntéis demasiadas cosas sobre la logística de todo el tema o dónde o cuándo estaré cuándo o dónde, sencillamente ahora mismo no lo sabemos y no lo sabremos en un tiempo. POR EJEMPLO:

Mensaje guay: «¡Deseándole a Max todo lo mejor! ¡No hace falta que responda!»

Mensaje no guay: «¿Cuándo podrá Max ir al baño y en qué ciudad? Me gustaría hacerle una visita con mi schnauzer; es un schnauzer irlandés de la buena suerte que da masajes terapéuticos; ¿Se va a morir Max? ¿Podrá venir al evento que he organizado dentro de cuatro meses?»

Os quiero mucho a todos y os estoy extremadamente agradecido por vuestro apoyo.

La parte del «schnauzer irlandés de la buena suerte que da masajes terapéuticos» me hizo sonreír. Max se consideraba un cómico en realidad, y siempre estaba intentando que todo el mundo se riera, incluso ahora. Pero cuando acabé de leer el mensaje me puse a pensar en lo que todo eso significaba, en el hecho de que había tenido múltiples recaídas desde que le habían diagnosticado el cáncer por primera vez a los diecisiete años y, a pesar de todos los tratamientos, el cáncer seguía extendiéndose. El puto cáncer. Tenía la impresión de que el agua de la bañera me estaba aplastando las extremidades. Me sumergí otra vez. Esta vez cerré los ojos y chillé.

Tal vez la mayor prueba para el amor es cómo actuamos en momentos de necesidad. Es el momento de rendición de cuentas hacia el que parecen gravitar todas las relaciones. Yo siempre me he enorgullecido de ser una buena amiga en los momentos malos, de ser capaz de sentarme con alguien que está en un momento difícil y de ir más allá de lo estrictamente indispensable para permanecer al lado de alguien que está a punto de lanzarse al precipicio. En estos últimos años, he enviado paquetes con todo tipo de regalos y detallitos, ramos de flores y telegramas musicales. He ayudado a cumplir con las tareas de una larga lista, he colaborado en aventuras para hacer realidad el deseo de otra persona, he enviado comida a domicilio, he montado eventos para recabar fondos y he hecho vigilias en residencias para enfermos terminales.

No obstante, al pensar en Max, sentí como si el manantial de donde brotaban todo ese tipo de gestos se hubiera secado. Ni siquiera logré encontrar la motivación para responder. Salí de la bañera y me fui a la cama diciéndome a mí misma *Mañana*.

Ahora «mañana» ya está aquí y todavía no me he puesto en contacto con él.

Piso el acelerador y el pedal tiembla un poco bajo mi pie. *No, no, no* —pienso mientras conduzco por un tramo helado de la autopista—, *no puedo pasar por esto otra vez*. No hay nada más cruel que encontrarte con el silencio de un amigo que creías que sería uno de los primeros en decir *Aquí estoy. Te quiero. ¿Qué puedo hacer?* Lo sé de primera mano. Pero, ahora mismo, el impulso principal que me guía es el instinto de conservación, el de alejarme, el de protegerme del dolor de perderlo a él también. Pensar en enfrentarme a más sufrimiento hace que me entren ganas de desaparecer del mundo. Siento deseos de no volver a tener una relación cercana con ninguna persona nunca más.

Cojo la autopista 141 hacia Avon, Montana. Es el tipo de comunidad rural donde el número de cabezas de ganado supera con creces al de personas. Voy a visitar a Salsa, la cocinera de un rancho ganadero de la zona que me envió un paquete con regalos cuando estaba en el hospital, prometiendo que si alguna vez me dejaba caer por estos pagos me daría de comer muy bien. De momento, lo que me ha dado son unas instrucciones muy detalladas —por más que algo crípticas— de cómo llegar hasta el rancho de su familia. Cuando le pedí una dirección o unas coordenadas, sugiriendo que igual sería más fácil sencillamente meter esa información en el GPS, la respuesta de Salsa fue: *Que Dios te acompañe*.

Recorro unos cinco kilómetros por un camino de tierra cuando diviso el cobertizo que me había descrito Salsa: es de madera, con un edredón azul y dorado pintado en un lado. Giro inmediatamente a la derecha y las ruedas patinan un poco sobre el hielo. Paso por una barrera canadiense hacia otro camino de tierra que serpentea colina arriba en dirección a la casa del rancho pintada de verde que corona la cima. Cuando ya estoy cerca, Salsa sale corriendo de la casa a recibirme. Con sus sonrosadas mejillas carnosas y los mechones de pelo rubio asomando por el gorro de lana que lleva puesto, podría ser perfectamente un personaje de la típica función teatral navideña, la mismísima señora Claus. Esboza una inmensa sonrisa en el momento que salgo del coche y, enfundada en sus botas y su anorak, salta emocionada como una niña y da grititos de un entusiasmo contagioso. «¡Bienvenida a nuestro precioso y enorme estado! ¡Estábamos todos un poco haciéndonos pis en los pantalones de la emoción de pensar que ibas a venir!», me saluda apretujándome contra su pecho.

Salsa me cuenta que lleva días preparando mi visita y ha cocinado suficiente comida como para alimentar a un ejército de *cowboys*: bandejas y bandejas de lasaña, montones de galletas con trozos de chocolate horneadas a la perfección y montañas de boles de palomitas de maíz caramelizadas para picar a altas horas de la noche. También ha barrido el barracón dormitorio donde me van a instalar, me ha hecho la cama con un edredón cosido a mano y ha encendido la estufa de leña para que el lugar esté bien caldeado cuando yo llegue. Por si todo eso fuera poco, me ha comprado un «verdadero sombrero de Montana», un tipo Davy Crockett de piel de mapache con una larga cola marrón y negra colgando por detrás.

Este es el tipo de persona que es Salsa: alguien que ama con todas sus fuerzas y no se guarda nada. Vi el primer atisbo de su generosidad hace dos años cuando coincidimos brevemente en lo que llamamos «campamento cáncer», básicamente un programa de actividades de aventura para jóvenes con cáncer de una semana que organiza la ONG First Descents.

Salsa participaba como «madre de campamento», que es lo que le dijo a todo el mundo que la llamara. Se había ofrecido voluntaria para cocinar tres comidas al día y asegurarse de que todos estábamos bien cuidados durante la semana. Su presencia era ya de por sí enriquecedora y, eso unido a su sentido del humor, contribuyeron a que me fascinara el personaje desde el primer minuto. Cuando estaba demasiado cansada para participar en las actividades del campamento me iba a refugiar a la cocina, donde ella me sobornaba con *brownies* recién salidas del horno y me hacía reír oyéndola hacer una lista clasificatoria de los monitores —todos fornidos jóvenes aficionados a todo tipo de actividades al aire libre—, ordenándolos de más a menos macizos. También se echaba al coleto algún que otro lingotazo de una botella «ilegal» de *whiskey*, que por supuesto mantenía escondido de las «autoridades del campamento» dentro de un estuche con cremallera decorado con versículos de la Biblia, cosa que hizo que me cayera todavía mejor.

Yo había disfrutado cada minuto de la semana de «campamento cáncer». Los monitores nos enseñaron a navegar en kayak y nos pasábamos horas en el río todos los días. Era como si, con cada palada de remo, los pensamientos sobre citas médicas y sesiones de quimio se fueran alejando más y más. Dejé de obsesionarme con la forma en que mi cuerpo me había fallado, o con todas las maneras en que ahora le costaba estar a la altura, para centrarme en las pequeñas victorias: reunir el valor necesario para saltar al río desde una peña muy alta, aprender a hacer un «rol de barrido» con el kayak y lograr superar una zona de rápidos sin volcar. Para finales de la semana, estaba toda magullada y dolorida. Pero también me sentía orgullosa de mi cuerpo por primera vez desde que me habían diagnosticado la enfermedad.

Volví a casa con nuevos propósitos para convertirme en alguien que ponía en práctica el lema del campamento: «Sal a vivir la vida». Decidí que los fines de semana saldría de la ciudad para hacer caminatas campestres y hasta le propuse a Will que fuéramos a hacer camping a las Adirondack. Pero al poco de mi vuelta me hospitalizaron por una infección en los bronquios y estuve enchufada a una botella de oxígeno durante días. De algún modo, Salsa se enteró de que estaba en el hospital y me envió de un día para otro un paquete maravilloso con un precioso pájaro azul de cristal para colgar en la ventana de mi habitación y una tarjeta en la que me invitaba a visitarla en Montana cuando estuviera suficientemente bien. *Podrías venir al rancho de mi hija, conocer a unos cuantos cowboys auténticos y pasear a caballo por las montañas*, me escribió. Tendida en la cama en el hospital intenté imaginarme el rancho: en mi cabeza vi montañas gigantescas, grandes macizos blancos surgiendo majestuosos de la tierra. Me imaginé montando a caballo, galopando por el bosque. El pitido del monitor me trajo de vuelta a la realidad. El tubo que bombeaba aire directamente a mi nariz se había soltado del tanque de oxígeno. Montana estaba a miles de kilómetros de distancia.

A los pocos minutos de llegar, *Oscar* ya se ha puesto a perseguir a las gallinas: perseguidor y perseguidas corren en círculos. *Oscar* corre tan rápido como puede, las orejas se le agitan al viento. Pero le cuesta mantener el ritmo con sus patas cortas. La ha tomado con una gallina en particular, un ejemplar rechoncho de plumaje rojizo que cacarea mientras huye, aparentemente más irritada que asustada por el acoso.

—Lo siento mucho —me disculpo con Salsa—. Creo que es la primera vez que ve una gallina.

—Cielo, no estoy nada preocupada —me contesta Salsa—, no te ofendas, pero a juzgar por la pinta que tiene tu perro, dudo mucho que sea capaz de cazar ninguna gallina.

Tampoco es que ayude a la imagen de *Oscar* que lleve puesto un abrigo canino de invierno de cuadros rojos y negros.

Se nos une Erin, la hija de Salsa, y las tres contemplamos el espectáculo, muertas de risa. Hasta los perros del rancho —chuchos duros acostumbrados al pastoreo, con uno o dos dientes menos por haberse llevado alguna coz del ganado— parecen sonreír. No obstante, conforme pasan los minutos, *Oscar* corre más veloz y sus patas delanteras cada vez peinan el aire más rápido mientras que en sus ojillos marrones brillan con determinación a medida que se acerca centímetro a centímetro a su presa. Y entonces ocurre: *Oscar* vuela por los aires tras un salto fantástico y engancha a la gallina por las plumas de la cola.

—¡Ay, mierda, no, no, noooo! —grito al tiempo que corro a agarrar a *Oscar* por el collar para ponerle la correa.

Mientras tanto Erin comprueba que la gallina, por suerte, ha salido ilesa.

—Menos mal que no está mi marido —comenta—, la gente de rancho les pega un tiro a los perros que cazan gallinas.

Salsa es gordita y rubia. pero su hija, en cambio, tiene unos ojos oscuros muy brillantes y una larga melena castaña y la complexión enjuta y musculosa de una mujer que nunca para de moverse. Cuando no está organizando la casa, ocupándose de los niños, haciendo un edredón por encargo o liderando un grupo de estudio bíblico, Erin ayuda a su marido a reunir al ganado. El rancho —me cuenta— lleva en la familia de su marido cinco generaciones.

Pese a la persecución de la gallina, Erin y yo nos caemos bien desde el primer momento. Al cabo de un rato nos dirigimos a la casa verde de la colina. Al entrar, nos quitamos las botas y las dejamos en fila contra la pared al lado de una estufa donde arde la leña.

—Ven, que te hago una visita guiada —me dice Erin enlazando su brazo con el mío.

La sigo mientras me muestra los dormitorios y las vistas desde las ventanas, y luego me lleva a la despensa del sótano que tiene las baldas repletas con cantidades ingentes de productos enlatados, provisiones y *whiskey* o, como lo llaman por aquí «*hooch*».

—Todo lo que necesitamos aquí proviene prácticamente de nuestras tierras —se enorgullece Erin.

Subimos las escaleras que conducen a la cocina, y trato de echar una mano mientras ella y Salsa preparan una esponjosa tortilla francesa acompañada de gruesas lonchas de beicon. Atraídos por los ricos olores, los cuatro hijos de Erin aparecen en la puerta de la cocina y me miran de hito en hito llenos de curiosidad. Asisten a un colegio de tres aulas que está ubicado un poco más abajo de la granja, siguiendo por la misma carretera y donde todos los alumnos son hijos de rancheros. Llevan botas de trabajo a clase, para ellos las extracurriculares son actividades prácticas y hacen bromas sobre pedos de vaca, comenta Salsa al tiempo que despeina con gesto cariñoso al pequeño de la casa, Finn.

Cuando los niños no nos pueden oír, Erin me cuenta que ella también ha estado enferma.

—Cáncer de cuello de útero —dice en un susurro.

Nunca deja de sorprenderme la cantidad de gente que me encuentro que vive con algún tipo de lucha personal a cuestas. Cuanta más distancia recorro y más gente conozco, más convencida estoy de que estas experiencias humanas sirven para tender puentes y salvar diferencias que, de otro modo, podrían percibirse como insuperables.

Mientras estoy ayudando a poner la mesa llega William, el marido de Erin. Trae puesta la ropa de trabajo en el rancho: gorra de lana, pañuelo de seda al cuello, chaqueta Carhatt ajustada, vaqueros y botas de cuero. Tiene una barba impresionante, tan larga y esponjosa que se antoja que podrían anidar los pájaros en ella. Inclina cordialmente la visera de la gorra hacia mí y se sienta a la cabecera de la gran mesa de madera.

—Vamos a dar gracias a Dios —empieza a decir William. Me pongo tensa cuando veo que todo el mundo se da las manos. Nunca lo he hecho en mi vida, pero parece de mala educación no participar, así que inclino la cabeza y cierro los ojos. Entonces él nos guía en una oración corta y entrañable—: Gracias, Señor, por este día y esta comida, bendícela y que sea de provecho para nuestro cuerpo. Amen».

Una vez a la semana, las mujeres de los granjeros se reúnen para hacer una clase de aerobic. El equipamiento del pueblo lo constituyen la escuela de tres aulas, una oficina de correos y un pequeño gimnasio. Erin me invita a ir y Salsa se suma a la moción. El gimnasio está bien iluminado y tiene unos suelos de madera pulidos hasta brillar que rechinan con el trasiego de nuestras zapatillas de deporte. Alrededor de una docena de mujeres de edades diversas, enfundadas en rompevientos y pantalones de chándal, están ya haciendo estiramientos. No me quitan ojo mientras Erin hace las presentaciones. Tengo la sensación de que rara vez viene alguien nuevo por aquí. Además, supongo que mi nombre extranjero tampoco ayuda. Ahora bien, cuando Erin les empieza a hablar de mi viaje la escuchan con curiosidad, y la mención de la palabra «leucemia» hace que as expresiones de sus rostros se suavicen ostensiblemente.

—Bienvenida —me saluda una—, yo también he superado un cáncer.

—Estamos felices de tenerte hoy por aquí —apostilla otra.

—¿Ya has conocido al hermano de William? —interviene una tercera—. Está soltero y es muy guapo.

—¡Un momento! ¡Si te casas con el hermano de William seremos hermanas! —exclama Erin.

—Ya va siendo hora de que te busquemos algún cowboy auténtico en vez de un relamido yanqui de ciudad —añade Salsa para provocar un poco.

Cuando se trata de hacer ejercicio, las mujeres de los granjeros no se andan con tonterías. A lo largo de la próxima hora nos movemos por el gimnasio donde hay colocadas una serie de estaciones de un circuito de ejercicios.

Hacemos saltos de tijera hasta que nos tiemblan las piernas, sentadillas hasta que nos queman los glúteos, *burpees* hasta el borde del colapso. Para mi gran sorpresa y satisfacción, soy capaz de seguir el ritmo.

Luego, cuando voy al baño a lavarme un poco y me veo en el espejo, me encuentro con un reflejo que recuerdo vagamente. Mi piel solía tener la palidez lunar del tronco de abedul, pero ahora tengo las mejillas arreboladas y los ojos me brillan. Las endorfinas recorren mi cuerpo como si fueran electricidad y me siento fuerte y llena de energía. Me peino hacia atrás las puntas del cabello de larguras desiguales, aunque suficientemente largas en cualquier caso para sujetármelo por detrás de las orejas. *Muy estilo Leonardo DiCaprio de los noventa*, pienso. No me parezco en nada a la chica que salió de viaje hace casi cincuenta días. Me he convertido en una residente temporal, una aventurera, una guerrera de la carretera que se come los kilómetros, aunque todavía me meta en la cama agotada al final del día.

Más tarde, esa misma noche, no reunimos todos para cenar. Aparece el hermano de William: guapo a rabiar como dice todo el mundo. Y no deja de lanzarme tímidas miradas de soslayo desde el otro lado de la habitación. Afuera, la temperatura ha bajado por debajo de cero y Salsa me dice que no es tan raro que descienda hasta el punto de congelación. Calientan la habitación con una estufa de leña que alimentan con troncos que corta William. Incluso con un fuego crepitando a tope y calzoncillos largos debajo de los vaqueros, es un tipo de frío que hace que me pregunte si volveré a estar caliente algún día. Reparten tazas de *hooch* y el whiskey nos calienta un poco más por dentro con cada sorbo. Una vez que los hermanos tienen suficiente alcohol en el cuerpo, su timidez se disipa y se unen a la conversación.

—Entonces, de protección, ¿qué llevas? —pregunta William volviéndose hacia mí.

—¿A qué te refieres? ¿Me estás hablando de anticonceptivos? —pregunto.

Salsa suelta una risotada y por los labios se le escapa un poco de cerveza.

—No —me aclara William frunciendo el ceño un poco—. Te hablo de una pistola, por ejemplo. Por tu seguridad.

—Uy, no, nada de eso, no he tocado un arma en mi vida. De seguro que acababa disparándome en un pie accidentalmente si intentara usarla para defenderme. No, somos solo yo y este pequeño caballero —concluyo dándole a *Oscar* una palmadita en la cabeza.

—¿Y no te da miedo? —me pregunta el hermano de William.

Parece que la idea de que he recorrido todos esos kilómetros sin ni tan siquiera una navaja en el bolsillo les perturba terriblemente. Una mujer sola con un perrillo faldero castrado por toda protección no debería viajar sin un arma, insisten. William me ofrece una de las suyas. Rechazo la oferta, pero solo después de haber hecho un trato: no me marcharé del rancho hasta que no haya aprendido a hacer blanco en una lata a por lo menos seis metros de distancia, un reto que me va a ocupar casi toda la tarde del día siguiente.

De cena tenemos salchichas de alce y luego cuencos y cuencos del estofado de ternera de Erin. Me cuentan que el alce lo cazó William y la ternera la criaron ellos mismos.

—No me gusta depender de nada ni de nadie —comenta William. Luego durante unos minutos señala las sospechas que le despiertan el gobierno, las escuelas públicas y hasta los médicos—. Tenemos todo lo que nos hace falta para sobrevivir y protegernos con nuestros propios medios.

A medida que avanza la noche, el hermano de William se traslada al sofá y se sienta a mi lado. Tiene barba pelirroja y ojos azules y lleva una camisa de cuadros de franela. Habla poco, pero, aun así, tengo la impresión de que igual le gusto. Me doy cuenta de que no me quita los ojos de encima cuando hablo. Y cuando lo pillo mirándome los dos nos ruborizamos. Ahora mismo, se me hace muy raro que los hombres me presten determinado tipo de atención. Durante el tratamiento me sentí como si me hubiera frotado con un estropajo hasta borrarme el último rastro de sexualidad. Nadie flirteaba conmigo mientras mi madre me empujaba por la acera en silla de ruedas. Nadie paseó la mirada por mi figura esquelética a no ser con curiosidad por todos los catéteres que asomaban por encima del escote. En todo caso, la gente apartaba la mirada. Así que ahora, cuando un hombre flirtea conmigo, no siento la necesidad de marcar una línea ni mencionar que tengo pareja. Me deleito en recibir ese tipo de atención, hasta la ansío.

Nuestras rodillas se rozan un instante y por un momento me permito una fantasía absurda sobre cómo sería la vida en el rancho con el hermano de William. Para mí, la estabilidad — por muy pasajera que fuera—, siempre ha estado en los brazos de otra persona. Siempre que me he sentido perdida o atascada, el patrón que he seguido ha sido acabar la relación en la que estaba e inmediatamente encontrar un hombre nuevo que me hiciera de brújula. Esta ha sido siempre una forma cómoda de evitar tener que descubrir por mí misma lo que quiero, o de afrontar los problemas. Es más fácil fijarse en ese nuevo amor que tener que enfrentarse a lo que de verdad está en juego. No obstante, conozco muy bien lo engañoso que puede ser este truco, así que me pongo de pie, doy las buenas noches a mi pretendiente cowboy y me marcho a dormir.

La tarde del día siguiente nos vamos todos a un claro del principio del bosque donde William coloca seis latas sobre un tronco caído. Yo llevo puesto mi gorro nuevo de piel de mapache y no puedo evitar sentirme un poco ridícula mientras William me explica cómo se carga el arma y cómo se dispara. Empiezo practicando con una pistola también conocida como un «arma para señoras», según me informan. Lo que diga William. Al cabo de un par de disparos considera que estoy preparada para subir de categoría y atreverme con un rifle. «Cuidado con el retroceso, si no tienes cuidado, el culatazo te puede dejar sin dientes». «Apóyatela en el hombro». Me ajusta la postura.

Es un viejo .22, el mismo rifle que utilizó William para enseñarles a sus hijos a disparar a las ardillas antes de enseñarles a cazar los alces que abundan en los bosques. Cuando aprieto el gatillo, la culata golpea con fuerza mi hombro desplazándolo hacia atrás y el olor acre a pólvora me invade la nariz. Tras más de una docena de intentos, por fin consigo darle a una de las latas y Erin y Salsa lo celebran con gran estrépito provocando que se propague por el bosque un eco de vítores.

Volvemos a la casa donde yo recojo mis cosas y lo meto todo en el coche. Salsa y su familia me rodean para decirme adiós y darme más galletas caseras que las que jamás seré capaz de comer.

—Bueno, hemos estado hablando —me dice William—, hemos estado hablando y hemos decidido que puedes entrar en nuestra lista.

—¿Ah sí? —respondo yo— ¿Y qué lista es esa?

—La lista de personas que no son miembros de la familia que pueden venir a instalarse con nosotros en el rancho en los Últimos Días —me contesta William. Y parece estar hablando en serio.

—¡Oh, fabuloso! ¡Gracias! —digo.

Y rememoro el sótano atestado de provisiones y suministros de emergencia, garrafas de agua y *hooch* en cantidades suficientes para durar —literalmente— toda una vida. Las sospechas que les despierta una vida más convencional, el miniarsenal de armas y la insistencia en que pueden cazar, recolectar y cultivar todo cuanto necesitan en sus propias tierras, todo empieza a tener verdadero sentido ahora. Cuando les pregunto me explican que no es tanto una elección de estilo de vida, sino más bien que sencillamente la vida es así en esta parte de Montana. Pero, cuando el mundo tal y como lo conocemos implosione, ellos estarán preparados.

—Todas las personas de la lista tienen que contribuir de algún modo —interviene Salsa—, y tú, la verdad es que no tienes ninguna habilidad práctica, no sabes nada de ganado ni de ranchos, y no tienes ni idea de cómo se dispara un arma —declara entre risas dándome un suave codazo—, pero tal vez puedas ser nuestra escriba.

Hay algo en este gesto, en la noción de que aquí soy bienvenida a pesar de nuestras diferencias, que me conmueve. El instinto de ser autosuficiente, de apartarte del mundo por completo para prepararte para lo peor, bueno, todo eso son cosas con las que me puedo sentir identificada hasta cierto punto. Es lo que he estado haciendo con Jon, y ahora con Max: proteger mi corazón para no sufrir más pérdidas. En cambio, para esta familia, la idea de un inminente desastre les despierta la generosidad y los une todavía más. Han encontrado en el miedo a morir una fuente no de alienación, sino de intimidad.

Suena el tono de notificaciones del teléfono en el momento en que estoy saliendo del rancho: es un mensaje de texto de un número que no tengo registrado. *Vuelve a visitarnos. Tu marido de Montana (el hermano de William).* Había anticipado que seguramente estaría agotada, completamente exhausta y hasta echando ya mucho de menos mi casa cuando encarara la última etapa de mi viaje hacia el oeste. En cambio, me dirijo a Seattle y no siento nada de todo eso. Solo me siento cautivada por los increíbles paisajes salvajes que tiene esta parte del país y los personajes fascinantes que me han acogido en sus vidas. Me pregunto si esta sensación de asombro es en lo que consiste sentirme viva otra vez.

33

«HACER UN BROOKE»

POR SER UNA MUJER JOVEN que viaja sola, un montón de desconocidos me han ofrecido consejo sin habérselo pedido. Dondequiera que vaya —un restaurante de carretera donde he parado a comer, la cola del baño en un camping, una gasolinera— me encuentro con gente que desea compartir su sabiduría conmigo.

Algunos de esos consejos no han sido precisamente útiles. Antes de emprender viaje, una conocida —adinerada— me dijo que igual sería buena idea contratar a un chofer para mi viaje. («¡Ay, sí, magnífica sugerencia!», respondí educadamente). Otros consejos han sido más prácticos. Me quedé una noche en casa de un pescador de la costa de Oregon llamado Brent que me dio unos trucos para conducir fantásticos. «Cuando se empiece a empañar el parabrisas, dale al botón del deshumidificador —me dijo—. De lo contrario, acabarás no viendo absolutamente nada y estarás jodida». Otra anfitriona, Wendy —legendaria actriz y monologuista de Portland que se describe a sí misma como «ciudadana de la tercera edad en lucha contra la adicción a la comida y el "TCPJ", o sea, el trastorno crónico de la personalidad judía»—, me ofreció unos consejos excelentes sobre cómo salir de un estado de bajón: «1) haz una lista de todas las cosas por las que das gracias, 2) mueve el culo y sal a dar un paseo; 3) si no padeces un trastorno de la alimentación, regálate un poco de chocolate jodidamente bueno y tómate un café bien cargado».

Y luego están los consejos que han sido tan proféticos que no me lo puedo ni creer. Son consejos que agitan mi caleidoscopio interior permitiendo que las cosas se asienten bajo una luz diferente. Por ejemplo, Isaac, un joven que conocí en Seattle adonde él acababa de llegar conduciendo desde la Alaska rural con todas sus posesiones terrenales guardadas en el maletero de su coche. Estábamos alojados en la misma casa de huéspedes y él se pasó gran parte del fin de semana al borde de las lágrimas, hablándome de su mujer, que lo acababa de dejar. Se sentía despojado de algo muy importante. Pero, al mismo tiempo, mantenía la cabeza sobre los hombros. «Perdonar es negarte a recubrir tu propio corazón con una armadura, negarte a vivir con un corazón constreñido» —dijo, yo diría que tanto para su propio beneficio como para el mío—. Vivir con esa apertura implica sentir dolor. No es agradable, pero la alternativa es no sentir nada en absoluto».

Cae la noche rápidamente y una veta pálida de luz de luna atraviesa el camino de tierra en el momento en que acerco el coche hasta el portón de madera de una casa en el condado de Humboldt. Esta no es una de las visitas que tenía planeadas. Cuando le mencioné a Brent, el pescador, que estaba buscando un sitio donde quedarme en el norte de California, le dio mi número a su yerno, que a su vez se lo dio a un amigo suyo llamado Rich, que me ha llamado esta mañana para ofrecerme quedarme una noche en una cabaña que tiene en su propiedad.

Rich me recibe con una amplia y cálida sonrisa que hace que se acentúen sus patas de gallo. Su esposa Joey está en el ensayo del coro, así que solo somos él y yo para cenar. «Espero que no te importe que sea comida vegana», comenta mientras le sigo al interior de la casa.

Mientras trastea por la cocina preparando la cena, Rich me cuenta que es psicólogo jubilado y que ahora, en su tiempo libre, hace esculturas. La casa contiene varias obras suyas: unas estatuillas serpenteantes de madera. A mí me llama la atención en particular una que posee una belleza extraña, carnal y etérea al mismo tiempo; es una figura que se retuerce y se despliega a modo de una metamorfosis. Rich me cuenta que la ha esculpido con la base del tronco de un arce inmenso. El título de la obra es *El huevo de Koscheyk*. Me comenta que un cuento tradicional del folclore eslavo trata de un mago llamado Koscheyk, que para alcanzar la inmortalidad, escondió su alma dentro de un huevo de pato enterrado bajo las raíces de un imponente árbol. Dice que obtiene mucha inspiración de su experiencia como psicólogo: «Me interesa cómo las personas de quienes se podría decir que la vida las ha quebrado, se ven empujadas a un lugar donde las respuestas se encuentran más allá de nuestras capacidades racionales y emocionales».

Asiento al oírle decir esto, pues sin duda me identifico con sus palabras.

Nos sentamos en el cuarto de estar junto a una gran chimenea de adobe y mientras damos cuenta de nuestra cena consistente en calabaza asada, ensalada de *kale* y aceitunas *kalamata*, él me agasaja con relatos sobre sus viajes por Europa en furgoneta con su mujer y su hijo en la década de 1980. Rich tiene una teoría: cuando viajamos, en realidad hacemos tres viajes: está el viaje de la preparación y la anticipación, de hacer las maletas y soñar despierto; luego viene el viaje que hacemos en sí; y después tenemos el viaje de lo que recordamos. «La clave es intentar mantener los tres tan separados como sea posible —me dice—. La clave es estar presente donde sea que estés ahora mismo».

Retengo, más que ningún otro, este consejo.

A la mañana siguiente me levanto pronto y sigo ruta de bajada por la costa de California con las palabras de Rich todavía resonando en mis oídos, intentando permanecer anclada en *este viaje* sin dejar que mis pensamientos viajen —precisamente— en el tiempo. Haber alcanzado la costa Oeste marca un punto de inflexión. He llegado todo lo lejos que podía sin precipitarme al mar. Cuesta no preocuparse por qué pueda venir ahora. Cuesta no pensar en la vuelta a la ciudad de Nueva York y qué pasará entonces. Creí que a estas alturas tendría más respuestas. En lugar de eso, lo que tengo son más preguntas.

Cuando veo una señal de un sendero hacia los parques nacionales y estatales de Redwood en un lateral de la carretera, me desvío para que *Oscar* pueda salir un poco del coche. *A ver, ¿qué tienen de particular las secuoyas que le dan tanta fama a estos parques?*, me pregunto echando un ojo al cartel informativo que hay al principio del sendero mientras espero a que *Oscar* acabe de hacer pis. Me pica la curiosidad y decido dar un paseo. La niebla marina que llega del Pacífico, baja y envolvente, se esparce en delicados jirones por todo el bosque. *Oscar* y yo caminamos por un sendero de unos cinco kilómetros. El musgo asordina el sonido de nuestras pisadas. Conforme el sendero se adentra más en los bosques, los árboles crecen en altura y sus copas forman un tupido dosel. Me detengo ante una secuoya particularmente grande que muestra las negras marcas del fuego en la corteza; acerco los dedos al tronco. Las secuoyas son la última especie de un género que se remonta tan atrás como el periodo Jurásico y, no solo se las han ingeniado para adaptarse y sobrevivir, sino que han hecho espacio para otros, sosteniendo y apoyando nueva vida, nuevo crecimiento: los jardines colgantes de helechos que descienden en cascada de sus ramas, los hilillos de liquen de lobo que forran sus ramas, los arbustos diversos que aprovechan la fuerza del suelo.

Cuando llegamos al final del sendero, *Oscar* se detiene para beber agua de un charco y yo me siento en una roca a recuperar el aliento. Dejo caer la cabeza hacia atrás y me quedo contemplando el cielo. Con sus más de noventa metros de altura en algunos casos, las secuoyas parecen gigantes omniscientes y clarividentes que brotan de la tierra hacia el cielo como flechas y dominan el paisaje desde las alturas. ¿Qué veis que yo no veo? ¿Adónde voy a partir de aquí?, me entran ganas de preguntarles. Mientras escucho los crujidos de las ramas más altas mecidas por el viento, mi respiración se va haciendo más lenta y más profunda. Me llama la atención poderosamente que las secuoyas hayan logrado, sin esfuerzo y sin ego, lo que a mí me ha costado tanto conseguir. Hacen que la existencia como yo la concibo —medida a base de intervalos de cien días— parezca terriblemente ingenua y miope. Me siento tan diminuta y carente de raíces en su presencia… Ahora mismo, estoy muy lejos de ser una secuoya. Más bien soy una mota, una espora que se deja llevar por la brisa, vulnerable y sin rumbo fijo, zarandeada en todas direcciones y sin tener la menor idea de dónde aterrizaré.

Abro la mochila y saco mi diario. Últimamente me sorprendo a mí misma intentando averiguar en *cada sitio nuevo que visito si es mi sitio —escribo—: ¿Podría mudarme a este pueblo, esta ciudad, esta región, este estado? ¿Podría ser aquí donde me asiente por fin? Ayer por la noche, sin ir más lejos, pasé una hora antes de irme a dormir mirando anuncios de inmobiliarias en el condado de Humboldt y fantaseando sobre comprar tierra aquí, en algún lugar tranquilo y remoto, algún lugar que sienta como* mío. En esta fantasía *vivo sola con la única compañía de mis libros y un par de perros que me hacen compañía.*

Al cabo de un rato, esa misma tarde, monto la tienda en Big Sur, al borde de un prado en el parque estatal de Pfeiffer. Se está poniendo el sol y su luz se extiende por todo el océano como una inmensa yema de huevo rota. El aire es muy cálido como para no tener que cerrar la cremallera de la tienda inmediatamente, sino que me puedo quedar tendida en aspa sobre el saco de dormir con mis botas embarradas asomando por el borde, en el exterior de la tienda. *Oscar* me imita y también se echa sobre su lomo con las cuatro patas en el aire. Alargo el brazo para rascarle la panza un poco y él alza la vista para mirarme con un amor irredento. Todo este tiempo en la carretera, juntos las veinticuatro horas del día, nos ha convertido en la típica pareja mayor en la que los dos se imitan los gestos sin darse cuenta y saben exactamente lo que necesita el otro sin necesidad de preguntar. Cuesta creer que hace ya casi tres años que forma parte de mi vida. «Felicidades, eres oficialmente mi relación adulta más larga y la que mejor resultado ha dado hasta la fecha», digo girándome hacia *Oscar*, que me responde lamiéndome la nariz.

Ojalá todas las relaciones pudieran ser así de sencillas, pienso. Dejo escapar un suspiro cuando me pongo a pensar en Jon. He estado demasiado confundida para saber qué decirle. Más allá de los mensajes de texto que intercambiamos de vez en cuando —él me pregunta si estoy bien y a salvo y yo le contesto que sí, y le pregunto si está bien y él me contesta que sí—, apenas hemos hablado. Las cosas están tensas entre nosotros y tengo la sensación de que cualquier día de estos la tensión se hará insoportable y romperemos.

Si pudiera, revisaría nuestra cronología. Esperaría y no empezaría a salir con él hasta después de haber encontrado mi lugar entre los vivos, o por lo menos hasta haber dejado de llorar por mi ex con cierta frecuencia. Tal vez entonces las cosas habrían sido de otro modo. Pero, por supuesto, este es el tipo de viaje en el tiempo sobre el que me advertía Rich. No puedo cambiar lo que ya ha pasado. Tengo que decidir qué hacer ahora. La verdad es que no me siento capaz de amar a Jon como se merece, y mucho menos siento que merezco el amor que él me ha mostrado. No está bien por mi parte que siga evitando las llamadas de teléfono de un hombre —un buen hombre, profundamente bueno y paciente— que me ha dado el espacio que necesito para resolver mis mierdas, que confía en que volveré a su lado cuando acabe el viaje. He estado atrapada en una tierra de transición durante gran parte del tiempo que hemos estado juntos y estoy empezando a pensar que tal vez sería más justo para él que rompiéramos definitivamente.

Antes de que me entre el miedo cojo el teléfono y le envío a Jon un mensaje de texto preguntándole si podemos hablar. Me quedo mirando fijamente la pantalla, los tres puntitos que aparecen mientras está escribiendo algo para luego desaparecer cuando lo borra. Puedo sentir su recelo a través de la pantalla mientras redacta su respuesta. Por fin se decide por un mensaje en el que me cuenta que está muy liado y pregunta si podemos hablar el fin de semana. Me siento aliviada. Creo que los dos sabemos dónde va a acabar esta conversación y ninguno de los dos está preparado para tenerla esta noche.

A la mañana siguiente me dirijo hacia la carretera 1, una vía que se extiende a lo largo de más de mil kilómetros de la costa del Pacífico, de San Francisco al norte hasta llegar a Los Ángeles. Es una carretera estrecha, una sucesión infinita de curvas de herradura que sube y sube cada vez más alto sin nada más que un ridículo quitamiedos para separarte de los abruptos acantilados y una caída de muchos metros al océano. Voy soltando palabrotas entre dientes y agarro el volante con las dos manos con tal fuerza que se me ponen blancos los nudillos. Miro por el retrovisor la hilera de coches deportivos y descapotables *vintage* que se está formando detrás de mí. La carretera está bordeada por campos de fresas y playas doradas con las focas tiradas plácidamente al sol en la arena. Pienso que tal vez nunca me he sentido tan maravillada como ahora por todo; ni tan aterrada; ni tan mareada por las curvas.

Tras cuatro horas terribles, abandono la 1 para dirigirme hacia Ojai, una localidad al pie de las montañas a unos ciento veinte kilómetros al noroeste de Los Ángeles. La tierra se vuelve psicodélica con la luz del atardecer: un paisaje lunar de colinas bañadas por un inquietante resplandor rosa. Voy a ver a Katherine, que me escribió después de que su hijo Brooke se suicidara. Escribir cartas —me explicó— era algo que él le había inspirado. En una ocasión Brooke le había escrito una carta a un científico para decirle lo mucho que apreciaba y admiraba su trabajo de investigación y el destinatario se había quedado tan impresionado con la misiva que había invitado al joven autor a que lo visitara en su despacho y había acabado ofreciéndole un trabajo. Después de eso, enviar cartas dando las gracias a desconocidos se había convertido en lo que en la familia se conocía como «hacer un Brooke». El concepto era que, si querías conectar con alguien en el mundo, alguien que estuviera muy lejos de tu realidad cotidiana, alguien que tal vez parecía totalmente inasequible, no permitías que la distancia te detuviera, sino que decías «a la porra todo» y escribías a esa persona. Siguiendo ese razonamiento, Katherine se había puesto en contacto conmigo para darme las gracias por mi columna: *El poder del relato es el de sanar y sostener* —me escribió— *y, si somos lo suficientemente valientes para contar nuestra propia historia, una y otra vez nos damos cuenta de que no estamos solos.*

Paro el coche envuelto en una nube de polvo rojo delante de una pequeña casa blanca al pie de una montaña. Katherine, profesora de ingles y francés en secundaria, abre la mosquitera y se deshace en cariñosas *bienvenues.* Su *border collie, Atticus,* se acerca hasta el coche tranquilamente, agitando la cola con fuerza en señal de bienvenida. Katherine tiene un aspecto elegante. La camisa blanca que lleva metida por dentro de los vaqueros está perfectamente planchada. Luce un sombreo de ala ancha de cowboy de color negro y botas negras a juego con espuelas. Tiene un precioso cabello negro con mechones blancos, tan largo que casi le llega por la cintura.

Cuando sugiere que nos quedemos —solo nosotras y nuestros perros— tranquilamente en casa a cenar unos filetes de atún a la plancha, acepto llena de gratitud. Nos llevamos los platos y las copas de vino al porche trasero. Contemplamos el valle mientras oscurece, y nos lanzamos directamente a hablar de temas densos sin molestarnos en pasar por el trámite de la charla inconsecuente. Tengo la sensación, al hablar con ella, de que la conozco de toda la vida. Me reconozco en su postura, en el duelo que resplandece de pronto en sus ojos de tanto en tanto. Me doy cuenta de las palabras que escoge y las que omite. La conexión es instantánea y la confianza es implícita.

Cuando Katherine me pregunta qué tal he estado, le digo la verdad sin tapujos: traigo al fantasma de mi ex de copiloto todo el camino y, pese a mis grandes esfuerzos por estar centrada en el presente, el pasado me persigue. Le hablo de Melissa y los demás amigos que he perdido; le hablo de Max, que se está recuperando de una cirugía en la casa de su familia en Los Ángeles y cómo he sido tan cobarde que todavía no le he llamado. Le hablo de mi relación con Jon y de que he decidido decirle que lo dejamos la próxima vez que hablemos por teléfono.

Katherine no se estremece ni aparta la mirada. Tampoco trata de aplacarme con lugares comunes ni de darme consejo. Escucha con todo su cuerpo, inclinándose hacia delante en el asiento, asintiendo muy ligeramente con la cabeza mientras yo hablo. Cuando acabo, me dice que se siente identificada con todo lo que le cuento y que está feliz de que al universo le haya parecido conveniente que nuestros caminos se cruzaran. «El duelo no hay que silenciarlo para que acabe habitando tu cuerpo y lo tengas que cargar en solitario», dice.

Llevamos los platos y copas vacíos de vuelta a la cocina y nos vamos a sentar al cuarto de estar con estanterías que llegan del suelo al techo y están repletas de libros. Sobre la mesa del café hay una mandolina que, según me cuenta Katherine, está aprendiendo a tocar. Me detengo un momento en la repisa de la chimenea donde hay un montón de fotos enmarcadas de sus hijos: tres chicas y un chico. Ese debe ser Brooke, con su bello rostro inteligente iluminado por la luz de una vela.

Al día siguiente por la tarde, estoy con Katherine en los establos cerca de su casa donde me acaba de dar una clase de recordatorio de cómo se monta a caballo. Ella es una amazona experimentada que hace viajes de una semana entera a caballo por la Sierra Nevada con sus alumnos y su adorado caballo castrado *Blue*, con lo cual ha hecho que parezca fácil cuando ha subido a su montura. Yo, en cambio, llevo sin montar a caballo desde que era una adolescente y encima las botas de cowboy que me ha prestado son un número más grande que el mío. Me resbalo ligeramente al poner el pie en el estribo e intentar subirme al caballo y a punto estoy de catapultarme por encima del animal. Pero, una vez que me he acomodado en la silla, la memoria muscular entra en funcionamiento y enseguida cojo de nuevo el ritmo del trote pausado mientras atravesamos un campo de naranjos. Dejamos atrás su casa y seguimos por un largo sendero serpenteante que nos lleva hacia las montañas.

Katherine me cuenta que a Brooke le encantaba venir aquí a pensar. Nos acercamos a una enorme roca arenosa —«su favorita», me dice— y ella se baja del caballo, camina hasta la roca y posa la palma de la mano sobre una placa grabada con el nombre de Brooke.

—¿Cómo era? —le pregunto.

—Ay, vosotros dos os habríais llevado muy bien —responde—. Brooke poseía un alma extraordinaria. Era lingüista, científico. Le encantaba hacer cosas al aire libre y la escalada. Además, siempre estaba alegre y era muy inteligente.

Me cuenta que hablaba mandarín correctamente y le interesaba todo, desde cómo se hace el pan casero hasta la química orgánica. Después de licenciarse en la universidad, Brooke se había mudado a Vermont donde trabajaba como arboista y bombero voluntario. Por desgracia, llevaba luchando en secreto contra la depresión desde su primer año de universidad, y en Vermont tuvo una recaída fuerte seguida del primer episodio maníaco. Fue un aterrador descenso al infierno de la locura por el que había acabado internado en un psiquiátrico durante semanas y, pese a que Brooke intentó mantener a raya a lo que llamaba su «estado demoníaco», al final perdió la esperanza de llegar a controlarlo alguna vez, por lo menos no de un modo fiable y sólido, de un modo en el que las personas que amaba pudieran confiar. El trastorno bipolar se expresa de modo diferente en cada organismo del que se apodera, me explica Katherine. Como pasa con cualquier enfermedad, algunos casos son más virulentos que otros, hay organismos que son más vulnerables que otros. Una mañana fría de noviembre de 2009, Brooke se quitó la vida. Tenía veintiséis años.

Contemplando la roca, el rostro de Katherine resplandece encendido por la pena.

—Tenía una mente extraordinariamente potente que fue también muy potente en la enfermedad —musita mientras las lágrimas corren por sus mejillas.

—No tenemos que hablar de esto si te resulta demasiado doloroso.

—La verdad es que hablar de Brooke tiene un efecto sanador en mí, y aprecio mucho que te intereses por cómo era. La gente trata el suicidio como un vergonzoso secreto, se suele omitir la verdadera causa de la muerte en el obituario, a veces hasta se borra a esa persona de la narrativa familiar. Y, sin embargo, hablar de los que hemos perdido los mantiene vivos.

Katherine me dice que Brooke escribió una carta antes de morir. Cuando me la lee más tarde, ya de vuelta en casa, me quedo sin palabras: es un salvavidas de amor y compasión lanzado a los que se quedan atrás, un intento de responder a la inevitable pregunta de por qué. Su carta, que se lee como un documento vivo porque sostendrá a sus seres queridos a través de las distintas fases del duelo, es clarividente y exhaustiva. Brooke dice que sabe que se preguntarán si podrían haber hecho más y les asegura que hicieron cuanto pudieron. Sabe que sufrirán, pero confía en que no será más de lo que él habría sufrido si se hubiera quedado. Les dice que, pase lo que pase, tiene fe en su capacidad de seguir adelante. Dice que lo siente y que los quiere mucho, una y otra vez, demasiadas para contarlas. Es una carta generosa y llena de amor y, pese a que también rezuma el dolor que sentía Brooke, sientes sus brazos extendidos hacia su familia a pesar de la gran sima que los separaba. Es su manera final de «hacer un Brooke».

Que un hijo se suicide es una tragedia devastadora, inimaginable e insoportable, una pérdida que no puedo ni empezar a imaginarme. Pero la historia de Katherine no termina ahí. Mientras ascendemos al trote por el sendero me cuenta que, solo cuatro meses después de la muerte de Brooke estaba montando en la montaña, su caballo sufrió una caída y ella se rompió una pierna. Poco después, fue a hacerse su primera colonoscopia de rutina y descubrió que tenía cáncer de colon. Según ella fue una experiencia verdaderamente extracorpórea, uno de esos momentos en los que piensas «esta no *puede* ser mi vida realmente». Pero por otro lado sentía que todo poseía una especie de coherencia mística. «El duelo es una experiencia emocional además de física —dice—. El hecho de que mis huesos se rompieran y el cáncer apareciera en mis intestinos parecía apropiado a nivel simbólico».

Cuando le preguntó a Katherine cómo lidió con todo lo que le estaba pasando, cómo fue capaz de cargar con el peso de un sufrimiento tras otro, ralentiza el paso del caballo, hace una pausa un instante y me responde: «No tener más remedio que guardar reposo en la cama fue una invitación a desconectar de los ritmos diarios y las responsabilidades del trabajo de profesora y verdaderamente *sentir* mi duelo». Se gira y señala una furgoneta blanca que se ve a lo lejos, aparcada junto a su casa. Volver a casa sin Brooke después de la ceremonia de despedida en su honor fue muy duro, comenta. Cuando viajó a Vermont a recoger sus cosas decidió que iba a volver a California conduciendo y así traería de vuelta a casa la furgoneta de su hijo. Era un poco como traerlo a él. La placa delantera del vehículo identificaba al propietario como voluntario del departamento de bomberos. Y en los restaurantes de carretera y las gasolineras por donde iba parando, la gente reparaba en la placa y le hacían comentarios de agradecimiento. Cada vez que eso ocurría, a ella se le llenaban los ojos de lágrimas, pero no de pena, sino de orgullo. Además Katherine vivió el viaje con una sensación de ritual: grandes distancias recorridas a paso lento. El viaje le proporcionó un tiempo esencial para comprender que lo impensable había ocurrido y empezar a aceptarlo como su nueva realidad.

Katherine me confía que la muerte de Brooke ha cambiado su relación con su propia mortalidad. El cáncer ha vuelto dos veces desde el diagnóstico inicial y hace poco tuvo que someterse a otra intervención quirúrgica. Esta vez se trataba de una toracotomía para extirparle un nódulo de los pulmones. Ahora le resulta más fácil hacerse a la idea de que el cáncer podría ser el final de su historia. «Si mi hijo pudo trascender este plano físico, seguro que yo también puedo encontrar la manera de hacerlo. —Ladea la cabeza y luego añade—: La parte de morir no es lo que me da miedo, lo que es duro es el sufrimiento».

Para seguir adelante, Katherine se recuerda a sí misma todos los días las numerosas formas en que su vida es ahora más rica: la bendición que suponen Brooke, sus hijas y sus nietos, *Atticus* y *Blue* y hasta la presencia misma del duelo. «A fin de cuentas, los acontecimientos de los últimos años han sido una lección terrible de cómo estar presente, y no solo presente en mi propia vida, sino también en las vidas de la gente que quiero —dice—. Mañana será otro día; o no».

Más tarde esa misma noche, cuando los caballos ya están de vuelta en los establos, los perros han dado su paseo y los platos están lavados, me retiro a la habitación de invitados. Me tiro en la cama, abro el diario y empiezo a hacer balance sobre todos los ejemplos de cómo he estado intentando hacer exactamente lo contrario que Katherine: evitar el dolor a toda costa. Me he estado anestesiando con todo tipo de cosas, desde la morfina hasta las maratones de *Anatomía de Grey*, sin aceptar ni tan siquiera que el dolor estuviese presente, negándome a dejar que los demás entren en mi mundo. Y ahora veo que estas tácticas no me han librado de mi pesar, sino que tan solo han servido para transmutarlo y retrasar las cosas. ¿Y si dejara de pensar en el dolor como algo que hay que anestesiar, fijar y esquivar y sobre todo de lo que hay que protegerse? ¿Y si intentara honrar su presencia en mi cuerpo, de acogerlo con los brazos abiertos en el presente?

Solía pensar que sanar significaba liberar al cuerpo y al corazón de cualquier dolor, que significaba dejar atrás tu dolor, aparcarlo en el pasado. Pero ahora estoy aprendiendo que no es así. Sanar significa encontrar el modo de convivir con el dolor que siempre vivirá en tu interior, sin fingir que no está ahí ni permitirle que se haga con el control de tus días. Es aprender a encararse con los fantasmas y con lo que perdura. Es aprender a acoger con brazos abiertos a la gente que quiero en vez de protegerme frente a un futuro en el que esté destrozada por su pérdida. La experiencia de Katherine y las lecciones que ha aprendido han calado en mí: ella ha pasado por algo que creyó que nunca sería capaz de superar y, sin embargo, aquí está, sobreviviendo. «Tienes que dejar de fijarte en la catástrofe y la calamidad para centrarte en lo que amas —me comenta antes de irnos a dormir—. Es lo único que puedes hacer cuando te enfrentas a cosas así. Ama a la gente que te rodea. Ama la vida que tienes. No se me ocurre una respuesta más potente a las penas en la vida que el amor».

Cierro mi diario y hago las dos cosas que llevo demasiado tiempo evitando hacer: le envío un correo a Max y luego llamo a Jon. Me coge al primer tono.

—¿A cuánto estás de Los Ángeles? —me pregunta.

—Alrededor de una hora. Igual dos. ¿Qué pasa?

—Me voy a sacar un billete de avión para estar allí mañana. Esta conversación deberíamos tenerla cara a cara.

A la mañana siguiente me pongo mi uniforme de carretera: unas botas muy usadas, Levis negros, camiseta blanca y mi chupa de cuero favorita, que tengo desde los tiempos de la universidad. Comparto una última taza de café con Katherine, que me regala su viejo mapa de carreteras como regalo de despedida, y me agacho para despedirme de *Atticus* rascándole detrás de las orejas. «Gracias por todo —le digo cuando ya me estoy metiendo en el coche—, me has ayudado más de lo que puedas imaginar».

Conduzco hasta Los Ángeles y, cuando llego al aeropuerto, Jon ya me está esperando en la acera delante de la zona de llegadas. Lleva puesto un fular de algodón que le traje de la India y está tan elegante como siempre. Me ve en la cola de coches y, pese a que los dos tratamos de ajustar nuestra expresión a la seriedad de las circunstancias, el hecho es que no podemos reprimir una amplia sonrisa un poco tontorrona. Cuando sube al coche nos saludamos con un fuerte abrazo, olvidando por un momento para qué ha hecho este viaje de última hora.

—Estoy tan contenta de que estés aquí —le digo.

—¿En serio? —me pregunta al tiempo que se aparta un poco.

El tono tirante de su voz me dice que ha estado sufriendo y siento que me recorre una ola de ternura hacia él. Seguro que le ha resultado difícil encajar este viaje en su agenda, teniendo en cuenta lo apretada que ha sido en los últimos tiempos. Ahora bien, tampoco me sorprende que haya atravesado el país para tener esta conversación cara a cara. Jon siempre ha estado a mi lado en los momentos difíciles, incluso mucho antes de que formáramos una pareja.

Tenemos tanto que decirnos que al principio solo cabe el silencio. Pienso en cómo, cuando Jon se enteró de mi diagnóstico, vino directo al hospital a verme en compañía de su grupo. Jon trajo una melódica, Ibanda su tuba, Eddie su saxo y Joe, el batería, se trajo un tambor. Allí mismo, en mitad del ala de oncología, empezaron a tocar para mí. Cuando la melodía de *When the Saints Go Marchin' In* comenzó a extenderse por los pasillos, enfermeras y pacientes empezaron a salir de las habitaciones. Los pacientes que podían andar venían por su propio pie, y a los que no los trajeron en silla de ruedas las enfermeras o sus familiares. Otros escuchaban desde sus camas. Hasta el último rincón de la planta se llenó de música. Tímidamente al principio y luego con júbilo, pacientes, enfermeras y personal del hospital empezaron a bailar y dar palmas. Fue como si la planta entera dejase escapar un suspiro de alivio: sus moradores se estaban deleitando momentáneamente, dejando todo en suspenso y abandonándose a la música. Tras la mascarilla, yo tenía una sonrisa de oreja a oreja.

Al recordar todo esto ya no estoy tan segura de lo que estoy a punto de hacer. Durante estas últimas semanas, siempre que había considerado seriamente terminar la relación, algo en mí se había resistido a levantar el teléfono. Ahora que estamos juntos todavía estoy menos segura, pero intento —como he hecho estas últimas noches con Katherine— decirle a Jon la pura verdad.

—Sé que he estado distante —manifiesto mientras avanzamos apenas unos milímetros en medio del tráfico—. Me ha costado un montón encontrar la manera de conservar esta relación con tantas cosas que tengo que solucionar sola. Es como si lo uno y lo otro fueran incompatibles. Si soy honesta, he de decir que he pasado gran parte del viaje preguntándome si no sería mejor que lo dejáramos.

—Quiero preguntarte algo —dice Jon.

—¿Qué?

—¿Te gusto?

—Pero... ¡claro! —contesto.

—Di la verdad. ¿Te gusta estar conmigo?

—Sí. Te quiero —reconozco.

—Entonces, ¿por qué tiene que ser todo tan condenadamente complicado?

Guardamos silencio un rato.

—Oye... —prosigue Jon en tono más suave— Igual no pasa nada por no tener las respuestas ahora mismo. Yo quiero estar contigo. Incluso si eso significa seguir dándote espacio. No me importa. Está bien. Pero lo que sí necesito es que seas honesta y me digas lo que hay mientras intentamos ver cómo ordenamos las piezas. Tienes que dejar de encerrarte en ti misma dejándome fuera.

En estas últimas semanas, me he impuesto a mí misma una presión desmesurada para estar completamente dentro o completamente fuera de la relación. Me he centrado tanto en analizar los riesgos y en ponerme una coraza para protegerme, que ni se me había ocurrido que pudiera haber una tercera opción: dejar que las cosas vayan creciendo, cambiando y evolucionando para descubrir por el camino quiénes somos y qué queremos; es decir: vivir en esta tierra de nadie. Mientras reduzco la velocidad para parar en un semáforo, alargo el brazo para apretarle la mano a Jon.

—¿Estamos bien entonces? —pregunta Jon.

—Estamos bien —respondo.

—¡No vayas tan de prisa! Ven aquí.

Y lo complazco.

Nos besamos hasta que el semáforo se pone en verde y los claxones empiezan a sonar. No estoy segura de qué significa todo esto. No puedes forzar que las cosas se vean claras en ausencia de claridad. Pero, desde que lo conozco, Jon me ha estado enseñando que hay veces en que lo único que puedes hacer es simplemente estar. Y, cuando las cosas se ponen difíciles, seguir estando.

Antes de marcharme de Los Ángeles hago una última parada. Entre el *smog* y lidiando con el tráfico de hora punta, me dirijo a Brentwood, un barrio rico de mansiones con muros altos y césped impecable gracias al esfuerzo de ejércitos de jardineros. Es la primera vez que voy a casa de la familia de Max. Y cuando llamo a la puerta, su madre Ari y el consabido caniche, salen a recibirme. Mientras charlamos sobre cosas sin importancia en el opulento recibidor, un Max muy pálido baja por las escaleras. Está terriblemente delgado, con la cara chupada, lo que hace que sus grandes ojos azules, ya de por sí agrandados por el cristal de las gafas, parezcan todavía más grandes. Me informa de que está en fase barítono grave, refiriéndose a la ronquera debida al tumor del pecho, y me lleva a su habitación para que podamos charlar los dos a solas un rato. Se sienta en el borde de la cama y yo me siento enfrente suyo, en la silla del escritorio, en la que me remuevo hasta que él extiende el brazo y me para.

Clavo la vista en la alfombra, me muerdo el labio, sin atreverme a mirarlo a los ojos por miedo a derrumbarme si lo hago.

—Sé que no he estado por ti —digo por fin con voz temblorosa, y le explico cuántas veces en las últimas semanas he querido coger el teléfono y llamarlo. Le digo que sé que así no se hacen las cosas, que yo misma he sufrido ese tipo de silencio en carne propia y sé lo que es, y que lo entenderé perfectamente si no puede perdonarme—. No hay excusa posible para lo cobarde que he sido. Lo siento muchísimo.

Max no me lo pone fácil. No es su estilo.

—Me había dado cuenta de tu distanciamiento —comenta con tono calmado—. No estoy enfadado. Supongo que sencillamente lo que quiero es entenderlo. ¿Te resulta incómodo saber que me estoy muriendo?

—¿Incómodo? No —respondo—. Me aterra, eso es lo que pasa.

Le confieso a Max que no sabía que fuera posible tener una amistad tan profunda y de tanta comprensión mutua y que, probablemente, no la vuelva a tener. Que él es la única persona a la que puedo llamar en mitad de la noche cuando estoy preocupada por una biopsia que me harán en breve. O a quien puedo cantar las alabanzas del colutorio Magic Mouthwash sin tener que explicar nada. Él estaba en la ceremonia en recuerdo de Melissa. Estaba presente todos los días de mi última hospitalización. Todas las noches de esa primera semana cuando Will se marchó del apartamento.

—Me conoces muy bien para llamar a la puerta de mi apartamento incluso cuando he dicho que no quiero visitas. *Sobre todo* cuando he dicho que no quiero visitas —le digo—. Haces que dé la cara, incluso ahora. Eres la persona más divertida, más inteligente y más insólita que conozco y no puedo soportar pensar en perderte.

—Lo entiendo —me responde Max acercándose y tirando suavemente de mí para que me ponga de pie—. Más o menos es lo que me imaginaba. Te perdono. Pero ahora te necesito.

Me abraza con fuerza, con todos los músculos de su cuerpo: es ese tipo de abrazo que te aplasta los pulmones en el buen sentido. Max siempre ha dado los mejores abrazos.

Cuando nos volvemos a sentar le pregunto por las últimas noticias sobre su salud y me cuenta que ha empezado con una medicación nueva cuyos efectos secundarios se supone que son muy suaves.

—Pero ya sabemos todos cómo va eso... —comenta—. Este es el peor dolor que he sufrido en mi vida y hay veces que solo estoy para hacer algo dos o tres horas al día. Pero en esas dos o tres horas soy Max, y me gusta ser Max.

Hablamos ininterrumpidamente durante unas cuantas horas. Él me pregunta por toda la gente que he conocido y los sitios donde he estado. Yo le pregunto qué tal va la vida de casado y recordamos juntos su boda hace tan solo unos meses. Igual que Jon y yo, Max y su mujer, Victoria, se conocieron en un curso de verano cuando eran adolescentes y fueron buenos amigos durante casi una década antes de empezar a salir. Aunque estaba justo en mitad de un tratamiento de quimio, Max supo desde las primeras semanas de la relación que iba a pedirle a Victoria que se casara con él en el aniversario de su primera cita. Max es un maestro de la transitoriedad y recuerdo haber estado muy impresionada con la esperanza radical y el optimismo implícito de su decisión de pedirle a Victoria que se casaran, pese al pronóstico de su enfermedad. Cuando me preguntó si quería ser uno de sus padrinos de boda, fue todo un honor. La boda se celebró en Topanga Canyon, en un hotel rodeado de viejos sicomoros, cascadas y flores salvajes. Su mentora, la poeta Louise Glück, fue quien ofició la ceremonia.

Max me cuenta que ha estado leyendo el libro de Louise *Averno* y que es una obra maestra, el tipo de libro que se puede escribir solo con la sabiduría de varias décadas, algo que solo eres capaz de crear tras haber muerto varias veces.

—Cada vez que he sufrido un trauma grave, mi escritura ha crecido, ha mejorado —me dice—. Creo que podría haber llegado a escribir una obra maestra si hubiera vivido hasta los cincuenta. ¡Ah, si hubiera tenido más tiempo! —Su voz suena acerada, contiene una dureza que no le había oído antes—. En ese sentido, estoy amargado —reconoce—. Hace poco me he dado cuenta de lo raro que es ser tan joven y saber que voy a morir. Te sientes muy solo. —Hace una pausa y lo veo más triste que nunca. Dice que su vida ha sido rica y la ha vivido deprisa: la mejor familia, los mejores amigos, la mejor mujer y su primer libro de poemas, que se publicará en un par de meses—. Ha sido maravilloso ver cómo todo florecía tan pronto. No falta nada —admite—, pero hubiera preferido que todo se hubiera ido gestando mucho más despacio. —La voz de Max se ha vuelto más ronca todavía y parece cansado—. Ahora mismo, lo que me apetece es liarme un porro, ver un episodio de *The Bachelorette* y echarme unas risas contigo sobre lo horrible que es, pero seguramente debería dormir un rato —me dice.

Cuando me preparo para marcharme le digo que lo quiero mucho y le prometo llamar cada dos o tres días con noticias desde la carretera.

—Me parece increíble que puedas estar tanto tiempo en un coche, sola con tus pensamientos, después de lo que has pasado —me dice—. Han estado experimentando contigo durante años y ahora tú tienes el coraje de experimentar contigo misma, de obligarte a crecer. Mira, *eso sí* que es ser fuerte.

—Ay, Max —contesto llevándome la mano al pecho con un gesto dramático—, no sé qué haría sin tu apoyo.

—Eres una inspiración tan grande para mí —contraataca él.

—Dios no nos manda más de lo que podemos soportar —respondo en mi turno.

—Cada día es un regalo. —Turno de Max.

Y, con eso, me da un último abrazo de los que aplastan pulmones antes de que cruce el umbral de la puerta para marcharme.

Atravieso el desierto de Mojave para salir de California, dejando atrás cactus en flor y árboles de yucca bajo un inmenso cielo negro salpicado de estrellas. No sé qué será de mi relación con Jon ni si volveré a ver a Max, pero ya no quiero proteger mi corazón. No hay manera de asegurarte de que la gente no te vaya a hacer daño o a traicionarte. De hecho, más bien puedes contar con que lo hará, ya sea por una ruptura o algo tan inmenso como la muerte. Pero evitando a toda costa que nos puedan romper el corazón es como acabamos evitando a nuestra gente, nuestro propósito. Hago un trato conmigo misma: *ojalá sea capaz de estar lo suficientemente despierta para darme cuenta cuando aparezca el amor y de ser lo suficientemente valiente para perseguirlo sin saber dónde me llevará.*

34

DE VUELTA A CASA

BAJO UNA FUERTE NEVADA, *Oscar* y yo nos acurrucamos dentro de la tienda, dormimos pecho con pecho igual que siameses. La mañana del día 66 me despierto en un camping justo a las afueras del Gran Cañón. Un anhelo inunda todo mi cuerpo mientras me levanto y enciendo el hornillo de gas con los dedos entumecidos. Tiemblo mientras me preparo el café. La sensación me persigue mientras recojo la tienda por enésima vez y cargo todas mis cosas de vuelta en el coche. En los días siguientes, el anhelo se va intensificando mientras atravieso los paisajes extraterrestres del suroeste del país y celebro mi primer Hanukkah en casa de un conocido de Twitter en Tijeras, Nuevo México. Pasear sola por las calles nevadas de Santa Fé —escaparates decorados con guirnaldas hechas con ramas de pino, aceras abarrotadas de familias haciendo las compras de Navidad— me hace sentir un poco melancólica.

Al final, caigo en la cuenta de que, por primera vez desde que estoy en la carretera, quiero ir a casa. Quiero ir a casa. *Quiero ir a casa.* Es un dolor que se convierte casi en un cántico repetitivo en mi cabeza mientras conduzco. ¿Pero a casa dónde? Sin trabajo ni familia propia ni hipoteca que pagar, el concepto se me hace diminuto, liviano, como si flotara alrededor de mi cabeza. Tengo que estar en Nueva York alrededor del día 100 para devolverle el coche a mi amigo y ver a los médicos. Pero más allá de eso no hay nada fijo. Experimento una necesidad intensa de utilizar los kilómetros finales con tino, para encontrar respuestas entre la gente que me vaya encontrando y en los lugares donde vaya.

Estoy en Texas. Atravieso solitarios puestos de control de las patrullas de fronteras y dejo atrás voluminosos arbustos de artemisa hasta llegar a Marfa, un polvoriento pueblo de un semáforo en mitad del desierto de Chihuahua que se ha hecho famoso en las últimas décadas por haberse convertido en un destino típico para los amantes del arte y, más recientemente, en Instagram. Se supone que Marfa es una parada en *boxes*. Pero me intriga este lugar extraño y sus residentes —una mezcla de rancheros, escritores y pintores— y me acabo quedando un poco. A lo largo de los tres días siguientes pego la hebra con todo tipo de personajes: una heredera texana que me ofrece alojamiento en el dormitorio de invitados de su bungaló, una *troupe* de alumnos de un club de arte dramático de instituto a cuya representación asisto una noche, y dos marchantes de antigüedades que calzan botas militares con los que topo durante una visita a un museo y que me invitan de vuelta a su caravana a tomar un cóctel letal a base de mezcal. Como mujer que viaja sola, me siento como eso que Gloria Steinem definía como una «camarera celestial»: los desconocidos me abren la puerta de sus casas, comparten conmigo secretos que no le revelarían a su terapeuta, me invitan a participar en sus tradiciones familiares y me despiden para que siga ruta con tartas caseras para el camino.

En mi última mañana en Marfa, justo delante de la biblioteca pública, me encuentro con una pareja más o menos de mi edad que me llama poderosamente la atención.

—La llamamos «Rayo de sol» —me indican refiriéndose a su furgoneta Volkswagen del 76 antes de presentarse ellos mismos.

Pese a tener casi medio siglo, «Rayo de sol» parece tan juvenil como sus dueños. Y desde luego se diría que posee el mismo espíritu libre: es de color naranja butano, con las ventanas adornadas con cortinas hechas con telas de flores muy chulas y el salpicadero decorado con plumas. Tiene dos camas, compartimentos ocultos para guardar cosas y una cocina improvisada.

—¿Estáis haciendo *kombucha*? —pregunto señalando un tarro gigante de un líquido color ámbar con burbujas que llevan entre los dos asientos delanteros.

—Te puedo enseñar cómo se hace. Es muy fácil, y sanísima —dice la joven, que se hace llamar Kit.

Sus ojos de un azul intenso y las flores silvestres prendidas de sus rizosos cabellos rubios, le confieren a Kit un encanto élfico. Su novio, JR, que anda trasteando con el motor de Rayo de Sol, tiene coleta y los hombros anchos de un jugador de futbol americano. Los dos están muy morenos y son guapísimos. Me cuentan que los últimos tres años han vivido en la furgoneta.

Inmediatamente me enamoro de Rayo de Sol y de Kit y JR. Quiero que me cuenten sus vidas de principio a fin, dónde han estado, qué han visto y a quién han conocido. Qué hacen para ganarse la vida. Cómo demonios han llegado a llamar casa a esta furgoneta naranja butano.

—Fue amor a primera vista —me responden ambos.

La furgoneta llevaba unos meses parada en un aparcamiento justo enfrente de la Appalachian State University en las montañas de Carolina del Norte, donde estudiaba Kit. Después de la graduación, la pareja (que llevaba saliendo desde el instituto) compró la furgoneta por cinco mil dólares. Se mudaron a un apartamento diminuto en Venice Beach y se buscaron un trabajo, ella de camarera en una vinoteca y el de camarógrafo para una página web de surfing. Cada vez más ahogados por la vida de la ciudad y frustrados por las largas jornadas laborales, tomaron una decisión por puro impulso: dejaron sus respectivos trabajos y el apartamento y decidieron probar a ver cómo se les daba vivir en la carretera. Rayo de Sol se convirtió, no solo en su residencia mientras viajaban, sino en un estilo de vida, una ideología. Libres de la tiranía del horario de nueve a cinco, empezaron a explorar los rincones más apartados del país.

—Viajamos con las estaciones de la agricultura —me explica JR cuando le pregunto de dónde sacan el dinero para gasolina—. Vivimos con muy poco y, si necesitamos algo de dinero en metálico, trabajamos en las granjas como temporeros durante uno dos meses. Part6icipamos en la recolección de fruta, ordeñamos vacas, alimentamos caballos, cavamos zanjas... ¡Lo que sea que se te ocurra, lo hemos hecho!

En vez de pagar alquiler, Kit y JR acampan en parques nacionales y bosques, arboledas de secuoyas y desiertos. Se bañan en ríos y fuentes termales, cocinan ingredientes naturales y lo que comen sale directamente de la tierra al plato. Cuando no están ordeñando cabras, recogiendo melocotones o escalando montañas, pasan los días trabajando en varios proyectos creativos. JR hace fotografías y talla la madera. Además, teniendo en cuenta la edad de Rayo de Sol, también se está convirtiendo en mecánico casi profesional. Kit se dedica a cocinar, observar pájaros y estudiar metafísica. Le encanta escribir y dibujar cómics, y los dos colaboran en pequeñas publicaciones sobre sus aventuras.

Me fascina el hecho de que Kit y JR hayan encontrado la manera de hacer de esta transitoriedad una forma de vida permanente. En contraste con los referentes tradicionales del éxito y las expectativas sociales, ellos parecen haber encontrado un propósito en la promesa infinita de la carretera abierta. Me parecen la prueba viviente de que el hogar no tiene por qué ser un lugar o una profesión, de que puedo encontrarlo dondequiera que vaya.

JR corta un par de rebanadas de pan y lo coloca junto a un trozo de queso Cheddar y unas manzanas en una tabla de cortar de madera mientras Kit nos sirve una ronda más de *kombucha*. Mientras estamos sentados en la parte trasera de Rayo de Sol tomando algo, se nos une un surfero sonriente con cabellos como briznas de paja llamado Mickey, que está viajando con ellos una semana.

—Vamos camino del parque nacional Big Bend —me cuentan mientras comemos—, ¿por qué no vienes con nosotros y acampamos todos juntos una noche?

Hago un cálculo mental rápido: ya me he quedado en Marfa más de lo planeado, se suponía que tenía que estar saliendo para Austin hoy. Big Bend me desvía de mi ruta —unos ciento cincuenta kilómetros hacia el sur— y supondría pasarme al volante una cantidad de horas imponente durante los próximos días.

—¡Pues sí! —respondo.

Vamos todo el día en caravana de dos, con Rayo de Sol a la cabeza y mi Subaru salpicado de barro siguiéndola de cerca. Mis nuevos amigos no tienen GPS y además, como la velocidad máxima de Rayo de Sol no supera los ochenta kilómetros por hora, evitamos la autopista y optamos por las carreteras secundarias que van serpenteando en mitad de la nada hacia territorios que parecen no haber estado expuestos a la civilización. Como viajeros, esta gente rompe los moldes: en cuanto algo les llama la atención paran y se lanzan a explorar. Si les gusta el paisaje, se quedan un rato, hasta días enteros, a veces semanas.

Al cabo de unas horas aparece el río Grande, esa ondulante cinta color verde esmeralda que separa Texas de México. Nos desviamos de la carretera para enfilar por un camino de tierra y detenernos por fin en un promontorio sobre el valle del río. La tierra cuarteada color cobre, el infinito cielo azul, un accidentado barranco que desciende a plomo sobre un mar de olas de hierba dorada... Se apodera de nosotros la impresión de que todo eso nos pertenece esta tarde mientras bajamos por las rocas, trepando arriba y abajo en medio del calor sofocante hasta llegar al borde del agua. Aparte de dos correcaminos y una pequeña familia de jabalíes husmeando entre los arbustos, hace horas que no nos cruzamos con un alma. Mis nuevos amigos dejan la ropa tirada en el suelo y se lanzan al agua. Yo dudo un instante y luego les sigo; hace demasiado color para andar preocupándome por las cicatrices feas o las curvas excesivas. Mi piel entra en contacto con el agua fresca y viscosa, que se vuelve del color y la consistencia de la leche con chocolate cuando los cuatro nos ponemos a salpicar y a hacer olas entre risas y gritos, por todo el limo que removemos. Hasta *Oscar*, al que nunca le ha entusiasmado nadar, se tira de panza.

Con el sol ya declinando conducimos un poco más sin volver a la carretera hasta que llegamos a un claro apartado en el bosque a los pies de una montaña con laderas de roca roja estriada. Mientras JR y Mickey recogen leña para hacer un fuego, yo ayudo a Kit a preparar la cena en un par de hornillos de camping. Rebuscando en uno de los compartimentos despensa, Kit da con una botella de vino cubierta de polvo que han estado guardando para una ocasión especial. El anochecer va cayendo ligero como una lluvia de hollín sobre nuestro pequeño campamento cuando nos sentamos a cenar, apiñados en los asientos traseros con *Oscar* acurrucado a nuestros pies. Con las puertas laterales de la furgoneta *abiertas* y un buen fuego en marcha, hacemos malabarismos con los cuencos sobre las rodillas, mojamos trozos de pan en el delicioso guiso y hablamos de todo, desde la frecuencia óptima de lavarse el pelo hasta la teoría del ocio: la filosofía de que nuestras vidas debieran estar menos ocupadas, más llenas de ocio, con días como el de hoy.

Alrededor de medianoche doy las buenas noches a mis nuevos amigos y, somnolienta y con la piel irritada por haber estado tanto al sol, voy dando tumbos en la oscuridad hasta mi coche. Estoy demasiado cansada para montar la tienda, así que muevo mis pertenencias a los asientos delanteros y pongo en posición horizontal los respaldos abatibles del asiento trasero. Cubro con mantas el espacio vacío del maletero, extiendo la esterilla de gomaespuma y despliego el saco de dormir. Me complace mucho descubrir que tengo suficiente espacio para estirar las piernas del todo. Con todas las ventanillas bajadas y la puerta del maletero abierta, una suave brisa me recorre el cuerpo. Reina un silencio total de no ser por los susurros de las ramas de los enebros y los gruñidos y aullidos ocasionales de los coyotes en la distancia. El cielo nocturno está espolvoreado con más estrellas de las que he visto jamás en mi vida.

Contemplo la Vía Láctea y recuerdo los tiempos en que todo cuanto quería es lo que tengo ahora mismo. Sentada en el suelo de la cocina de mi antiguo apartamento, más enferma que nunca y con el corazón roto en decenas de pedacitos, necesitaba creer que había una versión más verdadera y gratificante de mi propia vida en algún lugar. No tenía el menor interés en salir de la experiencia hecha una mártir y definirme para siempre por las cosas terribles que me habían pasado. Necesitaba creer que, cuando tu vida se ha convertido en una jaula, puedes aflojar los barrotes y recuperar tu libertad. Me dije una y otra vez hasta que me creí mis propias palabras: *Es posible alterar el curso de lo que me estoy convirtiendo.*

Me reacomodo en el saco de dormir con los pies apuntando hacia el volante y la cabeza apoyada en el parachoques trasero. De esa forma puedo disfrutar de una vista despejada de la Osa Mayor. Al cabo de unos instantes veo una estrella fugaz. Y luego otra. Después de un rato ya he visto tantas que he perdido la cuenta. Mientras contemplo cómo el cielo lanza destellos refulgentes, una cálida sensación de euforia va calando en mí, algo que solo puede describirse como alegría. Estoy viva y estoy bien, no podría haber aspirado a nada mejor. Esta noche, esta sensación es lo más cerca que he llegado de estar en paz conmigo misma.

Pero en cuanto cierro los ojos pierdo de vista las estrellas fugaces y me retraigo en mi interior. Y entonces me pongo otra vez a recrear en mi cabeza las mismas escenas de siempre. La última vez que Will y yo nos vimos. Fue una claustrofóbica noche de verano muy calurosa, unas pocas semanas antes de que yo emprendiera viaje. Recuerdo haber albergado la esperanza de que hubieran pasado suficientes semanas para que llegáramos a algún tipo de acuerdo de paz. La conversación había empezado en un tono bastante cordial. Pero, al cabo de un par de horas, habíamos acabado delante de un bar en el East Village lanzándonos acusaciones el uno al otro en medio de la calle. Antes de separarnos, sí estuvimos de acuerdo en una cosa y una sola: era mejor si no volvíamos a hablarnos ni vernos.

Experimento una opresión creciente en el pecho. Quiero liberarme de eso que no me suelta. Quiero alegría sin complicaciones. Pero ahora veo claramente que, sin darme cuenta, he estado esperando a que me dieran permiso —Melissa, Will, toda la gente que ha desaparecido de mi vida— antes de poder alcanzar esa sensación de clausura. Quiero su bendición para volver a enamorarme, para soñar un nuevo futuro, para seguir avanzando. Sigo esperando algún tipo de señal o de confirmación de que no pasa nada por estar días enteros sin pensar en ellos, de que es necesario olvidar un poco para hacer mi vida. Por muchas disculpas, actos de contrición o sacrificios que ofrezca, estoy empezando a darme cuenta de que tengo que aceptar que tal vez las cosas nunca se resuelvan del todo, ni con los vivos ni con los muertos.

A la mañana siguiente, desayuno con Kit, JR y Mickey y nos decimos adiós entre promesas de mantener el contacto. Durante los días siguientes por el camino desfilan pueblos fantasma, grandes extensiones de cactus y enormes vallas publicitarias junto a la carretera que anuncian cosas como DONDE LOS AMANTES DE LA BARBACOA SE ENCUENTRAN. Atravieso Austin, luego paseo por una zona en la que hay una poza cuya agua es de un color aguamarina tan azul que parece que le han echado cloro. Continúo hacia el este atravesando Texas. Recorro autopistas interminables hasta que todas empiezan a fundirse en una. Empieza a anochecer cuando aparco el coche en el aparcamiento del hotel Best Western situado en la carretera 59 a la altura de Livingston. La zona es un tramo deprimente de restaurantes de comida rápida y tiendas típicas de grandes cadenas en la frontera con Louisiana. La recepcionista, una mujer con un jersey a rayas rojas y blancas como un bastón de caramelo y uñas acrílicas de color rosa chicle me entrega la llave de la habitación: «Que tengas una buena estancia, cielo», me dice.

He escogido el Best Western porque es el más barato que he encontrado y porque está a diez minutos en coche de la prisión. Mañana por la mañana tengo concertada una visita con Lil'GQ, el preso que fue uno de los primeros desconocidos que me escribió. Por lo general, los reclusos solo tienen permitida una visita de dos horas a la semana. Pero a mí me han concedido permiso para una «visita especial», consistente en dos visitas de cuatro horas repartidas en dos días, que se suele reservar para amigos íntimos y familiares. Ahora que estoy aquí, la idea de pasarme ocho horas con Lil'GQ hace que me empiece a morder las uñas de pensarlo. Ocho horas suena a mucho tiempo para comprometerse a pasarlo hablando con alguien, más si ese alguien es un desconocido, y más todavía si ese desconocido resulta ser un recluso que lleva catorce años en el corredor de la muerte.

En mi habitación del segundo piso del Best Western, releo la primera carta que me envió Lil'GQ, rememorando el desconcierto que había sentido, tendida en mi cama en el hospital, intentando imaginármelo en su celda de una prisión en la otra punta del país. Durante aquellas largas estancias en la Burbuja en las que a punto estuve de volverme loca, pensaba a menudo en él. Quería saber qué hacía para pasar el día en su situación de aislamiento. Quería preguntarle: ¿Cómo sigues adelante cuando sabes que en tu vida no pasa nada nuevo? ¿Cómo te enfrentas a los fantasmas del pasado? ¿Cómo vives en el presente cuando lo que te depara el futuro es completa y aterradoramente desconocido?

Mi habitación da al aparcamiento y puedo ver mi coche desde la ventana: cubierto por una gruesa capa de polvo y con las ruedas enlodadas. Se está haciendo tarde y todavía tengo que coger un par de cosas del maletero antes de irme a la cama, así que me pongo las botas y me dirijo al coche. Y mientras cruzo el aparcamiento reparo en un grupo de hombres que están junto a un par de camionetas de caja abierta. Algo me provoca una leve inquietud que me hace pensar que mejor me doy la vuelta y regreso a mi habitación. Es la misma incomodidad instintiva que experimenté durante mi primera semana en la carretera, en el camping de Massachusetts, cuando vi a mi vecino

Jeff salir del bosque acompañado de su perro. Solo que, al final, Jeff no solo había resultado ser inofensivo, sino un tipo bastante simpático en realidad. Así que, pensando en él y en todas las demás ocasiones en que me he preocupado sin motivo y luego me he sentido muy tonta, ignoro las señales de alarma que rondan por mi cabeza.

Estoy rebuscando en el maletero a la caza del tubo de pasta de dientes y un poco de comida para *Oscar* cuando oigo un silbido de admiración y una orden perentoria. «¡Eh! Ven aquí a hablar con nosotros un minuto», me conmina uno de los hombres. Los ignoro, a él y a sus amigos. Me digo a mí misma que solo están haciendo el tonto. «¿Estás sola?», insiste el hombre, y los demás se ríen. Sus risas son estentóreas, claro indicio de que han estado bebiendo. Cojo el resto de cosas que necesito y cierro el maletero con llave. Mientras camino hacia la entrada lateral del hotel, que es la más cercana a mi coche, el hombre se separa del grupo y se dirige hacia mí pavoneándose. Aprieto el paso, con todas las alarmas disparadas. *Ya casi*, me digo, pero cuando llego a la entrada del hotel la puerta no abre. Mientras muevo nerviosamente la manilla arriba y abajo caigo en la cuenta de que es una de esas puertas con cierre magnético que se abren pasando la tarjeta de la habitación por un lector. Puedo oír el sonido de los pasos del hombre que se va acercando. Y cuando alzo la mirada, constato que en su hinchada cara de borracho se refleja una expresión burlona.

—Hola, nena —me dice al tiempo que me mira de arriba abajo, descaradamente—. No tengas miedo.

El pánico se apodera de mí y entorpece mis movimientos. Mientras busco, frenéticamente, la tarjeta de la habitación en el bolso, parte del contenido se desparrama por el suelo. En el momento en que me agacho para recogerlo sin dejar de buscar la tarjeta, una pareja mayor aparece del otro lado de la puerta. Cuando la abren desde dentro el hombre retrocede envuelto en la oscuridad del aparcamiento. Cojo mi bolso y entro en el hotel, aterrorizada.

Otra vez a salvo en mi habitación, con la puerta cerrada a cal y canto, con todos los cerrojos echados y el corazón latiéndome desbocadamente, me digo que tengo que controlarme. Trato de recordar por qué he venido hasta este lugar dejado de la mano de Dios. Me recuerdo que Lil'GQ había sido uno de los primeros nombres de la lista de personas que tuve claro que quería visitar.

Para poder ponerme en contacto con él había tenido que crear una cuenta en línea a través de una empresa a la que le puedes comprar sellos digitales para enviar cartas electrónicamente a presos de cualquier cárcel del país. En ese momento no sabía si Lil'GQ se acordaría de mí ni si seguía en el corredor de la muerte. Todos los días de las últimas semanas antes de mi partida, recuerdo haber comprobado mil veces la bandeja de entrada de mi correo electrónico con la esperanza de que me hubiera respondido. Después de dos semanas de silencio total le envié una segunda nota a través de la página web de la empresa de los sellos, pero no recibí respuesta. Casi me había resignado a no tener noticias suyas cuando caí en la cuenta de que no había puesto ninguna dirección para que me pudiera responder, asumiendo en mi ignorancia que, como yo le podía enviar mensajes electrónicos a Lil'GQ, él podía responderme, cosa que por supuesto no podía hacer ya que tenía prohibido el acceso a un ordenador.

Cuando le escribí una tercera vez explicándole cómo podía ponerse en contacto conmigo, él me envió una carta inmediatamente en la que me manifestaba que le había alegrado muchísimo enterarse de que había sobrevivido. Y que también estaba muy contento ante la perspectiva de poder conocernos en persona. *Decir que me ha sorprendido recibir noticias tuyas es quedarse corto. Si te soy completamente sincero, el hecho es que me había olvidado de la carta que te escribí porque me había imaginado que la leerías y la tirarías.* Lil'GQ me preguntó si podíamos seguir escribiéndonos hasta el día de mi visita para conocernos mejor. Como yo iba improvisando casi todo mi itinerario tuvimos que echar mano de la creatividad para conseguirlo: le pedí que me enviara las cartas a casa de mis padres en Saratoga, quienes a su vez me las habían ido escaneando y mandando por correo electrónico. No era el sistema más eficiente del mundo, pero funcionaba. Cuando llegué a Livingston habíamos conseguido intercambiar una docena de misivas. Me tendí en la cama mientras repasaba el montón de cartas en anticipación de la visita de la que ya solo me separaba un amanecer. Lil'GQ había sido un excelente amigo por carta —entregado, divertido, rápido a la hora de responder—, pues era innegable que había adquirido mucha práctica a lo largo de los años en los que se había carteado con decenas de personas. Decía que escribirse con gente era algo en lo que ocupar el tiempo, que le daba algo que esperar cuando los guardas hacían la «ronda del correo» todas las noches. *Me gusta escribir cartas y aprender cosas nuevas de otra gente que ha hecho mucho más que yo en la vida. Es que, ¿sabes?, yo en cambio llevo encerrado desde que tenía veinte años y ni siquiera había acabado el instituto.* El intercambio epistolar —me reconoció también— servía a otro fin eminentemente práctico: *Tartamudeo un poco, así que escribir cartas me da la oportunidad de expresarme sin sentirme inseguro ni cabrearme cuando me cuesta decir lo que quiero decir.*

Lil'GQ me había escrito sobre todo tipo de cosas. Como, por ejemplo, sus aficiones: *Los libros son el mejor amigo de un preso en aislamiento.* También en alguna carta suya me hablaba de su primer coche, un Cadillac marrón robado: *Solía levantarme por las mañanas y sentarme en el capó de mi coche y los proyectos me venían a la cabeza.* La semana de lucha contra el cáncer de mama me había enviado una tarjeta hecha a mano con un lazo rosa dibujado que decía: ¡Coraje! ¡Superviviente! ¡Amistad! ¡Guerrera! ¡Fuerza! El tono de Lil'GQ solía ser animado por carta, pero a veces intuía que me escribía sintiéndose derrotado: *Para los tíos que estamos aquí, la vida es siempre la misma rutina.* Reconocía que a veces costaba encontrar la motivación para seguir un día más, pero que siempre tenía mucho cuidado con no caer en la autocompasión: *Soy consciente de que hay mucha gente que desearía tener tanto tiempo libre como yo, solo que en circunstancias diferentes.*

Ahora Lil'GQ tenía treinta y seis años y se había pasado casi la mitad de su vida en el corredor de la muerte. «Ahí fuera» había un montón de cosas que habían cambiado, ya lo sabía, y me insistía siempre en que le contara hasta el último detalle sobre lo que estaba pasando en el mundo. Yo hacía lo que podía para mantenerlo informado de cómo iba mi viaje. Le escribí desde un motel en una zona rural de Iowa. Le escribí junto a la chimenea de una mansión moderna de mediados de siglo en Jackson, Wyoming. Le escribí después de haber estado hablando a una clase de décimo curso de un colegio público de Chicago. Los alumnos habían escrito poemas inspirados en la frase «Vengo de donde», y cuando se lo conté a Lil'GQ, él también hizo su propio intento: *Vengo de donde no siempre te sentiste muy querido en casa. Vengo de donde no ves otra cosa que pandilleros, camellos y yonquis por todas partes. Vengo de donde siempre te están diciendo que si te pones burro acabas cobrando.*

Cuando ya estaba cerca de Texas, Lil'GQ puso mi nombre en la lista de visitas y me explicó las reglas: las horas de visita eran de ocho de la mañana a tres de la tarde. Sería una visita sin contacto, es decir, estaríamos separados por una pantalla de plexiglás transparente y hablaríamos por receptores de teléfono. Cuando pregunté si le podía traer libros o cualquier otra cosa que pudiera necesitar, me respondió: *Tu tiempo y tu presencia son más que suficiente. Me lo puedo tomar como un regalo adelantado de Navidades.*

Una retahíla de gritos y aullidos al otro lado de la ventana interrumpen mi lectura. Dejo el montón de cartas encima de la cama, me acerco a la ventana y entreabro un poco las cortinas para ver qué pasa: el grupo de hombres de antes se ha mudado a mi coche; dos de ellos están sentados en el parachoques trasero y los demás forman un semicírculo. Los observo mientras el cabecilla —el individuo que se me acercó antes— suelta un rugido atronador mientras acaba lo que queda de una litrona de cerveza. Luego estrella la botella contra el suelo. Preocupada por lo que veo, levanto el teléfono y marco el número de recepción para explicar lo que está sucediendo. Unos minutos más tarde veo que se les acerca un guardia de seguridad. No oigo qué les dice, pero al cabo de unos minutos los hombres se dispersan.

Cierro bien las cortinas, apago las luces y me meto debajo de la colcha tapándome hasta arriba. Estoy pillándome el enésimo catarro de la temporada y me cuesta conciliar el sueño con la nariz tapada, así que me levanto a buscar en mi bolsa unos restos de jarabe para los enfriamientos. Doy un par de tragos y me vuelvo a tapar hasta arriba, cabeza incluida. No tardo en empezar a quedarme grogui. No sé cuánto tiempo he dormido, pero me despierta en mitad de la noche un ruido sordo que se abre paso aporreando la bruma del sueño. Suelto un gemido y me doy la vuelta para ponerme boca abajo y taparme la cabeza con una almohada. El ruido para un momento y luego lo vuelvo a oír —*Bam. Bam. Bam*— como una descarga. Me incorporo de un brinco y *Oscar* salta de la cama al suelo, y empieza a ladrar. No veo nada sin las lentillas y lo voy siguiendo a tientas en la oscuridad. Parece que el sonido viene del otro lado de la puerta de mi habitación.

«Abre —chilla un hombre del otro lado— Abre. La. Puta. Puerta». La voz me suena de algo: esa manera de arrastrar las palabras... Me estremezco al darme cuenta de que se trata del hombre del aparcamiento. Cojo a *Oscar* en brazos y le tapo el hocico en un intento de silenciar sus ladridos. «ABRE LA PUERTA. SI NO ABRES LA PUTA PUERTA...». Por primera vez desde que estoy en la carretera siento que corro un grave peligro. Sé de sobra que no hace falta más que una mala noche o una mala noticia para cambiar la manera en la que recordamos todo lo que ha ocurrido antes y después. El hombre da un puñetazo tan fuerte en la puerta que la hace temblar. Cada vez chilla más alto y se le oye más furibundo. Temblando de miedo al otro lado de la puerta, intento frenéticamente que mi cerebro encuentre el sentido de lo que está pasando. El tipo se debe hacer enterado de que fui yo la que llamó a los de seguridad del hotel, tal vez eso les haya traído problemas a él y sus amigos. Por eso está tan enfadado. Me acuerdo de repente del aerosol de gas pimienta que debo de tener perdido por algún sitio, pero no recuerdo si lo he subido del coche. Quiero pensar que, si de alguna manera este hombre consigue entrar, seré capaz de defenderme si fuera necesario. Pero ahora mismo no parece que mis miembros quieran obedecerme, mucho menos que mi cerebro esté por la labor de pensar.

«¡PABLO! ¡ABRE LA PUERTA! ¡ABRE LA PUTA PUERTA DE LOS COJONES!», grita el hombre, y entonces es cuando por fin entiendo qué está pasando. Este tío no viene a por mí, más bien está buscando a uno de sus amigos que se llama Pablo y, como va de alcohol hasta arriba, ha acabado delante de mi puerta por error. Con un último puñetazo airado contra la puerta, se da por vencido. Observo por la mirilla cómo se aleja dando tumbos por el pasillo. Yo, por mi parte, me quedo plantada en el sitio un buen rato. *Todo está bien* —me digo apretando a Oscar con fuerza contra mi pecho—, *estoy bien, estoy a salvo, ya se ha ido*. Pero, me diga lo que me diga, no soy capaz de dejar de temblar.

Llevo casi tres meses viajando sola, durmiendo en campings y aparcamientos de camioneros y en sofás en casas de desconocidos que he ido encontrando en mi camino. Una y otra vez, el mundo me ha acogido con los brazos abiertos y ha sido increíblemente amable conmigo. Este viaje ha reactivado en mí la fuerza y la independencia que creí que nunca más recuperaría y no sería exagerado decir que además ha reforzado mi confianza en la Humanidad. En estas últimas semanas, me he sentido más valiente, con las ideas más claras y más abierta a lo desconocido que nunca antes en mi vida. Pero esta noche me he dado cuenta de que, sencillamente, he tenido suerte. Es algo en lo que no puedo dejar de pensar cuando me vuelvo a meter en la cama.

La Unidad Allan B. Polunsky es una prisión de Texas donde están recluidos los presos sentenciados a pena de muerte. Se encuentra a unos ocho kilómetros de Livingston en una zona de frondosos bosques conocida como Piney Woods. No es precisamente el tipo de sitio donde acabas por casualidad. Me desvío de la autopista hacia la izquierda y sigo las indicaciones del GPS. Dejo atrás tierras de cultivo y asentamientos de casas prefabricadas, un puñado de iglesias, prados con caballos pastando y coches abandonados en el arcén bajo un cielo gris plomizo.

Conforme me acerco a la entrada de la prisión diviso la valla metálica coronada de concertinas y, un poco más allá, el regimiento de edificios de hormigón con cientos de pequeños ventanucos. Tras alguna de esas minúsculas ventanas estará Lil'GQ en su celda, preparándose para la visita. Me detengo junto a una caseta de donde sale un guardia de uniforme que da vueltas alrededor de mi coche inspeccionándolo para por fin golpear con los nudillos el cristal de mi ventana haciéndome un gesto para que la baje.

—¿Número de identificación del recluso? —me pregunta.

—No me he aprendido de memoria el número de Lil'GQ y tampoco lo tengo apuntado en ningún sitio: mi primera de muchas pifias en el día de hoy. El guarda me dice que no me preocupe y se ofrece a consultarlo él.

—¿Ha conducido desde Nueva York hasta aquí? —me pregunta examinando mi carnet de conducir.

Asiento.

—¡A eso llamo yo compromiso! —comenta con un silbido de admiración—. Debe de haber venido a ver a alguien realmente especial para usted.

—Se podría decir así —respondo.

—Yo fui a Nueva York una vez. Hice el servicio militar en Alemania en los setenta y pasé por el aeropuerto. No me gustó demasiado, yo soy un tipo de campo. ¿Es usted de la Gran Manzana?

—Sí —respondo.

—Pues parece usted una chica demasiado simpática para ser de Nueva York. ¡Bueno, mira tú por dónde: una neoyorquina simpática y un texano simpático! ¿Quién lo iba a decir?

El guardia me asigna una plaza en el aparcamiento cercano y me desea feliz Navidad. La charla me ha animado un poco. Pero, una vez dentro de la prisión, parecería que soy totalmente incapaz de dar una a derechas. En cuanto pongo un pie en el edificio principal me para una mujer uniformada con el pelo teñido de rojo intenso recogido en un nudo en lo alto de la cabeza.

—No puede entrar con todas esas cosas aquí dentro —me informa señalando el bolígrafo, el cuaderno, el carnet de conducir y las llaves del coche que traigo en la mano—. Todo tiene que ir en una bolsa de plástico transparente. ¿Tiene una bolsa?

Le indico que no y ella me hace un gesto para que la siga y salimos de vuelta al aparcamiento, donde abre el maletero de su coche del que saca una caja tamaño industrial de bolsas de plástico transparentes.

—Ya ve, el Departamento de Justicia Penal y Prisiones del estado de Texas es cliente VIP de los fabricantes de bolsas para congelar.

Ya de vuelta en el edifico relleno un par de formularios y me guían por un laberinto jalonado de puertas de barrotes que van abriéndose al son del zumbido de los cierres automáticos que conduce al área de visitas. Allí me recibe la tercera guardia de la mañana, que me pide el pase de visitante y me inspecciona de arriba abajo, entornando los ojos al detectar la bolsa de plástico:

—¿Qué lleva ahí dentro? —me pregunta en un tono ligeramente acusador—. Aquí no se puede entrar con papel y boli.

—Ay, pues es que nadie me ha dicho nada… —balbuceo.

—Si vuelve a pasar se le prohibirán las visitas —me regaña. Y me confisca el cuaderno y el bolígrafo—. Tome asiento en el cubículo R28. Enseguida traerán al recluso.

Un tanto azorada por la conversación, entro en una sala con decenas de cubículos que parecen cabinas de teléfono. Junto a la puerta de la sala hay un abeto de plástico decorado con adornos de Navidad y una pequeña zona de juegos con un caballo balancín y un par de juguetes que parecen fuera de lugar en este entorno, lo que lo hace todavía más deprimente. Me dirijo al cubículo R28 y tomo asiento. Hay un receptor de teléfono a mi izquierda y una pantalla de plexiglás en el frontal del cubículo, exactamente como Lil'GQ lo describía en su carta. Al otro lado del plexiglás, el cubículo tiene aspecto de jaula y hay un taburete donde supongo que se sentará él. Los cubículos no están precisamente insonorizados y, mientras espero, oigo el murmullo de otras conversaciones. A mi izquierda, hay tres niños pequeños que hablan tímidamente con su padre. A mi derecha, una pareja mayor rememora villancicos con su hijo. «Feliz Navidad, próspero año y felicidad», le cantan suavemente en español. Llevo esperando casi cuarenta y cinco minutos cuando por fin, al otro lado de la pantalla de plexiglás, se oye una puerta que se abre y entra Lil'GQ. Me dedica una sonrisa huidiza mientras un guardia le quita las esposas de muñecas y tobillos. Es más bajo de lo que esperaba —más o menos de mi altura, alrededor de uno setenta— y el rapado de pelo al dos le siente bien. Lleva un uniforme tipo mono blanco de manga corta que deja a la vista unos brazos musculosos cubiertos de tatuajes. En el momento que el guardia cierra la puerta al salir, Lil'GQ se sienta y coge el receptor de su lado.

—Tar-ta-ta-mudeo cuando me pongo nervioso, y ahora mismo estoy muy ner-ner-vioso, así que te pido dis-dis-cul-pas-pas —me dice.

—Yo también estoy bastante nerviosa —reconozco, cosa que parece tranquilizarlo—. Bueno, desde que nos pusimos en contacto he querido preguntarte qué quiere decir Lil'GQ.

—Todos los negros tenemos un mote y el mío son las iniciales de Gangsta Quin. ¿Tú tienes un mote?

—El mío es Susu. Así me llamaban de niña porque nadie era capaz de pronunciar mi nombre completo.

—Susu —repite mirándome por primera vez a los ojos—. Me gusta. Bueno, Susu, antes de empezar de verdad con la visita, quería darte las gracias por haberte tomado el tiempo de venir hasta aquí. Debe de hacer diez años que no me visita nadie, así que he estado contando los días. En serio.

A lo largo de las horas que siguen, Lil'GQ empieza a contarme cosas de su vida, anécdotas y recuerdos que brotan de su boca como si yo fuera su confesora y esta fuese la última vez que va a contar su historia. Me habla de sus hermanos: cuatro de los cinco también han estado en prisión en varios momentos de sus vidas. Me habla de su madre, que fue la primera persona que lo apuntó con un arma: «No es que nos quisiéramos mucho». Me habla del barrio de casas de protección oficial donde vivía y de «Agg Land», un barrio de la zona sur de Fort Worth donde llevaba a cabo sus fechorías. Con la mirada baja, me habla del familiar que abusó sexualmente de él desde la escuela primaria y cómo nadie le creyó cuando lo contó.

—Fue ahí cuando me di cuenta de que, si quería sobrevivir en este mundo, iba a tener que aprender a buscarme la vida solo —me dice.

Apoyando el brazo contra el plexiglás, Lil'GQ me muestra una fea cicatriz nudosa, un costurón de piel cicatrizada en forma de C, C de Crip, una famosa banda callejera, me aclara. Me cuenta que, ya desde el parvulario, sabía que eso era lo que quería ser de mayor—: En el barrio, a los que más respeta la gente es a los que están en alguna banda.

También me cuenta de cómo, cuando tenía doce años, calentó el alambre del gancho de una percha en la llama de un hornillo de cocina para marcarse su propia piel a modo de juramento de lealtad. Y me enseña otra cicatriz —esta en la mano— de la vez que se disparó en su propia mano por una apuesta, entre vítores de los otros miembros de la banda. Dice que quería demostrar que, pese a su edad y ser flacucho, era un cabrón peligroso.

—¿Y qué es lo que hace que uno sea un cabrón peligroso? —pregunto yo.

Me responde en dos palabras:

—La violencia.

Cuando los guardias no miran, Lil'GQ se desabrocha la parte superior del mono dejando a la vista cicatrices, tatuajes y quemaduras en el pecho. Refiere que en una ocasión se pegó un disparo en en las costillas, pero en este caso no había público aplaudiendo. En vez de ser el reverenciado gánster que se imaginaba él, a los quince ya se había convertido en lo que describía como «la forma de vida más rastrera de todo el barrio»: un camello convertido en yonqui que sisaba de la mercancía para su propio consumo. Un día que iba caminando por la calle sacó el arma, se apuntó al pecho y disparó. Se despertó en urgencias mientras le cosían la herida.

—¿Por qué lo hiciste? —le pregunto.

—Cuando eres víctima del abuso de alguien en quien confiabas, eso te confunde completamente. Y cuando estás confundido empiezas a odiarte a ti mismo.

Guarda silencio unos instantes mientras una nube negra atraviesa su rostro.

Este parece un momento tan bueno como cualquier otro para preguntarle por qué ha terminado aquí. Lil'GQ me suelta a quemarropa que el asesinato por el que está en el corredor de la muerte no es el único que ha cometido.

—No me siento mal por esos otros asesinatos porque fueron por rollos de bandas —me dice— y, en el barrio del que vengo yo, la ley de la jungla va así: si no disparas, te disparan. Así es, no hay más. En cuanto al último asesinato, por el que estoy aquí, eso fue muy jodido porque era alguien a quien yo quería. Estaba ciego y quería meterme más. Ahora bien, no le echo la culpa a las drogas de lo que hice. Fue culpa mía y durante mucho tiempo creí que me merecía la pena de muerte.

Ignoro cuánto de lo que me cuenta Lil'GQ es cierto, pero no estoy buscando lagunas ni incoherencias, contradicciones ni repeticiones en la historia. Sencillamente estoy escuchando. A este hombre ya lo han juzgado por lo que ha hecho y, además, en cualquier caso, no es a eso a lo que he venido yo. Así que asiento de vez en cuando para que continúe y de tanto en tanto le hago una pregunta o intercalo un «ya, claro», pero sobre todo escucho. No puedo fingir comprender gran parte de su realidad, pero el hecho de que Lil'GQ sienta la necesidad de compartir todas estas cosas personales y que esté intentando encontrarle sentido a las cosas que le han pasado, incluso ahora, en el corredor de la muerte, es algo que sí puedo entender. Cuando te ves obligado a enfrentarte a tu propia muerte, ya sea por un diagnóstico o por la aplicación de la pena capital según dictamina la legislación vigente, experimentas una sensación de urgencia por tomar posesión de tu vida, por dar forma a tu legado conforme a tus propias reglas, con tus propias palabras. Contar historias sobre tu vida es negarte a que te reduzcan a un acontecimiento sencillamente inevitable. Mientras escucho a Lil'GQ me acuerdo de una frase de Joan Didion: «Nos contamos historias para sobrevivir». Solo que, en el caso de Lil'GQ, se cuenta historias para hacerse más llevadero el camino a la muerte.

—¿Cuántas apelaciones te quedan? —le pregunto.

—Una más —me responde. Se le marca una vena en la sien mientras me cuenta el proceso que culmina con la ejecución, la notificación legal que te llega a la celda informándote de que se ha fijado una fecha, la unidad especial a la que trasladan a los reclusos los últimos sesenta días, donde están vigilados las veinticuatro horas porque hay muchos intentos de suicidio—. Hay gente que pide que venga su familia a la ejecución, pero yo no. Yo quiero que me recuerden *así*, como estoy ahora, no tendido en una camilla, sacrificado igual que un perro. Nadie necesita tener esa imagen en la cabeza. He venido a este mundo solo y lo voy dejar solo también.

Cuando vuelvo a la mañana siguiente vengo preparada: traigo el número de identificación de recluso de Lil'GQ anotado en un post-it y una bolsa de plástico transparente con cierre para mi cartera y veinte dólares en monedas para las máquinas expendedoras por si necesito un café o picar algo. Navego por el laberinto de puestos de control y, para mi gran alivio, me las arreglo para que no me eche la bronca ningún guardia. Todo parece ir como la seda hasta que veo aparecer a Lil'GQ al otro lado de la grasienta pantalla de plexiglás: parece disgustado y me doy cuenta de que, a diferencia de ayer, tiene los ojos hinchados como de no haber dormido.

—¿Qué tal estás? —pregunto.

—¿Te digo la verdad? No he pegado ojo —me contesta jugueteando con el cable del receptor—. Ayer estaba tan nervioso que me puse a soltar por esta bocaza mía sin ton ni son, para impresionarte o qué se yo. Cuando te marchaste pensé que seguro que te había ofendido y que te habrías ido pensado que era un asesino pirado —me confiesa—. Le dije a mi colega de la celda de al lado que estaba seguro de que no ibas a volver. Y me he tirado toda la noche despierto, escribiendo y organizando mis pensamientos para ser capaz de expresarme mejor en caso de que volvieras.

Lil'GQ se inclina y saca de la zapatilla un pedazo de papel doblado en un diminuto cuadradito. Cuando lo abre veo que está cubierto de notas.

Empieza a leer una lista de preguntas: me pregunta por mi salud y mi familia, me pregunta cuál es mi libro favorito para leerlo él también, me pregunta de qué raza es *Oscar* y qué música me gusta. Me pregunta qué hice durante todo ese tiempo en el hospital.

—Me convertí en una jugadora excelente de Scrabble —le respondo.

—¿En serio? ¡Yo también! A ver, no es que se me dé tan bien, pero estoy haciendo mis pinitos.

Se le ilumina toda la cara cuando me explica que él y los presos de las celdas cercanas crean sus propios juegos de mesa con papel y se cantan los movimientos por por las rejillas de ventilación de las celdas. Según me cuenta, se las apañan para jugar a todo tipo de cosas, como backgammon y juegos de cartas.

Lil'GQ dice que nunca ha estado enfermo —hace mil flexiones todas las mañanas para empezar el día—, pero que hay muchos aspectos de mi enfermedad con los que se identifica, que entiende perfectamente lo que es sentir que te has quedado atrapado en el purgatorio, esperando noticias sobre la suerte que vas a correr; sabe de la soledad y la claustrofobia que sientes al estar encerrado en un espacio pequeño por periodos de tiempo indefinidos que no terminan nunca; sabe que no queda más remedio que echar mano de la imaginación para mantener la cordura. Estos paralelismos inesperados fueron los que lo animaron a escribirme en un primer momento. «Te has enfrentado a la muerte en tu propia cárcel personal, igual que yo sigo enfrentándome a mi muerte en la mía —concluye Lil'GQ—. A fin de cuentas, la muerte es muerte, no importa en qué forma venga».

Estamos intentando con todas nuestras fuerzas atravesar el plexiglás, encontrarnos en el territorio común que los dos entendemos, pero los paralelismos entre nuestras respectivas experiencias también tienen sus limitaciones. Es un equilibrio complicado el que hay que encontrar entre identificar ecos de tu propia historia en la del otro y reducir tu sufrimiento a lo que tiene en común con el de otros. Aparte de las diferencias obvias de raza y privilegio, género y educación, el hecho mismo de que yo esté visitando a Lil'GQ mientras hago un viaje subraya una diferencia cósmica entre los dos: el mío es un cuerpo en movimiento mientras que el suyo es un cuerpo entre rejas. Sin embargo, durante el tiempo que dura la visita hacemos como que no es así y los dos nos comportamos como si fuéramos simplemente dos personas en un café en alguna parte, charlando e intentando —lo mejor que sabemos— entablar una relación.

Un golpecito en el hombro hace que me sobresalte: es el guardia para avisarnos de que son las tres de la tarde.

—Se me ha acabado el tiempo —dice Lil'GQ.

Antes de marcharme me hace una última pregunta.

—Si pudieras cambiar todo lo que te ha pasado, ¿lo harías?

Si pudiera cambiar todo lo que me ha pasado, me repito no sin algo de desconcierto.

—Pues no lo sé —respondo con un hilo de voz.

Estos son mis últimos kilómetros. Avanzo por caminos lindantes con los brazos y meandros del río Misisipi en Louisiana. Los mosquitos se estrellan contra el parabrisas del coche. En la costa de Alabama me pilla una gran tormenta; el motor se recalienta porque me he olvidado de cambiar el aceite; me alojo en un Comfort Inn que para nada hace honor a su nombre cerca de Daytona Beach, donde descubro al despertarme que las pulgas se han cebado en mí. Doy la bienvenida al nuevo año con una noche gloriosa de camping en la isla Jekyll, en Georgia. El sonido de las olas me arrulla mientras me duermo. En Charleston paso la noche en casa de un antiguo amor y me ponen mi primera multa por exceso de velocidad;. Mi madre me advierte de que es mejor que sea la última. Antes de emprender el serpenteante camino de vuelta subiendo por la costa Este hago una parada rápida para tachar un último nombre de mi lista: una chica menuda de nombre Unique que se ha pasado la mayor parte de su adolescencia viviendo en habitaciones de hospital, pero que se está preparando para volver al gran mundo. Mientras comemos juntas le pregunto qué quiere hacer ahora. Con una sonrisa tan deslumbrante que casi tengo la sensación de estar bañándome directamente en la luz del sol, me contesta: «¡Quiero ir a la universidad! ¡Y viajar! ¡Y comer cosas raras como pulpo, que no lo he probado nunca! ¡Y quiero venir a verte a Nueva York! ¡Y también hacer camping, aunque me dan miedo los bichos, pero aun así quiero hacer camping!» Tal vez sea su optimismo, tal vez las muchas horas al volante, tal vez el saber que ya casi se ha terminado el viaje, pero me llevo una patata frita a la boca y me parece que es la patata frita más deliciosa que he comido en toda mi vida.

Mientras conduzco sigo dándole vueltas a la última pregunta de Lil'GQ. Veo a Will en mi apartamento de París, los dos tan inocentes y llenos de esperanza. Me acuerdo de la cara desencajada de mi madre cuando el médico nos anunció mi diagnóstico y de los ojos enrojecidos de mi padre cuando volvía de sus paseos por el bosque. Pienso en las notas mediocres de mi hermano en su último año de universidad, la presión que le supuso ser mi donante, la forma en que sus necesidades se veían siempre relegadas a la sombra de las mías. Pienso en la quietud de antes de quedarme dormida. Oigo ecos: los suaves gemidos de sufrimiento, los salvajes gritos desgarrados de pena. Por supuesto que haría cuanto estuviera en mi mano para ahorrarles a mis seres queridos todo ese dolor y ese terror y ese sufrimiento. Por supuesto que hubiera sido mucho más fácil no haber estado enferma.

Y entonces me pongo a pensar en todas las palabras que he escrito desde la cama, las cartas que he recibido, las amistades inesperadas que he forjado. En un semáforo alargo el brazo para hacerle una caricia a *Oscar* que duerme en el asiento trasero. Pienso en Max y en Melissa y en todas las personas que nunca hubiera conocido de no ser por la soledad de las habitaciones de hospital y las células malignas que nos unieron irremisiblemente. Hago balance de la distancia que he recorrido en estos tres últimos meses, en las divagaciones mentales y las autopistas y los campings. Veo a Ned, Cecelia, Howard, Nitasha, Bret, Salsa y Katherine, y a todos los demás que me han empujado suavemente a que vaya más allá. Oigo el susurro de las ramas de las secuoyas, crujiendo mecidas por la fresca brisa marina, el cacareo de una gallina de plumaje rojizo a la que *Oscar* persigue en el gallinero, el aullido del viento sobre la llanuras de Pine Ridge, y el sonido de las piñas al pisarlas el día que monté la tienda por primera vez.

Pese a que mi vida entre los veinte y los treinta años de edad ha sido desgarradora, confusa y difícil —hasta el punto de haber llegado en ocasiones a resultar dolorosa e insoportable—, estos años también han sido los que más me han enseñado. Ha sido una época impregnada por la dulce gracia de la segunda oportunidad, un alud de buena suerte, si es que ese concepto existe en realidad. La mezcla inseparable de tanta crueldad y tanta belleza ha hecho de mi vida un extraño paisaje discordante. Me ha permitido desarrollar una toma de conciencia aguda: *se puede perder todo en un instante.* —Pero también me ha regalado una lupa de joyero para reconocer piedras preciosas.

Si pienso en mi enfermedad —aislándola del impacto que ha tenido en la gente de mi entorno— entonces la respuesta es no, no cambiaría mi diagnóstico si pudiera. No renunciaría al sufrimiento por el que he pasado para ganar todo esto.

Epílogo

LA VIDA NO ES un experimento controlado. No puedes ponerle fecha a cuándo una cosa se va a convertir en otra ni cuantificar cuánto te va a impactar alguien, como tampoco puedes determinar qué combinación de factores genera la alquimia que te trae la sanación. No hay atlas que trace el mapa de ese tramo solitario y sin luz de luna de la autopista que separa dónde estás de en quién te conviertes. Cuando aparece en el horizonte Nueva York —ese desquiciante perfil refulgente de la ciudad que borra el brillo de las estrellas—, algo en mí ha cambiado, tal vez incluso a nivel molecular.

Cruzo el puente George Washington con la cabeza llena de sueños. Aunque no pueda ver su forma claramente ni ponerlos en palabras todavía, ya hay algunas cosas que empiezo a atisbar en el futuro. Devuelvo el coche a su propietario, asisto a mi cita con los médicos y me mudo a la cabaña de Vermont donde me instalo varios meses y empiezo a escribir este libro. Leo junto a la chimenea, paseo por el bosque y me siento en el porche. Es ahí, en ese porche, una tarde del verano de ese mismo año, donde recibo la noticia de que Max ha muerto. «*El cielo* —escribió en uno de sus últimos poemas—,

en realidad es un hospital para almas.
Cuando llegue hasta allí, llegaré hasta allí
y no será complicado.

En el cielo no estoy tan enfermo».

Siempre que me despierto sintiendo que echo de menos a mis amigos los visito a través de sus palabras y sus acuarelas. Mi sistema inmunitario sigue jugándome malas pasadas. Sigo obligando a mi cuerpo a esforzarse demasiado. Me tienen que hospitalizar por complicaciones de una gripe que acaba en septicemia. No me queda otra que aceptar las limitaciones de mi cuerpo y su lentitud, una lección que tengo que aprender una y otra vez. Me desanimo. Dejo de escribir este libro. Descanso, me recupero y empiezo de nuevo.

Lleva bastante tiempo más y otro par de desvíos todavía, pero al final Jon y yo acabamos encontrando la manera de estar juntos. Nos mudamos a una manzana tranquila jalonada de árboles en Brooklyn. Celebramos la primera noche en nuestro apartamento nuevo con cena de reparto a domicilio a la luz de las velas rodeados de cajas de cartón. Saco el contrabajo y le quito el polvo por primera vez en años, y Jon va calentando las teclas del piano. Empezamos a tocar juntos.

Mi hermano, que ahora es profesor de cuarto curso, se queda con mi antiguo apartamento del East Village y pinta las paredes con sus propias historias y recuerdos y tribulaciones. Mis padres se mudan temporalmente a Túnez y yo vuelvo de visita por primera vez desde los tiempos de la universidad. Saboreo el famoso cuscús de mi tía Fátima, paso tiempo con mis primos y celebro el año nuevo en el Sáhara. Mi padre se está preparando para la jubilación y, cuando se jubile, tiene pensado hacer su propio viaje por carretera atravesando el país siguiendo el mismo itinerario que he hecho yo. Mi madre, que ya no es ni madre ni cuidadora a tiempo completo, ha enfocado sus energías de vuelta en la pintura y ha reanudado su carrera de artista, alcanzado el éxito y un sentido de agencia que creía haber dejado atrás hacía mucho tiempo.

Hay ciertos sueños que no puedo soñar porque nunca los creí posibles. La semana antes de cumplir treinta años corro una media maratón. Vuelvo a Ojai, donde me quedo tres meses como profesora invitada en el instituto de Katherine. Inspirada por la experiencia de conocer a Lil'GQ, escribo mi primer reportaje —no desde la cama, sino desde el terreno— sobre un hospital penitenciario para enfermos terminales en el norte de California. Una tarde, mientras doy vueltas sin ponerme de verdad con estas páginas, veo un anuncio de «Se vende» de una furgoneta Volkswagen de 1972 del mismo color que «Rayo de sol»: le escribo inmediatamente al propietario, un oficial retirado de la Fuerza Aérea que resulta que está en tratamiento en el Sloan Kettering y me ha reconocido de la columna en *The New York Times* de hace años. «Dime un precio y es tuya —dice—. Nunca nadie se ha comprado una de estas viejas damas de cuatro ruedas por espíritu práctico».

Tengo la furgoneta en la cabaña de Vermont e intento aprender a conducir con un cambio de marchas manual. Batallo con la caja de cambios y doy golpes al volante, llena de frustración cuando se me cala una y otra vez, tantas que pierdo la cuenta. Voy a trompicones por las carreterillas cercanas a la cabaña cambiando de primera a segunda, con el motor resoplando y quejándose mientras conduzco hasta la montaña más cercana cuya cima todavía está coronada de nieve. Cuando llego a lo más alto, la carretera se vuelve lisa y plana. Avanzo por un camino de tierra a buena velocidad. De las ramas de los árboles que flanquean el camino cuelgan carámbanos. *Oscar* va de copiloto, observando cómo pasan los árboles por la ventanilla. En la nevera traigo un pollo ahumado, una botella de vino y un libro. Llevaba tiempo sin conseguir hacer una escapada así: estos próximos días solo estamos *Oscar* y yo. Esté donde esté, vayamos donde vayamos, nuestro hogar siempre va a estar en tierra de nadie, en ese territorio salvaje que he acabado por amar.

Agradecimientos

Agradezco a Richard Pine, rey de los agentes literarios, y a Carrie Cook, que me han ayudado a convertir unos garabatos en una servilleta de bar en un libro. Les estaré agradecida eternamente. Igual que a mi editor Andy Ward por su tremenda amabilidad, cuidados y buenos consejos, y a la fallecida y legendaria Susan Kamil, por creer en mí desde el principio. Doy también las gracias a mi viejo amigo y editor adjunto Sam Nicholson y a otro montón de personas maravillosas de Penguin Random House, en particular Susan Mercandetti, Carrie Neill y Paolo Pepe, así como a mis editores en el extranjero, sobre todo a Andrea Henry. Un agradecimiento especial va para Ben Phelan que soportó la pesada carga de verificar los datos que se mencionan en el libro y lo hizo con una sensibilidad, compasión y buen humor sin precedentes.

También tengo una gran deuda con Lizzie Presser, mi gran amiga, que siempre es la primera en leer lo que escribo y que ha sido una gran defensora de este libro desde incluso mucho antes de que yo tuviera todavía la confianza suficiente para escribirlo. Gracias igualmente a Carmen Radley, maravillosa camarada de cuarentena, escritora y lectora, que me ha acompañado de principio a fin. No quisiera olvidarme de la incomparable Lindsay Bryan, que ha hecho estas páginas infinitamente mejores, ni de Vrinda Condillac, que vio lo que hacía falta y me ayudó a deshacer los nudos de los hilos. Infinitas gracias también a los primeros lectores y a mis mentores: Glenn Brown, Lisa Ann Cockrel, Chris McCormick, Jenny Boully, Peter Trachtenberg, Esmé Weijun Wang, Lily Brooks-Dalton, Katherine Halsey, y Bonnie Davidson. Quiero también mencionar a mi grupo de escritura por ser una compañía inmejorable durante esta empresa siempre ardua y a veces

382 • ENTRE DOS REINOS

solitaria: Jordan Kisner, Jayson Greene, Frank Scott, y sobre todo Melissa Febos y Tara Westover, que me han dado consejos impagables.

Por el regalo de tiempo y tranquilidad cuando lo necesitaba, estoy agradecida a la Ucross Foundation, Kerouac Project, la Biblioteca Pública de Nueva York, Anacapa Fellowship, y Stone Acres Farm, y a mi familia por facilitarme las estancias en la cabaña de Vermont, donde he escrito muchas de estas páginas. Agradezco a los seminarios de escritura Bennington la maravillosa acogida de los miembros de la comunidad. Mi más sincero agradecimiento va también para Christina Merril por su desbordante generosidad, a Gideon Irving por dejarme su coche, y a las familias Presser, Nelson-Greenberg y Ross por ofrecerme refugio y apoyo cuando más los necesitaba. Gracias también a Erin Allweiss, Marissa Mullen, Lindsay Ratowsky y Maya Land por sus infatigables esfuerzos entre bambalinas.

Y para terminar, quiero manifestar mi mayor gratitud a quienes hacen mi mundo posible: a mis padres —mi más profundo amor y sentido agradecimiento— y a mi hermano Adam, por —literalmente— salvarme la vida. A los doctores Holland, Navada, Silverman, Castro y Liebers, y a mis enfermeras Alli Tucker, Abbie Cohen, Sunny y Younique, así como a los innumerables profesionales sanitarios que me han atendido, porque sin ellos no estaría aquí. A Jon Batiste, le agradezco infinitamente haberme enseñado a creer otra vez y haberse enfrentado con valentía, gracia y paciencia infinita a los largos periodos en los que tuve que apartarme. Agradezco enormemente a Tara Parker-Poke que me haya dado mi primera oportunidad y a mi profesora Marty Gottlieb. A Mara, Natalie, Kristen, Erika, Michelle, Lilli, Behida, Ruthie, Azita, Kate, Sylvie y a tantas otras mujeres —demasiadas para escribir los nombres de todas aquí— les agradezco que me sostengan y animen con su amistad. Y, finalmente, quiero agradecer a mis guardianes de la carretera por haberme abierto la puerta de sus hogares y haber compartido conmigo sus historias. Gracias por guiarme en el viaje más difícil.

ACERCA DE LA AUTORA

SULEIKA JAOUAD es una escritora galardonada con un premio Emmy, conferenciante, superviviente de un cáncer y activista. Además ha sido asesora del Panel sobre Cáncer del presidente Barack Obama y en su condición de reportera, activista y conferenciante ha intervenido en las Naciones Unidas, el Capitolio y las charlas TED. Cuando no está en la carretera con su furgoneta Volkswagen de 1972 y su perro adoptado *Oscar*, Suleika vive en Brooklyn.

suleikajaouad.com

Facebook.com/SuleikaJaouadPage

Twitter: @suleikajaouad

Instagram: @suleikajaouad